中国民间博物馆年鉴

ZHONGGUO MINJIAN BOWUGUAN NIANJIAN

中国民间博物馆年鉴编委会◎编著

2011

罗哲文题

中国书店

图书在版编目（CIP）数据

中国民间博物馆年鉴. 2011 / 宋建文主编. — 北京: 中国书店, 2011.10
ISBN 978-7-5149-0191-7

Ⅰ. ①中… Ⅱ. ①宋… Ⅲ. ①博物馆－中国－2011－年鉴 Ⅳ. ①G269.2-54

中国版本图书馆CIP数据核字(2011)第206597号

中国民间博物馆年鉴 2011

主编: 宋建文

编著：中国民间博物馆年鉴编委会

项目统筹：陈连琦

责任编辑：辛迪

出版发行：中国书店

地　　址：北京市西城区琉璃厂东街115号

邮　　编：100050

印　　刷：北京爱丽精特彩印有限公司

开　　本：889×1194mm 1/16

版　　次：2011年11月第1版　2011年11月第1次印刷

字　　数：280千字

印　　张：19.5

书　　号：ISBN 978-7-5149-0191-7

定　　价：289.00元

做《民博交响曲》的忠实记录者

——中国民间博物馆年鉴2011年版序

在音乐厅舞台上波澜壮阔轰鸣震撼的交响乐，都是由一个个独立的乐手汇集而成。由于乐曲主旋律的感召，由于指挥家的传神之棒，才使得广大听众随着旋律的起伏而如痴如醉。

我们每一个民间博物馆都是《民博交响曲》中的一个乐手。

随着《民博交响曲》乐手们的出现，《民博交响曲》理所当然地开始演奏了，尽管它还很稚嫩。

随着《民博交响曲》演奏的进行，《中国民间博物馆年鉴》理所当然地应运而生了，尽管它还有很多值得商榷和改进的地方。

我国的民间博物馆事业是在收藏市场繁荣发展的基础上诞生的，经历了从无到有，也必然要经历从星星之火到燎原大火的发展过程。

这个过程就如同一支交响曲的创作过程，所有的元素都在创作者的脑海里聚合；就如同一支交响曲的排练过程，所有的乐手，成熟的和不成熟的，水平低和水平高的，都要随着同一个主旋律、同一根指挥棒起伏转折和合共鸣。

《民博交响曲》的主旋律、指挥棒就是七部委的红头文件——《关于促进民办博物馆发展的意见》。

我们完全有理由相信，这支刚刚诞生的《民博交响曲》最终一定会像贝多芬的交响曲一样，诞生于斯，传播于世。

形象地讲，这本年鉴就是在做《民博交响曲》形成过程中的精彩灵感与精彩构思的搜集工作，在做上乘乐手、上乘乐器与指挥家的磨合工作。

为做好上述工作，年鉴编辑部在三个方面进行了尝试：

首先是收录对象的突破。我们把目光紧紧地盯在民间博物馆元素上，于是我们就会在年鉴上见到注册的和非注册的民间博物馆；于是我们就会在年鉴上见到有民办博物馆称谓和没有民办博物馆称谓的民间博物馆。编辑部坚信，这样会更客观更准确地反映初级阶段的民间博物馆的全貌。

其次是编辑体例上的突破。本年鉴没有遵循历来年鉴的固有体例和内容布局，而是借鉴了许多杂志刊物的做法，力图使这本年鉴更具有可读性，走进更广泛的受众群体。

再次是称谓上的突破。粗略统计，民间博物馆的称谓经历了多视角的表述和多词汇的演变，如家庭收藏馆、私人博物馆、私立博物馆等等，目前定格在民办博物馆的组合上。编辑部最终认为，使用民间博物馆一词可能更有利于将更多的民间博物馆元素收集进来，或曰为了将更多的民间博物馆元素收集进年鉴，使其更能真实地反映各族人民热爱、保护、传承先民文化遗存的殷殷之情和拳拳之心，与民间博物馆这一称谓更为合适。

但是，由于时间仓促，相关资料欠缺，对民间博物馆的介绍、信息的传递等等方面，难免产生挂一漏万、以偏概全的遗憾。我们将会在下一年的年鉴的编辑中逐步完善。

衷心希望年鉴的出版能促进民间博物馆的发展；

衷心希望年鉴能成为《民博交响曲》形成过程的记录员；

衷心希望《民博交响曲》最终成为如贝多芬交响曲一般的知名交响曲；

衷心希望年鉴能为《民博交响曲》的闻名于世贡献自己的微薄之力。

辛卯年五月初十于北京

目录 | CONTENTS

※ 十大民博特色馆……137

※ 民博之友……147

※ 馆长论坛……175

※ 民博大事记……225

※ 民博风云人物……229

※ 八方建言……243

※ 民博动态....................273

※ 民博相关文件............281

※ 中国民间博物馆名录...291

重要讲话

国家文物局局长单霁翔

在全国民办博物馆工作座谈会的讲话

（2009 年 11 月 12 日）

同志们：

民办博物馆的建设和发展是关系我国文化事业特别是文化遗产事业大局的一个重要命题。改革开放以来，经济快速增长，人民生活水平不断提高，文化事业日益繁荣。其中，一个令人关注的现象是，民间收藏持续升温，民办博物馆应运而生，数量日渐增加。进入新世纪以来，文化体制改革逐步深化，民办博物馆发展更加迅速。

今天，部分民办博物馆馆长、中央有关部门和有关省市文物行政部门的负责同志相聚在这里，集思广益，共商我国民办博物馆改革和发展大计。刚才，大家就如何更好地发展民办博物馆畅所欲言，从不同角度、多个侧面谈了很好的想法，提出了比较具体的操作性建议。根据大家的发言，结合我对民办博物馆的一些思考和认识，谈几点意见，供大家参考。

一、充分认识民办博物馆发展的成绩

顾名思义，民办博物馆是由政府部门以外的社会力量利用民间收藏的文物、标本、资料等文化财产依法设立并取得法人资格，向公众开放的非营利性社会服务机构。

新中国的民办博物馆实际上是改革开放的产物，与民间收藏在全国各地的悄然兴起、逐步趋热密不可分。20 世纪 80 年代以来，我国民办博物馆的发展，经历了从自发到自觉，从最初与社会公众分享个人收藏的快乐，到为民间收藏的健康发展寻求合法的存在机制，再到参与有广阔发展前景的博物馆文化体系建设，一步步从无到有，从小到大，渐成规模，在实践中积极寻求健康发展之路。

（一）民办博物馆数量稳步增长，分布遍及全国

截至 2009 年 8 月，除广西、西藏、新疆外，各地文物部门登记注册的民办博物馆为386个，为全国博物馆总数(约 2900 个）的 13 .3%，当然还是我国博物馆体系的重要组成部分。

民办博物馆的发展与各地社会经济发展水平、文物资源富集度有着正相关系。东部地区民办博物馆 191 个，约占全国的 50%。民营经济最为发达的浙江，民办博物馆有 61 个，遥遥领先其他各省区，占全国的 15 .8%。山西、河南、四川、陕西等传统文物大省，内蒙古、云南、宁夏等少数民族文物丰厚地区，民办博物馆数量也较多。

民办博物馆的办馆主体主要包括私人收藏家、文化名人、民营企业家、民营企业和社会团体。目前民营企业家、民营企业为创办者的趋势在不断加强。

民办博物馆多属于中小型，馆舍面积多在 1 000 平方米以下。也有一些类型的民办博物馆，占地和建筑面积超过 10 000 平方米，如北京中华民族博物院、西安关中民俗艺术博物馆、四川建川博物馆聚落等。

（二）民办博物馆的题材异彩纷呈，丰富了我国博物馆的体系结构

较长时间对某些门类文物藏品专注、执著的搜集，使得多数民办博物馆表现出鲜明的专题性特征，陈列展览主题突出，开放内容大多贴近百姓生活。如浙江 61 个民办博物馆从内容来看，涉及历史文物、中草药、珠算、铜雕、领袖像章、书画、民俗工艺、动物标本、古典家具、老相机、水族工艺、微雕、奇石、古代钱币、锁具、眼镜、织锦、剪刀、茶叶、大桥、服装、鞋文化、邮电、船文化、竹子文化、湖笔、袜业、名人纪念、中美民间友谊等 20 多个门类。

民办博物馆丰富了博物馆藏品的概念，从对文物的收藏拓展到对具有历史、艺术、科学价值的各类实物的收藏，并以国有博物馆所忽视或无力集中收藏的内容为特色。可以说，民办博物馆的发展，填补了我国博物馆门类上的许多空白。

（三）民办博物馆运行水平稳步提升，社会作用逐渐显现

一是遗产保护功能日益增强，促进了民间文化的积淀与传承，拓展了公众文化生活层面。民办博物馆藏品规模越来越大，从初期的家庭收藏馆的数百件，到近年来一些博物馆的数万件，甚至上百万件。如西安关中民俗博物院收藏各类民俗文物共 3.36 万余件（套）。北京中华民族博物院收藏 56 个民族文化 10 万件。四川建川博物馆聚落据称有 800 万件藏品（包括抗战文物、“文革”文物、民俗文物）。成都华通博物馆在安防、消防、藏品管理方面应用了大量先进的高科技设施设备，该馆引进了先进的陶瓷

检测设备和一批优秀的科技人员。黑河俄罗斯民间艺术展览馆收集了5 000余件俄罗斯艺术珍品，基本陈列荣获第五届全国博物馆十大陈列展览精品提名奖。这些博物馆在文化资源收藏、保护、展示、传播方面不遗余力地开展了大量工作，每年都吸引成批游客和观众前往参观，为丰富百姓文化生活做出了贡献。

二是民办博物馆一般具有较强的观众服务意识和市场经营意识，在藏品研究和价值开发上积极开拓，努力探索适合本馆特点的生存和发展模式。如北京睦明堂古瓷标本博物馆的陈列，观众可以触摸展出的瓷片标本。观复古典艺术博物馆自1997年成立以来，每6个月推出一个新的展览，不断吸引观众。深圳玺宝楼青瓷博物馆开设了自然茶艺馆，内设自然标本室、文物鉴赏厅、文艺表演厅、茶艺茶座等多个服务项目。北京松堂斋民间雕刻博物馆为吸引观众，不仅延长开放时间，还尝试了观众参观之后自主决定付费的做法。杭州世界钱币博物馆编写和出版《中国御书钱》、《泰国历史钱币》、《金钱会及其铸币》等专业书籍14种，有的被列为金融培训教材。重庆中国民间医药博物馆形成了展览——→科研——→成果推广——→生产销售——→收益的良性循环。北京古陶文明博物馆开发馆藏秦汉封泥、战国秦汉瓦当的学术艺术价值，制作各种精致的纪念品，在获取增值利润的同时，也突出了本馆特色，传播了传统文化。

三是民办博物馆在参与社会活动、拓展博物馆社会资源方面做出了积极努力，成为所在市、县、社区的重要文化窗口。许多民办博物馆被命名为当地的爱国主义教育基地或科普教育基地，以及旅游定点接待单位。广东中山蝴蝶博物馆开馆头三年就接待观众190多万人次。甘肃阳关博物馆年平均接待观众30万人次。北京中华民族博物院是2008北京奥运会旅游定点接待单位。四川建川博物馆聚落、西安关中民俗艺术博物馆等被列为国家文化产业示范基地。北京中国紫檀博物馆曾接待德国、罗马尼亚、泰国等国的政府首脑和政要参观。北京观复古典艺术博物馆已经成为美国来华游客的推荐参观点。

四是民办博物馆积极尝试构建适合自身特点的博物馆管理模式，为包括国有博物馆在内的公共文化服务机构在管理体制、运行机制方面的改革提供了可资参照的做法和经验。如北京观复古典艺术博物馆健全以“理事会”为核心的法人治理结构，广州珠江——英博国际啤酒博物馆采取董事会决策、馆长负责的管理制度，在管理体制和运行机制上区别于国有博物馆传统模式，为博物馆事业发展注入了创新的气象和活力。

（四）政府积极扶持，民办博物馆发展环境不断优化

1. 法规从无到有，民办博物馆管理有法可依。

国家陆续颁布了《中华人民共和国文物保护法》及其实施条例、《民办非企业单位登记管理暂行条例》、《民办非企业单位登记管理暂行办法》、《文化类民办非企业单位登记审查管理暂行办法》、《博物馆管理办法》等法律法规和部门规章，各地出台的地方性法规，如《北京市博物馆条例》、《山西省实施<中华人民共和国文物保护法>办法》、《浙江省文物保护管理条例》、《甘肃省文物保护条例》、《安徽省实施<中华人民共和国文物保护条例>办法》、《陕西省文物保护条例》等，构成了层次丰富的民办博物馆管理法规体系，使民办博物馆的举办有法可依。

2. 探索出台优惠政策，扶持民办博物馆发展。

近年来，国家研究出台了一系列扶持民办博物馆发展的优惠政策。2005年4月13日，国务院发布了《关于非公有资本进入文化产业的若干决定》，鼓励和支持非公有资本进入文艺表演团体、演出场所、博物馆和展览馆等文化领域。依据《中华人民共和国营业税暂行条例》有关条款，民办博物馆举办文化活动的门票收入免征营业税。依据2008年开始实施的现行企业所得税政策，如民办博物馆符合非营利组织的免税条件，可享受免征收入所得税的优惠。《公共文化体育设施条例》规定，社会力量建设公共文化体育设施使用国有土地的，经依法批准可以以划拨方式取得。

各地根据国家宏观法规政策，积极探索扶持民办博物馆的具体措施，如浙江省人民政府发布《关于进一步加强文物工作的意见》，宁波市鄞州区出台《关于鼓励促进鄞州区民办博物馆发展的意见（试行）》及实施暂行办法，广东省东莞市制定《东莞市关于博物馆之城建设优惠政策的实施办法》，云南省昆明市印发《关于充分利用文物资源大力发展博物馆业的实施意见》，规定民办博物馆在规划建设、土地征用、规费减免、从业人员职称等方面与国有博物馆一视同仁，并给予土地、财税政策优惠和专项资金支持。

3. 在有关部门支持下，各级文物行政部门加强对民办博物馆的专业指导和工作扶持。

一是按照《博物馆管理办法》规范申请设立的程序，提供博物馆设立的业务指导和政策咨询沟通，做好民办博物馆成立、变更、注销登记前的审查工作。

二是加强业务指导和帮扶。如北京市文物局为民办博物馆业务人员代评文博职称，协调民办博物馆的海外文物征集、入关，向相关部门推荐北京市的有特色的民办博物馆。山西举办全省博物馆馆长培训班，吸收民办博物馆馆长参加；对新设立的民办博物馆在陈展设计制作等方面给予专业指导。重庆、甘肃组织文物鉴定专家对民办博物

馆馆藏文物进行鉴定定级，指导民办博物馆开展馆藏珍贵文物的建档备案工作。四川、黑龙江对民办博物馆的珍贵文物维修保护提供技术指导。广东对民办博物馆给予学术上的指导，主动组织和邀请民办博物馆参加文物部门举办的国际博物馆日、各类讲座、宣传活动等各项活动，并积极协调民办博物馆选派专业人员到文物系统博物馆实习锻炼或进行轮训，以提升民办博物馆的管理能力和业务水平。

4. 民办博物馆的发展得到社会高度关注。

近年来，人大、政协的代表、委员纷纷提交议案、提案，建议政府有关部门关注和支持民办博物馆的发展。2006年，全国政协委员王平等人提交“关于要求国家文物局加大力度扶持民办博物馆事业发展”的提案；2008年，全国人大代表王勇超提交“关于进一步鼓励民间资本参与文化遗产保护事业的几点建议”的议案；2009年，全国政协委员吕建中等人提出“关于大力扶持民营博物馆发展”的提案，得到了政府部门的高度重视和积极回应。

（五）民办博物馆的积极意义

民办博物馆是我国经济、社会持续稳定发展大背景下的公民文化需求增长的必然结果。作为民间力量兴办的机构，民办博物馆一直肩负着传承文化、服务社会的使命，并在生存与发展中日益呈现出植根民间沃土、茁壮繁衍成长的强大生命力，还将日益成为社会参与公共文化发展，促进和谐社会建设的重要力量。

民办博物馆的出现和发展，弥补了国有博物馆所忽视或无心集中收藏的内容空白，丰富了博物馆的门类和体系，加快了博物馆事业社会化的进程。

民办博物馆将纯粹的私人收藏行为转化为社会行为，提升了民间收藏的境界，整合了民间资源，为社会公共利益服务，促进了博物馆事业的发展。

民办博物馆作为社会文化基础设施的重要组成部分，满足了社会多元文化需求，越来越成为地区的文化中心，在增强地方影响力、促进地方经济发展方面发挥了积极的作用。

民办博物馆凭借其机制灵活的特点，与国有博物馆在竞争中优势互补，相互促进，在合作中相互借鉴，共同进步，推动全国博物馆事业走向繁荣。

民办博物馆的发展推动了博物馆法规和政策体系建设，促使国家和各级政府建立更加灵活有效的博物馆管理体制和机制，提高博物馆事业的发展水平。

民办博物馆发展也促进了博物馆学的理论建设，许多学者更加关注博物馆的社会功能、组织管理和博物馆事业发展的内在规律，以及博物馆发展与社会的互动作用，丰富了博物馆学基础理论研究的内容。

二、正确把握制约民办博物馆发展的瓶颈问题

民办博物馆蓬勃发展，取得了不小的成绩。但由于民办博物馆产生历史较短，目前仍处于一种自主生存、自我完善的状态中。总体而言，民办博物馆在管理运行、业务开展、社会服务方面较之国有博物馆尚存在着较大的差距，还缺乏应有的社会影响力。当前制约民办博物馆发展的主要问题是：

（一）缺乏完善的法律政策和制度体系

目前我国有多项法律、法规、规章及政策文件均有对包括博物馆在内的公益文化事业的扶持性规定。例如，《公益事业捐赠法》、《企业所得税法》及其实施条例、《博物馆管理办法》等。但这些法律法规规章及政策文件，大多属于原则性规定，而且主要针对国有博物馆。《博物馆管理办法》虽然对民办博物馆的设立、年检、终止等作了具体规定，但由于该办法属于部门规章，法律效力有限，在协调民办博物馆与政府部门之间，以及社会各个方面的关系时力度不够。对管理运行不规范的民办博物馆，以及大量未经登记即以博物馆名义开展活动的“民办博物馆”的监管不力。

（二）功能不完善

不少民办博物馆“重建设，轻功能”，缺乏长远的科学发展规划，定位不准，功能单一，设施简陋，陈列展览水平不高，服务意识淡薄，社会效益不明显。民办博物馆是一种社会文化行为，但不少民办博物馆的创办者、管理者对博物馆作为公共文化教育机构的性质、功能、作用及工作程序缺乏足够的了解和认识，不少民办博物馆主要定位于较为单一的行业发展历史、企业文化、个人收藏展示，除了重点的行业内部接待外，作为博物馆应当承担的藏品保管、陈列展览、科学研究、社会教育、公众服务等难于全面开展。

（三）基础工作薄弱

民办博物馆普遍缺乏相应的专业队伍，对藏品保护、研究等基础工作重视不够，藏品的清理、鉴定、登记、建档和备案工作基本没有开展，难以为展览和社会服务提供有效支撑。同时，有的民办博物馆在获取藏品和处置藏品时未能遵循法律和职业伦理的规定，有些地方出现的以民办博物馆的名义收购和交易出土文物的情况，在社会上产生了非常恶劣的影响。

（四）内部管理制度不健全，运行状况不佳，资金筹措难度大

与国外民办博物馆依托强大的基金会并由其委托理事会或董事会管理博物馆不同，我国民办博物馆通常由创办

者直接经营，博物馆的藏品等财产权经常与其创办者的财产权混淆不清，虽然民办博物馆必须依法成立理事会，但真正尝试把理事会的功能落到实处的民办博物馆目前凤毛麟角。由于对现代博物馆的收入结构缺乏了解，民办博物馆对门票收入往往寄托了过高的期望，存在着造血机能差，财务状况不佳的问题。由于资金原因，许多民办博物馆展馆基本靠租用或借用，甚至频繁迁址，使民办博物馆很难拥有较稳定的观众群。

三、努力促进民办博物馆健康发展

从全球范围看，博物馆事业社会化是发展趋势。在博物馆事业发达国家，民办博物馆都占有非常重要的地位。如，日本，近三成博物馆为民办博物馆；法国，近四成博物馆为民办博物馆；美、英等国，近六成博物馆为民办博物馆。其中，产生了如美国纽约大都会艺术博物馆等举世闻名的重要博物馆。

由于起步晚，我国民办博物馆无论数量还是品质，均与世界先进水平有着较大差距。随着改革开放的深入，文化体制改革的不断推进，我国民办博物馆的发展前景日益广阔。

党中央、国务院高度重视民办博物馆的健康发展，中央有关领导同志近年来多次就民办博物馆有关问题做出重要批示。为落实中央领导同志批示精神，今年以来，国家文物局在中宣部、国务院法制办、文化部、民政部、财政部、国土资源部、住房和城乡建设部、国家税务总局的大力支持下，加强了民办博物馆调查研究，拟订了《关于促进民办博物馆发展的意见》，即将联合印发。《意见》立足当前民办博物馆发展的实际，借鉴国内外先进经验，从制度、政策、机制上提出了促进民办博物馆持续、健康发展的具体办法，我们相信必将对民办博物馆的发展产生积极的作用。在此，我想再重点强调以下几个方面：

（一）要切实提高对支持民办博物馆发展重要性的认识

民办博物馆来自于民间、成长于民间、服务于民间，是具有文化普及鲜明特色的文化服务机构，是动员全社会广泛参与，共同构建公共文化服务体系，促进文化大发展、大繁荣，建设和谐社会的一支重要力量。各地要本着积极鼓励、着力支持、正确引导、依法管理的原则，将民办博物馆纳入国民经济和社会发展规划，纳入文化遗产保护和博物馆事业发展规划，因地制宜，分类指导，制定符合本地民办博物馆发展的相关政策措施，支持、鼓励和引导民办博物馆的健康发展。

（二）要努力优化民办博物馆的发展环境

一是完善法规体系。国家文物局将积极配合国务院法制部门，加快出台《博物馆条例》，从国家层面完善博物馆管理基本制度体系，明确民办博物馆与国有博物馆同等的法律地位。各地文物行政部门要联合民政、文化等行政部门细化民办博物馆准入标准，完善审批程序，健全民办博物馆准入制度。依照《中华人民共和国文物保护法》等法规的规定，加强对拟申办民办博物馆藏品来源合法性和真实性审查，明确博物馆对藏品的合法所有权。对符合设立条件的民办博物馆，要按照《民办非企业单位登记管理暂行条例》和《博物馆管理办法》的有关规定，及时审核并给予登记注册。要加强对民办博物馆凭证执业、依法办馆的监督，要开展经常性的执法检查活动，严厉打击非法办馆行为，坚决取缔无证执业，规范竞争行为，营造公平有序的发展环境。

二是管理部门加强协调，形成合力。文物、文化、宣传、法制、民政、财政、税务、工商、城管等各相关行政部门和行业组织要加强调查研究，对民办博物馆在创办、开放、发展中遇到的用地、设施、交通、环境、经济来源等方面的具体困难和问题，应给予必要的关注，及时帮助切实解决，保障民办博物馆健康发展。民办博物馆相对于国有博物馆而言，只是办馆藏品、经费来源和举办者不同，其办馆方向、藏品保护、社会教育和服务目标等方面都是一致的。因此，民办博物馆与国有博物馆具有同等法律地位，国家给予民办博物馆的很多优惠政策与国有博物馆也是一致的。对这一点，我们必须深刻理解，积极争取予以落实。要借鉴国内外经验，推广民办公助模式，完善财税政策，切实帮助解决民办博物馆经费和馆舍保障问题。比如，要落实民办博物馆用地和建设等方面与国有博物馆的同等优惠政策，新建、扩建民办博物馆应按照公益性事业用地的有关规定给予优惠，民办博物馆馆舍建设享受同级同类国有博物馆的基本建设优惠；要落实民办博物馆在水、电、气等供给和价格方面与同级同类国有博物馆的同等优惠政策；要落实民办博物馆在税费等方面与国有博物馆的同等优惠政策，等等。同时对民办博物馆获取的优惠待遇的效果要加强考评和监管，确保国家的优惠政策真正用于博物馆事业。

三是文物部门加强对民办博物馆的专业指导。要积极探索新形势下民办博物馆的管理体制、机制和办法，考虑民办博物馆自愿办馆、自筹资金、自负责任、自主管理的特点，通过法规、政策、标准、评估、督导等措施为博物馆的目标管理和质量管理提供服务。民办博物馆在技术准入、等级评定、人员培训、职称评定、科研活动、陈列展览，以及人才、学术的交流、合作、奖励、政府政策信息服务等方面，与国有博物馆一视同仁，同等待遇。对具有门类特点、行业个性或地域文化、民族（民俗）唯一性的民办博物馆，以及致力于抢救濒危文化遗产、填补某领域文化空白或稀缺的新建民办博物馆，给予必要和适当的倾斜性扶持。鼓励国有博物馆对民办博物馆的藏品保护、陈列展览、科学研究等业务活动实施帮扶。加强博物馆行业协会建设，制定行业规范，鼓励民办博物馆加入行业协会，促进行业自律。

（三）要着力于全面提升民办博物馆的办馆水平

一是民办博物馆要严格遵守国家相关法规以及《国际博物馆协会职业道德准则》的要求，健全以理事会（董事会）、监事会为核心的法人治理结构，完善博物馆章程和发展规划，依法自我管理、科学运行，承担相应的社会义务。民办博物馆依法享有法人财产权。对举办者和其他投资者投入民办博物馆的藏品、资产、国有资产、受赠的财产、收取的费用以及办馆积累，应当分别登记建账；民办博物馆存续期间，对博物馆所有资产依法享有占有、使用、收益和处分的权力，任何组织和个人不得侵占和非法干涉。

二是加强民办博物馆的藏品管理。藏品是博物馆赖以生存的物质基础，保障藏品安全并充分发挥其社会作用是博物馆的基本义务。民办博物馆应当依照《中华人民共和国文物保护法》、《博物馆管理办法》、《博物馆藏品管理办法》等法规、规章和《国际博物馆协会职业道德准则》的要求，加强藏品收集，建立、健全藏品收藏、保护、研究、展示等相关规章制度和藏品总账、分类账及每件藏品的档案，并报所在地市（县）级文物行政部门备案。民办博物馆处置无保存价值的藏品，以及民办博物馆终止时的藏品处置，必须进行严格的评估，并报所在地省级文物行政部门审批，民办博物馆不再收藏的藏品应优先转让给其他博物馆收藏。处置藏品所得应当用于博物馆收藏新的藏品、改善藏品保管条件和博物馆日常维护等用途。

三是切实加强民办博物馆展示服务工作。民办博物馆要落实“以质量求生存、以特色求发展”的办馆理念，进一步加强人才队伍建设，加强科学研究，大力提升展示服务水平。要坚持高标准、严要求，把博物馆的特色和品牌建设作为直接关系民办博物馆生存的大事来抓，积极实施品牌战略、特色战略，重点满足社会对优质博物馆文化资源的需求。文物行政部门要加强对民办博物馆陈列展览、社会教育和服务活动的指导，严格基本陈列内容审查，抵制低俗之风。民办博物馆要完善开放服务制度，开展进校园、进社区活动，纳入当地旅游线路，开展博物馆文化旅游活动。根据公平、择优的原则，采用公开招标和政府购买服务的方式，支持民办博物馆参与国民教育体系建设。对于社会服务功能发挥良好、成绩突出的民办博物馆，可按规定命名为爱国主义教育基地和青少年教育基地。鼓励民办博物馆积极参与对外文化交流。

同志们，大力发展民办博物馆是时代赋予我们的光荣使命，是各级政府义不容辞的责任。让我们以这次座谈会为契机，进一步统一思想，抓住机遇，领导上高度重视，政策上给予倾斜，管理上真正到位，广泛动员社会力量，与时俱进，开拓进取，努力把我国的民办博物馆事业做大做强，为推进社会主义先进文化建设做出更大的贡献。

全面提升民办博物馆发展水平 推动博物馆事业实现新跨越

国家文物局局长 单霁翔

民办博物馆是我国经济社会持续稳定发展大背景下公民文化需求增长的必然结果，是为了教育、研究、欣赏的目的，由社会力量利用民间收藏的文物、标本、资料等文化财产依法设立，具有文化普及鲜明特色的公共文化服务机构，是动员全社会广泛参与，共同构建公共文化服务体系，促进文化大发展、大繁荣，建设和谐社会的一支重要力量。

一、政府大力支持民办博物馆的发展

新中国的民办博物馆实际上是改革开放的产物，与民间收藏热在中国大陆的悄然兴起以及公众对历史文化欣赏的自觉追求密不可分。民办博物馆的发展在短短的时间里实现了两次跨越。

第一次是十多年前的20世纪90年代，在我担任北京市文物局局长期间，北京市文物局批准成立了我国首批民办博物馆。当时，上海出现了一些“民间收藏馆”，而在北京也有许多民间收藏家有着强烈的为社会展示的愿望，要求举办正规的民办博物馆，我们觉得新的时期应该在可移动文物管理和民间的文化事业发展方面有一些新的突破。于是就一方面积极进行理论探索，一方面进行精心的制度设计，探索着批准了几家民办博物馆，这就是包括马未都先生创立的北京观复博物馆和路东之先生创立的古陶文明博物馆在内的第一批民办博物馆的诞生，标志着从那个时候起真正意义上的民办博物馆萌芽开始在中国大地出现了。我们高兴地看到马未都、路东之先生也参加了今天的会议。

第二次就是今年1月，国家文物局会同民政部、文化部等7部门联合印发了《关于促进民办博物馆发展的意见》，就加强和扶持民办博物馆提出了一系列的办法、措施，虽然很不完善，但是标志着社会已经达成共识，承认并且开始以实际行动支持民办博物馆发展，号召动员全社会要支持这个工作，要为民办博物馆的发展创造良好的舆论氛围和制度设计。这一共识的形成经过了很长时间的努力，我觉得这也是我们必须要做的，有大量的数据可以证明这几年我们从各地到国家层面日益注重对民办博物馆的支持了。

1996年北京炎黄艺术博物馆首开由政府无偿提供展馆用房先例。此后北京中华民族园博物院由政府划拨土地。浙江德清县政府为莫干山陆有仁中草药博物馆以每亩5万元的优惠价划批土地35亩。宁波市鄞州区规定：由个人和民营企业出资筹建、建筑面积在1 000平方米以上的博物馆，投资额度在每平方米4 000元及以上的，鄞州区财政给予500元每平方米的一次性补助；投资额度不足该标准的，给予300元每平方米的一次性补助；最高补助额度不超过400万元。对免费和低价收费博物馆，区财政按参观人数给予经费补助。对鄞州区内博物馆组织外地展品来本馆内进行展览，政府按规模大小给予2万元至4万元不等的补助；到宁波市外或国外进行异地巡回展出，政府按规模大小给予3万元至10万元不等的补助。山西平遥县对进入古城的民办博物馆在进驻前两年免收房租，后8年减半征收房租。江苏昆山市锦溪镇除优惠为民办博物馆提供房屋外，还对其水、电、气等基础设施运行费用给予减免。

四川省成都市，高度重视、积极支持民办博物馆的建设与发展。2003年以来，为了建川博物馆建设，成都市主要领导多次调研和召开现场办公会，帮助解决了博物馆在建设初期和发展过程中的一系列难题。比如说馆舍建设方面，2003年成都市政府以每亩10万元左右的成本价出让500亩土地用于博物馆建设，2004年给予提供了5000万元贷款的政府贴息50%的优惠。博物馆开馆后成都市财政继续给予不同额度的资金支持，其中汶川大地震后从灾后重建专项资金拿出1 500万元支持该馆；在2009年配合安仁博物馆小镇建设项目，成都文广集团公司出资5 000万专门用于建川博物馆15个单体建筑的建设；2010年在文化事业发展专项资金中划拨40万元用于博物馆陈列改造的项目，这些各项建设的资金投入达6 500万元，如此大力度的支持民办博物馆，在全国也很少见。当然还不仅这些，中宣部、国家发改委、解放军总政治部和中国人民军事博物馆举办的《万众一心、众志成城——抗击汶川大地震展览》落户建川博物馆园区，由成都市出资4000万元建设专馆。在专业指导方面，成都市政府、文物等有关部门也积极提供服务，帮助建川博物馆提高质量。总之各地出现了一个支持民办博物馆发展的良好势头，有很多感人的事迹。

从国家层面，国家文物局2009年开展了民办博物馆专题调研，11月在北京召开了首次全国民办博物馆工作座谈会，研究出台《关于促进民办博物馆发展的意见》。近年来并开始组织专家组对民办博物馆藏品进行鉴定，2009年，国家文物局组织近现代文物专家组对四川建川博物馆的一级文物进行鉴定，共确认一级文物121件（套）。在资金方面，2009年，中央财政拨付专款对西安关中民俗博物馆、青海藏医药文化博物馆的陈列展览项目给予支持。同时把民办博物馆纳入了全国博物馆人才的培训计划，今年10月，国家文物局在南京组织的文物科技保护标准培训班，由四川省文物局推荐，吸收了成都华通博物馆的学员参加。

总之以2010年1月《关于促进民办博物馆发展的意见》发布为标志，我们开始了一个在国家和社会层面全方位支持民办博物馆的态势，正是由于这样一种全民、全社会的共识，民办博物馆发展出现了一个很好的势头。截至2009年底全国博物馆的年检结果，经各地文物行政部门注册登记的民办博物馆是328家，分布于28个省、自治区和直辖市，占全国博物馆的总数将近11 %，这个比例每个月还都在攀升。可以毫不夸张地说，如果政策对头，扶持力度大，我们民办博物馆在10年以后很可能会超过国有博物馆，关键是看我们各方面的共同努力。

当前，民办博物馆的发展正呈现出以下特点：

（一）一些有实力的民办博物馆加大了藏品征集的力度，从对文物的收藏拓展到对具有历史、艺术、科学价值的各类实物的收藏，并以国有博物馆所忽视收藏的内容为特色，努力使博物馆收藏朝着规模化、系统化的方向发展。如西安关中民俗博物馆收藏陕西地区各类民俗文物共3.36

万余件（套），四川建川博物馆也收集了大量而丰富的藏品，其题材门类涉及抗日战争、新中国建立以来的生产生活、民俗、抗击汶川大地震等实物资料，丰富了博物馆藏品的概念，促进了民间文化的积淀与传承。

（二）各民办博物馆加强展示、传播和文化普及，注重文化服务推广，努力提升陈列展览水平，扩大博物馆的社会影响力。如北京观复博物馆自1997年成立以来，基本陈列不断改进，体现了很高的专业水准；而且每6个月推出一个新的展览，不断增强观众吸引力。该馆还依托馆藏陶瓷等文物的文化元素，大力开发、营销相关文化创意产品，荣获2010年全国博物馆文化产品开发优秀奖。成都建川博物馆的抗战专题展览等，从理念到策划，从内容大纲到形式设计，从教育活动到宣传推广，都精雕细琢，颇具匠心，引人入胜，耐人寻味。黑河俄罗斯民间艺术博物馆基本陈列曾荣获第五届全国博物馆十大陈列展览精品提名奖。

（三）不少民办博物馆积极尝试构建理事会等多种形式的科学规范的管理模式，同时通过引进专业人才、配置专业设备等手段实施科技强馆，并加强行业组织建设，探索博物馆可持续发展之路。北京观复博物馆于2004年建立理事会，2009年又创建了观复文化基金会，探索建立起基金会管理博物馆的新型运营模式。广州珠江—英博国际啤酒博物馆采取董事会决策、馆长负责的管理制度，为博物馆事业发展注入了创新的气象和活力。成都华通博物馆成为中国文物保护技术协会的文物保护检测研究基地和四川大学文物保护专业的教学基地。西安大唐西市博物馆聘请原陕西历史博物馆的副馆长担任馆长。陕西省2009年率先成立了民间博物馆协会，今年4月在西安举行“民办博物馆发展论坛”，通过的《西安宣言》倡议民办博物馆要不断提高专业水准。中国博物馆协会于今年成立了民办博物馆专业委员会。都标志着提升专业水平成为民办博物馆群体性的要求。

二、加强民办博物馆专业化建设的必要性和紧迫性

民办博物馆已渐成规模，成为了我国博物馆领域中的一个很大的不可忽视的力量。但是由于起步晚，目前我国民办博物馆无论在办理念还是具体实践，无论是管理运行还是业务开展，无论社会服务还是科学研究等方面，能够符合国际博物馆职业道德准则确立的基本要求和规范的博物馆数量还是很少的。

最近刚刚在上海召开并胜利闭幕的国际博物馆协会第22届大会，中国的博物馆整体喊出了我们的声音，引起了全世界博物馆同行和有关国际组织的关注。在这个论坛上，我有一个感受，就是我们民办博物馆的声音还是非常非常小。当前我们国家处于全面建设小康社会的关键时期，博物馆作为社会文化事业的重要组成部分，作为文化遗产保护、国民教育和公共文化服务体系的重要背景，作为普及科学文化知识，提升公民素质，提高社会文明程度的重要平台，必须立足于博物馆加速融入社会及其发展的趋势，强化文明传承、文化沟通、增进知识和民族教育的职能，坚定不移的在优化体系、提高质量、强化服务上创新措施，提升博物馆专业化、现代化、社会化水平。

我在国际博协第22届大会期间博物馆管理委员会的一次论坛上曾经有一个发言，主要提出了我的两个观点。一是今天中国博物馆的发展一定要从数量增长走向质量提升，不论在藏品保管、科学研究、陈列展示、社会教育，还是人才培养，文化产品开发等从各方面都要提高。二是今天的博物馆应该走出自己的馆舍天地，到大千世界去，把博物馆文化在全社会进行传播。

在这两个方面有很多博物馆作出了很好的榜样，在社会也有了一定的影响。我们民办博物馆作为博物馆领域中方兴未艾的新生力量和后起之秀，在新的发展阶段中要正视和逐步解决一些发展中的困难和问题，紧跟时代的潮流，抓住难得的机遇，加快科学发展的步伐，在数量增长的同时，更加注重质量提升，努力从“馆舍天地”走向“大千世界”。要遵循博物馆规律，加强民办博物馆的管理运行、业务开展、社会服务等方面专业化建设，不断完善博物馆功能，切实提高应有的社会竞争力和影响力，充分发挥民办博物馆的社会作用，实现博物馆服务社会及其发展的宗旨。

三、关于民办博物馆质量提升的思考

随着改革开放的深入，文化体制改革的不断推进，我国民办博物馆的发展前景日益广阔。必须认识到，民办博物馆与国有博物馆只是在资源获取和管理体制上有所不同，但作为博物馆的功能、职能和社会效益是一致的。就推进民办博物馆的科学发展，我有以下几点思考：

（一）要切实理顺举办者与民办博物馆之间的权利义务关系，保障民办博物馆的独立法人地位和办馆自主权，使民办博物馆真正依法自我管理、科学运行，独立行使法人权利，独立承担社会义务。

需要明确的是：民办博物馆不是私人财产，从办馆那一天起，私人的藏品就已经成为以博物馆法人财产为表现形式的公共收藏。要落实民办博物馆以藏品为核心的法人财产权，依据非营利组织管理机制，鼓励举办者和其他投资者以捐赠藏品、资产的方式支持民办博物馆的建设和发展，并作为捐赠人监督民办博物馆依法享有的占有、使用、

收益和处分合法财产的权力。

（二）理事会是民办博物馆公共性的组织体现和组织保障，是提升民办博物馆专业化水平的核心，其主要职责为确定博物馆的方向、战略规划与工作目标，馆长的聘任及其绩效考评，为博物馆寻求经费等资源。理事会应该符合博物馆自身规律，有助于博物馆决策的民主化和科学化、有助于扩大公众对博物馆参与、有助于博物馆对公众需求的回应，其构成要充分体现博物馆专业性和社会代表性，可由博物馆设立者或其代表、职工代表以及政府主管部门代表、热心博物馆事业的社会人士代表等组成，并要逐步扩大具有博物馆专业背景的外部理事的比重。作为行业主管部门和地区利益的代表，政府部门有责任帮助选派一定数目的博物馆理事会成员，协调民办博物馆专业化建设，并对民办博物馆向政府申请专项资助事宜进行评估，提供关键性意见。

（三）维护民办博物馆的公益性社会组织特征。依据非营利组织管理机制，搭建起其现代博物馆制度格局。制定民办博物馆章程，依据章程明确阐述民办博物馆合法地位及长期的非营利的性质和博物馆宗旨、目的、方针以及管理机构本身的作用，为实现博物馆依法长久的自我管理、自我完善、自我提升和科学运行提供规范，在实践中要坚持依规办事，将有关制度、设计落到实处，促进博物馆的科学运用。

（四）强化民办博物馆藏品管理伦理及展示服务工作。民办博物馆不是文物经营单位，藏品也不是个人私有财产，为了个人利益打着民办博物馆的旗号收集文物、标本，背后却从事交易的行为，显然是违法违规的，必须坚决杜绝。民办博物馆应根据办馆宗旨，依照国家有关法规和国际博物馆职业道德准则要求，促进收藏的个性化、系统化、专门化建设，充实藏品体系。民办博物馆要强化传承文化、服务社会发展的使命，加强基本陈列大纲的研究和编制，完善开放服务制度，精心组织主题鲜明、内容科学、展品丰富的优秀展览和多样化的教育活动。鼓励运用视听、影像、信息、多媒体、互联网等技术手段拓展民办博物馆的文化传播功能，为营造“学习型社会”服务。

（五）加强专业人才培养，造就一批知识渊博、品质优秀、道德高尚、甘于奉献、具有宽阔视野的专业和管理人才，全面加强民办博物馆专业队伍力量。社会对于文物艺术品的推崇，引发了很多博物馆内部工作人员不同方面的反响。要大力推进民办博物馆从业人员的作风建设、道德建设，使民办博物馆队伍能够坚守自己的理想，坚持博物馆人的职业道德，坚守中国博物馆工作人员的职业道德准则。民办博物馆的健康发展未来的前景就在我们今天的会上，在座的各位馆长决定着我们民办博物馆今后科学、可持续和谐发展的走向。

全国的各级文物行政部门要在提升民办博物馆质量的过程中扮演更加重要的角色，发挥更加积极的作用，努力健全对民办博物馆建设的扶持机制。

一是要将加强民办博物馆规范化建设纳入政府部门重要的议事日程，通过法规、政策、标准、评估、督导等措施，为民办博物馆在行业准入、等级评定、人员培养、职称评定、业务活动等方面的目标管理和质量管理，提供与国有博物馆一视同仁的服务，只要是一个真正的博物馆就一定会享受真正的“国民待遇”。

二是通过项目方式，推动国有博物馆对民办博物馆的藏品鉴定登录、保管保护、陈列展览、人才培养、科学研究等业务活动以及运行管理的实施帮扶，有条件的地方可以尝试国有博物馆对民办博物馆托管或连锁。

三是积极创造条件，实施民办博物馆质量提升行动计划，十二五期间争取实现法人治理结构规范、专业水平高、社会影响力大的民办博物馆，能够占到民办博物馆总数的10%以上，推动民办博物馆与国有博物馆在合作中相互借鉴，共同进步，在竞争中优势互补，相互促进。

我们相信，通过积极借鉴国内外博物馆的成熟经验、创新体制机制和办馆模式，提高质量办出特色，一定能够办好一批高水平的民办博物馆，成为名副其实的博物馆事业发展的重要增长点和促进博物馆改革的重要力量，为优化博物馆文化体系，推动全国博物馆事业的繁荣做出更加积极的贡献。

积极推进我国民办博物馆又好又快发展

国家文物局副局长、中国博物馆协会理事长 宋新潮

全国民办博物馆发展成都论坛即将闭幕了，按照安排，需要对本次论坛有一个简要的总结。但我想既然是论坛，就是畅所欲言，就是各抒己见，就是一次思想的交流。因此，小结也只能谈些个人的感受。

一、关于本次论坛的情况

本次论坛是国家文物局组织的第一次民办博物馆专题论坛，去年我们在北京开过一个民办博物馆的座谈会，但参加人数和省份都很有限。这次论坛来自全国各省市博物馆主管部门、民办博物馆馆长以及有关专家100余人参加，特别是有60多位民办博物馆的代表。本次论坛以“提高民办博物馆的专业化水平”为主题，结合国内外民办博物馆发展历史和实践经验，对我国民办博物馆建设的方方面面进行了广泛而深入的研讨。

大家普遍反映，这次论坛主题鲜明，重点突出，气氛民主而热烈。各位代表和同志的发言既是相互间的工作交流，也是彼此思想火花的碰撞，当然更是一次相互学习的难得机会。大家一致认为单霁翔局长的讲话站在推动社会主义文化大发展、大繁荣的高度，深刻分析了我国民办博物馆发展的历程、取得的成绩、面临的问题，以及对如何科学规范民办博物馆发展提出了明确的要求，具有很强的针对性和指导性，也充分体现了党中央和国务院领导同志关于博物馆及文化遗产保护一系列重要指示精神。各位馆长和代表的发言异彩纷呈，与大家分享了各自在建设民办博物馆方面的探索、有益的经验以及对进一步做好民办博物馆的新思路和建议。

本次论坛通过的《成都倡议》，充分反映了各位馆长对加快博物馆自身建设，提高专业化水平，发挥民办博物馆在社会服务中积极作用的强烈愿望和高度的文化自觉。因此，《成都倡议》必将对促进我国民办博物馆健康发展产生积极而深远的影响。

当前，我国正处于一个博物馆发展的快速时期。据统计，近20年来，我国的博物馆每年都以超过100座的速度在增长。在这一时期，民办博物馆更是经历一个从无到有的发展机遇期。但由于在我国民办博物馆产生历史还很短暂，目前还处于一个成长的时期，不可避免地存在这样或那样的一些问题，这就需要我们以及全社会的支持、培育和正确的理解。大家普遍认为，民办博物馆的发展方向是正确的，取得的成绩也是显著的，但确实也存在一些发展中的困难和瓶颈问题。我想这主要表现在以下几个方面：

一是由于传统观念的限制，人们对民办博物馆还存在一些模糊认识。我们常常听到有人将民办博物馆称之为“私人博物馆”，把民办博物馆和收藏家混淆，或把发展民办博物馆视为“招商引资”。

这些模糊认识，直接影响了民办博物馆的发展。我国民办博物馆的初期形态，与国外民办博物馆依托的基金会，并由其委托理事会管理博物馆存在明显的不同。我国民办博物馆的建立多由举办者依个人意志、兴趣、爱好等等所决定，建馆后的管理也多由举办者个人承担，博物馆的藏品等财产权经常与其创办者的财产权混淆不清，这也许就是很多人将民办博物馆举办者称之为收藏家的主要原因。虽然《博物馆管理办法》中要求民办博物馆必须依法成立理事会，但真正像观复博物馆那样，尝试把理事会的功能落到实处的民办博物馆还凤毛麟角。由此，带来目前民办博物馆两个明显的特征，一是博物馆的管理者多半属于“半路出家”，甚至也很少有专职的馆长；另一个是博物馆管理者多属于个人行为，或博物馆法人的权利得不到有效保障。

二是普遍缺乏专业研究人员。举办者多是基于个人兴趣、爱好进行收藏，展览也多是依据自己的力量设计和布置，专业化程度相对比较低。很多人都是靠自己的努力、学习和摸索，难有专业教育或培训的机会。因此，民办博物馆从业人员的专业化程度很低，专业人员缺乏是一个普遍的现象。根据2009年的一次调查，山西平遥12家民办博物馆，平均有工作人员10人，年龄大多在30岁以下，70%以上为中学或以下学历，大专以上学历的人数只占20%-30%，专业文博人才几乎没有。即使在上海、天津这样的大都市，民办博物馆也都存在着从业的专业人员所占比例偏低。

三是办馆的资金匮乏，筹措渠道来源单一。除个别民办博物馆外，大多数民办博物馆维持正常运行的经费难于

保证。博物馆基础建设和相关专业工作，也因经费问题不能正常开展，博物馆展览和应有的社会服务质量普遍有限。更有甚者，极少数民办博物馆通过收购和出售文物藏品（包括交易出土文物）以维持博物馆的运营，在社会上产生了非常恶劣的影响。我想民办博物馆希望得到政府的支持，除了道义上的外，更多的还应是经费问题。

四是缺乏长远的建馆和发展规划。不少民办博物馆主要定位于较为单一的行业历史、企业文化、企业产品、个人收藏展示，除了一些行业内部服务接待外，作为博物馆应当承担的藏品保管、陈列展览、科学研究、社会教育、公众服务等难于全面开展。一些民办博物馆的展览，仅仅是货架式的摆放或罗列，展品也缺乏必要的信息，甚至充斥着大量的粗制滥造的复仿制品，极易误导普通观众，不可能真正实现博物馆的教育功能。

这些问题表面看来主要是经费问题，但实质是如何确立民办博物馆的法人治理结构问题。目前民办博物馆存在的这些问题，是不是我们开个会或发个文件就能解决？显然不能。解决这些问题除了需要我们有一个比较一致的认识外，还要有社会方方面面的支持与社会环境的进步。但我们现在是否就无所作为呢？也显然不是。

二、如何进一步推动民办博物馆的工作

各位代表围绕如何解决民办博物馆发展面临的问题，进行了广泛的研讨交流，不仅为我们提供了很多很好的经验，也提出了这些问题的对策建议和思路办法，我想结合我们近20年民办博物馆建设正反两个方面的经验，就如何为“提高民办博物馆的专业化水平”做好服务工作，谈几点个人意见，供大家参考：

（一）要进一步的提高对民办博物馆发展建设的认识。要根据国家关于加快构建覆盖城乡的公共文化服务体系以及加强公共文化基础设施建设的总体要求，因地制宜，分类指导，将民办博物馆建设作为公共文化服务体系重要内容，纳入地区文化遗产保护和博物馆事业发展规划，纳入地区经济和社会发展规划。发展和繁荣博物馆文化既要重视国家级综合类博物馆以及专题类的大馆建设，也要积极提升那些覆盖基层和城乡社区的中小型博物馆。我们支持一些地方政府或城市大力发展民办博物馆的举措，但更强调现有博物馆，包括民办博物馆质量的提升。博物馆建设的核心是内容建设、服务能力建设，而不是馆舍的建设，特别要避免形式主义、内容空洞、贪多求大的不正确观念。

（二）根据各地民办博物馆的实际，加大对民办博物馆的支持力度。各地文物行政主管部门要依照7部局印发的《关于促进民办博物馆发展的意见》

和本次会议的精神，本着积极鼓励，着力支持，正确引导，依法管理的原则，支持、鼓励和引导民办博物馆的健康发展。积极与相关部门沟通，制定符合本地实际、有针对性的支持民办博物馆发展的相关政策措施。

（三）要切实尊重博物馆的专业规律，负责任的指导和引导民办博物馆的建设，推动民办博物馆的管理运行、业务开展、社会服务等方面水平的提升，不断完善博物馆功能，有效发挥民办博物馆的社会作用。我们要承担起博物馆行业管理者在组织、协调、服务的职能。既要敢于说实话、说真话，也要办实事、求实效。要鼓励博物馆间合作，特别是一些省级大馆，在藏品保护、展览组织、社会教育、文化产品开发以及博物馆管理等领域开展帮扶合作，要打破管理体制上的壁垒，发挥国有重点博物馆的引领辐射作用，带动区域民办博物馆的进步，使民办博物馆更好地融入博物馆行业大家庭。

（四）要积极引导民办博物馆工作人员，进一步增强对博物馆属性的认识，强调博物馆非营利的永久的公益性文化机构性质。按照国际博物馆职业道德规范和行为准则，不断地引导和规范我国民办博物馆的行为。民办博物馆虽然来源于民间收藏，但它完全不同于一般意义的收藏家。民办博物馆是将纯粹的私人收藏行为转化为社会行为，就像马未都馆长所说的“从个人兴趣到社会责任”，实际上是民间收藏者一种境界的升华。

（五）积极支持民办博物馆法人治理结构的完善和专业人才的培养工作。随着改革开放的深入，根据文化体制改革的总体要求，健全博物馆法人治理结构，逐步实行理事会决策、馆长负责的运行机制，将是我国博物馆发展并融入社会的必然要求。

目前，国务院正在制定《博物馆条例》，将有更加明确的要求和表述。一些民办博物馆的体制机制的探索，也将成为博物馆体制改革的发展方向。各省市文物局也应将民办博物馆的专业人员培育，纳入博物馆人才培养计划，逐步提高现有民办博物馆的专业人员水平，改善从业人员结构。

同志们，积极地支持民办博物馆建设是时代赋予我们的光荣使命，更是各级文物行政主管部门义不容辞的责任。让我们以这次论坛为契机，深化认识，高度重视，勇于探索，积极进取，努力地实现我国的民办博物馆又好又快的发展，为推进社会主义先进文化建设作出更大的贡献。

在首届全国民间博物馆论坛上的讲话

国家文物局原副局长、中国博物馆协会原理事长 张柏

各位代表、各位来宾、女士们、先生们：

值此辞旧迎新之际，首届全国民间博物馆论坛的隆重召开为我国博物馆事业带来了新春的暖意。

在此，我首先代表国家文物局，向本次论坛的成功举办致以热烈的祝贺！

改革开放以来，我国经济快速增长，人民生活水平不断提高，文化事业日益繁荣，促使民间文物收藏持续升温。民间博物馆应运而生，并呈现加快发展的趋势。据统计，我国目前有23 00多座博物馆，其中民间博物馆约300座。这些博物馆门类丰富多彩，特色鲜明，是我国博物馆体系的重要组成部分，是博物馆社会发展的重要体现，也是保护历史文化遗产的重要力量。在推动博物馆事业的繁荣发展，满足人民群众的精神文化需求，构建社会主义和谐社会等方面，都发挥着积极的作用。

同时，民间博物馆的发展也确实存在着法律政策不配套、服务功能不完善、基础工作不到位等问题，在相当程度上困扰和制约了民间博物馆的发展。要解决这些问题，必须立足于当前博物馆发展的实际情况，坚持以科学发展观为指导，从体制机制上入手，探索出一套适合我国国情的发展民间博物馆的新办法。

近年来，国家文物局会同各有关部门，着力从多个方面鼓励和扶持民间博物馆的发展。加快民间博物馆的相关法律制度建设，加大政策支持力度。

在《博物馆管理办法》中对民间博物馆的地位、作用和登记、管理等都做出了明确规定，并将民间博物馆的发展纳入《国家文物事业"十一五"规划》，争取比照国家扶持民办学校等公益性事业的优惠政策，进一步明确扶持民间博物馆的政策措施。

加强对民间博物馆的管理和业务指导。按照公平对待、完善管理、合理引导、强化服务的工作原则，对民间博物馆做到指导到位、管理到位、服务到位。加快行业标准建设，将民间博物馆建设和发展纳入全国博物馆等级评估体系，规范民间博物馆的管理。坚持实施精品战略，引导民间博物馆的办展方向，改进和提高民间博物馆的办展水平。鼓励发挥博物馆专业协会的作用，加大业务交流，促进文物资源的共享共用，推进国有、民间博物馆之间的资源优势互补。树立科学的人才观，实施人才强馆战略，逐步提高民间博物馆专业人员队伍素质。

营造有利于民间博物馆发展的社会环境，重视民间博物馆的宣传普及，通过媒体和其他方式，宣传报道具有代表性的民间博物馆。积极引导民间博物馆参与"5·18国际博物馆日"和"文化遗产日"等重要纪念活动，提高民间博物馆的知名度，促进社会公众对民间博物馆的认同和支持。

总之，作为行业主管部门，国家文物局和各级文物行政部门始终高度重视和热情支持民间博物馆的发展，积极探索。

在民办博物馆专业委员会成立大会上的讲话

国家文物局原副局长、中国博物馆协会原理事长 张柏

尊敬的各位领导，同志们：

很高兴，今天能够出席中国博物馆学会民办博物馆专业委员会的成立大会。首先请允许我代表学会第五届理事会向刚刚成立的民办博物馆专业委员会，以及刚刚当选的各位主任委员、副主任委员、秘书长、委员同志们表示热烈的祝贺。民办博物馆专业委员会成立后，中国博物馆学

会专业委员会的数量由二十九个增长到三十个，涉及的博物馆门类更加齐全，所代表范围更加广泛，我们中国博物馆学会也得以更加壮大。在此，我想就民办博物馆专业委员会的成立谈两个方面的意见。

一、民办博物馆是我国博物馆体系的重要组成部分

民办博物馆是为了教育、研究、欣赏的目的，由社会力量利用非国有文物、标本、资料等资产依法设立并取得法人资格，向公众开放的非营利性社会服务机构。民办博物馆的建设和发展是关系我国文化事业特别是文化遗产事业大局的一个重要命题。进入新世纪以来，文化体制改革逐步深化，民办博物馆发展更加迅速。

截至2009年，除广西、西藏、新疆外，各地文物部门登记注册的民办博物馆为386个，为全国博物馆总数（约2900个）的13.3%，是我国博物馆体系的重要组成部分。这些博物馆主要分布在东部沿海地区，中部和西部经济欠发达地区分布较少；其门类丰富多彩，特色鲜明，规模不大，多为专题馆；办馆主体多为经济实力雄厚的私人大收藏家和民营企业。民办博物馆来自于民间、成长于民间、服务于民间，是我国经济社会持续稳定发展大背景下人民文化需求增长的必然结果，是具有文化普及鲜明特色的公共文化服务机构，是我国博物馆体系的重要组成部分。不断壮大的民办博物馆在推动我国博物馆社会化进程，动员全社会广泛参与文化遗产保护工作，利用社会力量开展流散文物的收集与整理，推动博物馆事业的繁荣发展，满足人民群众的精神文化需求，促进文化大发展、大繁荣等方面，都发挥了十分积极的作用。

当前民办博物馆的发展趋势强劲，但是我们也应当看到在当前我国的民办博物馆发展进程中，还存在着诸多的问题。

其一，缺乏必要的法律政策。文化部颁布的《博物馆管理办法》，虽然对民办博物馆的设立、年检、终止等作了具体规定，但由于该办法属于部门规章，法律效力有限，在协调民办博物馆与政府部门之间，以及社会各个方面的关系时力度不够。同时，政府对鼓励、支持、规范民办博物馆发展的相关配套政策尚显滞后，民办博物馆在诸多方面还未取得与国有博物馆的同等待遇。

其二，功能不完善。不少民办博物馆“重建设，轻功能”，缺乏长远的科学发展规划，定位不准，功能单一，设施简陋，陈列展览水平不高，服务意识淡薄，社会效益不明显。其三，基础工作薄弱。民办博物馆缺乏相应的专业队伍，对藏品保护、研究等基础工作重视不够，藏品的清理、鉴定、登记、建档和备案工作基本没有开展，难以为展览和社会服务提供有效支撑。除此以外，内部管理制度不健全、运行状况不佳、资金筹措难度大等问题，也严重困扰着民办博物馆的发展。

近年来，党和政府高度重视民办博物馆的建设与发展，中央领导曾多次就促进民办博物馆发展问题做出重要批示。为促进民办博物馆健康发展，国家文物局于2009年开展了专题调研，首次召开了全国民办博物馆工作座谈会，并与民政部、财政部、国土资源部、住房和城乡建设部、文化部、国家税务总局联合印发了《关于促进民办博物馆发展的意见》（文物博发[2010]11号），提出了若干扶持民办博物馆发展的办法。《关于促进民办博物馆发展的意见》明确提出要加强博物馆行业协会建设，制定行业规范，鼓励民办博物馆加入行业协会，促进行业自律。今天，我们这里成立中国博物馆学会民办博物馆专业委员会，正是中国博物馆学会深入贯彻党的十七大关于推动社会主义文化大发展大繁荣的精神，按照中央关于深化文化体制改革的总体部署，切实落实七部门《关于促进民办博物馆发展的意见》，进一步调动社会力量参与文化遗产保护和社会主义先进文化建设，积极鼓励、大力支持民办博物馆发展而进行的一项重要举措。

二、民办博物馆专业委员会要发挥好全国性民办博物馆行业组织的重要作用

为数众多、门类丰富的专业委员会一直是博物馆学会行业优势的重要体现，各专业委员会组织实施的不同级别、不同类型、不同形式的博物馆界的学术活动，也一直是博物馆学会业务工作的重要组成部分。中国博物馆学会一直高度重视专业委员会的建设与发展，积极支持专业委员会的各种业务活动，充分发挥专业委员会的优势作用，并促进专业委员会的健康成长。

我们知道，成立一个全国性的民办博物馆行业组织，一直是广大民办博物馆的期望。希望刚刚成立的民办博物馆专业委员会，作为中国博物馆学会专业委员会行列中最年轻的一员，能够严格遵守《中国博物馆学会专业委员会组织规则》的要求，依法办会，办好活动，从发挥搭建联络平台、形成学术中心、树立对外形象三个方面切实发挥好全国性民办博物馆行业组织的重要作用。

（一）搭建民办博物馆的联络平台

我国的民办博物馆收藏门类众多，规模大小不一，创办主体各异，办馆形式多样，民办博物馆之间长期得不到沟通，与公立博物馆和文物行政部门之间也缺乏常态化的交流。成立民办博物馆专业委员会就是要在民办博物馆和民办博物馆的工作者之间搭建一座跨地区、跨行业的交流

平台，协助文物行政部门和中国博物馆学会联系民办博物馆这一专门领域，维护民办博物馆领域内团体和个人会员的合法权益，在学会与民办博物馆之间架起沟通的桥梁，形成民办博物馆之间的联系纽带。促进民办博物馆之间、民办博物馆与公立博物馆之间的馆际交流和业务协作，实现民办博物馆与公立博物馆业务活动的协同发展。这是民办博物馆专业委员会的基本任务和职能，而要完成这一任务、体现这一职能，很重要的工作就是搭建联络平台。让越来越多的民办博物馆参与到专业委员会的活动中来，在这个联络平台上各尽其职，各展其能，各得其所。

（二）形成民办博物馆的学术中心

民办博物馆的建设与发展是当今我国博物馆学领域中一个极具特色又备受关注的热门话题。进一步促进民办博物馆的建设与发展，需要建立在对于民办博物馆本身及其发展规律的系统研究和深入探索基础之上。目前，我国多数民办博物馆的创办者、管理者对博物馆作为公共文化教育机构的性质、功能、作用及工作程序缺乏足够的了解和认识。形成这个问题的主要原因，也是博物馆学界缺少对于民办博物馆的研究。要加强对于民办博物馆的研究，迫切需要一个在民办博物馆领域既能开展学术交流，又能承担研究职能的学术中心组织，而我们的民办博物馆专业委员会恰是这种组织的最佳工作载体。为此，我们希望民办博物馆专业委员会能够在民办博物馆领域中发挥学术中心的作用，积极团结和动员本委员会成员和广大民办博物馆，通过开展学术研讨、组织业务培训、承担科研任务等多种形式的学术活动，深入探寻民办博物馆业务工作和事业发展的内在规律，促进民办博物馆领域内学术研究的繁荣和发展，促进民办博物馆的健康发展。

（三）树立民办博物馆的对外形象

在当下的社会当中，许多人对于民办博物馆的认识还往往不够全面，甚至是存在许多这样、那样的偏见。为此，我们倡导民办博物馆专业委员会要团结和引导民办博物馆，面向社会，做好宣传，利用各种各样的机会和平台，宣传民办博物馆在社会主义先进文化建设中的重要地位和作用，宣传民办博物馆中涌现出的先进典型，不断扩大民办博物馆的社会影响力，树立民办博物馆良好的对外形象。

引导民办博物馆参与对外交流，让更多的民办博物馆参与到包括国际博协第 22 届大会在内的博物馆国际交流活动中来，让中国的民办博物馆，特别是部分优秀的民办博物馆，在国际博物馆行列中，也占有一席之地。

上述三个方面，无疑是民办博物馆专业委员会应该积极发挥的作用。此外，民办博物馆专业委员会还要创新工作思路，创新工作机制，创造性地开展工作。按照中央七部门《关于促进民办博物馆发展的意见》吸引更多的民办博物馆参加到学会的组织中来。学会将积极适应新形势的需要，更好地发挥民办博物馆专业委员会的优势，通过政策扶持、整合资源、搭建平台、开展国际交流活动等多种形式，促进民办博物馆专业委员会朝着规范化、规模化、专业化、科学化方面发展。由学会主办的《中国博物馆》和《中国博物馆通讯》两本刊物也要按照《关于促进民办博物馆发展的意见》中“形成有利于民办博物馆健康发展的社会舆论氛围”的有关要求，更多地宣传政府鼓励、支持、引导民办博物馆发展的方针政策，宣传民办博物馆在社会主义先进文化建设中的重要地位和作用，宣传民办博物馆中涌现出的先进典型，报道民办博物馆专业委员会的各种活动。

同志们，从全球范围看，博物馆事业社会化是发展趋势。在博物馆事业发达国家，民办博物馆都占有非常重要的地位。由于起步晚，我国民办博物馆无论数量还是品质，均与世界先进水平有着较大差距。随着改革开放的深入，文化体制改革的不断推进，我国民办博物馆的发展前景日益广阔。让我们以民办博物馆专业委员会的成立为契机，进一步统一思想，抓住机遇，充分发挥博物馆行业组织的良好作用，广泛动员社会力量，与时俱进，开拓进取，大力支持中国的民办博物馆做大做强，为推进社会主义先进文化建设作出更大的贡献。

博物馆简介

安东商埠历史博物馆

○ 馆长 张竑江

HISTORY MUSEUM

安东商埠历史博物馆是丹东港集团为整理、收集、保护丹东地区历史资料和实物，整体展现丹东地区近百年发展历程而设立的公益性博物馆，开馆于2006年，是年为丹东开埠百年。

该馆是国家二级保护单位，馆内设有后洼、鸭绿江木业、鸭绿江客运、鸭绿江桥、安东工商业等14个展区，通过近千张安东历史老照片和400多件钟表、机械、丝绸、石碑、商匾、证章等实物，系统展示了安东百年的历史风貌、民族工业、民族民风等发展变化史。同时，围绕馆藏物品，丹东港还编印了《安东旧影》（1894~1945）一书，为丹东市发展留下了珍贵的文史资料，并为丹东历史图片和实物研究领域填补了空白。

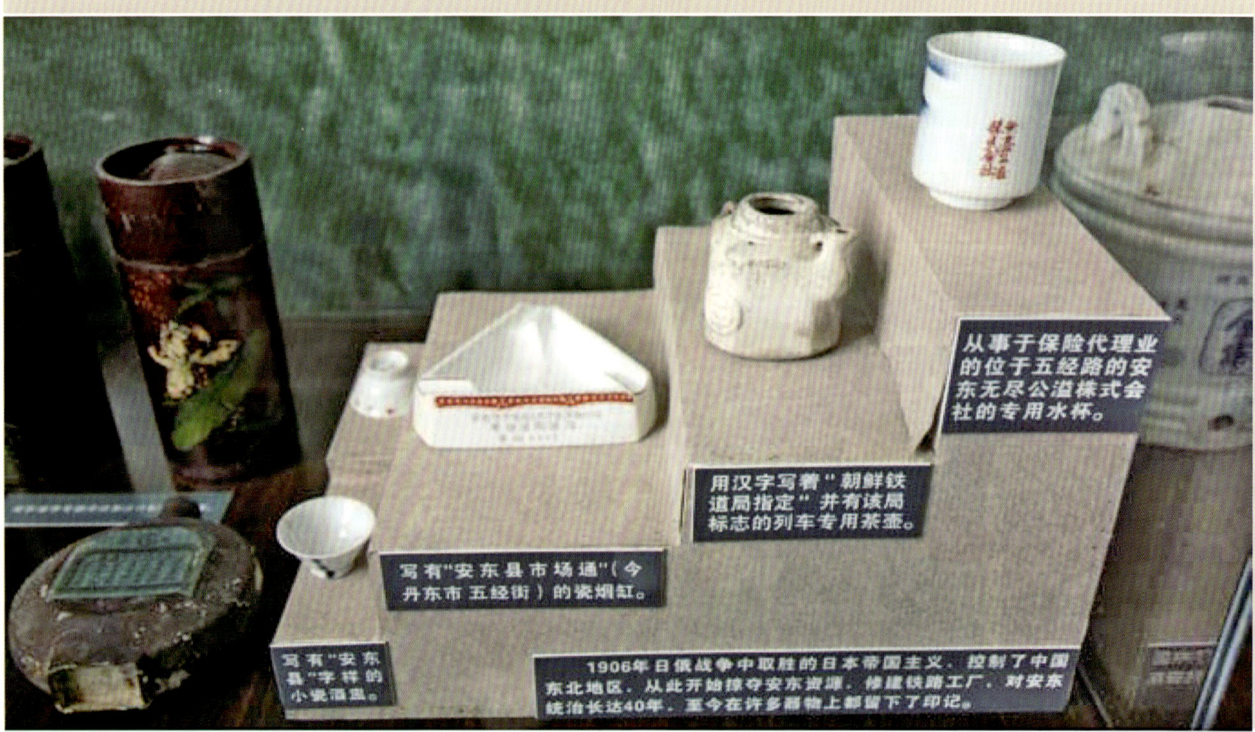

安徽省源泉徽文化民俗博物馆

○ 馆长 宣繁秋

安徽省源泉徽文化民俗博物馆草创于 1981 年，2003 年 6 月 29 日被安徽省政府批准为第一家私立博物馆。经过 30 年的收藏征集，目前拥有关于安徽历史文化、重大事件、政治名人、楹联匾额、徽州三雕、民风民俗等相关文物藏品近 3 万余件。馆内文物藏品曾在国内外举办过多次展览，是安徽省本土文化的专题性博物馆。该馆于 2007 年 5 月开始建设，园区整体占地面积 50 亩，目前展厅面积 3 000 平方米，兼有六套异地保护再建徽州古迹（小姐楼、跑马楼、官厅、门坊、路亭等），于 2009 年 5 月 1 日正式接待观众。正在建设的二期工程拥有展厅 2 300 平方米，异地重建古村落群占地 11 亩，预计 2011 年底接待观众。

几十年来，该博物馆秉承“传承历史，回报社会，倡导人类文明”的建馆理念，努力打造成一座集园林景观、陈列展览、参观接待、酒店茶馆、文博商店、商务活动于一体的文化创意产业。

博物馆希望通过自身的努力，为广大公众提供一个身心愉悦的文化空间。

安阳殷畿艺术博物馆

○ 馆长 常庆林

安阳殷畿艺术博物馆筹建于2006年，原名常庆林殷商玉器博物馆，馆址为常庆林家族旧居。经安阳市文物局审核并报河南省文物局核准，在民政局登记注册，批文正式名称为安阳殷畿艺术博物馆，于2010年把常庆林家族旧址修整后专用于博物馆对外开放。

该馆主要展示殷墟早、中、晚期的殷商玉器和陶器、青铜器、甲骨文及历代陶器、瓷器。陈列展示共分如下几个大项：一、殷商石雕蹲踞人；二、殷商玉器。有玉龙、玉动物、玉禽鸟及礼器工具类、神怪异灵类、微雕等等。

该馆精品——殷商玉人，在国内外的数量极少。镇馆之宝三皇五帝中的三皇，即伏羲、女娲、神农氏，是中华民族的人文始祖。新疆、河南等地出土的伏羲、女娲画像、玉器，都是人面龙（蛇）身，这些记载了三皇图形的文物，最早到春秋战国。而在该馆殷商玉器中，首次出现了人面龙身和人面蛇身及牛头人面的三皇形象。

三皇的神话传说始于夏，商代在夏之后，因此，殷商玉器中的三皇形象，是目前最早证明这一神话传说的文物，印证了古文献记载的正确，证明了夏代历史的存在，意义重大。

中国的九龙文化起始于殷商时代，这是十件不同的殷商玉龙

北京松堂斋民间雕刻博物馆

○ 馆长 李伟

北京松堂斋民间雕刻博物馆，是全国首家以民间建筑雕刻构件为主题开办的私人博物馆。该博物馆坐落在国子监街东口牌楼下 10 米处。国子监街为北京市文物重点保护街，680 米长的整条街道民宅的明清建筑雕刻不足 10 件，而在松堂斋民间建筑雕刻博物馆四合院内，明清建筑雕刻构件就有 1 038 件。专家认定其是目前北京保存得最完好的明清四合院。

该博物馆一层展厅展出了明清的家族祖宗牌坊，明朝的“乌鸦反哺”木雕版画，唐朝的金丝楠木佛像及镂空的雀替、匾额、斗拱雕梁等百余件精美的木雕展品；地下展厅是巧夺天工的砖雕影壁，圆明园的石雕玉马，元朝宰相府的“胡人驯兽”门墩，唐朝的飞天舞乐，秦砖汉瓦，明清的门当户对，宋朝“郭子仪拜寿”的亭台楼阁、马匹伞盖以及“千里走单骑”、“张飞立马桥上一声吼”石雕等，都是历代京城、晋徽商贾富豪、官宦人家为光宗耀祖，斥资黄金万两雕刻出来的像剪纸一样的国宝级文物。

该博物馆的民间建筑雕刻比故宫更有特色。

北京中国紫檀博物馆

○ 馆长 陈丽华

紫檀木制民宅四合院模型

北京中国紫檀博物馆由全国政协委员、香港富华国际集团主席陈丽华女士投资创办，作为北京市向建国 50 周年献礼的重点工程，于 1999 年 9 月 19 日正式对外开放。该博物馆是中国首家规模最大，集收藏研究、陈列展示紫檀、黄花梨艺术珍品，鉴赏中国传统古典家具的专题类私人博物馆，填补了中国博物馆界的一项空白。

中国紫檀博物馆总占地面积 25 000 平方米，其五层主体建筑使用磨砖对缝工艺。展厅面积 9 569 平方米，设有中央大厅、陈列厅、会议厅、贵宾厅及临时展厅等。

作为北京市一处重要的文化景观，中国紫檀博物馆秉承“继承、发展、创新”的经营理念，在传承与弘扬中国传统家具艺术方面默默耕耘，受到了社会各界的好评，并于 2004 年 1 月被国家旅游局评为国家 AAAA 级旅游单位。

紫檀雕《清明上河图》大插屏

紫檀雕故宫角楼模型

北方玉文化研究中心

○ 馆长 王明文

北方玉文化研究中心是黑龙江、辽宁、吉林、内蒙古（赤峰市）四省区的一个联合中心，主要由22名藏家组成。中心位于黑龙江省哈尔滨市南岗区东大直街37号，成立于2006年6月。主要藏品以红山文化、商、周、三星堆、良渚、春秋战国、秦、汉、南北朝及唐宋时期玉器为主，特别是对北方红山文化多有研究。

自1989年至2005年的15年间，该中心共收藏红山文化玉器56件，其中早期6件，中期40件，晚期10件；收藏农用工具及制玉工具200多件。中心馆内设有红山文化真品展及红山文化仿品展。仿品包括2006年至2010年间不同时期的作品，供南北交流。馆展4年间接待藏家几百人次，相互交流红山文化。

该中心在与藏家共同研究及真品、仿品的对比过程中，使藏家鉴赏藏品的能力有了很大的提高。其中，有80%的藏家认识到自己收藏的红山玉器为中、低仿品，有15%的藏家认识到自己收藏的红山玉器为高仿品。收藏真品的藏家仅占5%。

该中心自成立以来，有多件红山文化玉器外出参展，曾在北京参展三次，并在四川、陕西、安徽、山西、吉林、江苏、山东、云南、广州等省市参展，在全国红山文化藏友中，享有很高的知名度及影响力。

北京中华民族博物院

○ 馆长 王平

北京中华民族博物院位于国家奥林匹克公园内，占地50公顷，规划建设有中国56个民族的博物馆，是一座复原、收藏、陈列和研究中国56个民族文化、文物、社会生活的大型人类学博物馆，是国家首批AAAA级旅游景区。

中华民族博物院于1992年开始建设，1994年6月28日北园建成开放；2001年9月29日南园建成开放，并由北京市委、市政府主持开幕仪式。博物院的建设，得到北京市委、市政府的直接领导和支持，得到各少数民族自治地方政府和群众的热情帮助与参与，得到海外爱国侨胞的全力资助。

作为国际博物馆协会和中国博物馆学会的重要成员，中华民族博物院的宗旨是：展现民族建筑，保护民族文物，传播民族知识，研究民族遗产，弘扬民族文化，促进民族团结。现收藏文物10万余件。复原陈列展览涵盖建筑、环境、人文、文物等四个方面。社会教育围绕爱国主义主题，扩展到众多领域。走进生活、走进历史、走进文化、走进自然，是中华民族博物院建设的新理念、发展的新方向、陈列的新形式。

中华民族博物院被国务院授予“全国民族团结进步模范单位”称号，被国家旅游局和团中央授予“青年文明号”，是北京市“爱国主义教育基地”、“青少年民族团结教育基地”、“文明景区”和“文明公园”。

宝缘斋博物馆

○ 馆长 徐玉芹

宝缘斋博物馆成立于 2010 年 3 月 13 日，位于江苏省南京市白下区常府街 85 号新大都广场甲幢四层。

这是江苏省的第一家民间玉器博物馆，对于繁荣江苏的玉器收藏市场，推动江苏的文化产业发展有着积极影响。

该博物馆陈设有不同历史时期的玉器，包括红山文化、良渚文化、齐家文化等史前玉器，还有秦汉、唐宋、元明清各个时代的玉器精品，尤以良渚和汉代玉器为主，总计达 300 余件，其中重量级的藏品有 30 余件。

宝缘斋博物馆的成立，可以让更多的收藏爱好者免费看到各种各样的精品玉器，而且推动了民间收藏行业的发展，也顺应了江苏省大力发展文化产业的时代潮流。

成都川菜博物馆

○ 馆长 苟德

成都川菜博物馆位于郫县古城镇，是世界唯一以菜系文化为陈列内容的活态主题博物馆，国家AAA级旅游景区。景区占地约40亩，川西民居建筑风格，新派古典园林风光，内分为游客中心、典藏馆、互动演示馆、品茗休闲馆、灶王祠、川菜原料加工工具展示区、川菜原料展示区等。

其中，典藏馆以文物、典籍、图文陈列展示历史的川菜文化，游客可以了解川菜文化的起源、演变、发展及川菜文化的形成。在这里可以看到川菜在不同时期使用的不同器具，了解当时的生产力和人们的生活习惯以及当时的审美需求。

互动演示馆则是现场演示川菜的刀功、火候及成菜过程，是川菜非物质文化核心内容，它们是动态的、经验的、艺术的，只能通过演示的形式陈列，游客可以参与互动。该馆把厨房放在正中央，通过相关的互动演示和参与来展示川菜技艺这种非物质文化。

成都川菜博物馆是郫县县委、政府重点促建项目，是市委、市政府确定的非物质文化保护项目，也是成都市“十一五”规划的重点项目，是非营利性的公益单位。该馆开馆后，在各级领导的关心支持和自身不断的努力下，在境内外产生了较大的影响，特别是在美国、德国、西班牙、日本、韩国及东南亚已具备一定知名度。同时与亚洲和欧美的同行及相关团体保持着交流，为提升川菜的影响力和成都市被授予“美食之都”做出了应有贡献。

成都华通博物馆

○ 馆长 李炎

成都华通博物馆新馆位于成都市天府大道科技孵化园 9 号楼 F 座，建筑总面积 5 万平方米，藏品丰富，气势恢弘。该馆秉承“以科技振兴中华，续文明博通古今”的理念，依据《中华人民共和国文物保护法》，热爱文物、抢救文物、保护文物、展示文物，收藏国内各个时期的文物精品，既有重点又兼顾历史的发展脉络，同时建有硬件设施具备国际一流水准的文物检测研究中心，并于 2009 年 9 月正式挂牌成为“中国文物保护技术协会文物保护检测研究基地”。

成都华通博物馆始建于 2004 年 12 月，2007 年 7 月二期馆扩建完成，2009 年 7 月开始兴建三期展馆和公共服务设施。现已建成的三期馆，展陈线索清晰，重点突出，馆藏面积近 3 万平方米；其展示将会融合最新的数字化表现手段，多方位、多感官地呈现文物背后的历史和故事。各种配套服务设施更加完善，陈列展览质量也得到了极大的提升。馆内基本建设及基础设施、设备累计投入数亿元。三期新馆新设 8 个展厅，其内容包含书画艺术、青铜器、瓷器、玉器、金银杂件及佛教艺术。展出藏品规模近万件。

华通博物馆历经数年的不断发展，力求更好地履行博物馆展示、教育的社会功能，免费对公众开放。目标是把博物馆建设成一个集收藏、展示、培训、教育、研究为一体的社会公益性综合机构，回馈社会，为我国文博事业的蓬勃发展做出自己最大的贡献！

承德民族民俗博物馆

○ 馆长 王秀杰

2004年4月28日，承德民族民俗博物馆正式启动。

承德民族民俗博物馆位于历史文化名城承德东大街热河督统府旧址，距著名皇家园林——避暑山庄仅300米。该馆是承德市唯一带有会展性质的文化产业，旨在弘扬民俗文化、民族艺术、民间收藏，成为历史文化名城的窗口和青少年素质培养基地、爱国主义教育基地。该馆通过举办各种展览会、展销会、论坛等活动，为承德政治、经济、文化的发展搭建信息平台，努力促进国际化旅游博物馆的形成。

博物馆内设展厅五层，展出面积3 400平方米，展线不少于1 200延长米，可同时接纳多种形式展览。展厅一二层为主展区，是举办展销会、拍卖会、论坛和各种讲座的理想场所。

该馆自正式开馆以来，已正式展出了“半坡收藏捐献展”两期近200件古今名家书画作品；举办了“齐敬之先生收藏展”；“承德昨天、今天、明天”新老图片展览和城市规划模型展览，等等；接待了“世界名人画展”、“中韩第四届摄影展览”、“第十届国际摄影获奖作品展”、“杨曙光新闻摄影作品展”、“刘学军蒸汽机车摄影展”、“韩国李泰焕人体摄影展”、“李贵南国奇花异卉摄影展”等。半坡先生“我的梦想”、“督统大堂复原陈列”则进行长期展出。

成都梦缘博物馆

○ 馆长 王学茂

成都梦缘博物馆创建于2004年11月，是由成都八益家具股份有限公司王学茂先生创建的一家民办非企业单位性质的综合性民间博物馆，由成都市文化局直接管辖。其目的是继承弘扬优秀历史传统文化，树立公司企业文化形象和品牌。

该博物馆正式开馆时间是2005年8月1日，馆址位于八益家具股份有限公司办公楼四楼，占地面积1 000平方米，现陈列有瓷器、青铜器、玉器、木雕佛像60余件。博物馆经过多年的不断发展，藏品日益丰富，藏品达6 000余件，原陈列场地和保管场地受限，故于2007年6月在成都城南川藏公路金花桥侧江安河生态公园内修建新馆，同年8月1日正式对外开放。新馆占地近10亩，共有瓷器馆、陶器馆、青铜器馆、玉器馆、唐卡馆、书画馆、佛像殿七个展馆，陈列面积达9 000多平方米，陈列藏品1 000余件。收藏的民间传留文物，上至春秋战国前，后续清代民国，历朝历代皆有，所藏之品皆有较高的历史和艺术价值。

该博物馆在“2008年文化部文化市场发展中心艺术品评估委员会年度全会暨2007年中国艺术品市场十大事件评选揭晓盛典”中，荣获“评委会最具价值艺术品奖”。现已被文化部艺术品评估委员会授予“四川民营企业艺术品博物馆示范基地”、“文化部艺术品评估委员会成都八一公司梦缘博物馆工作联络点”。

成都清越阁玉器博物馆

成都清越阁玉器博物馆、陶瓷博物馆、石雕博物馆坐落于成都东村民间博物馆群，经文物、民政部门批准，于2010年12月开馆。馆长为蔡红阳。

玉器馆总面积3 200平方米，其中展馆面积2 000平方米，藏品大多来自民间。

藏品总数为3 817件。主要分为三大部分：

第一部分为中国新石器时代至明、清跨越数千年的完整系统的玉器精品，材质主要为和田玉。这一部分的藏品对中国玉文化史上的巫玉、王玉、礼玉、儒玉及进入封建时代以来的玉器，都有经典的呈现并填补了许多空白，具有极高的历史文化价值及艺术价值。

第二部分为四川古蜀时代玉器的专题收藏。藏品以三星堆文化时期为主，也涵盖到金沙文化时期，系统地反映了古蜀国玉文化的灿烂及辉煌。藏品对了解古蜀玉器的用材、文化内涵、达到的艺术成就及与中原玉文化的比较研究都具有较高的价值。

第三部分为从新石器时代至明、清的珠、管串饰。藏品数量多，历史跨度大，材质涉及玉、石、骨、玛瑙、琉璃、宝石、陶瓷、象牙、果核等。珠饰文化作为中国玉文化的一个重要组成部分，鲜有得到系统的收藏和深入的研究，对珠饰文化的收藏、研究可以提供新的视觉来深入理解中国的玉文化内涵，对了解中国历史上农耕文化和游牧文化的碰撞，中外文明的交流，宗教文化的兴衰变迁，都具有重要意义。

收藏品的完整、系统及经典独到是其主要特色。

成都清越阁陶瓷博物馆

陶瓷馆总面积 1 600 平方米，展馆面积 1 000 平方米。

藏品总数为 1 098 件。藏品古陶部分以战国、汉代陶器为主，包括四川少数民族地区战国、汉代时期的黑陶文化及战国、汉代时期的画像砖、陶俑。

高古瓷藏品一大特色是对四川地区玉堂窑、邛窑、琉璃厂窑、青羊宫窑产品从南北朝及唐、宋的系列收藏，量大完整、质量优良，填补了陶瓷史上地方窑口的许多空白。另外，有涉及各大窑口精美的宋、元及明代早期瓷器藏品，具有较高的收藏和研究价值。

该馆藏品构成了一部较完整的中国陶瓷史画卷，既有地方特色又系列完整。

成都清越阁石雕博物馆

石雕馆总面积 2 700 平方米，展馆面积 1 500 平方米。

藏品总数为 404 件。该馆主要收藏四川地区从汉、唐至明、清的石雕、石刻艺术品，具有历史跨度大、地区特色浓的特点，从一个侧面反映了古代四川地区的历史、社会、文化、艺术的变迁。

馆藏石雕、石刻艺术品以四川地区普遍的砂石材质为主。汉代石雕反映了四川地区当时发达的经济文化面貌。唐、宋时期以佛教造像为主的藏品则反映了四川地区在中国摩崖造像史上的独特地位，极具观赏震撼力，是中国造像史上的巅峰之作。宋代石刻板反映了四川当时具有较高审美价值的民俗艺术。明、清时期的收藏以大型的建筑石雕为主，这批石牌坊、石柱、石门、石刻板等藏品反映了这一时期四川社会“市井生活”独具的文化、艺术特色。

成都蜀锦织绣博物馆

○ 馆长 钟秉章

成都蜀锦织绣博物馆坐落于四川省成都浣花风景区，建筑面积约3 000多平方米，其前身是具有半个多世纪的成都蜀锦厂，有四大功能：一是收藏蜀锦织绣及相关文物典籍；二是展示蜀锦织绣历史文化以及蜀锦历史沿革；三是研制、保护、演示蜀锦传统制作工艺；四是展示蜀锦、蜀绣、西部民族织绣工艺品、艺术品和收藏品。该馆是目前国内唯一一家展示蜀锦历史和西部织绣的专业博物馆和国内唯一保有全套蜀锦手工制作工艺的场馆，也是国务院和文化部唯一授牌"蜀锦织造技艺"传承单位。

该博物馆由蜀锦历史文化馆、蜀锦织造技术与机具操作展示馆、蜀锦织绣服饰艺术馆及蜀锦、蜀绣、西部织绣展示销售厅组成。蜀锦历史文化馆借助图片、高科技模型和多媒体等手段，通过大量复制和收藏的古代蜀锦、实物等，通俗形象地展示古蜀锦文明与蚕桑丝绸、蜀锦与蜀锦文化、蜀锦与蜀锦文化的传播。

蜀锦织造技术与机具展示馆主要以蜀锦织造机具发展沿革为轴线，通过古代织机模型和实物，文字和图片说明（实物部分为清代腰机、明代丁桥织机、明代斜织机、民国踏板织机、清代大花楼木织机）及现场多台大型（复制的）大花楼蜀锦机（正在操作手工制作蜀锦）展示古代宏大的手工制作蜀锦的场景。织绣服饰艺术馆则以织绣服饰实物为基础，配以照片和文字说明，按年代为时间线索和展示体系，横跨秦汉隋唐、晚清民国。实物多为清代袍、褂、坎肩、缎面裙、裤、旗袍及晚清服饰等。

此外还有中国其他三大锦——宋锦、云锦和壮锦的实物和发展简史。蜀锦、蜀绣展示（销售）厅作为国务院和文化部唯一授牌的"蜀锦织造技艺"传承单位，通过半个多世纪的蜀锦生产历练，积累了丰富的蜀锦织造技术和精湛的传统手工技艺，在保持传统技艺的基础上，研制、开发、创新了大量蜀锦精品，其中"月华"、"雨丝"至今无法超越。该展示厅展示出历代蜀锦蜀绣工艺品、艺术品、实用品，使蜀锦文化、艺术、商业得到较完美的体现和统一。

常德市沅州石雕博物馆

○ 馆长 梁平

常德市沅州石雕博物馆坐落于博物馆式茶馆——大河茶馆内。大河茶馆占地面积计 2 600 多平方米，是集 20 年收藏近 3 000 件沅澧流域古代艺术品，耗巨资打造的以茶文化为依托的展示沅澧流域地方文化特色的全国首家博物馆式茶馆。该馆内有可听的文物：被列为国家非物质文化遗产的湘北高腔、常德丝弦；有可喝的文物：有 1 000 多年历史的安化黑茶，除有效的保健功效外，还可收藏保值增值，被誉为可喝的“文物”；有可看的文物：三大系列藏品居全国之最——

醴陵雕塑瓷：有“现代官窑”之称的民国熊希龄任国务总理期间烧制的釉下五彩人物塑瓷 800 多件。

桃源木雕、刺绣：有明、清时期被誉为“桃源工”的木雕、家具、多种刺绣 1000 多件。

沅州石雕：自南宋就是贡品，康熙十八年被评价为“古槎怪石、屈玉重金”的沅州石雕，存世量不超过 400 件，该馆就收藏有 200 余件，其数量、规格、品种和艺术水准堪称全国之最。

此外，还有可交易的字画及古玩杂项 1 000 多件。

朝阳德辅博物馆

○ 馆长 王冬力

“德辅”一词源于屈原的《离骚》之“皇天无私阿兮，览民德焉错辅”。意为：皇天没有私心，唯有德者而辅之。因本馆的宗旨是“弘扬家乡的红山文化，保护红山文化的民间遗存”，实为积德家乡和社会之举，故取“德辅”为名。

该博物馆是经辽宁省文化厅批准成立的朝阳市首家民间博物馆。馆内藏品为辽宁省首次获得国家定级的馆藏文物。收藏主题为中国北方新石器泛红山文化时期（距今4000年至8000年）的石器、陶器、骨器、玉器。展厅面积800平方米，展馆藏品791件。馆内藏品两千余件，其中国家二级文物7件，三级文物34件，一般文物643件。

该博物馆多年来致力于红山文化方面的专题收藏和研究，保护红山文化的民间遗存，且愿意与广大同行一起共同促进人类博物馆事业的进步和发展，期待与藏友们相互合作与交流。

澳门国际考古物理研究学会

○ 会长 叶景源

澳门是一个中葡文化的古老城市，遗留着中葡文化的独特地方，被列入联合国世界文化遗产多处，有最受欢迎及见证历史研究价值的大三巴牌坊、大炮台、妈阁古庙等，每年都吸引着世界各地来澳考古、研究的学者，见证着中葡文化4 000多年发展的古迹，海上的丝绸之路。

澳门国际考古物理研究学会是一个在澳门政府注册登记的非牟利民间团体，宗旨是以澳门特有的中葡文化交流平台，通往葡语系国家的海上丝绸之路，对祖先遗留的珍贵文物遗产，以现代科学、考古物理研究，探讨中华民族文明发展史和价值观，更有效地推动中华民族文化在世界的影响力，弘扬中华文化的伟大成就。该研究会愿与世界各地专业人士和业余爱好者共同研究及学术交流，举办各类型的文化艺术展览活动。

编者按：囿于客观条件，本年鉴尚未收集到港澳台民间博物馆的资料。现将澳门国际考古物理研究学会收入，以期读者从中获得某些有益的信息。

东莞饮食风俗博物馆

○ 馆长 古秀平

东莞饮食风俗博物馆是一座以东莞饮食风俗为主题，展示和弘扬传统饮食文化的休闲消费类专题博物馆，隶属于广东省东莞市莞香楼服务有限公司。

东莞饮食风俗博物馆位于广东省东莞市万江区金泰路1号莞香楼四楼。该馆以东莞饮食风俗为平台，通过收藏和展示具有东莞饮食风俗特色的文物，借以研究东莞饮食发展趋势、倡导饮食行业行为规范、引领东莞饮食健康发展。该馆于2006年1月18日正式对外免费开放，是广东省首家饮食风俗博物馆。

该博物馆展厅面积923平方米，拥有文物4 000件，现整理展出约1 800件。馆内分为东莞渔、耕、樵景观区，糖、油展示区，小食制作展示区，碗、箸、磣展示区和酒具、茶具展示区等5个展厅。

博物馆展览主要分为两大部分，一部分展示了5 000年以来东莞人民的劳动方式、烹饪器具、美食和餐具；另一部分则展现了东莞各镇区的饮食特色、传统节日、红白喜事的饮食风俗和东莞饮食文化的发展趋势。展览从东莞饮食风俗的起源开始，以景观展示东莞地形地貌、农耕情景、旧时厨房；以模型展示东莞美食；以图片展示饮食风俗、时节饮食、婚嫁寿诞的饮食和饮茶风俗等。

大连惠丰博物馆

○ 馆长 刘志惠

大连惠丰博物馆是大连市至今为止唯一以爱国主义为主导的非营利民办博物馆，由大连现代博物馆退休研究员刘志惠于2009年投资创办并于当年7月10日向社会开放。该馆以记忆遗产为展览主线，开创了中国乃至世界展览史的先河，为大连新添了一个文化旅游景点——大连文化旅游第一站。今年计划于“五一”前夕向市民提供免费参观。

该馆展览以“大连足迹”为主题，将城市发展、领军人物和未来愿景为展示脉点，简述了大连的昨天、今天和明天。从形式和内容上集中体现大连的自信、自强及人文精神和城市文化品牌。记忆遗产主要是文献资料，馆藏有抗日英雄金伯阳的烈士证和李维汉亲笔批示手迹、焦裕禄精神从大连走出去的文献、周恩来总理题字拓片等镇馆之宝。这些都是大连这座城市曾经创造和不可再生的精神财富，关注这座城市，留下永久的记忆是我们义不容辞的责任。同时馆内还收藏展示世界自然遗产——亚马逊河流域珍贵的昆虫物种“蝴蝶”及国内外老式收音机。

该馆开馆过程中，得到了社会各界及海内外的大力支持和资助，省市区各级领导曾多次前来视察和关怀；新闻媒体多方面刊登和报道，民革中央《团结报》、新华网和新华社亦给予跟踪关注和报道。去年相继与中央电视台书画频道展览中心、中华文学促进会青年文学艺术研究中心、大连人类文化和自然遗产保护协会等共同举办了多次文化艺术展览，并与俄、日、韩、朝、新西兰等国家民间文化团体进行了文化交流与合作。近期将与中央电视台书画频道联合举办中央民族大学著名书画家崔如琢师生展及艺术品双年展。

德懿艺术馆

○ 馆长 吴锦荣

德懿艺术馆位于广东省佛山市顺德区顺峰山公园桂海芳丛园内，占地总面积25 560平方米，设有藕香阁、张介艺术纪念馆、无尽意轩、翰云馆、永春拳馆等多个场馆，环栖于荷花池边，水木清华，环境幽雅。馆内常年开设艺术展览、美术培训、影像工作室、艺术书吧、品茶坊、武术培训等系列文化艺术活动，为各方文艺工作者、美术爱好者以及广大民众提供一个休闲娱乐、观摩交流的公共平台。

其中藕香阁、张介艺术纪念馆、无尽意轩是主要的专业艺术展馆，共占地800平方米，展线约200米。馆内装修雅致，设施齐备，功能完善，可开展国画、油画、版画、摄影、雕塑、装置等不同门类的艺术展览，是广东地区乃至全国有名的集艺术收藏、展览、研究、出版于一身的民间艺术机构。

自建馆以来，累计举办了60多场艺术活动，其中包括全国性的艺术群展（如第三届中国美术家协会会员中国画精品展、中国当代学者书画家作品邀请展）、著名艺术家的个展（如陈永锵、李宝林、周世麟、汤小铭、胡培烈等不同艺术门类的个人作品展）、本地文化艺术活动（如成立张介艺术纪念馆、组织艺术家到杏坛水乡采风等）、公共艺术教育活动（如“我是未来画家”儿童临摹活动，摄影沙龙讲座）等等。

德懿艺术馆旨在通过举办多种形式的文化艺术活动，丰富广大人民群众的精神文明生活，促进本地文化艺术的传承与发展，为建设文化水乡、和谐顺德，进一步完善顺德文化艺术事业而不断探索，不断进步！

福建包氏私人博物馆

○ 馆长 包章泰

左为馆长包章泰

设在闽东宁德市的包氏博物馆是福建省首家私人博物馆，也是闽东地区的一个重要文化窗口。该馆成立10年来，已形成了自己鲜明的特色，历史跨度大，涵盖面广，藏品众多。馆内藏品近20万件。陈列的展品有西周至清各个历史时期最典型的青铜器、陶瓷器、玉器、木雕等文物，其中有多件在福建乃至全国均属孤品或珍稀文物。其中，西周的扁圆柄青铜短剑、春秋战国的风字型铜铃、三国吴的青釉虎子、西晋的青釉辟邪、东晋的双系带流罐、宋代的建窑兔毫盏、明清的蓝釉贴螭蒜头瓶及蓝釉地白花尊等，均为旷世稀品，弥足珍贵。

福建自汉唐以来就是陶瓷大省，在世界陶瓷艺术宝库中占有极高的地位。该博物馆的藏品几乎包括了福建地区所有的窑口，曾于2008年和2009年连续两届参加“上海中国古玩艺术品博览会”，给广大收藏爱好者留下深刻印象。

福清市崇圣博物馆

○ 馆长 李振华

崇圣者，崇仰圣贤也。此乃崇圣博物馆建馆宗旨，亦即创办者李振华先生立身之本，处世之道。

该馆成立于2005年2月，馆址设在福建省福清内阁首辅叶向高书院，为第一批中国博物馆学会民办博物馆专业委员会成员。

收古今万象，藏中华奇观。该馆藏品丰富，门类齐全，雅俗共赏，贴近大众。古陶青铜、玉器瓷器、木刻石雕、家具漆器、满园玲珑；钱币邮品、火花烟标、卡品票券、字画书报，应有尽有。

该博物馆镇馆之宝有三大件：龙山文化黑陶长颈盉、清雍正珐琅五彩荷塘景图梅瓶、脱胎漆共产主义战士欧阳海雕塑。主要藏品三大类：福建宋代黑釉瓷器、珠光青瓷精品百余件；清代以降之中外火花20多万枚；“文革”时期制作毛泽东塑像300多尊。藏品不乏珍稀孤品和名家匠心巨作。1998年8月1日建立的“毛泽东肖像收藏馆”亦列入该馆专项陈列室。

太平盛世，聚宝民间。收藏家李振华集古揽今，考文鉴物，集30多年之心血，创建崇圣博物馆，为藏友营造一个内涵丰富、格调高雅的收藏世界，企盼其成为广大藏友观摩交流，增长收藏知识、丰富集藏信息、充实精神生活的园地，进而繁荣福清民间收藏，促进文化事业蓬勃发展。

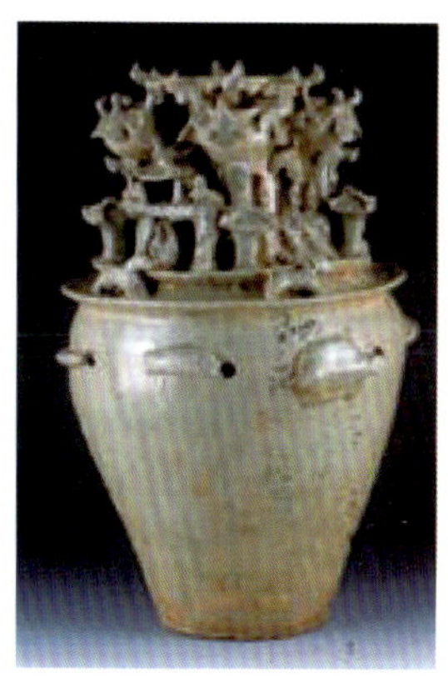

古今缘艺术博物馆

○ 馆长 陈百华

古今缘艺术博物馆，原名上海陈百华古陶收藏馆，成立于2003年9月。馆长陈百华自1986年起独辟蹊径，走上了收藏界大多数人不予重视的各类古陶器收藏的道路。历经20多年，他不仅自掏腰包收藏了新石器时期、夏商周时期、春秋战国、秦汉三国、东西两晋、唐宋年间的藏品2 000多件，在上海第一个开办了普及古陶文化的博物馆对社会免费开放；而且在中国古陶文化、收藏与研究等等方面取得了可喜的成果，先后编辑出版《中国古陶收藏与鉴赏》和《藏界百态——收藏界见闻》等书，还经常在国内外报纸杂志发表鉴赏文章；并受邀到复旦大学、宝钢集团等高校与企事业单位传授收藏知识和经验，深受广大收藏界领导、人士和同行的高度评价与称赞。中国收藏家协会会长阎振堂先生曾称赞他是从事民间收藏事业的活动家，富有一线实战经验的理论家，具有文物保护意识的收藏家。

2009年，他又在开办了6个春秋陈百华古陶收藏馆的基础上，重新选址在具有传统文化的上海古镇——彭浦老镇开办了古今缘艺术博物馆供海内外广大收藏爱好者免费参观，先后共接待了来自海内外三万多名慕名而来的参观人士；并深受国内外各类媒体的广泛关注，先后得到《收藏家》、《收藏界》、《新民晚报》、《收藏快报》,《检察风云》、《周末画报》、《城市导报》、《民间收藏》、《收藏》和日本的《日中新闻》等众多报纸杂志的宣传报导。最近由新华社上海分社记者采访编辑的《新华纵横》采访专题片又在香港凤凰台和内地多家电视台播放。

高士堂博物馆

○ 馆长 余新开

高士堂博物馆位于风景秀丽的历史文化名城、端砚之乡广东省肇庆市七星岩湖畔。该馆收藏以明、清官窑瓷器、玉器、名人字画为主，藏品逾千件，仅宋代五大名窑和元明清官窑瓷器就达数百件。2010 年 4 月，该馆参展了在西安举行的首届全国民办博物馆藏品博览会。

该博物馆的乾隆宝鉴三希堂款御用端砚及数十件明清官窑瓷器藏品都受到中国收藏家协会领导、台北故宫博物院领导、专家和同行的好评。

古陶文明博物馆

○ 馆长 路东之

古陶文明博物馆是中国内地首批成立的私立博物馆之一。1996 年 10 月 30 日经北京市文物局批准成立，1997 年 6 月 15 日开馆。藏品以新石器时代彩陶及周秦汉唐陶器、战国秦汉砖瓦、战国秦汉封泥三大系列兼及其他相关领域约 3 000 件出土文物，形成以古陶文明为主脉、以艺术考古为特色的收藏体系，构成一部近乎完整而形象生动的古陶文明史。该馆常规展览由彩陶渊薮、瓦当大观、封泥绝响、古陶序列、文字的美奥、拆散的结构及其他六个专题系列近千件展品构成，力求使普及教育、艺术欣赏和专业研究相结合，将古陶文明恒久而独特的魅力展现给世人。与馆藏文物同时展出的还有该馆创办人路东之多种艺术语言的系列作品。作为自筹资金的特殊文博事业单位，古陶文明博物馆设有可能工作室和艺术品服务部，将努力开发古陶文明的潜在魅力和馆藏文物的使用价值。

作为首批由国家文物部门正式批准成立的私立博物馆，古陶文明博物馆的创办标志着国家文物政策的进一步开放和对民间收藏的进一步肯定与支持，同时也为迅速发展的中国博物馆事业开创了新的途径和体例。作为唯一的古陶专题博物馆，该馆不仅具有填补博物馆空缺的意义，更以其独特的内涵、文化品位和学术价值，为中国当代文化广场增添了新的内容，并由此吸引着来自全世界越来越多的人的目光。通过该馆的专题展览、学术研究与文化传播，人们可以充分感知中华古陶文明的恒久魅力，感知中华民族文化艺术的价值和尊严。许许多多来自不同国度、不同社会阶层和文化背景的人们，为有这样一个博物馆而惊诧、自豪、感动！陆续有多个其他省市的相关机构为解决好当地私立博物馆事宜前来调研考察。更有多位文博专家已将古陶文明博物馆的创办及其生存发展过程，视为一株有特殊意义的文化标本研究考察。

戈小兴中外烟标烟具博物馆

○ 馆长 戈小兴

戈小兴中外烟标烟具博物馆创建于1998年11月8日，2006年7月搬迁至现址双塔步行街92号；同年12月，经国家旅游局核准，被评为国家AA级旅游景区。创建人戈小兴自1967年收藏至今已有40余年的收藏史，在1994年10月，以收藏不同画面的烟标92 400余种的纪录，载入“世界吉尼斯纪录大全”，至今仍保持着该项纪录。

目前，该馆馆藏拥有国外187个国家、232个城市不同画面的外国烟标，国内自新中国成立前至今1 000多个卷烟厂（包括关停并转的，以及民族资本卷烟工业的烟铺、烟厂、企业等）的烟标140 000余种；拥有中外五大类烟具（鼻烟壶、水烟壶、旱烟杆、烟斗、卷烟具）6 000余种。其中跨世纪的中外烟标烟具数千种，包括若干举世无双的精品、绝品。

博物馆内景

戈小兴中外烟标烟具博物馆共有四层楼面，展示面积为920平方米。一楼大厅展示了近百个国家的各种雪茄烟包装盒，通过观赏这些实物来了解雪茄烟的文化，雪茄烟的起源、制造过程和吸食艺术与方法。同时可以休闲论谈、评吸各种雪茄烟，从中得到雪茄所带来的一种乐趣。

二件套大烟缸

二楼展厅则是百年烟标烟具的缩影，汇集了极具“东方特色”的中国烟标中最早输入中国的洋卷烟注册商标，百余家民国年间各类民族资本小作坊生产的各种卷烟包装，同时展出烟具五大类：鼻烟壶——源于明清年代的皇家御品，已成为财富、艺术和文化的象征；水烟壶——源于古代的波斯，16世纪后期传入东欧，后经丝绸之路传入我国，自明末始，流行于清代、民国时期；旱烟杆——在我国流传最广，它的制作材料有根雕、蛇形竹节、铜质、银质、景泰蓝、福字纹饰等，极具民族风情；精美的烟斗——和谐的斗身、斗柄的造型曲线流畅，融实用性与装饰效果于一体，令烟斗客赏心悦目，对收藏爱好者而言，更是件令人痴迷的艺术品。卷烟具的产生，则将烟具的变化推向了一个崭新的阶段。百年来，包括各种材质、形态各异的烟灰缸、烟嘴、烟盒、烟筒以及组合烟具走进了千家万户。

三楼为国际展厅，有世界各国的烟标设计与制作，其主题新颖、图案含蓄。从国外烟标的系列性来说，比较突出的有“万宝路”和“健牌”等。如美国R.J雷诺尔慈公司出品的“骆驼”牌系列香烟，其图案是以古朴的宫殿木柱和单峰骆驼为标记，一动一静形成了鲜明的对比美，产生了妙趣横生的艺术效果。烟具也同样如此，尤为稀罕的是阿拉伯中东地区已有400余年历史的传统实用性水烟壶；还有日本早期采用铅、锡、铁、铜混合制作的合金四方飞龙大烟缸和韩国航空开航、十二生肖等世界各国形态各异、材质不同的奇特烟灰缸。

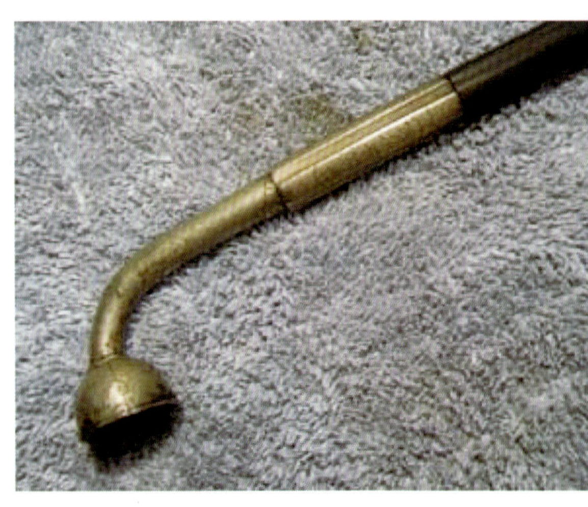

三质组合旱烟杆

郑州市华夏文化艺术博物馆

○ 馆长 李宝宗

郑州市华夏文化艺术博物馆，是经河南省文物管理局、民政厅批准成立的一所综合性股份制民办博物馆。该馆位于郑州市嵩山南路168号。展厅、仓储面积680平方米，藏品1 200余件套。史前陶器、北魏墓志、汉唐名砚及铭文青铜器为其四大特色收藏。其中仰韶及汉唐陶器釉陶器300件，商周原始瓷及魏晋唐宋瓷器300件，史前及三代两汉玉器100件，北魏及唐宋墓志300方，三代两汉铜器200件。经省文物局组织专家鉴定，报国家文物局备案516件。

2011年为“仰韶文化”发现90周年的纪念年。为此，由中国社会科学院与河南省人民政府主办，三门峡市与渑池县政府承办的“仰韶文化发现90周年”的系列庆典活动将先后展开。届时，该馆将以“龙凤呈祥——黄河流域史前文明特展”来参与这个盛大的庆典活动。

湖南省沙坪湘绣博物馆

○ 馆长 毛勇臻

湘绣为中国的四大名绣之一，历经两千多年的世代传承与创新，已经成为今日湖南的“文化名片”。2006 年 5 月 20 日，湘绣被文化部列为第一批国家级非物质文化遗产。长沙为首批国家历史文化名城，长沙市开福区沙坪小镇是湘绣的发源地。

为保护与传承国家级非物质文化遗产、振兴沙坪湘绣产业，湖南天利湘绣有限公司董事长毛勇臻先生首倡创建了湖南省沙坪湘绣博物馆。该博物馆经湖南省民政厅、文化厅注册批准，由省文物局授予“湖南省首批民办博物馆”，是湖南省首家民办产业配套型湘绣博物馆。该馆于 2006 年开始筹建，其前身为“五一路天利湘绣艺术馆”、“化古街湘绣艺术馆”。2009 年 3 月在 3A 级旅游景区沙坪小镇的湘绣文化广场移址重建，现地址为长沙市开福区捞刀河镇沙坪湘绣文化广场 1 号，于 2010 年 5 月 18 日国际博物馆日对社会免费开放。

该博物馆建筑面积 4 000 余平方米，基本陈列展厅约 2 000 平方米，专题展览展厅约 1 000 平方米，库房约 200 平方米，藏品数千件，藏书近万册。该馆的“沙坪绣天下”基本陈列分为历史篇、人物篇、工艺篇、传承篇、企业篇、作品篇六个篇章，陈展以湘绣实物藏品为基础，配以图片、文字、影像、雕塑、场景等辅助展品及现场互动演示，构成虚实结合、动静相宜的陈列体系。

该博物馆的筹建与开放得到省、市、区、镇各级领导的关怀与支持，得到湘绣业界、博物馆界、书画艺术界、收藏界等各界人士的关注与襄助，先后被确认为国家非物质文化遗产传承发展基地、湖湘文化发展示范基地、长沙市工艺美术旅游示范单位、湖南省工艺美术协会理事单位、长沙市科技科普基地，为广大观众提供了一个参观、体验湘绣艺术的场所。

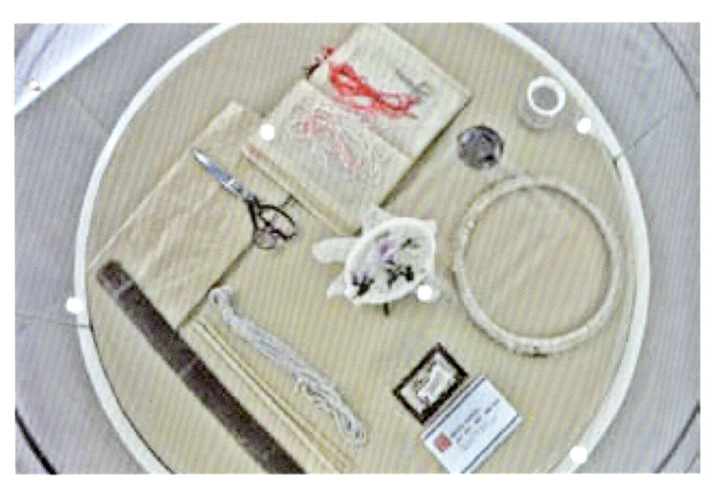

湖南省洞口县高沙文史博物馆

○ 馆长 曾传国

高沙是一个历史悠久的文明古镇，素以经济繁荣、文化发达而享有“小南京”的美称。

由于历史的原因，众多古迹消失，文献散佚。为保护文化遗产，赓续千年文脉，1992 年，曾氏族人集资买回古宗祠，开办湖南省首家民间博物馆——洞口县高沙文史博物馆，将当地濒临毁灭的抗日烈士纪念碑、蓼湄中学建校碑与太平桥公局、湘乡会馆、乾元宫、城隍庙、樾荫亭以及数座古祠堂的牌楼石刻等珍贵文物予以抢救性保护，集中展示于曾八支祠。

该祠始建于清乾隆初年，前后五进，双阁辉映，占地一万余平方米，为湖南省规模最大的古宗祠建筑群，是中华曾氏的文化瑰宝。该馆按照“以文物保护立足，靠旅游产业发展”的工作思路，历经十余年的艰苦奋斗，先后开展五期工程，将古祠修复完整，使遐迩闻名的宗圣阁重放光彩。“大学”、“孝经”、“曾子圣迹图”和“二十四孝群雕馆”等石刻、木雕与彩塑精品次第展现，以博大精深的文化内涵和震撼人心的艺术魅力，将该馆打造成湖南省首家孝文化博物馆、重要的爱国主义教育基地和研究地方文史的学术中心。

2009 年该馆被公布为湖南省抗日旧址纪念地；2010 年湖南省文物局正式授牌该馆为省内首批民办博物馆（邵阳市唯一的博物馆），同时由省文物局申报为全国重点文物保护单位。

合理利用古建筑开办民间博物馆，使之旧中见新，新而有根，是一项尝试性的公益文化事业，亟须全社会的关心和支持。根据洞口县旅游发展总体规划的安排和实施，该馆可望在近年内迅速培育成为洞口县旅游业的一处优秀景点和洞口县文化遗产的一颗璀璨明珠！

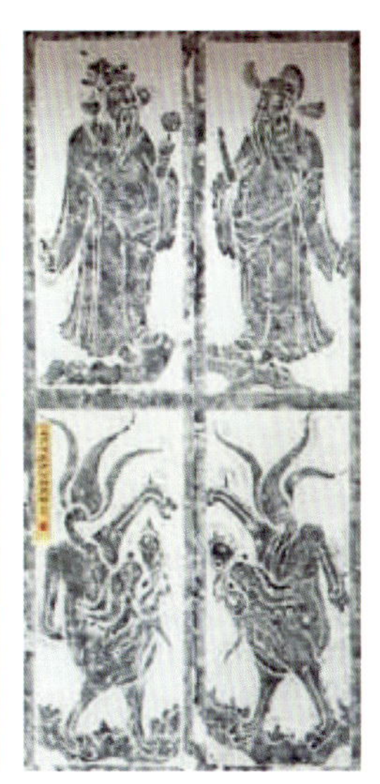

海南五指山蝴蝶博物馆

○ 馆长 周洋

海南建信五指山热带蝴蝶生态牧场位于海南五指山市水满乡，依山而建，是目前我国以蝴蝶为主题的大型蝴蝶观赏养殖园之一。牧场内设有海南五指山蝴蝶博物馆、活体蝴蝶园、活体蝴蝶繁殖基地、天然蝴蝶养殖园、千年古榕树、赏蝶亭、蝴蝶石等独特美丽的园林小景。

海南五指山蝴蝶博物馆目前收藏有蝴蝶 20 000 余只，昆虫 3 000 余只，其中海南蝴蝶 500 余种，国内除海南外蝴蝶 500 余种，国外珍贵观赏蝴蝶 300 余种，其收藏种类与数量均居海南之首。

胡庆余堂中药博物馆

○ 馆长 杨仲英

胡庆余堂中药博物馆位于浙江省杭州的吴山脚下大井巷内，建筑属典型的清代风格，结合江南住宅园林特色，选用铁超、银杏、香樟等上乘木材营建，建筑占地八亩，面积 4 000 平方米。它是我国唯一的国家级中药专业博物馆，享有“神奇的科学殿堂，灿烂的医药文化”之誉。1988 年被国务院列为全国重点文物保护单位，2006 年“胡庆余堂中药文化”列入第一批国家非物质文化遗产。同年，“胡庆余堂”被商务部重新认定为“中华老字号”。

中药博物馆以胡庆余堂古建筑为依托，秉承“原址保护、原状陈列”之原则，集中药起源、陈列展示，介绍我国历代医药名人、药物的起源、药物学的发展、中外药物交流、浙江在中国药学发展中的地位和贡献；手工作坊内，老药工可以为参观者表演传统制药工艺，参观者还可以自己动手操作，体验制药乐趣；营业大厅，维持了百年前营业面貌。

全馆展示了大量的中药传统制药器具及上万种中药植物、动物、矿物标本。其中有湖南长沙马王堆、浙江余姚河姆渡遗址、浙江良渚文化、宋代福建泉州沉船等出土打捞的珍贵药材文物；有百年前中药生产工具柞床、铜船、大石臼、乳钵、秤等；有盛器——汉代兽面纹铜铣炉、明代宣德炉、清代陶瓷、锡罐等；还有该厂讲求质量精心提炼的珍品工具金铲银锅（国家一级文物）及开业伊始厂主立下的“戒欺匾”。

河南省炎黄文化博物馆

○ 馆长 张 杨

河南省炎黄文化博物馆是河南省炎黄文化研究会的二级机构，由收藏家张杨创办并担任馆长。博物馆立志于炎黄文化遗存的收集、保护和研究，并且展示于社会。

该博物馆藏有从新石器时代的仰韶文化，直至明清各代的陶瓷、青铜、金银、雕塑等艺术品5 000件，品种丰富，种类齐全，精品荟萃。藏品大致有四个特点：一、稀有：如夏代灰陶男女童俑、唐代银制鎏金舍利塔、宋代青花刻字梅瓶；二、珍贵：如北魏青石雕刻思维佛像、战国黄金面具、宋代汝窑佛手尊；三、奇特：如汉代黄釉炎帝头像、北朝人首鸟身俑（句芒）、隋代人首鱼身俑（氐人国）；四、精美：如宋代当阳峪窑绞釉瓶、宋代定窑绿釉玉壶春瓶。

最值得称道的是，该博物馆藏有400多件完整的宋金红绿彩俑，加上残缺的人物、动物和盘碗瓶器皿共上千件，其数量之多、档次之高、品种之全，在我国乃至全世界均属独一无二。

中央电视台《国宝档案》栏目对该馆馆藏宋金红绿彩俑及战国黄金面具做了专题报道。

该博物馆成立三年来，曾几次搬迁，目前正在与政府部门协商，建立新馆。

华夏剪纸博物馆

○ 馆长 秦石蛟

由文化馆退休干部、副研究馆员秦石蛟及其家庭成员共同创建的华夏剪纸博物馆，坐落在湖南省望城县高塘岭镇旺旺中路77号。该博物馆于1999年5月始建，2000年7月12日正式开馆，隶属望城县文体广电局。

该博物馆房舍系购置私建店面及住房改建，建筑面积仅有280平方米，因房布局，因陋就简使用。馆内设“民俗与剪纸”、“秦石蛟剪纸世家作品”、“望城县民间剪纸”、“全国剪纸概览”等四个陈列室，陈列面积120平方米，还有一个图书资料收藏室，一个工作室。博物馆总使用面积180平方米。

该博物馆藏品总数19 000多件。这些藏品系20世纪50年代以来逐步收集、充实完善的。

其来源主要采取等值交换、出资购买、接受捐赠、复印复制等方式。藏品中有剪纸原作18 000件，剪纸出版物近900种，论文资料800多篇，实物（工具、用品及其他）400多种。原作中秦石蛟剪纸世家作品9 000件，所在地湖南望城民间剪纸800件，全国各地剪纸8 200件。

剪纸藏品涵盖面非常广泛，包括了绝大多数剪纸名地、名家和各种不同品种、形式、用途、风格的作品，其中不少是已故作者。如对现代剪纸的开创起过很大作用的陈志农，20世纪四五十年代在剪纸创作上产生过积极影响的古塞、王老赏、张侯光以及大师级的库淑兰、白凤兰、曹佃祥、张永寿、黄靠天、傅作仁等人的作品，细纹刻纸家陈朝芬的代表作和剪刻工具都是很有艺术价值、历史价值和研究价值的珍贵藏品。

因条件所限，该博物馆的建馆宗旨定位在收藏与研究两个方面，暂未对普通游客开放。

收藏的目的也是服务于研究。一方面，为创办者本身的研究服务，将研究的成果集中反映在自己的著作里；另一方面，也接待了40多批国际和国内剪纸方面的专家学者，对他们进行了剪纸展示，提供了参考资料。该博物馆虽小，但在非物质文化遗产的抢救保护和推动剪纸艺术的繁荣发展方面起了不小的作用。

《百鸟朝凤》何玉梅作

《七鸭游湖》邹易氏作

冀宝斋博物馆

○ 馆长 王宗泉

冀宝斋博物馆由冀州市二铺村兴建，地处衡水湖南岸。该馆于2007年11月动工修建，2010年6月竣工并布展。占地60亩，主馆共分四层，地上三层，地下一层。主体建筑面积14 000平方米，投资5 400万元。馆内设12个主题展厅，展出藏品2 218件，其中8个瓷器展厅，2个书画展厅，1个青铜器、金银器展厅，1个唐三彩、玉器展厅。展品的时间跨度由远古至明清，馆藏近4万件，是衡水市乃至全省最大规模的民间博物馆。

馆内所藏唐、宋、元、明、清的瓷器精品，令人赏心悦目，赞叹不已。更难得的是，展出了数十件唐宋及唐宋以前的青花和彩瓷可供鉴评和研究。此外，唐三彩和青铜器的收藏展出，也颇有气势，给人们留下了深刻的印象。现代和古代书画名家汇集，妙手众多，书法和绘画同样给人美的享受。

冀宝斋成功开馆有三个重要意义：首先，它是以中国古瓷器为主展的大型综合博物馆，馆藏丰富，特色突出，为保护历史文化遗产、弘扬民族文化创建了一个宝贵平台；其次，它是冀州城市建设中精心打造的文化亮点，品位高、影响大，丰富了“九州之首”文化品牌的内涵，是彰显冀州古都风韵的窗口；再次，它是社会力量出资兴办的一个大型公益文化设施，其特色鲜明，设施先进，是社会力量创办文化事业、发展文化产业的成功典范，充分体现了崇文重商、敢为人先的“九州之首”人的人文精神。

金陵竹刻艺术博物馆

○ 馆长 谷正宏

金陵竹刻艺术博物馆是经江苏省文物局批准、省民政厅登记注册，中国第一家以金陵竹刻为主题的民营性质的艺术博物馆。由于金陵竹刻艺术已被列入江苏省非物质文化遗产保护名录，因此该馆既有着民营博物馆刻苦进取的创业精神，又有着立志民族文化传承的国家意识。惟其如此，该馆的成立和发展受到当地政府及社会各界的热情支持。

金陵竹刻艺术博物馆兼有收藏、展示、研创、交流四大功能。收藏求古今兼备，以古之佳作，今之精品丰富馆藏；展示求特色鲜明，以馆藏为特点，主题为特点，打造各式特色展示；研创求守本创新，以藏古纳今为依托，进行继承与发展的深度研究和大胆创新；交流求诸派兼容，以吸纳诸派，加强互动，力促金陵竹刻的精进与拓展。四大功能有机结合，相辅相成，总体目标是通过对金陵竹刻艺术这一民族文化瑰宝的挖掘、保护和创新、发展，巩固金陵竹刻在中国竹刻艺术中的标志性地位。

文人雅兴图

金陵竹刻博物馆所属“艺术沙龙”、“工艺讲习所”、“生活体验馆”、“遗产保护研究室”等，是该馆为开展金陵竹刻艺术研究、宣传教育、社会服务而专设的机构。这些机构以该馆艺术至上、艺术家至上、事业至上、客户至上的服务理念，矢志为金陵竹刻的工艺发展、作品创作、人才培训等做出最大的社会贡献。

昆山市锦溪宜兴紫砂陶瓷博物馆

○ 馆长 赵冰

江苏省昆山市锦溪宜兴紫砂陶瓷博物馆于 2002 年 5 月创办，建筑面积 800 平方米，展示面积 600 平方米。该馆藏有宜兴古今百余位大师、名人上千件精湛的经典作品，全面展示了从古到今、从抽象到写实、从夸张到仿真的紫砂艺术文化。展馆分上下二层，底层为宜兴陶瓷综合馆，主要展陈从古代到现在，从紫砂到均陶、彩陶、园林陶、雕塑等各式精美展品。二楼为现代名人精品馆，展陈我国现当代工艺大师、名人的上百件精湛之作。其中有被海内外誉为“一代宗师”、“壶艺泰斗”，壶艺成就堪与明代制壶巨匠时大彬相提并论的已故国家级工艺美术大师顾景舟的紫砂壶；国家级工艺美术大师蒋蓉、徐汉棠、谭泉海、鲍志强等的紫砂精品之作。这些作品均为国之瑰宝，有着极高的收藏价值。

该博物馆自开办以来，先后有李岚清、迟浩田、李源潮等党和国家领导人前来视察参观。建馆 8 年来，年均接待中外游客几十万人次。

该博物馆在办馆过程中，十分重视知识产权的保护和宣传，并利用各种场合不遗余力地倡导知识产权的重要性。

2007 年 5 月创办的宜兴市鼎蜀紫砂研究所，为保护知识产权进行学术交流、组织紫砂艺术研究与开发的陶艺家自由结合性的非正式编制的学术研究机构，也是发展紫砂艺术交流与合作关系的组织协调机构。该所曾和宜兴陶瓷行业协会一起，于 2008 年 12 月同环球小姐中国上海赛区组委会，共同在上海组织了“环姐迎奥运，弘扬紫砂情”系列宣传保护知识产权，弘扬紫砂文化的活动。

自 2009 年 6 月以来，该博物馆协助宜兴聚萃阁紫砂院为中华民族艺术珍品博物馆在宜兴紫砂壶艺界的作品征集活动，为宜兴紫砂的发扬光大及知识产权的宣传和保护作出了一定的贡献。

丽水市处州青瓷博物馆

○ 馆长 叶英挺

丽水市处州青瓷博物馆，是全国首家以龙泉窑青瓷为专题的民营博物馆，属民政局下的民办非企业单位，由馆长叶英挺先生于2004年创办，并于2005年11月7日正式开馆。

该博物馆是一家集瓷器收藏、馆际交流、咨询服务、学术研发为一体的数字化专题博物馆。整体建筑典雅大方，坐落在丽水市中心花园路环境幽雅的怡景花苑会所内，属租用性质。

馆内各项设施齐全、规范，展厅面积达1 000平方米，分AB两大展区。A区为主展区，展品按各历史时期演变顺序布置；B区主要以一个历史时期的展品布置，均配有监控、消防、投影、恒温空调等设备。

该博物馆主展区以围绕“千年龙泉”为主题，展厅内陈列着从三国、两晋到宋、元、明、清各个历史时期处州龙泉窑青瓷的经典作品300余件，其中不少精品为国内外所罕见，不但极具观赏和收藏价值，同时还具有重要的历史研究价值。B区以“大明处州龙泉官窑”为主题，展出的47件明初官窑残器，是从民间和古玩市场上征集到的上万片残器碎片，对其进行归类、修复的。从这些硕大的修复器上，折射出当时中央王朝统治者的审美情趣，清晰地展现出中国古代处州龙泉青瓷的发展脉络，是丽水市古代文明的一个缩影，是打开我国青瓷文化宝库的一把钥匙，是世界了解中国的一个窗口。

李涌金火柴博物馆

○ 馆长 李涌金

李涌金火柴博物馆于1990年建馆，经上海市虹口区文化局核准，编入上海市虹口区志。

李涌金火柴博物馆收藏有世界各国6 000余件奇异火柴和10万多枚火柴商标；还收藏火柴发明前人类使用的阳燧、火镰、取灯等各种原始取火器及各种材质的老火柴盒、火柴缸、火柴票、火柴史料等。1999年获“大世界基尼斯之最”证书。

该馆以大量丰富的取火实物、翔实详尽的珍贵史料、鲜为人知的火柴知识，展示了人类从原始社会的钻木取火、青铜器时代的阳燧取火、铁器时代的火镰取火、明清时代的取灯引火到现代社会的火柴取火的全过程，是一部人类从愚昧落后迈向科学进步的社会文明发展史。该馆还收藏了许多我国民族火柴企业的老股票，参加过美国芝加哥博览会的老火柴，以及爱国实业家刘鸿生亲笔书信和批文，汇成一部中华民族摆脱落后耻辱、倡导民族工业的爱国主义生动教材。

该馆藏品先后在中国国家博物馆、上海美术馆、鲁迅纪念馆、西湖博览会、舟山博物馆、张家港美术馆等展出。部分藏品由中国烟草博物馆征集永久收藏；由中国航海博物馆、上海商标火花收藏馆、舟山刘鸿生纪念馆等征集长期展出。

中央电视台、上海电视台、东方电视台和《人民日报》、《中国新闻周刊》、《大公报》、《解放日报》、《新民晚报》等电视报刊媒体，先后对李涌金火柴博物馆进行了专题报道。中央新闻记录电影制片厂摄制的《火柴王国》纪录片，在国内外上映。

馆长 李涌金

龙潭抗日野战医院旧址陈列馆

○ 馆长 王修满

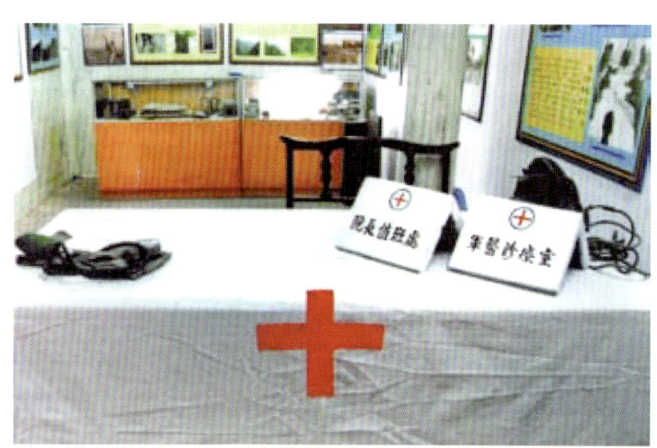

龙潭抗日野战医院旧址陈列馆（以下简称旧址），位于湖南省溆浦县南端黄茅园镇万寿村一组乌鸦山下的王氏宗祠内，距黄茅园镇政府 4.3 公里、S224 线 4 公里、S312 线 1.5 公里，离溆浦县城 66 公里，至龙潭抗日战争湘西会战阵亡将士陵园 6 公里，交通便捷。为全国第三次文物普查新发现，于 2010 年 5 月 20 日被湖南省文物局申报为全国第七批重点文物保护单位。

旧址设于王氏宗祠内，这里是昔日洞口与龙潭的古驿道要塞。1945 年春夏之交，与日寇最后一次湘西会战（龙潭战役）在龙潭打响，侵略日军企图从邵阳、隆回一带经龙潭抢占芷江机场，国民党军第一百军、七十四军在龙潭顽强抵抗。在 28 个昼夜的奋战中，为挽救同胞生命，保持和巩固部队战斗力，以陆军七十四军五十一师为骨干，在前线组建的战地救治体系——“抗日战争龙潭战役，国民党军第七十四军五十一师陆军野战医院”，在这里曾经救活过数千名鲜活的生命，为抗战的最后胜利做出了极其重要的贡献。

1945 年 8 月，日军无条件宣布投降后，国民党军队撤离龙潭，野战医院机构也相继搬迁。当地人民群众认识到，没有革命先烈的英勇牺牲，就没有我们的今天。因此，在王氏宗祠后厅正殿下方同期供养着一块“抗日阵亡将士英烈”牌，与王氏祖宗神主牌并列方位，享王氏族人常年四时祭祀，以示永久性纪念。这些标志，至今犹存。如今，不仅把抗日野战医院旧址保护下来并维修得很好，而且还增设扩建了抗日野战医院甲、乙两座陈列馆，从民间收集和陈设了抗战时期野战医院用过的系列文物。2010 年 5 月 4 日，在原抗日野战医院院长刘广基老人（现年 94 岁）的现场回忆下，准确标明了当年实施过救治伤病官兵的方位，为后人提供了一个很好的爱国主义教育场所，为研究抗战文化提供了实物佐证。

旧址自 2008 年初对外开放至 2010 年年底，来自全国四面八方的各界人士近 5 万余人次来馆参观，无不深深受到爱国主义、国际主义传统教育。

临淄金珍堂古钱币博物馆

○ 馆长 刘永福

临淄金珍堂古钱币博物馆位于山东省淄博市临淄区人民东路 688 号齐都国际商务大厦 A 座八楼，是经山东省文物局审核批建的省内第一家民营非企业古钱币专题博物馆。该馆于 2006 年 9 月筹建，2008 年 9 月 12 日第五届临淄国际齐文化旅游节期间举行了隆重的开馆仪式。

临淄金珍堂古钱币博物馆自 2006 年成立至今，备受各级党政领导的高度重视和钱币收藏界的青睐。同时，也极大地发挥了博物馆在收藏、展览、宣传、教育方面的功能作用。由于成效凸显，2008 年被淄博市文化局批准公布为第一批文化产业示范基地，山东省收藏家协会会员单位；2009 年被山东省收藏家协会授予古钱币收藏鉴赏基地，被淄博市工商局授予消费者满意单位；2010 年被淄博市宣传部、文化局命名为淄博市重点文化企业。2008 年至 2010 年连续三年被临淄区委区政府评为临淄国际齐文化旅游节先进单位和荣获特别贡献奖诸多殊荣。

该馆在收藏、陈列古钱币的同时，还兼收藏了冷兵器、齐国瓦当、青铜器、铜镜及历朝历代印章等诸多品类。为了让这部分藏品得以充分展示，2009 年又先后建立了省内首家冷兵器陈列馆和齐国瓦当艺术陈列馆，并及时向社会实行了开放展出，其中：

钱币陈列馆展览面积 800 平方米，设 11 个展厅，展览按时代先后依次陈列，系列性强，不断代，资料翔实，图文并茂；并采用了综合陈列与专题陈列相结合的陈列手法，重点突出，通俗易懂，极大地满足了社会各界人士的参观需求。馆内共汇集自新石器时代晚期（货币的起源）至中华人民共和国成立后第五套人民币止的中华五千多年各个历史时期和多个少数民族区域的各类古钱币珍品于一堂，展品达 2 万余件套，数千个品类，涉及 11 大货币体系，如贝币、异形币、刀币、布币、方孔圆钱、贵金属币、机制币、纸币等，总价值达 3 亿元人民币。其中，商周时期的琉璃贝、绿松石贝、纯金打造的金贝、齐刀中的六字刀、西汉的金五铢、东汉的巨型青铜摇钱树、唐代的五十两船型银铤、南宋的武冈军五十两刻字银锭、民国时期的袁像金质样币等等，均为国之重宝和镇馆之宝。在诸多的贵金属货币中，仅银元宝类就占到了全国展出量的 70% 左右。这也是整个钱币陈列中的重头戏，受到了广大钱币爱好者和收藏界的一致关注。因此，该馆被称为亚洲最大的古钱币专题博物馆。

冷兵器陈列馆展览面积 200 平方米，展品 2 000 余件，其中包括石兵器、青铜兵器、钢铁兵器、杂兵器及冷兵器终结者火药兵器等 14 大门类，近千个品种，通过图文复原等陈列手法，向人们展示了中国自原始社会至今近万年的兵器文化历史。

齐国瓦当艺术陈列馆展览面积 200 平方米，展出齐国各个历史时期的各类瓦当精品 600 余件，品类达 400 余种，充分展示了泱泱齐国历史文化的深厚底蕴和瓦当艺术的神圣风采。

另外，临淄金珍堂古钱币博物馆还藏有大量的青铜器、铜镜、佛像、印章及民俗类文物，都有待充分的展览空间和时机面向公众开放展出。

北京励志堂科举匾额博物馆

○ 馆长 姚远利

北京，800年帝王之都，使其成为800年科举的中枢所在。800年间，科举最高等级的考试：会试、殿试，多数都在北京举行。此间在北京考出了约250名状元，近5万名进士，何等辉煌，何等隆重！遗憾的是，偌大北京城，现在除了孔庙中元明清进士题名碑外，其他有关科举的遗迹甚少。现在的北京人，对科举的了解，远不及南方历史文化发达的乡镇群众了解得多。解读国学，弘扬传统文化，已被举国关注。为此，励志堂科举匾额博物馆以展陈众多的科举匾额、宣传科举文化为切入点，让更多的北京人在了解科举制度的同时，进一步解读国学，更好地传承悠久的历史文化。

该馆占地面积约3 000平方米，仿古建筑面积2 600平方米，用这样的硬件，以科举匾额这一鲜明主题为切入点，组成系列文化，层次分明地介绍和见证科举制度，且又充分挖掘匾额中所蕴藏的丰富文化内容，在中国还是比较少见的。北京市文物局已批复该馆建馆，考察验收的专家给予了极高的评价。

晋中民间文化艺术博物馆

○ 馆长 赵秉衡

晋中民间文化艺术博物馆是经中国民间文艺家协会批准创办的山西首家国家级民间文化艺术博物馆。该馆占地面积 4 000 多平方米，下设数十个展厅。馆内收集陈列有瓷器、钱币、家具、字画、服饰、鼻烟壶、茶具、酒具、民间工艺品、石艺、根雕、石木砖三雕十二个文化系列的藏品，藏品数量近万件，琳琅满目、异彩纷呈。其中的古家具和石狮收藏备受中外行家的关注与赞赏。古代家具陈列于各个展厅，典雅大方，精雕细刻，充分体现了晋商儒雅之风；石狮品种达数百种之多，形态各异，威风凛然，较好地展现了中国民间石狮造像艺术几千年的发展轨迹。

其他藏品，如颇有历史意义的古代寺院铁钟，制造年代及来历都有金字镌刻其上，清晰可辨；还有刻有曾任清朝官吏、“中华民国”时任山西督军兼省长的阎锡山口谕的石碑，反映了人心求治，不分时代阶级的道理；金代石刻壁画，虽已有千年的历史，但上面寓意丰富的图案非常清楚；民间剪纸艺术展厅则专门陈列民间的剪纸艺术作品，充分展示了我国劳动人民具有的聪明才智等等。

馆长 赵秉衡

中国民间文化艺术在世界文明数千年的历史长河中，以其鲜明的个性和艺术特色体现了中华文明厚重的民族特征，是千载文明的历史积淀。中国民间文化艺术浩如烟海，难穷其尽，但每件藏品皆可谓不可多得的民族文化载体。它展示的不仅是中国的优秀文化，更多地折射出中国人坚忍不拔、勤奋敬业的精神实质。该馆的创办，其意义已远远超出了它的价值本身。

宁波鄞州知青博物馆

○ 馆长 叶亦通

宁波鄞州知青博物馆，从筹建到开馆，已走过了整整两年的历程。作为当年近 7 万知青的精神家园与情感殿堂，在热心的社会各界与知青群体的呵护下，它肩负着保存历史、整合资源的光荣使命与历史责任，至今已接待了来自全国各地和宁波老知青近万人次。

在近乎简陋的展示环境中，数千文物精品与原汁原味的文档遗存，浓缩着那一段特殊历史时期的气息和不凡的精神元素，那些沉重的历史记忆以无声的语言，给人以忆苦思甜的感悟与爱国主义的情操激励。作为一笔难能可贵的精神遗产，一代人以奉献、刻苦、奋进的壮举与不可否认的事实，向世人证明：知青具有化腐朽为神奇的伟力——无论在当年、昨天还是今天，他们仍不失为中华民族的脊梁，共和国的中流砥柱。

实物系列之一：当年使用过的生活用品，其中包括瓷碗、口杯、油灯、衣帽、搓板、网袋、棉帐等。这些貌似平常的用品，浸透了老知青当年的艰辛与大量的故事情节，岁月推移，更体现了当年尘封的记忆及不可多得的价值。

实物系列之二：当年劳作的生产、工作用具，其中包括铲、锄、镰、耙等。多年以来，环境改观，生活境遇大变，但这些曾浸透过热血与汗珠的用具，永远成为特殊年代无法忘怀的印记。

文档系列：曾经奉献的千千万万个青春华岁，从这一张张纸片飞向大江南北；“建设边疆，保卫边疆，革命青年，志在四方”，那充满激情与战斗号角的支边证，是上山下乡的历史佐证。所有这些文物文档，缔造了难以忘怀的“知青情结”。它们以无声的语言，向世人证明：我们是祖国和人民最可爱的群体之一，我们的经历，至今仍具有巨大的现实意义。“让历史指引未来”，愿我们这一代，尤其是我们的后代，不能忘记过去。在知青博物馆里，他们将受到终身的教育，并从中汲取无限的力量与信念。

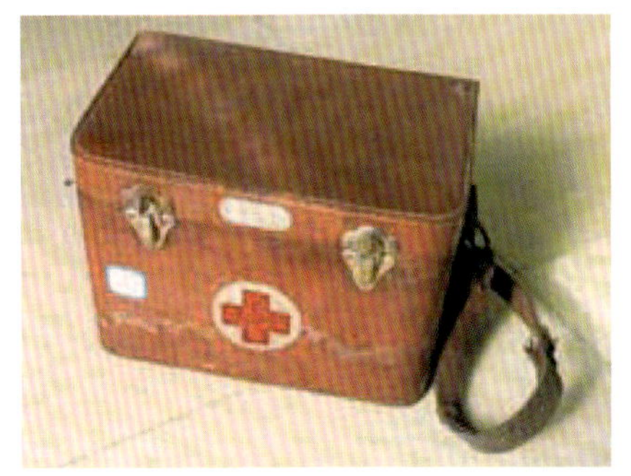

宁波王升大酒文化博物馆

○ 馆长 景晓棠

宁波酒文化历史悠久，河姆渡7 000年前出土的大米和酒器足以说明酒在7 000年前已成为我们祖先日常生活中必不可少的饮食。基于以上情况，浙江老字号“王升大”米号创办了酒文化博物馆，准备把宁波的酒及酒文化推出去，把外面的酒及酒文化引进来。利用宁波东方大港发达的交通优势，以王升大酒文化博物馆作为引子，真正把宁波打造成中国酒文化之乡及世界各类名酒及酒器的集散地。

宁波王升大酒文化博物馆占地面积5 000平方米，建设面积68 000平方米。设参观区、互动参与区、品尝区、精品收藏区、假酒识别区以及酒文化研讨会、讲座等，对酒的起源、酿造、器具、制度、礼俗、品评、掌故、集萃、诗文、名人、艺术等作一个全面的展示。

宁波陆宝食品有限公司旗下浙江老字号“王升大”米号，始建于清光绪年间鄞县西乡凤岙市，以“升大粮足、老少无欺”著称。浙江老字号郭滋生酒坊起源于广德湖湖边桃源乡。据《鄞县志》载：“宋代，城西门大坂田之北有酿泉，其甘如蜜，遂设酒务于此，以双鱼酒最冽，贡于朝廷。”今“王升大”传人与郭滋生后人联姻，创建宁波陆宝食品有限公司，秉承祖业。郭滋生酒坊酿造的“滋生双鱼酒”芳香馥郁，回味绵长，有滋味、滋润、滋养、滋生功效，“王升大”大米、食用油、味精等产品，以“健康每一天”诚邀惠顾。

宁波鄞州紫林坊艺术馆

○ 馆长 陈明伟

紫林坊艺术馆在鄞州区委、区政府的关心重视下，在鄞州各有关部门的支持下，于2008年9月28日正式落成开馆，成为宁波市第一家免费开放的民办博物馆。艺术馆珍藏作品2 000余件，总价值超过10多亿元。

该艺术馆为宁波首家免费民办博物馆，其运营经费（包括馆内固定经费、宣传经费、员工工资等）除一部分来源于政府对民办博物馆的门票补贴外，其余均来源于艺术馆及其生产基地自身经营。至2009年12月底，共接待参观者70 000多人次。其中包括中共中央政治局常委中宣部部长刘云山、浙江省省委书记赵洪祝、浙江省常务副省长陈敏尔、国家博物馆馆长吕章申、国家文化局副局长周和平、国家文物局副局长、浙江省旅游局局长赵金勇等各级政府、事业单位领导以及团体参观者（学校，其他社会团体）。

紫林坊在鄞州工业园区已拥有6 500多平方米生产工业基地，正在大量开发旅游纪念品、文房四宝、办公用品和工艺礼品及骨木镶嵌家具等；开发网络，参加全国性工艺美术博览会、旅游纪念品博览会、工艺礼品博览会等，着力于宣传推广宁波的文化传统工艺，推动当地文化产业的发展。

宁海十里红妆博物馆

○ 馆长 何晓道

宁海十里红妆博物馆创建于2003年9月，2004年5月正式对外开放，是一家展示古代女子生活的专题博物馆，也是省内规模最大的民间民俗博物馆。博物馆占地3 000多平方米，展出明清江南富家小姐生活、习俗有关的家具、器物。自开馆以来，接待全国各地游客达数十万人，已成为宁海县集保护、展示、研究、旅游于一体的文化新亮点、旅游新景点。

“十里红妆”指的是江南特有的嫁女场面，从女方到男方的嫁妆队伍，浩浩荡荡延绵数里，民间叫“十里红妆”。红妆是用贵如黄金的朱砂漆底，用黄金、水银和各种天然石等装饰，集雕刻、堆塑、绘画、书法等于一体的各类生活用品。该博物馆是由政府提供馆舍，民间收藏家何晓道先生提供展品的国助民办博物馆。

内蒙古酒文化博物馆

○ 馆长 常占文

内蒙古酒文化博物馆占地面积 2 800 平方米，有 1 500 平方米的展厅，馆藏文物 1 500 余件套；以“金樽美酒，骏马天骄——内蒙古酒文化展览”和“河套酒业五十年奋斗历程”为主题，概括了内蒙古各民族 4 500 年的酿酒历史，具有典型草原民族特色。

该博物馆开馆 10 年以来，以其丰富的陈列展览，赢得了国内文博界、酒界和各级领导的高度评价，成为企业文化形象的代表，企业文化底蕴的象征。

在运行中，该馆不断完善自己，加强学术研究。

1. 收集、整理内蒙古酒文化史上的重要事件、人物、文物遗存、传说故事，以及与之密切联系的政治、经济、军事、历史沿革资料。

2. 组织馆员进行深入调查研究，梳理内蒙古酿酒文化的发生、发展、传承、创新的历史脉络，使之清晰、系统、连贯、衔接。

3. 从酒文化的角度深入了解农耕文明与牧猎文明由隔离、碰撞到融合的历史，了解内蒙古地区各民族之间、内蒙古地区与周边地区之间酒文化形成过程的异同点，探讨内蒙古酒文化丰富的区域特色。

4. 研究内蒙古酒文化与中华酒文化的渊源关系，有计划地开展与国内相关机构及地区间的学术交流及协作活动。以内蒙古酒文化为窗口，广泛展示内蒙古酒文化厚重的历史积淀和发展的时代精神，并不断充实完善展示内容，巩固、扩大对外宣传效果，为内蒙古地区经济建设服务。

5. 树立科学文明的饮酒观念和习俗，提倡饮酒与构建和谐社会相联系，与文明、健康、富裕、进步相联系。

6. 依据国家法律，鼓励社会组织和个人积极参与内蒙古酒文化的研究、宣传活动，并提供捐赠和赞助。

7. 编撰馆刊每年 1~2 期，采取多视角、多体裁、多层次的办刊方针，努力办成既有学术含量又有艺术基因，兼有反映民风民俗和联通外部相关信息的具有酒文化特色的馆刊。编印出版有关内蒙古酒文化的书籍。

内蒙古元代瓷器博物馆

○ 馆长 杨文中

内蒙古元代瓷器博物馆于2008年5月31日在内蒙古自治区政府、内蒙古文化厅以及土耳其托普卡比皇家博物馆的指导与关怀下成立。博物馆占地2 000平方米，其中元代展品面积1 500平方米，宋朝清展品面积500平方米，馆藏元代各类瓷器29件，宋明清瓷器40件，藏品有从成吉思汗黄金家族后裔手中征集，也有从民间知名藏家那里征集，反映了中国瓷器最高的艺术成就。

该博物馆为扩大藏品数目和种类，在土耳其托普卡比皇家博物馆的指导下，常年向民间征集真正的瓷器艺术精品，还大量吸纳会员以扩大对瓷器艺术的传播和教育，使中国古代瓷器艺术品在这个盛世里再现光芒，从而在世界文化中彰显中华民族的自豪和尊荣！

土耳其托普卡比皇家博物馆副馆长阿依夏·额尔杜格都以及东方艺术部部长　汉德为内蒙古元代瓷器博物馆题词。

双鹤图鼻烟壶

花鸟图鼻烟壶

汉代五彩陶釜

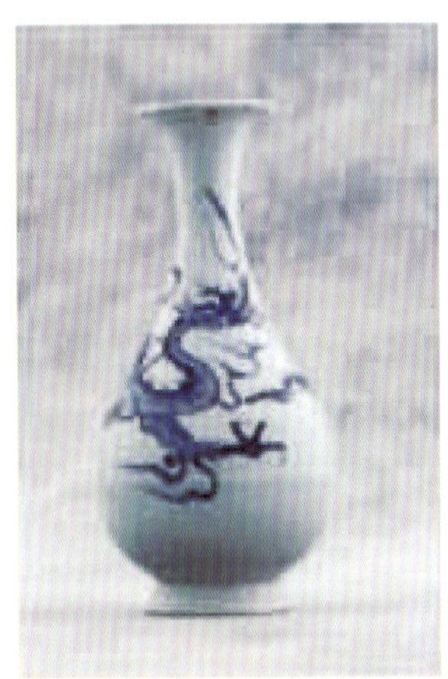

14世纪青花龙纹玉壶春瓶

14世纪釉里红玉壶春瓶

14世纪青釉里红玉龙纹尊

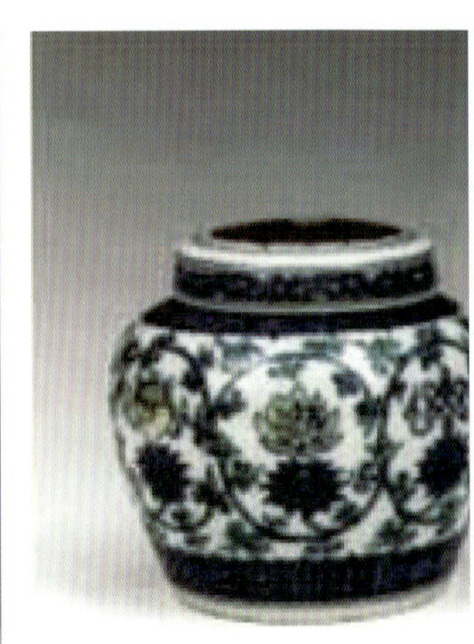

明成化天字款斗彩罐

青海藏文化博物院

○ 馆长 元旦尖措

青海藏文化博物院建成于 2006 年，是收藏、保护、展示、研究藏文化的综合型博物馆，为全国爱国主义教育基地、全国中医药文化宣传教育基地、国家 4A 级旅游景区和省级文化产业示范基地、省级科普教育基地、文明旅游景区。

该博物院总占地面积 200 亩，建筑面积 1.2 万平方米。馆内设藏医史、曼唐器械、古籍文献、藏药标本、天文历算、彩绘大观、藏族民俗、藏文书法八大展馆，以及世界上最大的千尊药师佛殿和古籍藏书阁。馆藏文物达 20 000 余件。

彩绘大观展馆展出的镇馆之宝《中国藏族艺术彩绘大观》荣获吉尼斯世界纪录，并受国家版权保护。它长 618 米，画面达 1 500 平方米，内容囊括藏族对宇宙的认识、青藏高原的形成及天文、地理、历史、宗教、医学、民俗、文化艺术、生活等诸方面，堪称藏族文化的百科全书。

藏医史展馆通过珍贵丰富的史料，展现了世界四大传统医学之一的藏医学悠久的历史和博大精深的文化底蕴。

曼唐器械展馆展出的 80 幅医学唐卡和 180 多件为古代藏医使用的外科手术医疗器械，为世界医学史上绝无仅有。

古籍文献展馆陈列有藏医药文献 1 000 余部。特别是展出的《四部医典》采用非物质文化遗产传统制作工艺，长 2 米，宽 1.2 米，重达 1.5 吨，是目前世界上最大的一部医典。

藏药标本展馆收藏有动物、植物、矿物藏药标本 3 000 余种，其中有典型的、被誉为“甘露精华之王”的“佐太”样品。

天文历算展馆介绍了作为藏文化重要组成部分的天文历算。天文历算与人们的日常生活密切相关，这里用现代手法展现了其在医疗保健、农牧业生产、藏历推算、测定方位等方面的作用与推算方法。

藏族民间文化艺术展馆，通过复原和展示藏族民居、服饰文化、民间工艺、马具文化、卡垫文化、宗教法器和生活用具，形象而生动地再现了藏民族在不同历史时期独特的民俗民情。

藏文书法艺术展馆通过 100 多种不同风格的藏文书法，介绍了历史悠久的藏文化丰富内涵。藏文书法是祖国艺术宝库中的瑰丽珍品，展厅通过藏文书法艺术的展示和宣传，以促进优秀传统文化得到继承和弘扬。

青海藏文化博物院的发展目标是：在较短的时间内，将博物院建设成为藏文化典籍的藏书中心、研究中心、展示中心、教育中心和文化交流中心，最终将博物院打造成为世界一流的精品民族文化博物院，为保护和弘扬民族文化、促进各民族团结进步作出更大贡献。

四川黄氏收藏馆

○ 馆长 黄邦旭

黄氏收藏馆于 2001 年在四川广汉建立，面积 1 000 多平方米，藏品有碑帖字画、珠宝玉器、瓷器刺绣等数千件。

其中，光绪大学士、两广总督张之洞的“八字联”，著名女画家周思聪在四川写生的珍贵手稿以及慈禧绘画老师宋君方的花卉画作，均是世上难求、绝无二件的珍品。此外，还有一件国宝级的 “康熙五彩瓶”，一件被称为最具四川特色的藏品——南北朝时期的泡菜坛，距今已有 1 600 多年的历史。

该收藏馆免费开放，迄今为止已经接待了国内外无数的参观者，其中包括国家文物局、故宫博物院专家学者以及大量文物考古专家。

四川易园园林艺术博物馆

○ 馆长 易文清

易园园林艺术博物馆设在蜀西著名的古典园林——易园内，地处成都市金牛区金牛乡金牛村金牛大道金泉路八号的金牛坝，是成都市往都江堰至九寨沟的必经之道，也是上风上水进入成都的大通道。这里“半村半廓”，有都市“世外桃源”之称，系蜀西胜景。

易园宏大的规模，精巧的构思，细腻的手法，无一不充分演绎出新时代之盛世特征，堪称当代中国最具规模和品味的文人私家园林。

在文风鼎盛、国富民强的今天，与国宾馆为邻的易园，以弘扬国粹为目标，挖掘本土文化，在园内营建了盆景博物馆、明清家具馆、奇石馆、书画馆、影视馆、茶道馆及川菜馆等七个馆，供人们观赏、休闲、娱乐。

其中盆景博物馆是以罗汉松盆景为特色的八百罗汉堂。该馆将成为中国最大规模、最高品质的盆景博物馆，也将是四川盆景的品牌形象。

山江苗族博物馆

○ 馆长 龙文玉

山江苗族博物馆是“国·凤凰·山江苗族博物馆”简称，于2002年10月1日在凤凰县山江镇“苗王府”内扩建开业。全馆占地1 864平方米，建筑面积1 200平方米，藏品一万余件，展品1 000件；分苗家农舍、古代住所、殷实人家、武士家居、服饰掠影、绣女之家、匠人居室、巫师小屋、文人陋室等9个展厅。9个展馆，9个侧面，侧面与侧面相连，演绎了一部壮丽的、可歌可泣的苗族发展史。

该馆以家庭文化为切入点，通过苗族家庭这个社会细胞，把历史的真实性、藏品的艺术性和布展的科学性融为一体，向世界展示苗族同胞在数千年的岁月演递中，劳作不息、奋斗不绝的发展历史和奇异神秘、绚丽多姿的苗族文化。

该馆坐落在苗族风情浓郁、水光山色奇佳的山江苗寨之中，占尽了天时、地利、人和，以其宝贵的、丰富的展品吸引着中外参观者。自2002年10月1日开馆以来，人流如潮，中外参观者络绎不绝。各种媒体相继报道，惊呼：“这是目前国内基础最好、规模最大、展品最多、档次最高的私营苗族博物馆。”被文化部文化设施管理中心和《中国文化报》评为“中国新时期优秀文化设施”。目前外地办有四个分馆，馆长龙文玉被国务院授予“全国民族团结进步模范个人”的光荣称号。

三河市辞书博物馆

○ 馆长 王英余

三河市辞书博物馆位于河北省三河市燕郊开发区纳丹堡小区 14 栋 6 单元 113 室。经中国世界纪录协会确认，其是世界上第一家个人开办的汉语辞书博物馆。该馆的前身是北京东京东辞书馆，成立于 2008 年，是小区居民退休职工王英余先生用自己多年收藏的字典辞典开办的公益性辞书馆。

2010 年，王英余向有关部门提出申办辞书博物馆，得到了有关部门的支持。现在，该馆藏书已达 3 000 余册，包括 400 多家出版社出版的字典、辞典和各类专科辞典，涵盖语言文字、历史地理、文学艺术、政治经济、军事等多方面；出版期限从晚清、民国至近现代，且 85% 以上为精装本。2010 年 1 月，该博物馆被上海大世界基尼斯认证为“中国之最”；同年 3 月，获英国世界吉尼斯纪录总部认证，馆长王英余为“世界上收藏汉语辞书最多的人”。

目前，该博物馆已设立了 63 列辞书展柜，分设字典展区、辞典展区、文学艺术辞书展区、历史地理辞书展区、政治经济辞书展区、军事国际辞书展区等 7 个辞书展区；并为商务辞书馆、上海辞书出版社、中华书局等出版社设立辞书专柜，展出多年出版的各种辞书。

山西泽州珐华博物馆

○ 馆长 王焱

山西泽州珐华博物馆创建于2006年6月，是由王焱私人藏品组建的。该馆位于山西晋城泽州南村岱庙，藏品计12 000余件，是国内以珐华为主体的专题博物馆。该馆以宋代建筑为基础场馆，结合现代博物馆展陈理念诠释珐华的产生、发展、消亡及现代挖掘传承与研究。除展陈实物，还以复原手段将珐华的生产工艺流程及其特殊性做了全面的陈述。该馆将古建和博物馆有机结合，成为私营博物馆未来发展的一种探索和尝试。

上海民间藏筷博物馆

○ 馆长 蓝翔

蓝翔先生正式收藏筷箸开始于1978年。他在1988年举办《蓝翔十年藏筷展》的同时，创办了我国独一无二的民间藏筷博物馆，新华社为此特以《蓝翔成立个人藏筷博物馆》为题，向全国发电讯，《人民日报》、《西安晚报》、《扬子晚报》等四五十家报刊转载了这条消息，由此小小藏筷馆轰动一时。

该博物馆自1988年7月开馆至今，坚持免费开放20多年。开馆之初，联合国教科文组织世界博物馆协会执委鹤田总一郎教授即慕名前来参观；随后接待了30多个国家的外宾。新加坡、韩国、日本电视台都来藏筷馆采访录像。国内中央电视台、北京电视台及天津、河北、湖北、福州、上海、香港、台湾等地电视台，亦数十次来采访录制藏筷馆专题片，在国内外播放。

该博物馆藏品丰富，自西汉青铜箸至唐、宋、元、明、清及满蒙少数民族刀筷皆有收藏；日本、韩国、朝鲜、泰国、越南等国筷箸也有展示，总计2 100多双（套）。另有筷笼、筷枕、碗碟杯盘、匙勺、酒壶茶壶600多件，其中不乏精品。还有老上海遗留的西餐餐具100多件。

该博物馆筷箸配套收藏、陈列，富有艺术性、观赏性。筷箸细小，如果和筷笼、筷枕配套展示，立体感增强；和碗碟配套展出则主题突出，色彩分明。

该博物馆展厅小藏品多，但并不死守阵地，而是主动出击，除了在北京、北戴河、沈阳、南京、苏州、上海、杭州、余姚、长沙、成都、台湾等省市举办古筷展，还应邀赴韩国和日本举办筷箸精品展和交流箸文化。

日本箸文化专家学者连续3年分批来馆参观交流后，深受感动，随即邀请蓝翔馆长代表中国赴日本共同组建成立国际箸文化研究会，并当选为常务理事。2008年日本再次邀请蓝翔赴东京参加年会，并授予其“中国上海民间筷箸博物馆国际箸文化贡献赏（奖）”。

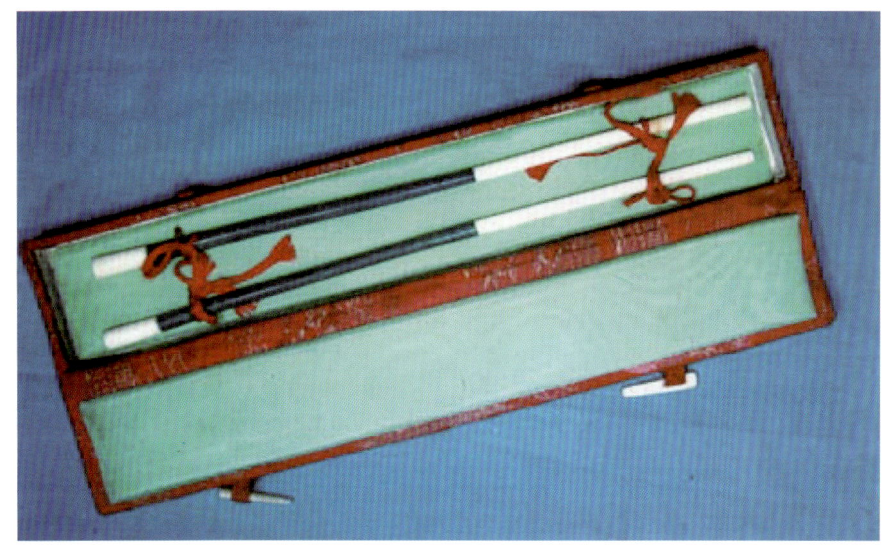

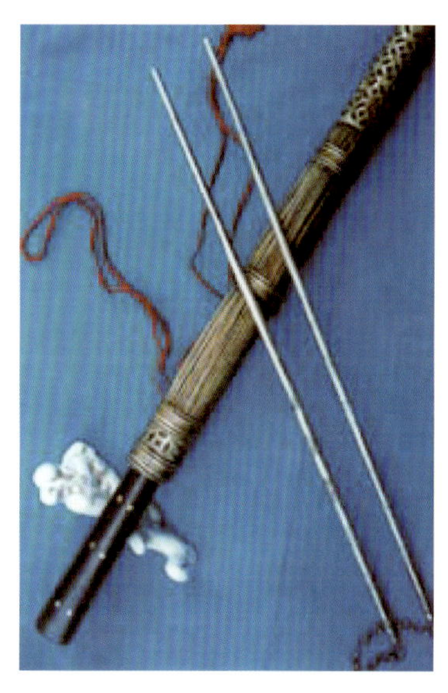

绍兴越国文化博物馆

○ 馆长 孙海芳

绍兴越国文化博物馆位于鲁迅路与中兴路口，东接沈园，西接鲁迅故里，是市中心的一朵文化奇葩，也是国内外聚集越文化系列文物规模最大、品种最全、藏品最精的民营博物馆，吸引着世界各地的游客。

该博物馆展示面积3 800平方米，分为越窑青瓷、会稽铜镜、古越兵器、金银玉石四大系列。越窑青瓷汇集了从西周到南宋各个时期的代表作品，品质精美，秘色贡瓷之真品均为闻名遐迩的国之珍宝；会稽铜镜，名震中外，工艺精致，巧夺天工；古越兵器为古越一绝，风靡世界，是中华民族兵器中的瑰宝。展馆四层设“国粹馆”，是本馆的重要展区，陈列的藏品有越国开国皇帝允常和吴王的珍宝。“王者之剑”、“唐越窑青瓷兵马俑”等展品，均为国内外孤品，件件堪称国宝。

沈阳华夏饮食文化博物馆

○ 馆长 李春祥

沈阳华夏饮食文化博物馆（原中华饮食文化博物馆）以张扬中华传统饮食文化，传承与研究传统烹饪文化之精华，开展饮食文化、营养卫生科普宣传为目的。所展示的文物、器具、图表、文字资料，都是以史、以科学为依据。目的在于传播知识，而不计其经济效益，使参观者能更好地了解饮食在人类进化、社会发展、国家兴衰、人的生活质量等方面不可替代的作用，真正理解“民以食为天”的含义；也使参观者了解食物资源的进化、食物加工技术的发展历程、饮食文化的意义。尤其是能使青少年增加许多理性和感性认识，如不把“鼎“和“鬲”都叫做香炉等。

“食物生态园”可使学生减少一些“五谷不分”的缺憾。

深圳玺宝楼青瓷博物馆

○ 馆长 吴克顺

深圳玺宝楼青瓷博物馆位于深圳市罗湖区宝安南路2095号，是国内独一无二的以系统收藏、陈列、研究中国古代青瓷的专题性博物馆，也是我国目前展出青瓷数量最多、品类最全、体系最为完备的首座私立青瓷博物馆。

该博物馆建筑面积2 000多平方米，其中青瓷展厅面积560平方米，标本鉴赏厅560平方米，彩陶化石展厅400平方米。馆内系统收藏了商周至元明清3 000多年来中国历代青瓷典型器物1 000余件，各大名窑瓷片2 000多件（片），全面展示出中国古代青瓷的风采及其发展脉络，便于观众了解中国青瓷的演变和历代文化习俗的变迁。

展厅内陈列的600余件青瓷，按照时代顺序排列，即从商周至元明清，共19个朝代；并按青瓷的发展演变阶段，将陈列分为初创期、发展期、鼎盛期和衰落期四个部分。展品大多为青瓷典型器，其中不乏珍品，东晋“吾有心”铭文鸡首壶、南宋修内司官窑六棱瓶更是世之孤品。国内多位著名的青瓷研究和鉴定专家经反复慎重的鉴评，共同认为这些藏品无论是历史价值还是艺术价值，在国内外均属一流。馆长吴克顺先生怀着“取之社会，还之于社会”的心愿，将其藏品公之于世，旨在弘扬优秀的中国传统文化，并为收藏家、文物研究专家和艺术家提供一个研究和交流的场所；为广大观众，特别是青少年朋友带来美的享受和智慧的启迪。

为方便观众参观、学习，该馆还设有茶座、化石观赏厅、陶艺制作、书画斋、南北曲艺厅、彩打扫描、仿膳食苑等19个配套服务设施和项目，使观众在优雅的环境中品味中华文化的精深与丰厚，进而激发人们的民族自豪感和爱国主义精神。

天安门博物馆

○ 馆长　闫树军

天安门博物馆以中外知名的天安门为主题，其藏品涵盖了天安门自建成的1420年至2010年，汇集了明清、民国、新中国不同时代的重要影像，重点突出从1949年至今天安门的变化。该馆拥有天安门老照片40 000张，实物10 000件，外文版（英语、俄语、法语、日语、德语）图书6 000册，堪称一部天安门史志。

天津三维成像技术博物馆

○ 馆长 李昌

天津三维成像技术博物馆（简称 3D 博物馆）成立于 2005 年 3 月，由天津三维成像技术研究所和天津三维显示技术有限公司创建，是全国科普教育基地、天津市科普教育基地、天津经济技术开发区科普教育基地；中国自然科学博物馆协会会员、中国博物馆学会和国际博物馆学会会员。

该博物馆坐落于天津经济技术开发区第五大街七号，占地面积 4 700 平方米，展区 1 600 平方米，馆内设有 6 个主展区及立体演播厅、动感影院及图书资料馆。资料馆包括 100 年来国际专利文献、非专利文献及世界各地从事三维成像技术研究的珍贵影像资料，是迄今为止世界上研究三维成像科技最丰富的文献收藏。

该博物馆拥有 1 300 多件珍贵历史文物、展品和文献资料。展品以声、光、电互动和寓教于乐的形式介绍三维成像科学技术之历史、现在和未来，生动展现了三维成像技术在航空航天、生命科学、医疗卫生、文化教育等诸多领域的广泛应用及发展前景。它是世界上唯一专业化的三维成像技术博物馆，也是我国首家政府倡导支持、民间资本投资的专业化科技博物馆。

该馆自成立以来免费接待国内外来访者超过万人；合作创建了“中国图像图形学会立体图像技术专业委员会”；到大中小学进行三维成像科技知识讲座及科普宣传；积极参与社会公益事业；积极参加国家三维成像学术交流活动；积极开展科研工作，参与多项国家重大三维成像科研课题的研究，包括国家发改委、工信部和科技部 863 的 5 个专项，取得一批科研成果，为进一步开展科普和学术交流活动奠定了坚实的基础。

天津格格府典藏博物馆

○ 馆长 臧秀云

天津格格府典藏博物馆是天津市目前仅有的一座综合性私人博物馆，而格格府的建筑又是天津老城厢仅存的和广东会馆（戏剧博物馆）并肩的清代建筑遗存。在彰显典雅、富贵的同时，深刻的历史内涵尤其厚重。

格格府建筑为清中晚期传统建筑，其风格完全遵循当时的建筑模式风格，建造占地约两亩，建筑面积约 700 余平方米，经几年的整修后，完全恢复了当年的风貌。鼓楼南街 30 号，是天津老城厢仅存的清末风格的四合院，也是鼓楼商业区大规模改造后和广东会馆一起保留的文物性建筑。这里原来是三进院落，后来由于鼓楼南街拓宽去掉了一进院，变成了现在的模样。

该博物馆的藏品是综合性的、多样性的、跨越历史多个年代的、从商周到明清时期的各类藏品：青铜器、礼器、陶器、瓷器、漆器、唐三彩、字画、家具、杂项等等，品类繁多，其中不乏精品珍品。特别是部分"回流"文物和西洋精品文物尤为珍贵。

该博物馆自 2009 年 6 月 20 日对外开放以来，在社会上引起了极大反响，参观者已达数万人。全国各大媒体纷纷采访、报道，产生了积极的社会影响。多个影视剧组也在格格府取景拍摄。格格府承载的是历代文物，文物承载着历史，而格格府本身亦是文物。它同时承载着提高民族文化软实力的重任。它的影响力及其无形价值、社会价值将无可估量。

格格府典藏博物馆有着向更高、更深发展的规划，以扩大社会影响，提升文化内涵。如建立民间收藏者学会，对外无偿进行藏品鉴定，藏友藏品交流，举行各类文化交流与笔会等。多元化的发展将更加丰富其文化内涵，将文化传播、文化交流做到极致。

臧秀云，格格府文化集团主席。现为中国房地产协会理事，世界杰出华商协会副理事长。曾获"影响中国百年发展的百位品牌女性奖"、"中国百名改革创新风云人物奖"，被红十字会授予"爱心大使"、"天津慈善之星"称号。

宣德青花双耳抱月瓶

珐琅彩花卉凤尾尊

天津祈年湾奇石博物馆

○ 馆长 王长河

天津祈年湾奇石博物馆是全国第一家私人奇石博物馆，并在博物馆的基础上独辟蹊径，结合中华美食文化，开创了奇石界和饮食界结合的先河。

祈年湾奇石博物馆的建立，无疑为天津奇石界注入了一股新鲜的血液。然而，传统单纯的博物馆仅仅是通过“博物”，宣扬某种单一的文化，对于大众来说，当然不会频繁光顾。这样，就不能使博物馆的真正意义得到发扬和传播。为了让更多的人更好地、更深地了解奇石、热爱奇石，该馆将奇石与美食相结合，建立了一个真正意义上的能吃的博物馆，既从根本上解决了博物馆的生存问题，同时也赋予了饮食文化新的内涵。

该馆内设有以奇石产地和石种命名的宴会厅，每一间都凝聚着一个石种的精粹，反映了奇石产地的特色，不拘一格。这种双石（食）文化的结合，使饮食变成乐趣，使赏石成为享受。对外行的人来说，是一种文化底蕴的吸引；对奇石爱好者来说，这种双石（食）文化带来的不仅仅是精神上的甘露，也是一种享受。

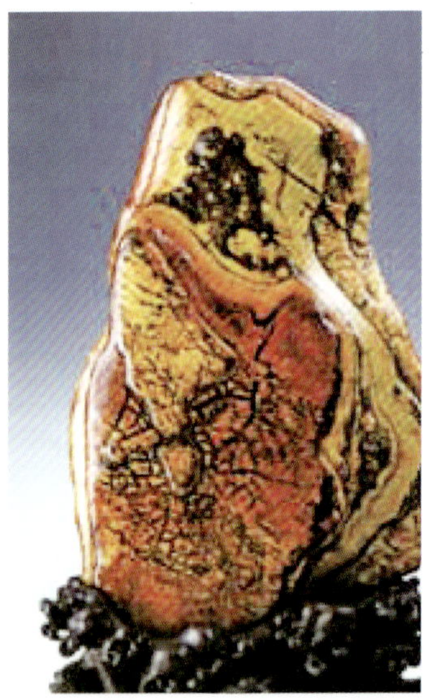

天津应大皮衣博物馆

○ 馆长 陈 思

天津应大皮衣博物馆位于天津市空港物流区，建筑面积 1 500 平方米，是一座现代化智能型博物馆，力求为不同年龄层的人群交叉展示历史纵深大、时空跨度大的皮衣专业内容。

该博物馆收藏了从古典至现代、从中国到欧洲的 220 余件皮衣藏品，以及多种皮衣制造工具和皮料。这些藏品无不体现了皮衣的渊源与发展历史。皮货交易的市场复原，仿佛又把人们带回到了中世纪的乡村市场。形形色色的馆藏就像一本教科书，让人们充分了解了皮衣的演变过程；同时也展现了应大十多年的发展历程。可以说，该馆是中国皮衣技术、设计、工艺、设备进步的缩影，它将成为皮衣文化的展示中心，皮革服饰研究专业人士的资料中心，服装设计师创作灵感来源的专业博物馆，同时也将成为消费者及皮衣爱好者了解学习皮衣文化知识的科普园地。

皮衣博物馆是一家民营的非营利公益性博物馆。筹建该博物馆不仅是为了展示应大十几年奋斗、发展的历程，凸显应大在中国皮装行业的主导地位，更重要的是为了拯救和保护皮衣文化瑰宝，丰富中国服装文化底蕴，弘扬民族精神，促进与世界服装企业的交流与发展。该馆在天津成立，不仅填补了天津乃至中国在此方面的空白，更是使天津迈向世界级城市和国际时尚之都的重要举措。

黄山市万粹楼博物馆

○ 馆长 万仁辉

黄山市万粹楼博物馆地处屯溪老街中马路，南临新安江，北依戴震山，环境幽雅，交通便利。占地面积 5 000 平方米，建筑面积 2 100 平方米。

该馆于 1996 年动工兴建，1999 年竣工，并于同年 4 月 28 日起试营业，是黄山市爱国主义教育基地，并被黄山学院、景德镇陶瓷学院挂牌为学生实践基地。万粹楼楼名为叶选平、费孝通等人题写。

该馆以明清徽派建筑遗存之砖、木、石雕构件精品，辅以现代建筑技术组合而成，主体为钢筋混凝土结构，再现了徽派建筑民居、豪宅、庭院、商铺之风格，均为三进式古建形式。

陈列展厅面积 1 600 平方米，分四层展厅。馆藏文物已达 2 000 余件（不含古钱币），包括石器、陶器、玉器、青铜器、铁器、木器、瓷器、书画、杂件。以徽州三雕之极品为主要特色，如明永乐黟县青石雕“魁星点斗”，清乾隆砖雕“徽州集锦”，清乾隆紫阳书院之大供桌，南北朝晚期石刻造像佛首，清光绪二十五年圣旨及晚清大龙缸。藏品数量及珍贵文物在全国均列私人博物馆前茅。

为充分展示中华民族源远流长的历史文化，该馆利用地处“东南邹鲁”之徽州的区位优势，在每年金秋十月黄金周期间举办专题文物展，从开馆至今已成功举办了“徽州文书展”“藏传佛教文物展”、“徽州女人服饰展”、“徽州‘三雕’精品展”、“当代文人书画家绘瓷艺术作品展”等。

该馆本着弘扬中国传统文化、徽州文化的宗旨，努力挖掘和深化文化内涵，得到了诸多党和国家领导人及国际友人的高度赞扬。2001 年 5 月 20 日，时任总书记和国家主席的江泽民莅临视察，高度赞扬“如此灿烂的中国传统文化、如此博大精深的中国文化，要让它世世代代立于世界文化之林”；曾庆红、李长春、李岚清、尉健行、习近平等领导同志和越共总书记农德孟、瑞士联邦主席阿道夫·奥吉、法国前总统吉斯卡尔·德斯坦等亦先后莅临万粹楼博物馆参观视察。他们在饱览博大精深的中国传统文化之余，均对万粹楼博物馆给予了充分的肯定和高度赞扬。因此，馆长万仁辉被民革中央授予“民革全国社会服务工作先进个人”称号。

翁牛特古代艺术博物馆

○ 馆长 张军

内蒙古自治区翁牛特旗历史悠久，幅员辽阔，人文资源和自然资源丰富。这里又是“中华第一龙”和“中华第一凤”的出土地。2008 年 9 月 10 日，自治区文物局正式批准翁牛特古代艺术博物馆成立。该馆是赤峰市首家私立博物馆，藏品以红山文化为主题，既有玉器、陶器、石器、骨器、蚌饰、青铜器，还有众多红山时期的巴林石器。这些器物有许多都是初次看到，很有可能对红山文化研究提供重要佐证，是非常具有历史价值的文物。

博物馆总占地面积 30 亩，其中展厅面积 3 000 平方米，保管仓库面积 400 平方米，休息室面积 300 多平方米，会议室面积 100 平方米，办公室和警务室总计面积约 2 000 余平方米。

博物馆坚持免费向社会开放，从开馆至今已接待中外游客 5 万余人。

为了传承中华民族 5 000 年悠久的文明历史，让更多的人了解红山文化，以此达到保护、弘扬红山文化，防止文物流失和人为的破坏，该馆拟把博物馆建成为一座爱国主义的教育基地，定期组织学生参观学习，让学生们从小就树立起爱护文物、保护文物的意识，使“龙凤之乡”成为一处宣传中华灿烂历史文化的前沿阵地。

武夷山林氏陶瓷博物馆

○ 馆长 林万浩

武夷山林氏陶瓷博物馆坐落于福建省武夷山市。这里有丰富的历史文化遗存。早在 4 000 多年前，就有先民在此劳动生息，逐步形成了国内外绝无仅有的偏居中国一隅的“古闽族”文化和其后的“闽越族”文化，留下众多的文化遗存。这些文化遗存与朱子理学有着不可分割的联系。

朱熹从 14 岁到武夷山，直到 71 岁逝世，在武夷山从学、著述、授徒、生活 50 余年。朱子理学在这里萌芽、成熟、传播。朱熹在武夷山创办的“武夷精舍”等书院成为当时最有影响的书院，直接在武夷山受业于朱熹的学者达 200 多人，许多人成为著名理学家，形成有影响的理学学派。

林氏陶瓷馆成立于 2007 年，经福建省文物局、省民政局审批通过，占地面积 1 400 平方米。现拥有 6 000 多件收藏品，主要以南方窑口，分四个系列，按年代顺序排列展出。1. 青瓷：越窑、龙泉窑；2. 黑瓷：建窑建盏、武夷山窑、江西吉州窑、南平茶洋窑；3. 白瓷：南方定窑、福田窑、影青、德化窑、青花；4. 其他：古家具、玉器、铜器。该馆至今已成功应邀举办过多次国内展览。

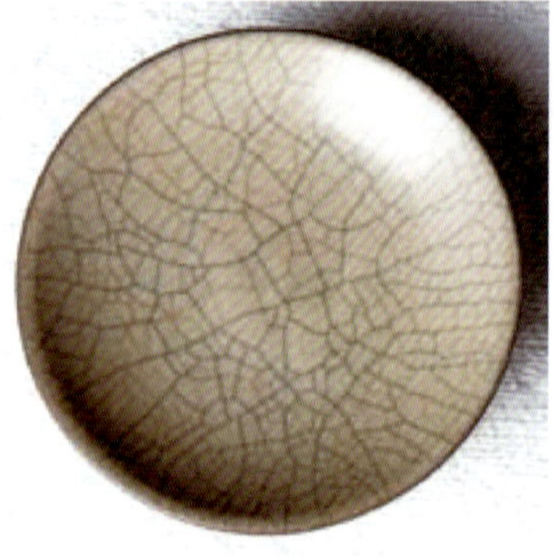

西安大唐西市博物馆

○ 馆长 王彬

西安大唐西市博物馆是建于唐长安西市遗址上的中国首座民营遗址类博物馆，占地面积20亩，建筑面积3.5万平方米，展览区面积1.1万平方米，其中遗址保护面积0.25万平方米。馆藏文物两万余件，以西市遗址出土文物和博物馆创办人20年来精藏文物为主，上起商周，下迄明清，跨越绵绵3 000余载。精美神秘的青铜器、绚丽多彩的陶瓷器、千姿百态的陶俑、璀璨夺目的金银器、精美绝伦的丝绸、巧夺天工的玉器，还有大量的货币、墓志、宗教、建筑类文物充盈库藏，为精彩纷呈的陈列展览奠定了坚实的基础。

大唐西市博物馆设有基本陈列、专题展览、临时展览、特别展览等完备的陈列展览体系，集历史、艺术、民俗、藏友收藏等内容为一体，常看常新。这座造型独特、气势恢宏、环境优美、功能齐备、服务一流的新型博物馆，已成为西安市又一重要的地标性建筑，公众喜闻乐见的文化场所，对外开放的重要窗口。

该博物馆基本陈列“丝路起点，盛世商魂”，展出了唐代西市东北“十字街”遗址、车辙遗迹和部分出土文物，介绍了历史上西市的概貌、交易品类、商业文化和繁华胜景；专题展“丝绸之路‘百工’体验”，为您演绎了几种古代丝路上的传统工艺制作过程；临时展览是一个文物交流与展示的场所，陆续推出反映丝路文化、唐代商业文化及不同主题的各类展览；特别展览“馆藏文物精品”将让您近距离鉴赏文物，领略古器物之美。精彩的陈列展览让您如身临其境。

弹指千年，沧海桑田。徜徉大唐西市，当年的繁华虽已逝去，但美好的记忆永驻人间。在这里，您将跨越时空，回到盛世长安，重睹西市风采。

彩绘胡人骑驼俑

垂冠凤鸟纹青铜簋

胡人牵驼俑

西安关中民俗艺术博物院

○ 馆长 王勇超

关中民俗艺术博物院坐落于秦岭终南山世界地质公园中心带，隋唐佛教圣地南五台山脚下，建设规模493.88亩，规划建筑面积10.8万平方米，计划总投资5.7亿元人民币。它是陕西省、西安市“十一五”和“十二五”重大建设项目，陕西省爱国教育基地，国家文化产业示范基地。

该博物院自上世纪80年代中后期至今，已收集、抢救、保护周、秦、汉、唐以来历代的石雕、木雕、砖雕、关中古民居及人民生产、生活、习俗、风情等各类遗物和名人字画共33 600余件（套）；征集保护了40院近千间明、清古民居；还收集整理了大量的非物质文化遗产，包括各种地方戏曲、工艺作坊、礼仪、俗规，构成了民间艺术、关中民居、民俗风情、名人字画四大系列共九个类别的藏品规模，从不同侧面集中地反映了关中地区各族人民在不同历史时期的艺术、审美、劳动、居住、习俗风情等民俗、民艺、民风、民情的历史风貌。尤其以享有“地上兵马俑”美誉的8 600多根精美的拴马桩最为引人注目，极大地丰富了我国民间石雕石刻艺术宝库，为中华民族文化遗产填补了重要内容，代表着中国历代民间文化力与美的化身，是中国北方关中地区数千年来多民族生存和文化交流融合的历史见证，形成了民族文化的基因仓和标本库。

西安经文牛文化陶瓷博物馆

○ 馆长 任经文

西安经文牛文化陶瓷博物馆位于西安经济技术开发区凤城一路 23 号，东临直达新火车站的文景路，西邻机场专线朱宏路，距地铁二号线约 400 米，地理位置十分优越，是目前世界上唯一以牛文化为主题的民营博物馆。博物馆占地 10 余亩，建筑面积 6 200 余平方米，陈列面积 3 700 余平方米，已于 2009 年 9 月 12 日开馆。

该博物馆数千件不同时代、材质各异、千姿百态的牛藏品及陶瓷艺术珍品在独具特色的展馆内轮回展出。中国数千年的文明史，离不开牛的拓荒和耕耘。广大劳动人民历来视牛为宝，敬牛如宾。郭沫若曾誉之为“中国国兽，兽中泰斗”。该馆收藏涵盖了曾在西安建都的 13 代王朝的牛：汉牛温顺谦逊，唐牛傲视群雄，北齐牛昂首阔步，北魏牛憨态可掬……每一个时代的特征在牛的造型和神态上都表现得淋漓尽致。展出的唐代彩绘陶起立状骆驼“背上封侯”和唐三彩“孔雀开屏”尊属国家一级文物；龙山文化时期的蛋壳黑陶鬶和“鹰”尊、唐三彩三足盘在国内其他博物馆也极其少见，还有一些陶展品在国内博物馆属“绝无仅有”。

瓷器是中国人引以为豪的生命赞歌。该馆收藏的高古瓷和宋元明清瓷器均品质上乘。宋代定窑“黑釉苹果尊”、“酱釉双龙尊”，“大明成化年制”款青花脱胎碗，清康熙年烧制的新品种“虎皮三色碗”等百余件藏品均为该馆重量级藏品。

西安经文牛文化陶瓷博物馆不仅是西安市民和中外游客了解陕西最直观、最有冲击力的视觉平台，也是收藏爱好者互相学习和交流的理想场所，更是鉴赏和研究中国源远流长、博大精深的牛文化及牛精神的重要基地。其独特的主题定位和深厚的文化积淀，丰富了西安的历史文化内涵，成为西安对外宣传的新窗口，是西安乃至陕西一张新的旅游名片。

北齐彩绘陶牛

彩绘陶描金分手、分肢舞女俑

唐彩绘陶「辈辈封侯」骆驼

厦门上古文化艺术馆

○ 馆长 陈加林

厦门上古文化艺术馆主要从事三星堆文化等上古时代古玉艺术品的收藏工作。目前，该馆已经拥有三星堆文化、红山文化、良渚文化、齐家文化等古玉器1 000多件。故宫博物院副院长王亚民及鉴定专家周南泉等一行曾对该馆进行考察，汪遵国、华义武、孙学海、雷从云等专家对藏品进行了鉴定，均给予极高的评价。

该艺术馆馆区总面积1万平方米，包括展厅、艺术展览馆、内庭小花园及咖啡屋、书店等。展馆共分为四个展厅，展厅面积3 600平方米。展品主要是上古时期，即从新石器时代到夏商周时期几千年间的玉器珍品。艺术馆定期展出300~500件展品，以红山文化、良渚文化、齐家文化和三星堆文化的玉器为主。第一展厅“玉蕴山辉”，主要展出四大文化区精巧、美丽的古代玉器艺术品；第二展厅“天造地设”，展出承载远古先民神话、思想和智慧的精美玉雕塑；第三展厅“礼仪兴邦”，用玉礼器的组合再现古代礼制概况；第四展厅“远古辉煌”，通过宏伟而精美的艺术珍品，展现古代文明的发达程度和玉器工艺水平。

此外，该艺术馆还设有美术馆，举办短期的精品艺术展，如名家油画、雕塑展。可以预见，该艺术馆将成为厦门顶级的艺术交流平台。

神人托日月

神人头顶三足蟾

徐州圣旨博物馆

○ 馆长 周庆明

馆长 周庆明

徐州圣旨博物馆是目前国内唯一一家专题以圣旨为主要藏品的民营博物馆。馆藏文物共三万余件套，根据藏品类别分别设置了青铜馆、玉器馆、瓷器馆、石刻馆、书画馆、遗珍馆、楹联匾牌馆以及科举资料馆。其中珍藏明清圣旨200余道，从清开国皇帝顺治到末代皇帝溥仪，10代皇帝的圣旨承接不辍，堪称国内首家。馆内还有科举试卷、科举考题、作弊夹带等珍贵文物，以及明清状元、进士、名人书法楹联匾额两千余件。同时，还珍藏有明清龙袍及宫廷、官宦、民间民俗各种用品数千件，瓷器、玉器、青铜器、书画珍品数千件。这些珍贵文物不仅具有较高的观赏价值，并且为学术研究提供了极为丰富的参考资料，令人观后有包揽历史风云、满目生辉、兴趣盎然之感。

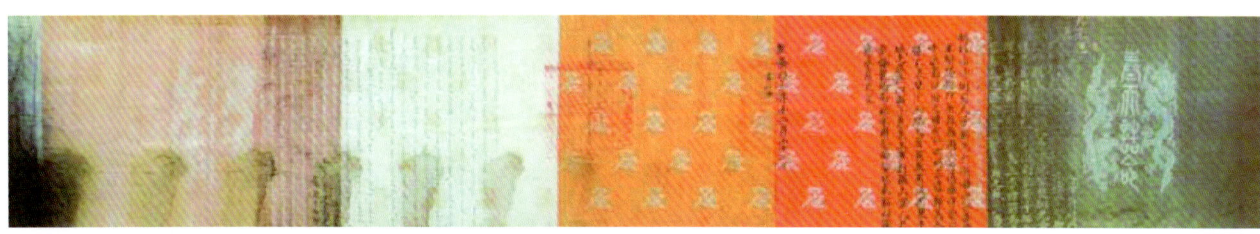

大同云冈书画瓷器艺术馆

○ 馆长 边治民

大同云冈书画瓷器艺术馆是以收藏家边治民先生多年收藏的 2 000 多件古玩艺术珍品成立的博物馆，占地面积 700 多平方米。该馆设六个展厅，其中有唐、宋、元、明、清各朝官窑瓷器、青花、斗彩、青花五彩、粉彩、珐琅彩及汝、哥、官、定、钧五大名窑系列；还有唐、宋、元、明、清名人字画及明清家具。该馆欢迎全国各界爱好收藏古玩艺术品的朋友前来探讨、研究、交流，为弘扬中华古老艺术文明作出贡献。

中国民间文物博物馆紫砂壶馆

○ 馆长 赵建旗

中国民间文物博物馆紫砂壶馆成立于2008年，位于中国北京市高碑店西店1102号国粹苑1号楼3层F26—F29号。馆内藏有中国历代宜兴紫砂壶1 000件，历代紫砂壶标本一万多种。该博物馆以学术研究为目的，致力于多方面的开放方式，与全世界的紫砂壶爱好者共同学习研究中国宜兴紫砂壶的历史文化和工艺，为广大紫砂壶研究者义务提供最真实最准确的中国历代宜兴紫砂壶参考标本。

益阳黑茶民俗博物馆

○ 馆长 李平安

益阳黑茶民俗博物馆于2008年12月申报，经湖南省文物局批准，益阳市民政局正式注册。馆址设在益阳市“中国黑茶文化城”，占地面积1 000多平方米，地理位置优越、环境优美、交通便利，上接湖南省会长沙，下连常德、岳阳，西去桃江、安化，北往沅江、南县。

该博物馆是集收藏、展示、研究、整理分析，挖掘黑茶文化、地方民俗文化和上下5 000年历史文化于一体的公益性服务机构。馆内各类珍品上万件，是李平安先生花费毕生积蓄，历经20多年的时间，辗转全国各地收集而来。这些藏品不仅种类齐全，而且每一类别都自成体系，时代跨度更是从石器时代到当代，其中不乏堪称国宝的名贵珍藏品。如：瓷器中有殊为难得的“五大名窑”系列，木器中有精美绝伦的皇宫紫檀、红木嵌玉的龙床、龙案、屏风等各类家具，青铜器中有青铜鼎、青铜剑等。馆内各类黑茶民俗文物、历史文物，更是琳琅满目，异彩纷呈，令参观者大开眼界，流连忘返。

该博物馆自2009年10月开馆以来，已接待国内外专家学者、各级领导和社会各界人士20多万人次。

2010年是该馆丰收的一年：4月，馆藏品紫铜鎏金十八罗汉佛像进入上海世博会参展；5月，作为湖南省首批13家民办博物馆之一在长沙授牌；6月，博物馆被收入《湖湘文化大辞典》。

周伯钦艺术火花家庭藏馆

○ 馆长 周伯钦

周伯钦艺术火花家庭藏馆坐落在上海赤峰路 91 号。

馆主周伯钦经过 30 余载持之以恒的追求，收集汇藏了全国 180 余家火柴厂生产制作的成套火花达 5 万余枚。浏览其藏，或风光名胜，民族风情；或琴棋书画，风流人物；或奇花异葩，兽鸟鱼虫……无不博纳于方寸。该藏馆多次应邀在上海、北京展览，报刊、电台、电视台亦屡有介绍。

该馆藏以三方面内容构成：

一是艺术火花精品集粹，按老花一瞥、“文革”拾轶、名家书画、文艺百家、缤纷舞台、风光揽胜、外花掠览等专题，从不同角度揽神州风采、忆历史岁痕、讴古今文化、展文艺多姿等，反映馆主的艺术情趣和追求。

二是具有鲜明特色的公安专题：火花人口普查、交通安全、消防救灾……方寸之上的画面，显示出人民警察的公仆形象，倾注了馆主热爱公安的特殊感情。

三是一批颇具欣赏价值的相关实物。

展橱内的火柴有的年代古老，有的来自国外，有的造型奇妙，有的规格罕见，集中观赏给人以耳目一新的享受。

展放的各种关于火花的书籍、报刊是馆主多年来从全国各地或民间采集所得，显示了火花文化作为一种独特的艺术门类的形成和发展，具有一定的学术价值。

馆藏中还有众多政要、名家、艺术家、集藏界著名人士的墨宝或题词真迹。

北宋越窑八棱瓶

五代越窑神仙宴乐图执壶

浙东越窑青瓷博物馆

○ 馆长 陈国桢

浙东越窑青瓷博物馆位于浙江省东部的余姚市，地处市中心的古建筑群内。该馆北濒杭州湾，南接四明山，距“舜江楼”和“通济桥”仅一步之遥，是经浙江省文化厅批示（浙文厅物 [2003]16 号批文）建立的一家民营博物馆。其于 2005 年 5 月 1 日试开馆，2007 年 10 月 1 日正式开馆。馆内现有越窑青瓷藏品数千件，纵括西周、春秋战国、东汉、三国、两晋、南北朝、隋唐、五代和北宋。

余姚拥有 7 000 年前河姆渡文化。自汉以来，余姚名家辈出，故有“姚江人物甲天下”的美誉。如三国的虞翻是著名的易学家；东晋时的虞喜最早发现了“岁差”；隋唐时大书法家虞世南被唐太宗誉为“德行、忠直、博学、文词、书翰”五绝。而严子陵、王阳明、朱舜水和黄宗羲被誉为“四先贤”，其中王阳明和黄宗羲还被列入中国十大思想家之列……余姚也因此被称为“东南最名邑”和“文献名邦”。

越窑的代表窑址上林湖就位于余姚附近。

越窑是中国瓷窑的开山始祖，是中国青瓷瓷窑的代表。

中国建筑陶瓷博物馆

○ 馆长 陈复澄

中国建筑陶瓷博物馆是广东省东莞市博物馆之城建设中的重要项目，由广东唯美陶瓷有限公司投资兴建。该馆设在广东唯美陶瓷有限公司总部，投资3 000万元，展厅面积15 000多平方米；由国家文物鉴定权威专家史树青题写馆名，是收藏、整理、研究和展示中国古代建筑陶瓷和企业产品标本及国际知名建筑陶瓷品牌的专题性行业博物馆。博物馆设中国建筑陶瓷史展厅、陈复澄唯美艺术馆、唯美壁饰展馆、唯美陶瓷馆、唯美历史陈列室和现代陶艺坊六个主要部分，全面展示了中国历代建筑陶瓷和唯美陶瓷风采。该博物馆的建成开馆，不仅是东莞市建筑陶瓷行业发展历史上的一个里程碑，对于其他优势产业的发展也具有重要的指导和启发意义。

中国建筑陶瓷博物馆作为企业文化的有利衍生和拓展，充分体现了文化与经济相互融合，具有鲜明的特色：

一是历史与现实相结合，不仅关注历史，更关注现在和未来；二是博物馆展览与企业产品营销相结合；三是博物馆研究教育功能与企业研发推广功能相结合。博物馆通过拓展研发、培训、展示、商贸、博览等功能，实现了与企业经济活动各个环节的充分对接；并在具体实施中，成功实现了博物馆社会效益与企业经济效益的有机结合，是现代企业建设产业配套类博物馆的典范。

中国建筑陶瓷博物馆自2006年6月份建设完成后，免费对公众开放，平均年接待量约10万人次。该馆在经营过程中发挥自身优势和特点，在注重和优化博物馆展示、展览、研究活动的过程中，更加注重围绕主题展览、陈列活动开展相关互动活动。尤其是大型陶吧，全年免费对公众开放。截至目前，已举办一届东莞市青少年陶艺大赛，一次广东省陶艺大赛，取得了良好的社会效益。同时，博物馆还依托对建筑陶瓷历史的研究，不断引入新的艺术表现形式，将历史与文化相结合，开发独特的室内装饰材料和文化衍生品，作为博物馆的营业收入，每年销售额达到200多万元。目前，该馆积极探索和研究与旅游行业的共建、共强、共赢，以游客为中心，以人为本，不断改进和提高博物馆作为旅游景点的活动和服务标准，力争在搞好博物馆建设和经营管理的同时，最大化地开发利用博物馆资源，将其建设成为东莞市具有特色的旅游景点，真正实现“博物馆与旅游共建”。

中国苏作家具博物馆

○ 馆长 徐瑞生

中国苏作家具博物馆是中国家具史上具有划时代意义的鸿篇巨作。该馆以中国家具发展史为脉络，以传统家具为核心，以苏作家具为重点，包容京作、广作等中国传统家具各大流派，兼收并蓄、纵跨古今、异彩纷呈，全面展示了中国代表性传统家具的风貌。博物馆展品中包括最具历史价值和标志意义的各种款式家具、制作工具、原料样本以及文献典籍、图样、照片等，同时还包括全面展示历代对中国苏作家具创始、继承和发展作出过重大贡献的人物和事件，充分体现了历史性、学术性、知识性、趣味性为一体的当代博物馆展示特点，是中国传统家具第一馆。

该博物馆以文化交流为平台，观赏为重点，积极带动了国内传统家具的消费需求，为参观者提供了苏作家具一流的展示舞台，同时让苏作家具在保护中得到了传承。它不仅弘扬了中华民族的悠久历史和灿烂文明，也必将为今后中国家具的发展带来启示。

该博物馆总面积 8 000 平方米，分八馆十二区。作为中国第一所传统家具博物馆，该馆建筑新颖、设施先进、功能完善、馆藏丰富、展陈专业，是一座中国家居文化的展示丰碑。它不仅保护、利用、发展了苏作家具这笔宝贵的文化资源，更带动了苏作家具乃至中国传统家具走向世界。

遵义嘉丰民俗博物馆

○ 馆长 吴军

遵义嘉丰民俗博物馆毗邻遵义会议纪念馆，位于红军街上。该博物馆的建成，与遵义会议纪念馆融为一体，相得益彰。

该博物馆面积1 000多平方米，有九个展厅，内设有开国元勋人物馆、明清家具文化馆、汉宋陶瓷文化馆、古生物化石馆、石雕文化馆、傩戏文化馆以及立体双钩书法馆等。该馆拥有600多件藏品，其中，一棵3米见方、重达3吨的阴沉木树根，雕刻有95条龙的“九五之尊”酸枝木龙床，古生物化石，黔北傩戏等等，均为旷世奇珍。当代著名的书法家雍抗先生独创的立体双钩书法被誉为“中国一绝”。

近两年该博物馆一直运营良好，并于去年在贵州有着“仡佬第一乡”的平正打造了一个贵州原生态仡佬文化博物馆，预计今年竣工。

中华性文化博物馆

○ 馆长 胡宏霞

中华性文化博物馆于1995年建立于上海，1999年公开开放，2004年迁至江苏同里。

该博物馆处于一个古园林之中，建筑面积3 800平方米，室外园林面积5 200平方米，已建设成为在国内外都很有特色的“性文化艺术林”，放置了性文化石雕80多座。

该博物馆共有性文化藏品4 000多件，在本馆展出有代表性的1 700件。它们最早的来自9 000年前，直至民国时期。它们都是刘达临教授和胡宏霞博士的私人收藏。

该博物馆又是一个性文化研究基地，本馆馆长胡宏霞博士和刘达临教授共同出版相关著作130余本（截至2008年）。

建立中华性文化博物馆的目的是弘扬祖国文化，破除性神秘感，以自然、健康、科学的态度对待性问题，使人们能够正确地认识社会、认识历史、认识自己，促进社会的文明建设。

山西晋城古典家具博物馆

○ 馆长 王焱

山西晋城古典家具博物馆创建于 2008 年 6 月，是以王焱私人藏品为基础组建的博物馆，其间得到了山西省泽州县政府的大力扶持。该馆位于山西省泽州县金村镇二仙庙，藏品 1 600 余件，时间从宋元至清末，以古代建筑为基础，晋作古典家具为主题，结合现代科技及艺术理念，全面展示晋城古典家具的兴衰过程，对展示区域性的制作工艺及古人的审美思想做探讨性的尝试。

歙县新安歙砚艺术博物馆

○ 馆长 凌红军

经安徽省文物局审核、批准，新安歙砚艺术博物馆于 2008 年 7 月 13 日在歙县开馆。该馆是一个集收藏、保护、研究、展示、宣传和传播歙砚艺术为一体的综合性展馆，展厅面积超过 200 平方米，分古砚展厅、原材料展厅和现代砚雕刻工艺展厅三个部分。该馆坚持以博大精深的徽文化为背景、歙砚原产地的优势为依托、歙砚艺术的创作研究为核心，力争把新安歙砚艺术博物馆打造成弘扬徽派砚雕艺术的航母。

新安歙砚艺术博物馆把工作重点放在歙砚文化及歙砚艺术品收藏、展览展示、学术研讨、技术交流等方面，工作繁重但意义重大，取得了很好的社会效益；同时为加快歙县旅游文化产业的发展做出了积极贡献。

为了提高歙砚的知名度，让更多的人更方便地认识歙砚、喜欢歙砚，本着艺术交流的目的，该馆于 2008~2009 年度，多次参加了合肥、北京、扬州、深圳举办的艺术博览会。而且分别获得 “2008 中国手工艺精品博览会优秀作品评比大赛”金奖（编号：HF0808-062）；“金凤凰”创新产品设计大赛铜奖；“百花奖”铜奖。2009 年 6 月，澳门文化局邀请安徽省传统工艺美术行业赴澳门进行文化交流，该艺术博物馆做为文房四宝类代表，应邀在澳门卢家大屋进行学术研讨及教学工作，为期 20 天，促进了澳门各界人士对中国传统文化的认同感。

鉴于目前歙砚产业无论是创研、生产、销售等方面都在快速发展，规模越来越大，但歙砚尚无统一标准。2008 年 9 月，该艺术博物馆作为起草单位，投入人力、物力，制定了歙砚黄山市歙县地方标准草案，并由歙县质量技术监督局组织专家认定，经审核后于 2008 年 11 月发布（DB341021 /T001-2008），同年 12 月实施。该标准现已申报安徽省地方标准立项，同时启动了歙砚安徽省地方标准的起草、申报工作。今后，该馆仍将一如既往地为歙砚安徽省地方标准的顺利出台做贡献，并筹集资金，启动歙砚国家地理标志保护的申请工作。

郑州大象陶瓷博物馆

○ 馆长 何飞

郑州大象陶瓷博物馆为陶瓷专题博物馆，位于郑州市顺河路 36 号。

该馆主体建筑为二层中式建筑，外面墙全部用唐代鲁山段店窑址残片镶嵌，使博物馆整体特色突出，风格独特。馆内有三个 500 平方米固定展厅，展厅环境优美，展柜、灯光等设施完善，并有符合标准的安全和消防设施。

该馆拥有藏品 3 000 余件，以从仰韶文化到清末河南主要古陶瓷品种为主，兼顾非河南产地的品种。

在有史可考的 7 000 余年华夏文明中，陶瓷基本上贯通了整个文明发展的全过程，宣传古代文明，多以古陶瓷历史遗存为教材。这方面，河南省具有历史遗存丰富的优势。经过多年努力，该馆收藏了自仰韶文化到清代末年各个历史时期古陶瓷遗存 500 余件。利用这些遗存宣传河南，使公民了解河南过去的辉煌，促进公民的精神文明建设、促进河南的经济发展，是该馆建馆的基本宗旨之一；提高公民爱护文物意识，促进文物保护工作，是该馆宗旨之二；以更贴近民众的方式面对社会，提供真品供大家学习，提高收藏爱好者识别赝品的能力，是该馆宗旨之三。

该馆主要工作：开馆长年不收门票，并由讲解员陪同参观者参观；组织专家委员会对古陶瓷进行研究和探讨，开展有关古陶瓷的学术研究和交流活动，在适当的时机将论文结集成册出版；积极参与行业内部交流，在资金许可条件下，不断注入新的资金，使馆藏更多、更精、更全面，向社会提供更多更好的服务。

北京凤凰岭美术馆

○ 馆长 张培武

北京凤凰岭美术馆位于北京市海淀区风景秀丽的凤凰岭山脚下，是集展览陈列、教学培训、学术研究、收藏鉴赏、名家创作于一体的富有中国文化特色的主流美术馆。该馆以“弘扬民族文化，彰显时代精神”为宗旨，竭力推动中国书画艺术的繁荣与发展，充分发挥窗口与桥梁作用，全面展现中国画艺术风貌，积极开展国际文化艺术交流，全力打造旨在全球化语境中凸显中国文化精神的美术馆。

美术馆共占地 32 亩，建筑面积 21 000 平方米。其中有展览厅面积 1 200 平方米，多功能学术报告厅 400 平方米，培训中心 2 000 平方米；有大、中、小会议室计 500 平方米，专业教室 4 个，名家创作室 40 套。馆区内还设有招待所、餐厅、超市、茶舍、图书室、健身室等配套功能设施，可供 200 人同时就餐、住宿和举行会议等各种活动。

得天独厚的自然环境、风格独特的建筑场馆、配套齐备的功能设施、实力雄厚的学术力量以及先进严谨的管理理念，构成了凤凰岭美术馆强大的、高品质的艺术发展平台。

崔如琢美术馆

○ 馆长 曹无

崔如琢美术馆坐落在北京朝阳区观唐花园，呈现中国古典建筑风貌，总占地 5 000 平方米，建筑面积为 2 500 平方米，展厅面积 600 平方米，展线 800 米；分地上两层和地下一层，有展馆、藏书楼、名家收藏品等三个功能部分。国学大师饶宗颐先生为美术馆题写匾额。

崔如琢美术馆于 2007 年 10 月 17 日举行了隆重开馆典礼。该美术馆主要展出的是崔如琢先生从青少年到现在各个时期的代表作品近百幅。

崔如琢美术馆宗旨：

其一，为继承、发扬、传承中国传统文化艺术，促进中国五千年悠久文化，让世界人民更了解中国文化的深刻内涵；响应胡锦涛主席在十七大报告中的阐述：“当今时代，文化越来越成为民族凝聚力和创造力的重要源泉，越来越成为综合国力竞争的重要因素，丰富精神文化生活越来越成为我国人民的热切愿望。”

其二，以画会友，力求创建一流的交流、切磋、学习、发展的平台；组织学术交流，观摩创作成果，开办学术讲座，以求对博大精深的中国传统文化的研究和创作作出更大的贡献。

崔如琢，著名书画家、鉴藏家，静清苑主。1944 年生于北京，曾执教于中央工艺美院，1981 年定居美国，1996 年回国，现定居北京。1984 年荣获美国纽约杜威大学荣誉艺术博士学位。

崔如琢先生自幼习字，书法承袭碑派书法家郑诵先，为李苦禅先生入室高足。崔如琢的画如其人，朴茂厚重，大气磅礴，个性鲜明，收放自如，无半点修饰造作之态。

赴美后，他的作品在国际展览中屡获艺术成就奖，并被美国前总统里根、前国务卿基辛格，陈香梅女士、宋美龄女士、贝聿铭博士，台湾塑胶巨头王永庆、报业大王王惕吾，新加坡前总理李光耀，泰国王室和联合国及亚、欧、美几十所博物馆、美术馆、高等学府广泛收藏。在国内，崔如琢的作品曾多次被国家领导人当作国礼赠送给外国元首，人民大会堂、钓鱼台国宾馆等也多有收藏。

崔如琢先生在艺术理论方面造诣深厚，出版著作有《中国近现代名家画集·崔如琢》《世界名画家全集·崔如琢》《崔如琢大写意花鸟集》《崔如琢山水画集》等。

在四川大地震之后，崔如琢将售与俄罗斯耶弗拉兹石油公司绘画作品获得的 5 000 万人民币，捐赠并资助成立榜样公益基金。

2008 年度“中华慈善大会”在北京举行，崔如琢先生获称“最具爱心慈善捐赠个人”，是该项荣誉获得者中唯一的文化艺术界人士。

崔如琢先生现任榜样公益基金终身荣誉理事长、世界华人书画家收藏家联合会荣誉会长、中华名人协会副主席兼中华名人书画院院长、中国国际文化交流中心理事。

哈尔滨于志学美术馆

○ 馆长 于志学

于志学美术馆位于5A级旅游景点的哈尔滨市太阳岛上，是2003年由哈尔滨市政府批准建立，以著名国画家、冰雪山水画创始人于志学先生的名字命名的。该馆占地面积1 100平方米，建筑面积3 500平方米，由两栋仿欧式风格建筑组成，拥有四个展厅和一个学术报告厅。该美术馆与景色怡人的太阳岛自然湿地、艺术园林、欧式风格建筑以及美丽的松花江，共同构成了哈尔滨东方小巴黎的文化艺术链条。

于志学美术馆是一个非营利公益性的文化场所，服务公众是该馆的宗旨。主要以收藏、研究、陈列于志学先生及冰雪画派作品和承办各种门类的艺术品展览，是一个极富特色的美术馆，并设有文物陈列室、荣誉室、图书室、档案室、会议室、画家工作室以及相应的服务配套设施。馆内现有员工10余名，设有馆长、副馆长、研究员，还有办公室、研究部、展览部、美术馆艺术报、美术馆网站编辑部以及安保、后勤服务部。

于志学美术馆建馆以来，得到了中国博物馆协会以及黑龙江省哈尔滨市领导和社会各界的大力支持，接待国内外各种展览近40余场次，参观者近8万人。各种艺术门类的展览和文化艺术交流活动的开展，有力地推动了黑龙江省和哈尔滨市文化艺术的繁荣和发展。目前该馆已成为哈尔滨市标志性的文化设施和太阳岛上一道亮丽的风景。

于志学，冰雪山水画创始人，中国艺术研究院中国美术创作院创作研究员、中国艺术研究院研究生院专家工作室导师、中国人民大学培训学院专家工作室导师、中国国际书画艺术研究会副会长、中国艺术创作院名誉院长、黑龙江省美协名誉主席、黑龙江省画院荣誉院长、黑龙江省国画会会长，冰雪画艺术研究会会长；第九届全国政协委员、第五届、第六届中国美协理事。50 年来，于志学以“继承不是重复，一切在于创造”的艺术宗旨，以天、地、人的“三元绘画”为目标进行不懈的艺术实践。他创造的冰雪山水画，以其特有的原创性艺术语言和独特的技法，表现了“冷逸之美”的冰雪美学核心思想，使传统中国画的表现对象由山、水、云、树拓展到山、水、云、树、冰雪，创立了中国画“白的体系”；他创作的人物和小品画，体现了中国画的书卷气和笔墨气韵，彰显出时代花鸟画的民族文化内涵和传统笔墨与当代生活相结合的风范。在中国画绘画理论上，提出“墨有韵、白有光”的中国水墨画审美内涵、“创建中国画第三审美内涵——用光”的美学观点和“中国美术进入新传统主义时代”的学术主张，以及 21 世纪人类新型的审美标准“智邃远”和“冷文化”等学术思想和概念。1979 年作品《塞外曲》荣获文化部颁发的第五届全国美展三等奖；1983 年被英国伦敦国际出版中心收入《世界名人录》；1987 年获美国国际传记研究院授予的金钥匙奖牌和终生荣誉勋章；1990 年作品《杳古清魂》获美国首届国际艺术大赛绘画类一等奖；1992 年作品《雪月送粮图》获中国美协颁发的金奖；1995 年获中国艺术研究院美术研究所颁发的“中国画学术精诚奖”。1997 年作品《牧鹿女》获文化部、中国诗书画院颁发的《全国中国画人物画展》铜奖；2004 年被中国艺术研究院授予“黄宾虹奖”。2005 年获柬埔寨文化部授予的“吴哥文化奖”。2006 年获黑龙江省委宣传部颁发的黑龙江首届“文艺终身成就奖”；2009 年俄罗斯阿穆尔州政府和阿穆尔州艺术创作协会分别向于志学颁发了“文化贡献奖”和“成就奖”证书与勋章。现已多次出版了《于志学画集》、于志学文集《雪园漫笔》、《东方艺术·于志学专刊》、《文化时空·于志学专刊》、《中国美术家档案·于志学卷》、《触类旁通·冰雪技法》、《于志学画冰雪技法》、《冰雪山水画法》、《冰雪画教学》、《冰雪画教学Ⅱ》和中外美术评论家撰写的《冰雪山水画论》、《冰雪艺术美学》、《中国名画家全集当代卷·于志学》、《冰雪画派》等专著。

郭味蕖美术馆

○ 馆长 郭怡孮

郭味蕖美术馆位于山东省潍坊市东风大街，是采用“民办公助”方式，由政府划拨土地、郭味蕖先生后人筹资建设的大型公益性美术馆，2008年落成开馆。该美术馆拟由北京知鱼堂文化艺术有限公司与潍柴动力股份有限公司合作运营管理。

郭味蕖美术馆是一座现代化美术馆，建筑造型古朴典雅，与郭味蕖故居（省重点文物保护单位）“疏园”相邻，由园林、池塘连接，自然和谐。

郭味蕖美术馆是在潍坊市委、市政府的大力支持下，在潍城区委、区政府的直接领导下，在全国美术界同仁的热情关怀下落成的。为建设郭味蕖美术馆，郭味蕖先生的子女们团结一致，呕心沥血，从筹资兴建到设计、施工、筹展、布展都倾尽全力，极力将郭味蕖的艺术精品和艺术精神展示奉献给社会、造福后代，成为中国美术界的一件盛事和一段佳话。

郭味蕖美术馆分上下两层，建筑面积3 600多平方米。二层为博物馆性质，将长期展示郭味蕖先生的生平事迹和学术、艺术成果；一层为美术展览馆，可接纳各种类型的美术展览，并辟有艺术交流和培训等活动场地。

郭味蕖美术馆旨在为发扬光大中国的美术事业，提供正规的美术交流、学术研究、美术教育等活动的平台。

这里将办成郭味蕖先生艺术研究中心、全国花鸟画研究中心、潍坊画派研究中心；打造具有鲜明特色、全国知名、具有国际影响的现代化美术馆。

郭味蕖美术馆的设计师陈茸，是郭味蕖长孙，在日本和新西兰留学并从事建筑设计，2000年回国。

郭味蕖美术馆艺术总监郭怡孮先生兼馆长，是郭味蕖先生第三子，我国著名国画家，中央美术学院教授、博士生导师，中国美术家协会中国画艺术委员会主任，中国艺术研究院中国美术创作院院长，中央文史研究馆馆员。

郭味蕖先生是我国著名画家、美术史论家、美术教育家、艺术鉴藏家，1908年2月15日出生于山东省潍县(今潍坊市)的一个文化世家。幼年入私塾学习传统文化。青年时期受“五四”新文化运动影响，1929年入上海艺术专科学校学习西画；后在“中国人更应该懂得中国画”的感悟下，于1937年入故宫博物院古物陈列所国画研究室临摹古代原作，并随黄宾虹先生学习画论及鉴赏。1951年受徐悲鸿先生之聘任职中央美术学院研究部、民族美术研究所。1956年受命筹建徐悲鸿纪念馆。1959年调中央美院中国画系，后任花鸟画科主任。“文化大革命”中，郭味蕖先生遭受极“左”路线的残酷迫害。1969年被“疏散”遣返回山东潍坊老家，1971年含冤去世，时年63岁。“文革”后被平反昭雪。

郭味蕖先生精研传统，学通承变，是传统花鸟画向现代转型的重要代表画家。他的花鸟画开一代新风，闪烁着时代的光辉。

郭味蕖先生学养深厚，著述丰赡，为后人留下了多部美术史论方面的奠基性著作。所著《写意花鸟画创作技法十六讲》是他一生教学经验的总结。他培养了大批花鸟画优秀人才，影响了一个时代。

何海霞美术馆

○ 馆长 何纪曾

何海霞美术馆，又称“海霞天地”，成立于1992年6月，坐落在西安市书院门仿古文化街西端海霞天地四楼，占地面积260平方米。何海霞去世之后，该馆更名为何海霞美术馆。何海霞美术馆的建立，为后人研究他的绘画，提供了有利的条件与资源，馆内长期陈列何海霞先生各个时期的书画精品和已出版的画集、文献资料等，可供大家参观、学习与研究。

何海霞美术馆自成立以来，就一直承担着教育、研究与宣传何海霞的使命，如2001年10月27日，何海霞美术馆、西安长安画派等10余家单位联办的“纪念何海霞先生诞辰93周年暨逝世三周年——何海霞书画艺术回顾展”以及“何海霞书画艺术研讨会”等。此外，该馆还与文化部、陕西省人民政府、中国文联等11家单位，共同承办了“何海霞先生诞辰100周年纪念活动”。其主要内容包括举办何海霞作品展览和系统研讨何海霞的艺术研讨会等。

长河红日

孔维克艺术馆

○ 馆长 蒯家治

在中国美术家协会、中国美术学院等单位的大力支持下，青岛卓琴国立公司在2004年5月2日张立辰艺术馆成功开馆的基础上，又经过两年多的筹建，孔维克艺术馆于2006年11月18日正式开馆。中国文联、中国美术家协会，山东省委宣传部、山东省文联以及全国23个省4个直辖市及山东省各地市的部分美协领导发来贺电或前来祝贺。

艺术馆内陈列了孔维克近年来创作的中国画精品50余幅。作品有鸿篇巨制也有盈尺小品，有长卷也有扇面，形式多样、丰富多彩，反映了作者多方面的艺术修养和多年来在艺术上具有独特个性的学术探索。同时还陈列了作者的生活速写作品、文献和声像资料，以及作者发表的论文、出版的画册、报刊专题介绍等60多种书刊，使观众能较全面地了解一个画家的艺术人生成长的脉络。

青岛卓琴国立公司将在全国范围内选择当代10位著名画家于青岛开设个人艺术陈列馆，作为公共性事业来运作，免费对社会开放。这对促进高层次文化交流，以青岛为龙头发展山东文化事业，构建这座国际化大城市的和谐文化氛围将起到有力的促进作用。

孔维克，1956 年生于山东汶上县。现为中国美术家协会理事、文化部中国艺术研究院特聘研究员、山东省文学艺术界联合会副主席、山东省美术家协会常务副主席、山东画院院长、山东省政协常委、民革山东省委副主委，世界孔子后裔联谊会副会长。

代表作《孔子周游列国图》、《公车上书》、《沐》、《杏坛讲学》、《高士图》、《白英点泉》等在国际大赛和全国美展中分别获金奖、铜奖、优秀奖、荣誉奖。先后在北京、深圳、台湾等地以及日本、新加坡、美国、韩国、奥地利、法国、德国、澳大利亚、新西兰举办联展和个展。作品及传略被收入各类画册和辞书。代表作数幅入载国家美术出版工程《中国现代美术全集》中国画卷、壁画卷、插图卷。出版有孔维克画集、文集、书法集、写生集等 20 余种。曾获“中国画坛百位杰出画家”称号。

老甲艺术馆

○ 馆长 贾浩义

老甲艺术馆位于北京北中轴线上，西临回龙观，北临平西府，南向立水桥，距德胜门17.5公里，距城铁总站霍营站1公里，1994年筹建，1996年竣工，1997年10月16日开放。该馆占地3 000平方米，展厅面积近400平方米。建筑呈长方形，构造简洁大方。展厅正面矗立着四根石柱，柱后是80平方米的根据老甲代表作《众志成城》创作的浮雕，烘托出艺术馆建筑的分量与气氛。主体建筑被草坪花圃、奇石雕塑、荷花池塘环绕，与馆内绘画艺术风格相辅相成，古朴、厚重、简洁、自然。

老甲艺术馆以陈列老甲作品为主，同时为国内外艺术家提供展示平台。主要功能是展示、创作、研究、讲学、研讨、普及、交流；艺术馆的宗旨是传播艺术种子，创造艺术氛围；本着创作、展示、研究、交流和普及为主旨进行活动，团结知名与不知名画家及美术爱好者，共同为社会做些力所能及的事。

老甲艺术馆虽远离繁华闹市，但仍有众多艺术家、学者、收藏家及欧美和亚洲等地各界人士不断来访，难以计数的社

区居民和全国各地的美术爱好者也纷至沓来。

老甲，本名贾浩义，1961年毕业于北京艺术学院。现为北京画院专业画家，中国艺术研究院艺术创作研究中心特约研究员，中央文史馆书画院艺委会委员，国家一级美术师，中国美协会员，老甲艺术馆馆长。

几十年来，老甲默默而顽强地致力于中国画大写意绘画形式的研究与开掘，早期以人物画创作为主，1980年代后以马为载体进行大胆解构与重构，创造出独特风格的大写意作品。他不但继承与保持了中国画的写意精髓，并强化了它的表现力，使其具有鲜明的时代气息；强调力度、民族审美要求与世界语言的内在的合理结合。这种大胆的解构与重构同时在他的山水与花鸟画中进行，因此使他的绘画创作独具风貌。

禹舜美术馆

○ 馆长 王 项

禹舜美术馆是当代著名画家、中国国家画院副院长卢禹舜自筹资金建造的，于 2006 年 6 月正式开馆。开馆以来主办了一系列高层次的、在国内外颇具影响的学术性展览，吸引了一大批海内外学者、艺术家驻足观览，在业界备受关注，并逐渐打造成一个著名品牌。

禹舜美术馆按照现代化美术馆要求设计，功能齐全、设施先进、服务到位、环境幽雅，集收藏、研究、展示、交流、教育、旅游参观于一身；拥有三层展厅，层高 4.3 米，展线长近 1 000 米，总建筑面积 6 000 多平方米，可同时举办三个中型或一个大型综合性展览。美术馆还附属有一个 9 000 平方米的八荒通神大酒店，可供学术研讨、艺术创作、会议聚餐之用。

禹舜美术馆以“公益的方向、人文的关怀、最好的服务”为经营理念，旨在弘扬中华传统文化精髓，彰显视觉艺术魅力，推进中国画事业发展，陶冶市民情操，改善投资环境，为黑龙江文化大发展、大繁荣作出贡献。

卢禹舜，1962 年出生于哈尔滨市，现任中国国家画院常务副院长、中国艺术研究院博士生导师、中国美术家协会理事；获第二届“全国中青年德艺双馨文艺工作者”、中宣部“四个一批”人才、“有突出贡献优秀中青年专家”等荣誉称号，享受国务院政府特殊津贴。

南京广厦美术馆

○ 馆长 翟优

全国首家社区美术馆——南京广厦美术馆作为民办公益性的美术馆，由中国书法家协会名誉主席沈鹏先生题写馆名，徐悲鸿纪念馆馆长廖静文先生题写序言，于2002年4月由南京广厦置业（集团）有限公司创办并与南京金盏花文化艺术传播有限公司联合打造。自成立以来，以致力于弘扬先进文化、构建公共文化服务平台、丰富大众精神文化生活、服务和谐社会为宗旨。

该馆建馆8年多来，举办了与中国艺术研究院联办的南北山水、花鸟、人物当代中国画学术交流展、国家博物馆馆长吕章申的书法展、龚文桢工笔花鸟展、首届南京社区美术节等近百次活动。把高雅的书画艺术引进社区百姓家门口，让他们不出家门就能欣赏到高雅的书画艺术，还把此类活动做到其他社区、校园、工厂企业等。曾荣获2009年南京市鼓楼区精神文明建设“最佳品牌奖”，是中国艺术研究院美术创作院、江苏省文化厅、江苏省文联走进社区示范点，馆藏王昱、恽冰、费丹旭、戴熙、王小梅、杨伯润、顾西津、任熏、吴穀祥、钱松喦、林散之、黄胄、亚明、宋文治、魏紫熙、陈大羽、黄纯尧、沈鹏、刘文西、刘大为、冯远、何家英、喻继高、龚文桢、杜滋龄、张道兴、赵俊生、言恭达、高云、徐培晨等千余幅书画作品。

该馆为广大书画名家和社区百姓做好服务，为弘扬和传播先进文化，丰富和提升大众精神文化生活，让全民共享高雅文化，促进社会主义文化建设大发展、大繁荣努力做出了自己的贡献。

宁波天一文苑艺术馆

○ 馆长 刘心亮

天一文苑艺术馆西邻天一阁藏书楼，东接月湖西畔，坐落于天一阁与月湖之间，是宁波市一个新的文化景观。

天一文苑艺术馆是积极响应政府关于大力发展文化产业的号召，由宁波月湖香庄文化发展有限公司独资兴建的，旨在打造一个高端的艺术品收藏与文化交流平台，为宁波乃至全国的文化艺术产业作出自己应有的贡献。

天一文苑艺术馆整座建筑以江南园林风格为主调，布局讲究、端庄大气，淡雅中露富贵、幽静中显华丽。其建筑外观与天一阁建筑风格融为一体，建筑木料多选用宁波香樟木，庭院幽香与天一阁书香交相呼应。

天一文苑艺术馆建筑面积 1 800 平方米，设有多媒体功能厅、精品书画展示厅与古玩精品展示厅等。在艺术馆内，设有全国工商联古玩业商会宁波会馆与中国书画家联谊会宁波艺术家创研基地，是集艺术品创作、展览、交流、培训、讲座、论坛、鉴定与拍卖等于一体的多功能艺术空间。

天一文苑艺术馆的宗旨是：传承古代文明，推出当代经典，以开放的姿态面对世界多元化的艺术。同时致力于推动中国当代经典艺术的发展，希望通过系列的艺术精品展示，展现中国传统文化与经典艺术的精神内蕴与创作面貌。并不断推出当代优秀艺术家的个展、联展，举办多样性的艺术沙龙活动以及主题学术展和艺术研讨，搭建多元化艺术沟通交流平台，以学术眼光与专业的运营模式传播和展示中华古代文明与当代优秀艺术家的艺术精品。

联合国科教文组织官员参观天一文苑艺术馆的展览

中共中央宣传部副部长龚心瀚宣布开馆展览开幕

著名艺术家周韶华、宁波市文联主席傅丹等为天一文苑艺术馆揭牌

沈耀初美术馆

○ 馆长 沈秋农

沈耀初美术馆坐落于福建省诏安县馆中路一号，地处城区西北中心，坐西朝东，面向宽广的儿童乐园和怀恩公园，视野开阔，环境优美。该馆由海峡两岸著名设计师叶荣嘉、杨英风等人联手设计。于1990年5月动工兴建，历经一年多的精心施工、装饰和布置，1991年秋正式落成开幕办展。

该馆占地面积2 800平方米，主楼建筑面积1 800平方米，是一座传统民族风格与现代特色双结合的园林式建筑，四层叠顶构成宫殿式的主楼飞檐翘角，富有传统民族风格，与院内假山、凉亭、喷水池、花木组成和谐优美的园林景致，错落有序，蔚为大观。主楼门顶上的横匾“沈耀初美术馆”六个鎏金大字是沈老先生的学生，原中国美协上海分会主席沈柔坚先生敬题的，两旁朱红廊柱上的对联“归芝林一代宗师法墨纵横存大笔，开华夏儿层馆阁丹青怀抱寄千秋”，系诏安籍旅台著名书法家、诗词家许崇明先生撰题的，牌匾与对联珠联璧合地浓缩着两岸同胞对一代宗师沈耀初先生的敬慕和颂扬。馆内设展示厅、故居陈列室、收藏室、创作研究室、会议室、接待室、办公室等。主楼一层宏大宽敞的展厅，正中是一尊栩栩如生的沈耀初先生汉白玉石雕像，他亲切的目光里投射出睿智与超脱，让人联想到他执著向上的艺术人生。一二层展示厅四壁，玻璃画橱内张挂着沈耀初先生各个时期的书画代表作120帧；故居陈列室陈列沈耀初先生生平史料、奖状、奖杯和有关文物等，内容完整、丰富。在展示橱内，一幅幅简约、奇特的构图，浑厚苍劲的笔墨，无不洋溢着沈老先生独创的风采神韵，辐射着超越前人的大写意创新的光辉。其书画作品技艺精湛，超凡脱俗，独具匠心，赢得国内外来宾、书画界和学术界人士的高度评价。三四层是展示厅和收藏室，经常举办省内外书画名家和研究会会员作品展，是诏安县“书画艺术之乡”书画艺术交流的空间平台。与主楼曲径双通的后楼，是一座别具特色的楼阁，一层是会议室和接待室，正中摆放着一尊由台湾著名雕塑家杨英风先生雕铸的沈老铜像。二、三层是创作研究室和贵宾室等。

沈耀初美术馆的建成是馆主沈耀初先生一生心血的结晶，也是海峡两岸同胞心血的结晶；是弘扬中华民族先进文化，促进海峡两岸文化交流的一座难得的艺术宝库；是一座很好的青少年爱国主义教育基地。沈耀初先生高尚的人格和画品，崇高的民族主义精神，强烈的爱国爱乡情感，将永远为世人所敬仰，为后人所颂扬。

2002年沈耀初美术馆加入“中国书画名家馆”联会，是目前我国20家书画名人名馆之一，也是漳州市爱国主义教育基地。

虎

沈学仁美术馆

○ 馆长 沈学仁

沈学仁美术馆是由国际著名画家沈学仁博士创办的一家专业美术馆，目的在于增加艺术品展示交流，弘扬民族文化，抵制赝品，维护收藏家利益。该馆常年举办著名画家展览及藏品展卖，同时在国内率先推出了真正的网上美术馆，以便为收藏家提供更好的服务。

1999 年开业以来，沈学仁美术馆经过 11 年努力，已成为中国规模大、服务优、品味高的专业美术馆之一，美术馆已经发展为全国第一家在国内进行行业连锁的民营企业。目前已在潍坊（总店）、青岛、淄博、苏州、哈尔滨、西安、唐山、济南、成都等地设立了分店，总部设在北京。

杨鲁安艺术馆

○ 馆长 张智勇

杨鲁安艺术馆（艺云轩）坐落于呼和浩特市新城区财神庙街18号。

杨鲁安是我国著名书法篆刻家、收藏家，北疆印社原社长。其自幼酷爱中华民族文化，师从王襄、方药雨、陈邦怀、吴玉如诸位大师门下，潜心书法篆刻艺术创作和研究，并倾资搜集历史文物，收藏甚丰，先后三次将重要文物捐献国家。

20年来，杨鲁安先生著学术论文百余篇，即将结集出版。其书法、篆刻作品，曾参加全国和国际性的大展十多次，并获奖，在国内外产生了很大影响。

杨鲁安艺术馆旨在传承和弘扬杨鲁安先生在书画、篆刻、收藏等各方面的学术研究成果；收藏和展览中华民族优秀文化艺术品，构建一个传统文化学习、艺术创作批评交流、收藏品研究交流和其他学术交流的平台，以期为推动内蒙古民族美术事业的繁荣和发展略尽绵薄之力。建馆以来，艺术馆举办了各种大型、重要的展览。如2010年5月，即杨鲁安先生诞辰82周年之际，北疆印社与内蒙古杨鲁安文化艺术传媒有限公司联合举办了“《杨鲁安学术论文集》首发式”、“杨鲁安遗作展”、“杨鲁安学术研讨会”等系列活动。展览吸引了大量美术爱好者，取得了很好的社会效益。

宇辰美术馆

○ 馆长 曾健

宇辰美术馆建成于2008年5月，由福山收藏家曾健投资兴建。美术馆坐落在山东省烟台市福山、开发区和芝罘区三区交接处风光秀丽的内夹河畔，建筑面积1 200多平方米。一楼设有书画、陶瓷等藏品陈列室；二楼设有明清家具展室和创作室；三楼为书画展览厅。宇辰美术馆以前卫、高端、紧随当代艺术的发展潮流为办馆宗旨，开馆之初，文化部副部长、中国国家博物馆馆长吕章申亲临福山，为宇辰美术馆题写了馆名，一批全国顶级艺术家，如国家画院的范扬、张江舟、梁占岩、赵力等也来到宇辰进行创作。该馆开馆以来先后举办了"杨声人物画展"、"当代学院派新生代画家姜永安、秦修平、杜小同水墨人物画展"、"学院新方阵——当代中国画家十人展"、"2010中国水墨现场"、"无境——当代水墨邀请展"以及"当代水墨邀请展学术研讨会"等在国内颇具影响力的艺术学术活动，吸引了许多当地书画家和美术爱好者的眼光，使宇辰成为以画会友的艺术沙龙和推动民间学术交流的文化园地。

在为国内艺术家服务的同时，宇辰美术馆也为福山文化事业做出了积极贡献。"福山区政协书画联谊会首届书画展、福山区申报中国书法之乡书法展"等重要展事相继在宇辰美术馆展出，权希军、邹德忠、邵炳仁、张业法等书协领导先后来宇辰美术馆参观、创作，提升了福山的艺术档次。

2009年，宇辰美术馆与景德镇工艺师合作，投资建成了山东省第一个瓷器制作坊。之后，中国国家画院副院长张江舟、国画院副院长梁占岩、中央美院城市设计学院院长徐中偶及陈鹏、姜永安等一批当代一流艺术家先后来宇辰美术馆画瓷。目前，宇辰美术馆已烧制完成艺术瓷300多件，成为山东省内最大、艺术水准最高的当代艺术家瓷绘艺术中心，在国内已有相当的知名度。

张立辰艺术馆

○ 馆长 蒯家治

中国当代著名大写意花鸟画家、中央美术学院国画系教授张立辰个人艺术馆，于 2004 年 5 月 2 日在美丽的海滨城市青岛举行了隆重的开馆典礼，同时举办了张立辰艺术研讨会。

张立辰艺术馆是由青岛市卓琴国立总公司在收藏了百余件张立辰先生精品艺术作品的基础上专门修建的企业文化艺术馆。据该馆馆长蒯家治介绍，修建该馆主要是为了更好地保存、研究张立辰先生的艺术作品及其艺术思想，以此树立、提升企业的文化形象，并为青岛市建设“人文青岛”作出贡献。

张立辰先生 1965 年毕业于浙江美术学院中国画系，擅长大写意花鸟。1977 年起任教于中央美术学院，现为教授、中国画系主任，艺委会主任，全国政协委员。

华茂美术馆

○ 馆长 徐良雄

华茂美术馆是面向社会免费开放的公益性艺术品收藏、展示、研究机构，由华茂外国语学校投资兴建，于2008年12月4日正式对外开放。

学校董事长徐万茂先生向美术馆捐赠了个人藏品，构成了美术馆的基本收藏。目前该馆的藏品已超过2 500件。

华茂美术馆藏品荟萃了中国明清文人字画中的精品、中国油画经典的写实风格作品和俄罗斯当代名家的优秀作品，还有500多件能够反映中国版画历史的版画藏品。馆藏的基本原则是弘扬中华绘画和书法优秀传统以及现实主义油画的创作精神，系统收藏中国现代版画，并突出浙江的地域根系，同时配合中小学生和社会公众的艺术教育提供鉴赏对象。

该馆收藏的中国书画作品汇集了明清以来的中国书画大家，尤其是浙江名家的作品。从元末文人画到明中期重要画派——“吴门画派”，以及略迟的“松江派”，再到清初“四王”、“四僧”、“扬州八怪”，乃至近代“海上画派”，迄至当代成就斐然的书画名家，整个收藏构成了一部始于元代向下勾连发展的中国美术史。

馆内的中国油画收藏，主题集中、特色鲜明，不但包括中国早期的颜文樑、徐悲鸿等大师的作品，而且涵盖了新中国时期结业于苏联马克西莫夫和罗马尼亚博巴油画训练班的优秀油画家的作品，以及活跃于中国当代的一批实力派油画家的作品。

藏品中的俄罗斯油画，又是华茂美术馆的一大特色。馆内收藏了从苏联到俄罗斯时期这一历史跨度中的代表性画家的经典作品，如俄罗斯最高艺术学府“列宾美术学院”院长梅尔尼可夫、常务副院长佩西科夫等人的作品，代表了俄罗斯当代油画的最高水准。且数量大、质量精，形成了较完整和系统的收藏，为学习俄罗斯油画艺术提供了一个全面的研究对象和参考体系。

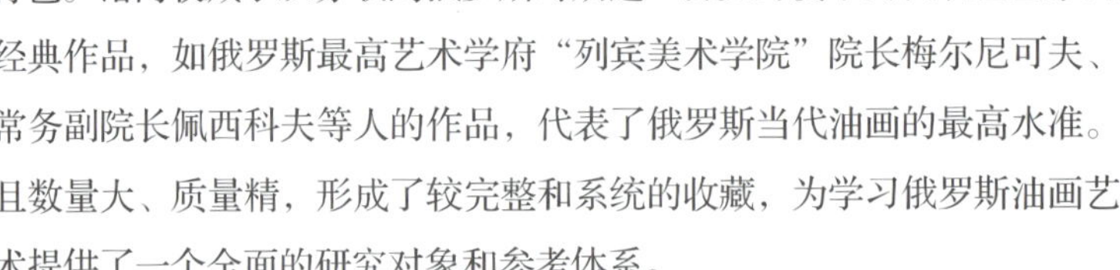

近年来入馆的版画作品，已达到全面反映中国现代版画历史的目标。藏品中有存世只有两套的由鲁迅先生亲编的《现代版画》，其所收录的24件作品，代表了当时的中国版画水平；解放区的版画作品，如“鲁艺木刻工作团”的作品，已经成为珍贵文物；新中国的版画创作，在本馆的收藏中能看到众多代表性画家的佳作。

该馆用地5 109平方米，建筑占地2 759平方米，主体建筑5 005平方米，地下层2 000平方米，建筑总投资5 500万元。全馆由中庭水厅、国画书法一厅、国画书法二厅、油画一厅、油画二厅、山石厅、中焘厅、园林和其他工作空间组成。该建筑由中国著名设计师中国美术学院的王澍先生设计，建筑风格富有创意，将中国传统建筑理念、宁波民间建筑意象融入到现代建筑之中，创造了一个具有独特个性的新乡土主义的作品。其与宁波的著名文化圣地“天一阁”藏书楼相呼应，体现了“书藏天一阁，画集华茂堂”的文化意境。

十大民博特色馆

点评十大民博特色馆

本栏目点评的民间博物馆不一定都是最好的，但一定是在某一方面独具特色的，所以标题定为“点评十大民博特色馆”。

——宋建文

1. 观复博物馆——专题展设计得不错，不时推出，有新意。基金会的管理模式，有示范作用。

链接材料：

马未都先生的观复博物馆笔者去过不止一两次，印象最深的就是各种专题展览，古老陈旧的展品，新鲜创意的组合，令人耳目一新。下面链接的是观复博物馆去年的两个专题展的宣传画和宣传文字，包括纪念品的推出，一定会给每个民间博物馆的从业人员以诸多有益的启示。

◇ 座上宾 —— 中国古代坐具展

◇ 百盒 千合 万和 —— 中国古代盒具展

“座上宾”展览，集中了观复博物馆所藏明清两代各式优良坐具，包括椅与凳两大类，材质为紫檀、黄花梨、红木、鸡翅木等，是新中国成立以来规模最大的一次中国古代坐具的集中展览。

关于展览名称，如果从狭义上理解，是说每位来参观展览的观众，都是观复博物馆的座上宾；如果从广义上理解，就是每个生活在当下的人，都能充分享受和平时期带来的幸福。

“百盒千合万和”展览了从唐至清的各类盒具，其中瓷质盒具100件；石质、木质、漆质、玉质、金属等100件。将如此众多的古代盒具集中展示，在国内尚属首次。

在这个展览中，能看到古人制造的五花八门的盒具。盒子的魅力除去储物功能外，开合是它的精髓所在。本次展览集中了200件盒具，1 000年历史，和谐于此，正扣标题：百盒千合万和。

配合此次特别展览，观复博物馆还隆重推出相关出版物：《坐具的文明》《百盒 千合 万合》（上、下）

2. 中华性文化博物馆——为研究而收藏而办馆，研究成果显著，不仅影响国内而且影响世界。与旅游景区结合的生存运营模式，有示范作用。

链接材料：

刘达临先生创办的中华性文化博物馆，我去过前后两个馆址：位于上海南京路上的第一个和位于江苏同里的现在这个。刘达临先生的著作我也见过很多版本。这里链接的两个内容，一个是刘达临与胡宏霞合著《历史的大隐私：中华性文化史二十讲》的广告宣传文字，另一个是博物馆迁至同里后中新社记者的一篇采访刘达临的新闻报道。

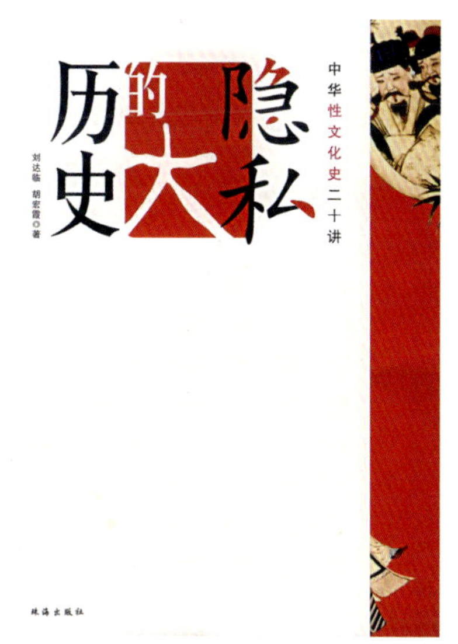

《历史的大隐私：中华性文化史二十讲 》内容简介

历史上有许多秘密，后人无法了解它的事实真相，以至成为千古之谜。例如“刀声斧影，千古疑案”，宋太祖赵匡胤究竟是不是被后来成为宋太宗的赵匡义所害；《金瓶梅》的作者究竟是谁？为什么要写这本书；博尔济吉特皇太后究竟下嫁了多尔衮没有；西施究竟是被越王沉于河了，还是和范蠡逃亡五湖了；同治帝究竟是死于天花还是因嫖娼而死于生病；等等。现在，不少学者还在研究，并各执一词，争论不休。也许以后会随着科学的进步、考古的新发现而得出结论，或许历史真相将永远无法揭开。

但是，以上都属个别问题、个别事件，而根本问题是绝不应该成为秘密而纳入历史的隐私的，这就是性。对于人类来说，性带有最大的普遍性，谁不是父母性生活的产物呢？在通常情况下，人到了一定年龄，谁不结婚、性交、生儿育女呢？然而就是这么一件自然、正常与普遍的事，千百年来，却变成了历史的隐私。中国丰富、悠久的文化中的一个重要组成部分——性文化却变成了一个秘密，被淹没与埋葬了，这实在是太不可理解了。

全书从性爱对人类的影响、性崇拜、性神秘、婚姻制度及其演变、贞操观念、处女嗜好、卖淫业、房中术、性文学、春宫画、同性恋与畸形恋，性变态、性教育等方面，对中国性文化加以全面通俗的解读，同时配有大量精美的图片，为本书增添了形象感染力。

本书适用于具有初中文化程度以上的广大读者。

游人如织 “中华性文化博物馆”迁址后告别窘困

中新社苏州3月21日电（记者 周建琳）历经10年漂泊却无处安身，经过三次搬迁后，古代性文化博物馆去年4月在古镇同里觅到安身之处。时隔一年，一直饱受争议的性博物馆有没有摆脱困境？创办人刘达临教授今天向记者透露：“这一年来，性文化博物馆可谓站稳了脚跟，以后就是进一步发展的问题了。”

回顾这一年，刘达临感慨地说，博物馆刚刚落户同里时，虽然多数人能够平静接受，但也有少数同里居民心存顾虑。他们普遍存在两个疑问，一是性文化是不是黄色淫秽，性博物馆是什么东西；二是这个博物馆设在丽则女校，是否妥当。他说，当时的压力真是挺大的，很多藏品都不敢拿出来。有位收藏家捐给博物馆90块反映古人性生活的瓷版，一开始馆里只敢展出1/3，生怕出事。但是开张几个月后，一些不了解什么是性文化的人参观过博物馆后，原先的顾虑就都不存在了，于是一切归于“风平浪静”。

最让刘达临感到欣慰的是，与在上海开办的几年相比，搬到同里之后，博物馆的参观者数量大为增加。旅游旺季每天观众的平均人数约两三百人，最高达600多人。淡季则平均每天也有几十人。全年统算，每天100多人，基本能够维持博物馆的日常开支。这和过去逐月亏损相比，已是一个很大的进步。

据介绍，自从博物馆搬到同里之后，观众的成分也发生了相当大的变化。在上海时，博物馆观众虽少，但大多为专业工作者，海外的观众占到60%以上。搬到同里后，这部分观众的比率在全部观众只占6%，而一般的观光游客大大增加。刘达临表示，这并不是什么问题，对普通人宣传性文化也非常必要。

3. 天安门博物馆——数以千计的藏品拥挤在不足百米的库房博物馆里，虽然还未获得批准正式建馆，但影响早已走进众多的公开出版物和中央电视台。

链接材料：

闫树军和他的天安门收藏

4. 大唐西市博物馆——国家文物保护遗址与民营资本的结合，也开了民办博物馆聘请国有博物馆的专业人士担任馆长的先河。

链接材料：

大唐西市博物馆，残迹中看长安盛景

唐 彩俑

大唐西市博物馆的基本陈列名为《丝路起点　盛世商魂》。对于“盛世商魂”的名称，王彬的解释是，丝路说到底是一条商路。西市作为一个西来东运商品的集散地，曾经发挥过重要的作用。在隋唐时期的几百年间，始终兴盛不衰。其中，有很多商业理念、商业精神值得后人去借鉴。

据王彬介绍，西市管理设有两个机构，一个是西市署，一个是平准局。平准局负责管理物价。西市署则从八个方面对西市进行管理，包括开市时间、闭市时间等。西市署的人员共有18个，最高官员是从六品。根据“日中而市”的规定，到正午的时候，以“击鼓三百声”开市；日落前七刻（一刻合14~15分钟），以“击钲三百声”闭市。

唐代文化交往具有一种兼容并包的胸襟。也许正是这种包容和开放，造就了西市的繁荣和国际贸易中心的地位。

在大唐西市博物馆的藏品中，有两件特别的胡俑。它们不是一般的陶制品，而是青铜制品。这两件铜制胡俑都是具有明显特征的高鼻深目的胡人，但穿着唐朝的官服。胡俑一为文官，一为武官，一人手持笏板，一人腰间佩剑。据了解，当时五品以上的官员才能拿笏板。此件胡俑不但表示有胡人在唐朝为官，而且官位高达五品。此外，从西市出土的很多残器上，都可看出中外文化交往的印记。比如，一些猴子、小狗造型的玩具，从胡瓶发展而来的狮纹扁瓶等。

除了东西文化交流，很多出土文物也反映出了当时真实的市井生活状态。例如，骨梳、骨钗等装饰品很容易让人想到漫步西市的唐代女子。插梳是她们的装饰习俗之一。唐诗人元稹曾有诗曰：“满头行小梳，当面施圆靥。”唐代女子在前额上对插双梳、四梳，髻上鬓间再插若干小梳，在发髻后面也会插上梳子。据说这种习俗还有一个特别的名称“百不知”。

对话馆长：民营资本保护遗址的新路子

作为全国首家遗址类民营博物馆，大唐西市博物馆甫一开馆就受到各方关注。

作为一个历史悠久的文明古国，我国文物丰富，遗址众多。全部依靠国家财力、物力、人力，有时也会力不从心。那么，能否引进民营资本来分担文物保护压力呢？大唐西市博物馆的成立也许可以给我们一些启示。

大唐西市博物馆馆长王彬，有担任陕西历史博物馆近八年副馆长的职业经历，作为历史学专家，在业内也享有美誉。谈及大唐西市博物馆的建立，她说，从文物学的角度讲，遗址是属于国家的。一家民营资本能舍弃商业利益，出资保护遗址、建博物馆，这种做法对于文物保护来说，本身就是一个新的路径。

对博物馆来说，民办也好，公办也好，都是不以营利为目的，而以社会效益为第一考虑。不过，民营博物馆没有国家资金支撑，完全靠企业养着，想长期存活下去，在坚持社会公益性的同时，还不得不考虑它的文化产业性。

5. 越国文化博物馆——博物馆、古玩城、宾馆、酒楼四位一体的生存运营模式有示范作用；对越窑青瓷的研究有展览、有专著、有论坛，协同推进影响明显。

链接材料：

民营老板操办最大越文化博物馆

2007年10月23日，由浙江民营企业家、绍兴知名藏家孙海芳投资兴建的越国文化博物馆在浙江绍兴举行了隆重的开馆仪式，吸引了来自全国各地的藏家和文化界人士。据了解，绍兴越国文化博物馆总建筑面积达2.1万平方米，总投资更是高达1.6亿元，是国内外集聚越文化系列规模最大、藏品最精的民营博物馆。

由于越国文化博物馆地处绍兴著名旅游景点鲁迅故里之东、沈园之西的繁华地段，当天的开馆仪式不仅有绍兴市政府相关领导和国内不少文博单位的专家捧场，而且还吸引了数百名市民和旅游者围观。当博物馆大门缓缓开启后，观众的参观热情立刻被引爆，博物馆内顿时人头攒动。新石器时代的石犁、石斧，战国时期的铜剑、鸠杖，唐代的铜镜、大量的越窑青瓷……一件件精美的藏品引得专家和观众啧啧称奇。

记者在现场看到，整个博物馆馆舍建筑以江南地域特色的古典设计为主，将古越文化与现代文化融为了一体，从外观上看就相当引人注目。而据越国文化博物馆馆长孙海芳介绍，博物馆主馆展示面积达3800平方米。每次藏品展出数量为1000件，分为越窑青瓷、会稽铜镜、古越兵器、金银玉石四大展厅。展馆四楼还设有“国粹馆”，用于专门陈列越国开国皇帝允常及吴王的珍宝。目前在“国粹馆”展出的一套28件唐早期青瓷俑、一把越王者旨於赐矛等都是难得一见的珍品。

现为浙江广科药业有限公司董事长的孙海芳对收藏有着难以割舍的情结。他告诉记者，他涉足收藏已有23年，出于对古越文化的浓厚感情和深厚兴趣，他的收藏以古越文化为主题，目前已收集到藏品5000余件。而最能代表古越文化的越窑青瓷，孙海芳倾注了最多的热情，在他整个收藏中占据了最大的分量，其中不乏精品，如战国长颈香熏瓶、五代秘色瓷开光花卉执壶等。

除了收藏外，孙海芳还对自己的藏品有着很深入的研究。就在越国文化博物馆开馆的同时，一个由孙海芳和浙江省博物馆联合主办的“越窑青瓷高峰论坛”也在绍兴同期举行，故宫博物院研究员耿宝昌、浙江省文物考古研究所研究员朱伯谦等重量级专家均参加了会议。专家们不但对越窑青瓷的发展和特色进行了研究和讨论，对孙海芳收藏的越窑青瓷也给予了高度的评价。

探索以馆养馆的经营之路

“我们的博物馆之所以将地址选在鲁迅故里和沈园之间，就是想借助旅游景点的人气来为博物馆吸引更多的参观者。”虽然目前民营博物馆的生存状况令人担忧，但孙海芳却坚信越国文化博物馆能够走一条以馆养馆的道路。

“博物馆一年运营预算为360万元，平均下来一月30万元，一天1万元左右。博物馆门票定价是40元。而鲁迅故里每年的游客大约是100万人，只要有1/3，哪怕是1/10的游客来参观，博物馆就能靠门票自给自足了。更何况，博物馆除了展示外，还将提供会所、商业和休闲服务。”在谈到如何“以馆养馆”时，孙海芳给记者算了一笔账。

对于博物馆是否能吸引游客走进来，孙海芳相当自信，他认为，这些藏品有自己的地域特色，它们多层次、多角度地展示了文化名城绍兴、文物绍兴，从中可窥视5000年悠久的古城历史，这也是博物馆吸引游客的“法宝”。“书画、瓷器在任何一个博物馆中都能看到，但越窑青瓷、会稽铜镜、古越兵器恐怕只有到浙江，到绍兴越国文化博物馆才能看得最全面。”孙海芳说。一些专家在参观了博物馆后也说，越国文化博物馆极有可能以其独特的风格成为古城绍兴又一处文化新景点。

唐代兵马俑中的文官俑

6. 甘肃彩陶博物馆——以书法艺术家的视角收取藏品、研究藏品，收取的藏品有规模，研究的成果有深度，举办的展览有特色。

链接材料：

甘肃省马家窑文化研究会简介

马家窑文化的发现正值中国军阀混战时期，连年战乱，加之政府频繁更迭，没有多少人去关注这些遥远时代的文明信息。直到"文革"结束，马家窑文化遗址的保护工作才被各级政府所重视。1981年马家窑文化遗址被甘肃省重新公布为省级重点文物保护单位，1988年又被国务院定为国家重点文物保护单位。

1997年，沉睡着马家窑文化遗址的古老文化名城临洮，随着中国经济的发展，人们要求县政府成立马家窑文化研究会。当时政府拖欠干部工资八个月，经费十分紧张，政府领导决定成立民间研究会，将研究马家窑文化的任务托付给民间文化研究组织。当年，成立了马家窑文化研究会，推选临洮马家窑彩陶博物馆馆长王志安先生担任会长。研究会成立后，自筹资金先后在北京、浙江、上海、山东、天津等地开办展览和设立传播窗口，进行宣传交流，并与国内外专家学者进行广泛的交流、研究。

2003年，经省政府批准，将临洮县马家窑文化研究会晋升为甘肃省马家窑文化研究会。作为研究会会长的王志安先生，是这个研究会的创始人和学术研究带头人。他个人出资创办了《马家窑文化源流》杂志，创建马家窑文化网站，在全国乃至世界范围内宣传、推广马家窑文化。2004年，他花巨资举办马家窑文化发现命名80周年纪念活动，建成了甘肃省马家窑文化研究会彩陶博物馆，开通了网站(www.majiayao.com)。2005年12月，研究会举办"2005中国彩陶马家窑文化研讨会"。2006年1月，他到上海举办马家窑文化讲座。《上海收藏报》以"中国当代研究马家窑文化第一人"为标题，对他作了数次报道。《文汇报》发表了他的"也谈中华龙起源"的文章。2005年7月，他应邀去沈阳参与修建世博园兰州园的工程，冒着烈日高温亲自动手设计、构图、画彩，将一件件巨大而精美的马家窑彩陶雕塑艺术品屹立在世界园林博览会上，向世界展示马家窑文化。世博会开幕后，经他精心设计、制作的彩陶获得了七项大奖，这应是对研究会在研究、传播、发展马家窑文化工作的最好的回报和肯定。2008年2月，中央电视台10套《探索·发现》栏目播出了六集专题片"神秘的中国彩陶"，在该片中王会长担任了顾问和主讲，讲述他的一系列研究成果，引起国内外广大观众对马家窑文化的极大兴趣。

十多年来，以临洮为基地的甘肃省马家窑文化研究会在全国创造了马家窑文化研究、传播等方面的十几个第一：

1. 1997年，在临洮成立了最早研究马家窑文化的全国第一个专业组织；

2. 2003年，该组织被省文化厅、省民政厅升级为中国第一个省级马家窑文化研究组织；

3. 马家窑文化研究会会刊《马家窑文化源流》，是国内第一个研究马家窑文化的专业刊物；

4. 建立了第一个由国家登记注册的民办"马家窑彩陶博物馆"；

5. 第一个撰写了"马家窑文化彩陶的鉴定和收藏"论文，发表后在全国逐渐掀起了彩陶收藏热；

6. 2002年第一个为中国彩陶鉴定提出10种鉴定方法；

7. 第一个破译了马家窑彩陶图案从水崇拜向土地崇拜转变，再向能够驾驭水的蛙神崇拜发展的彩陶图案演变之谜；

8. 第一个以彩陶实物为依据，从马家窑彩陶图案的发展变化中理出了顺序，提出了中国龙图案起源于蛙的见解；

9. 第一个从马家窑彩陶图案中找到了中国远古乐符号的真正文化起源；

10. 第一个从马家窑彩陶图案中找到了中国远古先民已经存在着哲学思维的原始证据；

11. 第一个从马家窑彩陶上找到了早已消失的远古非理性绘画形式（类似今天西方现代派绘画）的典型图画；

12. 第一个让马家窑文化走出甘肃、青海，为甘肃省马家窑文化研究会在北京、上海、杭州建立了研究传播办事处；

13. 第一个在上海举办了马家窑文化学术讲座。

研究会通过对大量彩陶图案的研究，提出了许多独到的观点和论断，有多篇学术论文发表在全国重点刊物，引起了学术界的关注。目前马家窑文化研究热和马家窑彩陶收藏热正在全国形成。

7. 建川博物馆——抢救正在消失或即将消失距离我们最近的文物，这样的文物信息最准确最鲜活，信息量也最多。博物馆聚落式的生存运营模式，有示范作用。

链接材料：

建川博物馆：守护中国百年历史

樊建川在中国壮士群雕广场

烧有《义勇军进行曲》歌词的彩瓷砚台、黄埔军校成都分校使用过的课桌椅、西南联大湘黔滇旅行团日志、日本投降签字仪式请柬、廖季威的水晶印章、侯镜如使用过的皮文件包……抗战胜利65年之际，建川博物馆馆长樊建川兴致勃勃地向媒体“晒”起了他的宝贝文物。

这些藏品有的来自抗战将士家属相赠，有的购于拍卖现场，还有的则是樊建川自己闲逛古玩市场的“战利品”。其中有的是第一次曝光，有的已经被评定为国家一级文物。

“我们不说话，让历史说话！”

十几个博物馆扎堆在四川省大邑县安仁古镇，主题从抗战到“文革”到民俗到地震都有，樊建川给它们取了一个名字叫“聚落”。2005年8月15日，抗战胜利60周年之际，这座占地500亩，建筑面积达1.5万平方米的博物馆首次向世人开放。在建川博物馆聚落整个的设计当中，抗战系列无疑是一台“重头戏”。这个系列目前开放的有中流砥柱馆、正面战场馆、川军抗战馆、援华美军馆和抗日俘虏馆五个单馆，以及中国壮士群雕广场、抗战老兵手印广场两个主题广场。而侵华日军馆和汉奸丑态馆是即将落成的重要项目，这两个馆后来被规划入同一个建筑内，“上面是日军馆，下面是汉奸馆，寓意很清楚，正是靠这些伪政权、伪军的支持，日本军队才能在中国横行这么久。”樊建川说。

樊建川说，进入抗战博物馆如同在看一部抗战大片，他将国际上先进的模式引进抗战博物馆中，情景性、参与性的参观模式让观众耳目一新。在樊建川看来，建筑、题材、文物、文化是一个东西，应该是一体的，“很多博物馆就是一个房子，遮风挡雨的东西，我就想把高大殿堂给它改掉，让它不那么高大威武，也不是一个容器。”

抗战博物馆的八个分馆均由国际一流的设计大师设计，整体规划是张永和，设计援华美军馆的是切斯特·怀东，汉奸馆找的是台湾的王维仁，日本建筑大师矶崎新则主动请缨设计侵华日军馆，以表达日本人对中国人民的歉意。

“我们不说话，让历史说话！”“嘘！别压过历史的声音。”博物馆随处可见的铭牌，记录着这里的细微变化。如果说前些年收藏和展览可能还带有一些樊建川自己的好恶，现在则更多的是存留、呈现，尽量不带个人色彩地去保有时代的原貌，让参观者自己去感知、思考、评判。

让博物馆自己养活自己

2000年，樊建川精选自己早期收藏的500件抗战文物图片和资料集结成书，名为《一个人的抗战》，此书后来被评为第13届中国图书奖一等奖。他的一位朋友解释，取这个名字还有一层寓意：“即使只剩一人，也要抗战到底。”

凭借开办房地产公司的财力，凭借多年来的积累收藏，更凭借着超人的智慧和胆识，樊建川做了一件别人不敢做也做不成的事情。自称超级“馆奴”的樊建川，其实心里非常明白，博物馆在经济上是个残疾人、低能儿，一个中等城市建一个博物馆都很费劲，自己要边赚钱边养活十几个该有多难。况且，和国有博物馆相比，民间博物馆无法享受财政拨款和免税政策，可以说花的每一分都是自己的钱，而且赋税还很重。

怎样赋予博物馆经济上自己造血的能力？恐怕全世界的博物馆都在寻找答案。这件事，从筹建建川博物馆之初，樊建川就在想，只做中国近现代100年的历史。因为这是中国变化最大的100年，在这100年的历史里，樊建川说他要做到垄断。

眼下，公司每年都要贴1000多万元在博物馆上，对于这个还没学会谋生的“傻儿子”的将来，樊建川已经有了自己的安排：

“在博物馆多样化、丰富化的前提下，我们不断慢慢地融入商业，比如古玩店、旅游商品店、国民大食堂、国民接待站、阿庆嫂茶馆、龙门镇客栈等等，门票收入不行，我就卖水、饭、旅游品、书、光碟，办夏令营、拓展训练住宿、会议，慢慢把产业链条拉起来，现在已经初见成效，至少在吃喝方面能自食其力了。”

樊建川说自己最希望看到的结果是，不靠政府财政，也不靠别人的施舍和赞助，博物馆就可以自己造血，可以自己养活自己。

8. 古陶文明博物馆——非常认同路先生自我评价的两句话：“古陶博物馆是真正意义上的博物馆。收藏注定是一条文化苦旅。”他的研究成果完全可以从文物学术研究的层面影响世界。

链接材料：

古陶文明博物馆馆长路东之的路

“我们注定了走的是一条孤寂的路。”古陶文明博物馆馆长路东之这样描述他10多年来的收藏、办馆道路。

路东之的博物馆是中国内地首批私人博物馆之一，于1996年被批准成立，1997年开馆。10年过去了，它依然深藏在北京城南一条幽静的胡同里，门面已经变得斑驳，整个博物馆和它所处的胡同一样幽静，两个小时的采访期间只有几名日本人进来参观。

“这条道路，这样的生活方式，是我10年前就已经看清楚了的，我很心安。”路东之对记者说。

古陶文明博物馆虽然是一个私人博物馆，但它却是目前中国古陶文化最专业、藏品最多的私人博物馆。藏品包括“新石器时代彩陶及周秦汉唐陶器”、“战国秦汉砖瓦”、“战国秦汉封泥”三大系列藏品约3 000件文物，构成一部近乎完整的古陶文明史。

10年来，路东之的收藏从黄河文明延伸到长江文明，近年更大力关注被称为中华文明曙光的辽河文明。2004年，他提出“古陶文明坐标系”理论，并开始主持“古陶文明坐标系工程”基础工作。

由于缺乏稳定的资金支持，古陶文明博物馆的经营状况有些惨淡。除了博物馆纪念品销售和接受朋友的捐助外，路东之主要靠出售自己的艺术作品所得贴补博物馆的经营。

但对路东之来说，古陶文明博物馆里的藏品却是一份价值不菲的“固定资产”。在他收藏的3 000多件艺术品中，仅汉代瓦当系列估计总价值已超过千万元。但坐拥千万财富的他却依然保持低调、简朴的生活。无论身边的人怎样暴富，他都不为所动，坚持不变卖一件藏品。

“我是做博物馆不是做投资，我不卖藏品，也从没想过依靠这个赚钱。收藏是我一生的至爱。”路东之说。

一分耕耘，一分收获。2007年6月，路东之在首都博物馆举办开馆10周年纪念特展——《古陶文明展》，一个多月里迎来了10万观众。

《古陶文明展》展品由100件套约600单件陶类文物并60件相关内容美术作品构成，分为：“中华晨曦、黄河古韵、神或巫者、封泥探隐、瓦之精英、砖之荟萃、古陶掇英及其他——路东之美术作品展”八个单元。

据悉，这是迄今最具综合意义、全面反映中华古陶文明历程的专题展览。展品大部分为首次面世，其中有许多珍稀孤品。如战国秦画像故事瓦当，表现了两千多年前秦国先民理想中的人与动物、人与自然和谐共处的神奇画面，被誉为中国瓦当的最高成就；而汉灰陶荆轲刺秦砖把两千多年来中国人心中最动人的故事刻画得淋漓尽致，这是目前我们所能得到的秦始皇最靠近真实的形象。

9. 晋城珐华瓷博物馆——两个特点：一是藏品的数量，其收藏数量足以震撼珐华瓷的收藏领域；二是运营模式，国家拿出文物保护的庙宇，拿出一定数量的运营经费，利用私人收藏的藏品作为馆藏品，聘请私人主持运营管理。这种模式可以称为“国办民营”，也可称为“国民联办民营”。

链接材料：

山西珐华博物馆馆长王焱谈营运模式

目前，全国民办博物馆生存的方式很多，为了生存很多馆长可谓费尽心思，在博物馆办馆模式上也五花八门，但是基本上可以归纳为四种：1. 综合模式：主要收藏的是各种古玩艺术品，这种模式较少，大多还是专业、单项型博物馆，以门票与赞助为条件；2. 企业模式：主要是由企业家开办的博物馆，以企业经营为主，博物馆是其推广企业、宣传企业的手段，是形象工程；3. 家庭模式：主要是个人收藏家以家庭为展览的场所，主要目的是展示与部分交换或交易；4. 利益模式：主要是收藏家有交易行为，以交易为目的的博物馆，因为经常要更换藏品，所以称为利益模式。我认为这些博物馆都是短期行为，模式是为了生存产生的，一旦没有形成资金流，再好的模式都无法坚持下来。那么，将来民办博物馆究竟走向哪里，以哪种形式可以生存，还有待于我们去进一步探讨。如何得到长期稳定的办馆资金，应该是探讨的主体，只有资金解决了，围绕博物馆生存的各种问题都好解决了。已经成立的、正在成立的、筹备中的博物馆都需要资金，而源源不断的资金似乎只有政府才能够实现，其他社会力量恐怕都难以解决。就这个问题，我的经验较多。我在前年、去年、今年一直尝试与政府沟通，探索"官办民营"的办馆模式，走民营与政府相结合的路线。在与政府经过反复接触后，思路就成熟了，认识到官办民营的模式将是民办博物馆资金源源不断的最稳妥的方式。这种运作模式可让博物馆可持续发展。

我现在有两个博物馆，一个珐华博物馆，一个晋作家具博物馆。

山西珐华博物馆创建于离市区 16 公里的北宋时期建造的古建筑内。有宋元明清藏品 1 600 件，其中有 100 多件国家级文物。由于建筑本身就是国宝，把藏品放入其中，更显得相得益彰相辅相成。政府拿出几百万修缮，计划把修缮后附属设施建成博物馆。于是我的博物馆展览场所有了，也不用我投资，更不用发愁经营费用。而且政府每年还固定划拨增加藏品的资金，双方合作很愉快。

山西晋作家具博物馆创建于离市区 14 公里的金代建造的古建筑内。有宋元明清藏品 600 件，其中宋元的有 12 件为国家级文物。从业人员 30 人，展览面积 1600 平方米，作为民办博物馆来说地方有点小了。但是由于建筑本身就很精致、古老，陈列的藏品又多为十分罕见的精品，其效果与国家级的大馆相比没有太大的区别，反而因为有特色而格外地受欢迎。我们公司派人负责经营，政府监督管理。

最近，国家文物局领导到山西考察，与省文物局的领导一同来到我市，我市领导想作为改革的典型样板向全省推广这种模式，得到了文物局领导的赞同，认为其避免了重复建设的问题。

10. 经文牛文化陶瓷博物馆——当今市面上出版的图书、媒体的栏目，以十二生肖之一"丑牛"为题的见过不少。文字和语言的堆砌相对比较容易。但该博物馆里展览的都是实物——具有历史感、艺术感、科技感的实实在在的文物！它们来自不同的远古时代，有着不同的陶瓷质地，带着不同的历史故事，向参观的人们述说着一个原以为很熟很熟现在却非常陌生的"牛"字。

链接材料：

经文牛文化陶瓷博物馆馆长任经文侃"牛"

任经文，关中大汉，西京儒商，出身书香世家，敢为耕牛代言。属牛，爱牛，藏牛，自号"秦川牛"，一辈子爱牛，与牛为伍，以牛为乐，倾30年心血收藏的数千件"牛"藏品，建成西安经文牛文化陶瓷博物馆，他要打造中国最"牛"的牛文化博物馆，建成世界稀有的牛文化收藏研究基地。

10 月的古城西安，秋雨连绵，记者驱车奔逐在汉长安城遗址厚实的古塬上，一些远古的意象像秋天成熟的庄稼从五千年的历史典籍中扑面而来，在友人郭凯波陪同下，我见到了深邃而不失精明，儒雅而不失强悍的任经文先生。在一壶老茶悠扬飘逸的雾气中，笔者和"中国牛王"开始了一场关于"牛"的对话……

记者：任馆长您好，我听朋友说您耗巨资在西安市经济技术开发区建一个牛文化陶瓷博物馆，这和当下很多富

人拼命挣钱的价值观是不是有些相左?

任经文: 人固然需要钱，但不能一味追求金钱。作为企业家追求财富的积累没什么错，但我想作为一个有社会责任的企业家，在发展企业的同时，应该拥有宽广的视野，发现人生真谛，为社会的进步作出自己应有的贡献。搞这个博物馆，在立项之初，我深深地明白：在全国博物馆免费开放这样一个大气候下，民营博物馆作为社会文化服务机构，断定是不赚钱的。那么有人问了，你是上帝？是人类灵魂工程师？大慈大悲？我可以抗拒财富机会给予我的巨大诱惑，但我已经无法拒绝收藏的乐趣。从不自觉的收藏爱好，到拥有数千件藏品，我走过了30余年。收藏给了我无穷的乐趣，也给了我文化和智慧。在收藏中，特别是牛藏品和陶瓷的收藏中，我领略到中华民族博大精深、源远流长的灿烂文化，感悟到中华民族的伟大和光荣。在我看来，这是另一种财富！孟子说，“独乐乐不如众乐乐”，我认为，我们应该像孔子讲的：一个人欣赏音乐快乐不如和众人一起欣赏音乐快乐。我从一个初中生走到今天，全拜数十年的收藏历练所赐，全拜如此美妙的民族文化遗产的陶冶。如今我已年近六旬，最大的愿望就是让人们分享收藏的乐趣，分享民族文化的滋养！这个愿望的实现过程，其实也是一种人生价值的构建过程。

记者: 任馆长，听说您多年收藏的关于牛的各类陶器、瓷器、青铜器、化石、玉器、书画有数千件，有人称您是藏界的“牛王”，您能不能把您的宝贝给全国的读者兜一兜底?

任经文: 牛文化博物馆绝不仅仅是牛藏品博物馆，它更是牛文化的博物馆。在全国，乃至全世界，据我们了解，这将是独一无二的。牛文化博物馆也绝对不是某一类人、某一个阶层的博物馆，它是全社会的博物馆。因为牛作为“中国国兽，兽中泰斗”（郭沫若语），它和它的精神，为全民族所推崇和传承。

牛文化博物馆要建成西北乃至全国旅游和牛文化研究基地。用我们的一句广告语可以说明：“牛文化从这里走向世界”。为什么能走向世界？全世界有4亿多人属相是牛，牛的精神深入人心，感召力强，人们通过参观牛文化博物馆，领略千姿百态牛藏品的艺术魅力，感受牛的精神品格，是能够认识到牛和牛文化的广泛而深刻的影响力的。

民博之友

四川省克里克尼泽菲德展览展示有限公司

我们的团队有能力接受全新的挑战，并不断扩大展柜设计的局限性，从而创造性地设计每个项目独特的解决方案。

About Us 关于我们

四川省克里克尼泽菲德展览展示有限公司位于四川省成都市，是一家英国独资公司。我们的主要业务是为中国和亚太地区定制博物馆展柜的设计、制造和配送。

克里克尼泽菲德是一家在展柜项目方面具有三十多年经验的国际顶尖水平公司；我们的设计和开发先锋团队不断巩固了我们在博物馆行业的声誉。

通过对风险及相关因素的评估鉴定，我们对内部项目管理和相关细节的关注使得我们能够提供无法比拟的优质产品和服务。

我们的制造和支持团队将按照您的需求提供和安装展柜。

我们的支持团队将在安装前期、中期和后期协助您管理和维护好新展柜。

我们是四川省克里克尼泽菲德人，欢迎与我们合作，尽情展示您的想象力。

博物馆展柜功能：展柜是博物馆以真实的态度和艺术的效果向观众展示文物艺术品的空间，是博物馆和观众进行无声交流的直接场所，同时也是保护文物和保证文物安全的最后一道防线。如何正确选择适合的展柜？您需要考虑的将有以下几点：

展柜——文物保护的最后一道防线

展品

展柜设计首先应该从展品入手。展品尺寸多大？展品如何放置？展品价值多大？展品形状是平面的还是立体的？展品只需一面展示还是全方位展示？展品的敏感度有多大？在所处的展厅需要达到什么样的保护效果？从惰性材料的选择、低氧环境的保持、灯光强度到展柜内部温度湿度环境的保护是我们展柜设计的核心。展柜面板有多种材料可选择，但有各自优点和缺点。展品敏感度、内部面板承重、展品放置方式、表面纹路处理、预算成本等因素对选择什么材料的面板会有帮助。

安全性

展柜必须防盗或者避免受到损坏框架：展柜框架结构是用铝材或者钢材安全地结合在一起的。小型展柜可以直接安装在地板上，而大型展柜就需要一个结构性的钢架来保证其稳固性，所有玻璃及结构性面板都安全地固定在展柜的框架上。

结构性面板及底板：为达到高级别的安全性，可以选择钢制面板和钢制底板。

灯光扩散器：扩散器可以用铝材和玻璃制成。

锁具：推荐使用高性能的ABLOY锁具系统。在需要的地方，可以采用双锁系统：第一步用机械锁固定住门，将展柜关起来；第二步防止进入机械门锁系统。

报警器：展柜传感设备包括能打开面板的磁点接触开关、被动红外线传感器、玻璃击碎传感器、振动传感器、移动传感器等。这些传感器可以是独立的，也可以通过线缆或者无线传输后台连接到安全控制中心。

灯光照明

灯光将直接影响展示的效果，灯光不理想，再好的展示最后的效果也会大打折扣。从一开始就应该将灯光考虑进去，通常有以下灯光系统供选择：

荧光灯：荧光灯发出的灯光相对来说分布均匀，它的灯光很容易发散产生散光灯的效果。荧光灯管可以有各种大小，在色温上也有从冷白光到暖白光的多种选择。

低压卤钨灯：低压照明系统使用高热卤钨灯，电源经过降压器降压。其工作方式同标准灯泡相似，但卤钨灯内环绕灯丝周围的卤不仅延长了使用寿命，而且在极高的温度下仍然可以工作，这样白光就更亮。

LED灯：发光二极管（LED）灯是一种固态灯光设备，它的使用寿命明显长于其他类型。LED灯安装于高效热灯棒或设备中，灯棒或设备可用传统方法安装，但布线更简单。

光纤灯：光纤灯系统一直是展柜灯光最佳的选择。光纤灯系统包括了三个主要的部分：光源（即包括电子驱动、冷却扇、一个高输出灯三个部分的投射仪）、光纤束（可弯曲的透明玻璃灯丝）和在尾部的灯光设备。光源安装在展柜外部，因此高输出照明系统所发出的热量和噪音就不会对展示造成影响。

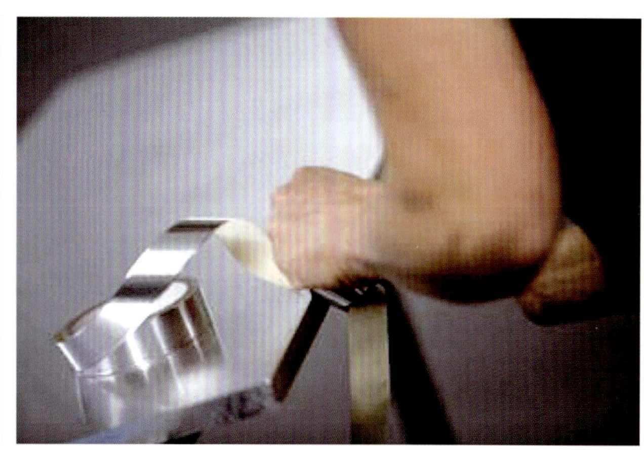

玻璃

玻璃是展柜的关键元素之一。易碎的普通浮法玻璃不能用来做展柜的结构面板，玻璃如果破碎，对员工及参观者而言都极其危险。我们也很少使用高硬度的钢化玻璃，它的边缘容易伤人，如果玻璃破碎，会伤及员工、参观者甚至展品本身。我们所使用的是层压玻璃，它在透明度、安全性、抗冲击性、持久稳定性、降噪和抗紫外线方面都具有杰出特性。

玻璃原材料主要有两种：

一是由德国 SCHOTT 公司生产的 AMIRAN 玻璃，它是一种光学干涉防反射玻璃，在生产阶段涂上了一层低反射涂层，双面浸渍镀膜，这种玻璃将反射率从普通玻璃的 8% 减少到不足 1%，这种几乎无形的玻璃让展示的展品非常的清晰。

二是美国 PPG 公司生产的 Starphire 超白玻璃，它有着独一无二的蓝色切边和超透明感，普通玻璃或白玻璃随着厚度逐渐增加或制成层压玻璃后颜色越来越绿，而 Starphire 玻璃却越厚透明度越高。在层压玻璃中使用的德国佳氏福透明 PVB 胶片可以吸收冲击或者爆炸过程中所产生的部分能量和冲击波压力，即使破碎也不会四散飞溅，碎片还是会被粘在薄膜上，中间膜还能抵御锤子、刀棒等的连续攻击，确保了展品和人身的安全，另外还可通过阻隔声波降噪和过滤紫外线。

开启方式

展柜是每天开启、很少开启还是从不开启？员工是否单独一人操作展柜？这可以帮助你决定选择哪种门及门的安装方式。

展柜是永久性的还是临时性的？

展柜需要安放在什么地方（墙壁上、桌面上、独立式）？

展柜需要何种尺寸大小（小型：0-0.5 立方；中型：0.5-2 立方；大型：2 立方及以上）？

你的展柜需要什么类型的照明设备（顶部照明、灯杆及灯架、外部照明）？

四川克里克尼泽菲德展示工程有限公司位于成都，是大英展示集团克里克展示系统有限公司在中国的全资公司。

英国克里克公司是全球规模强大的博物馆整体陈列道具及灯光系统、声控导向系统的设计、开发、研究、生产安装的专业公司。

在全球澳大利亚、丹麦、芬兰、法国和加拿大等地设有分公司。其承揽的博物馆工程遍及欧洲、美洲、亚洲、非洲、澳洲等全世界各个地区，是国际一流的顶级博物馆展示公司。

我们有着超过 30 年成功的展柜项目经验。我们愿与您分享我们的经验。

北京君馨阁家具有限公司

袁剑君，北京人。师从清宫造办处名匠学习细木作，拜师温德元，为清宫造办处传承人。出师后在中央工艺美院学习 2 年。

20 世纪 90 年代初，创建君馨阁集团公司。该公司是一家专业制造、经营古典家具的大型集团公司，由君馨阁家具有限公司、清水园茶坊、君馨阁装饰公司组成。

北京君馨阁家具有限公司是一家专业从事传统家具的收藏、修缮、开发、设计、生产、销售的实业公司。拥有 30 000 多平方米的生产加工基地，10 000 多平方米的大型库房，2 000 多平方米的多功能展厅。

公司家具样式多样、选料严格、做工精细、木质齐全（有紫檀、花梨、红木、鸡翅、楠木、樟木、榆木等等）。我们依照明清精品之结构风格，对每一件家具精雕细刻、反复打磨、潜心精制，从大料到小结，从原料到成品都按历史传承的工艺制作。同时拥有一批清宫造办处传承人带领的专业技术团队，为在同行业中树立领先地位的目标奠定了坚实的基础。

君馨阁经历十多年的苦心钻研、经营，所设计制作的家具得到国内外文化界、收藏界的认可。产品销往世界各地，如美国、法国、韩国等。并且为一些国内宾馆、使馆等提供各种家具的配套服务（如凯宾斯基饭店、首都大酒店、恭王府、采和坊、涵珍园、民航总局、北京公馆、昆仑饭店、夕照寺大酒店、香江花园等）。

君馨阁清水园茶坊位于潘家园正东 150 米路南，是集茶坊、商务会馆、家具陈列、名人字画展示为一体的多功能茶坊。店内陈设复古典雅，灯光柔和宁静。

独特的古典家具配以现代文人诗画，伴随时而传来的悠扬琴声，中国式的浪漫情怀尽显其中。

茶坊内陈列了明、清时期古典家具孤品数件及仿古家具百余件，还有瓷器、书画等大量的艺术作品。

我们注重古典文化，我们同样注重各文化领域的交流融合。

电视剧新版《红楼梦》《五月槐花香》《铁齿铜牙纪晓岚》《大清药王》《刘罗锅传奇》等剧中的全部家具摆设均由君馨阁提供。

陈好主演的《谁为你作证》，李亚鹏、苗圃主演的《我们俩的婚姻》，佟大为主演的《奋斗》等剧组也曾以清水园茶坊（君馨阁展厅）作为拍摄场景。

君馨阁秉承“服务源自真诚，实力基于匠心”的经营理念，致力于“结世界之盟，传华夏文明”之宗旨。

复兴明清古典家具 传承传统宫廷文化

——专访君馨阁董事长 袁剑君

中国传统宫廷文化随着岁月的流逝被一点点尘封与遗落，而一部关于明清古典家具的史诗在君馨阁正徐徐展开，被无数工匠精雕细琢，彰显着贵族风范的家具饰品在这里都历历在目，皇族后裔、商贾巨富、名家大师……慕名而来，茗茶香，感受清宫造办处传承人善用的雕刻技艺，收藏那份即将失落的文明。

一桌、一榻、一椅……或用古物修缮，或用名贵木材精心打造，阐释的都是中国的传统与人文。无论是古物还是现代工艺，无不奢华高贵，无不让人震撼和感动。

袁：君馨阁董事长袁剑君

车：1039 车悦荟

车：您为什么会考虑成立这么一个特别的家具公司呢？

袁：我们公司是在1998年成立的。中国的古老工艺正在渐渐流失，我们创立公司也是为了弘扬我们中国的文化艺术，发扬我们的传统制作工艺。

车：您是何时入的行，有怎样的经历？

袁：我入行是在1987年，拜师温德元。1989年出师后在中央工艺美院学习2年。从1992年开始做生意。刚开始的时候主要是在新加坡等东南亚地区做家具的进出口生意。在1997年，我们逐步发展了一些国内市场，比如凯宾斯基饭店、鱼翅捞饭、首都大酒店的总统套房等。1998年，开始古典装饰装修的生意。之前国外的市场份额占我们总额的90%左右，现在我们把主要份额目标指向国内的古典家具市场。

车：这么有特点、有内涵，并且非常奢华的家具，是面向哪些人来打造的呢？

袁：主要面向北京的市场。在北京的一些王府的家具都是我们公司做的，比如郡王府、恭王府这些大型的王府。同时我们也为喜好古典家具，并且有一定经济基础的成功人士打造优质古典家具。因为现在木材的珍贵程度就决定了它的价值一定是很高的。

车：这些特别的家具材质肯定也跟大众的家具不一样，能不能给我们介绍一下这些家具是些什么特别的材质？

袁：材质方面，我们采用的进口木材比较多，但也有用国内木材的。一般是海南黄花梨、越南黄花梨、小叶檀、红酸枝、金丝楠木等，主要是以硬木为主的木材为原料。工艺上，完全都是古典传统的。在家具上你肯定找不

到一颗钉子，都是榫卯结构的。而且用的加工材料也是绿色无污染的，是特别环保的。

车：听说一些家具的制作工艺只有君馨阁才有，那除了跟行家交流外，君馨阁是怎样将这些好的民族文化发扬光大，让更多人来了解？

袁：我们从1992年开始就和一些影视剧合作来让更多的人深入了解古典家具，北京人民艺术剧院的话剧演出就开始租用我们的家具。在电视连续剧《奋斗》中陆涛（佟大为饰演）就曾经坐在我们店的台阶上，为事业的发展苦思冥想；和母亲商量如何处理与生父的商业关系的地点就是我们的茶楼。爱看刑侦剧的朋友，也会在君馨阁找到《夜奔》中老刑警骆迦山带着徒弟在此密谋的场景。同样醉心古装戏的观众，又会在这里盘点出《刘罗锅传奇》、《大清药王》、《铁齿铜牙纪晓岚》等戏中使用过的古典家具。在新版《红楼梦》中，也有我们家具的倩影。这些影视剧中的古典家具都是由我们提供的。

车：现在做出来的家具是否可以批量生产？

袁：因为我们的工艺都是传统的工艺。大多数都是工人在手工制作，做工比较慢。即便现在机械化程度比较高了，也不可能实现流水作业。我们在五六年前就开始接受定制服务，基本上做出来一件就能卖掉一件了。现在的中国人开始比较重视收藏古典家具了。古典家具已经不单单只是家具的定义了，已经成为了一种世代传承的收藏品。

用文化感动心灵

——君馨阁总经理刘爱民印象

走进君馨阁清水园茶坊，仿佛走进了古时候某个达官贵人的深宅大院，让人在瞬间感到像是回到了过去的某个朝代。由明清家具专家、泰斗级人物王世襄题写的“君馨阁”字匾，更让人感到这个茶坊的不同寻常。

整个茶坊古朴而不失现代感，仔细欣赏，才发现这里实际上汇集了家具、茶艺、书画等三大类最具中国传统文化内涵的东西。床、榻、桌、椅，各种木制的茶具及饰品，甚至连洗手间的摆设，既有清代的真品宫廷家具，同时还有设计独特、造型别致、做工精细、质地考究的仿古家具及工艺品，每一件都渗透着浓浓的中国传统气息。而与这些古典家具相配的则是到处挂着的名人字画，这些字画与古典家具相得益彰，更增添了茶坊的儒雅氛围。

如此风格、档次和品位的茶坊在京城甚至国内也不多见。可想而知，此间的主人应该是一位有品位、有艺术修养和深厚文化底蕴的人。

身着黑色中式古典服装的刘爱民热情接待了我们。她浑身既洋溢着古朴典雅的灵气，同时又具有江南女子的清秀。一落座，刘爱民问我：“对我的茶坊感觉如何？”

“给人震撼，能够让人在感受古典、品味文化的同时，涤荡心灵的尘埃，拂去人生的浮躁，洗掉尘世的铅华，回归人性的本原！”

“这正是我所追求和期望的！为了达到这个目标，这个茶坊我整整筹备了三年！”刘爱民的眼里透着自信和执著。

“可是，投资这么大，仅靠经营茶，什么时候能收回成本？再说，在茶坊里怎么还摆放这么多古典家具呢？”

看到我诧异的眼光，刘爱民递给我一张名片，上面写着：北京君馨阁古典家具有限公司总经理。

“我从事古典家具十多年。从收购、收藏到制作，有一套完整的运作体系，而且又是世家传承。”

“那怎么又想到开茶坊呢？”

“古典家具除了它的实用价值外，最吸引人的是什么？”

“传统文化。”

谈话中了解到，正是在从事古典家具的爱好、收藏和经营中，刘爱民意识到了其内在价值的落脚点。她深深感到老祖宗流传下来的古典家具里面，蕴涵着太多太多的传统文化的精华，正是积淀其中的文化让她痴迷和感动。同时，她以现代商人的敏锐感觉到，古典家具和中国茶艺、名人字画一样，都具有丰厚的历史文化底蕴，于是就开了君馨阁清水园茶坊。把这三种中国人最引为自豪的传统文化产品有机地结合在一起，营造出了一个积聚了浓郁传统文化的环境，让人们在这里品茶、论画、赏家具，为传统文化的发展尽自己的微薄之力。

对这种明显曲高和寡的茶坊的赢利模式，刘爱民自有自己的认识。

“我的理念是先做人，后做生意。茶文化和古典家具文化都是中国的传统文化，以文会友，让他们品味文化，感悟文化，用文化感动心灵，自然就会有人收藏和购买。他们不是在买产品，而是在收藏文化。”

是的，刘爱民不是在做生意，而是在做文化、做品位、做朋友！做生意做到这个份上，恐怕是用“儒商”两个字无法描述的。据刘爱民介绍：过去，老祖宗遗留下来的经典的古典家具，很多都流失到国外了，这对于我们来说不仅仅是遗憾，而是无法估量的历史文化的损失。

所幸的是，现在不仅国家在这方面采取了相应的措施，而且在民间，也正是因为有了刘爱民这样为此作出不懈努力的爱好者、收藏者及经营者，我们的传统文化才得以更好地发扬。

相信，中国的传统文化不仅仅在感动着他们自己，也会感动国内外更多的人！

京作家具：紫檀镶金，非皇族压不住

“您快把货提走吧！这对博古架自打做好，在我这儿存了都快一年了。一年里木材价翻着跟头往上涨，再不拿走，我可真舍不得卖了。”北京潘家园一家古家具厅，老板袁剑君正在和老主顾开玩笑。老袁今年40出头，他开在潘家园的君馨阁，说是茶楼，其实卖的都是古董家具、玉器字画等奢侈品。

这家茶楼被分隔成一间间展厅，里面几乎见不到沙发、躺椅，倒是圆桌、鼓凳、翘头案摆了一屋，门、屏风、隔断也全是按照北京早年间大宅院里的形制布置的。没人时，屋内黑漆漆的，不觉得特别，可一开灯，立马不同了。暖黄的光和紫得发黑的紫檀家具仿佛发生了化学反应，那股子尊贵的皇气瞬间跳脱出来，皇族啊皇族，那一架雕满了龙的“龙书案”，其雕刻花纹的精魂儿在苏式、广式家具中是断断见不到的，只有清宫皇族才驾驭得住。老袁告诉我，其实这件“御用”家具是新仿的，但却丝毫没少了气势。

这些京作家具一件动辄十几、几十万，风险不小。但老袁偏爱倒腾这些金贵物件，京作，自然是血统最正的。清朝皇帝派出买办在苏、广一带大量采购家具，地方官僚也投皇上所好，纷纷挑选上品进贡。后来，清宫的造办处干脆下设了制造家具的机构——木作，专门承担制作皇宫的木工活计，并从苏、广两地招募匠人专事木作。造办处财力雄厚，又有全国顶尖的木料供应，工匠们便在广作、苏作的基础上做了更多改进，华丽上更加华丽，精雕上再添雕饰，浓墨重彩地书写皇家之气。而木料的使用倾向，则是改变的第一步。苏式家具多用黄花梨，广式家具则好用红木，而紫檀因产量稀少且颜色过深而少人问津。清初采光条件进步，造办处的工匠们决定重新启用紫檀，并把它推上“御用”木料的神坛，从此再也见不到民间家具有紫檀木的身影。另一项改进就是纹饰。清宫里收藏着全国各地进贡来的宝贝，工匠们便从这些器物身上获得灵感，将商代青铜器和汉代石刻上的纹饰吸收到家具上，还把金银、象牙、玉、珐琅等名贵的材料镶嵌到家具上，富贵得流油。

康雍乾时期，是京作家具的鼎盛时期。这三位皇帝对宫廷家具非常关心，对它们的制作过程、用材、尺寸、雕刻，甚至是摆放环境都要过问。相传乾隆皇帝对紫檀家具甚是喜爱，可紫檀木料又十分稀少，宫廷中的存量也不大，所以他要求造办处每次用紫檀木料都要经过他的亲自审批。有一次，乾隆看了一个钟表小样，觉得不错，想做一个大的，于是找了工匠。

结果工匠误认为乾隆要用紫檀木做，便精心做了紫檀座钟，足有两层楼高，非常壮观。乾隆看后快气晕过去：“谁让你们用紫檀做的？”这破费了的紫檀让他心疼到家了。那座钟如今就存在故宫博物院。

紫檀雕龙顶箱柜

红木多宝格

此柜由顶箱和立柜两部分组成，上下均设对开门，两门之间有立栓，立柜门下装有柜肚内设挂衣杆，底枨两侧和前面装牙条，四腿直下，方足，柜门中间做如意造型，刻高浮雕龙纹造型。此柜雕饰缜密，造型独特，高雅脱俗。

宝格上部分高低错落隔出格层，下面置抽屉和柜门。抽屉和柜门上均浮雕有花草图案。宝格上部分中间立墙镂出正圆、扇面、冬瓜、椿、委角、上翻云头等不同开光，简洁大方。

红木交椅

紫檀画柜

此椅后背三段攒成，上为透雕螭纹开光，中为麒麟葫芦、山石灵芝，下为亮脚。整体用材粗硕，部件交接处有铜饰以起加固作用，坚实美观。

画柜实为书画家们用来置放书画，这件画柜为四件组合。柜门为上开式。柜门深浮雕云龙戏珠、云水茫茫、飞龙矫健，有“紫气东来”的意趣。边框刻有拐子回纹。画柜雕饰缜密，但刀刀有序，脉络分明，高雅脱俗。

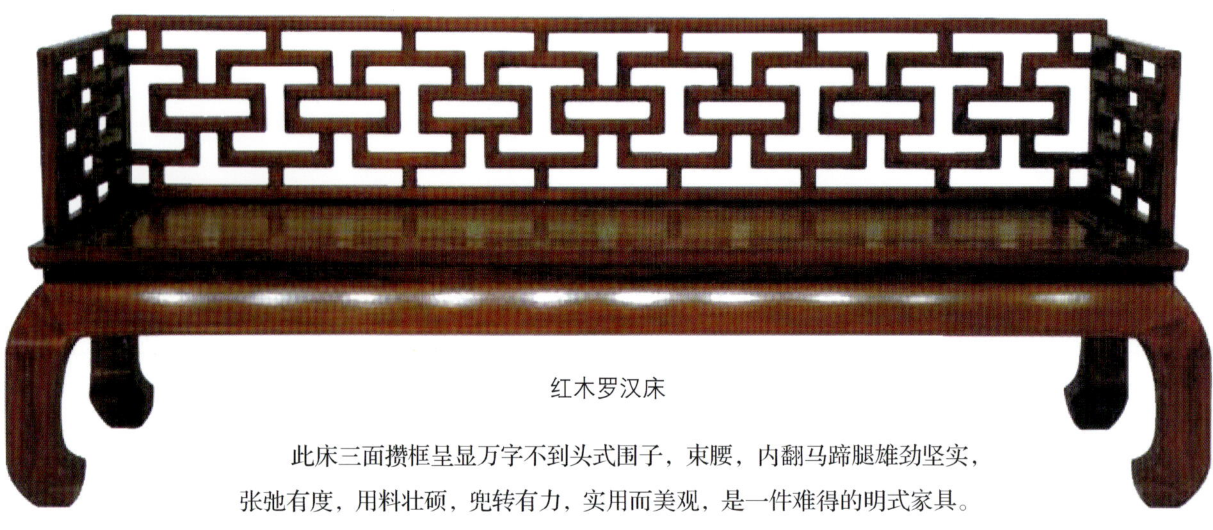

红木罗汉床

此床三面攒框呈显万字不到头式围子，束腰，内翻马蹄腿雄劲坚实，张弛有度，用料壮硕，兜转有力，实用而美观，是一件难得的明式家具。

紫檀圈椅

此圈椅线条柔婉流畅，圆婉柔和，椅背板浮雕蝙蝠纹饰，显露出设计者的巧思之美。

哈尔滨同记珠宝古玩城

中国古玩商会副会长 同记珠宝古玩城董事长
哈尔滨古玩城董事长 黑龙江嘉瑞拍卖有限公司董事长
黑龙江古玩商会会长 黑龙江省收藏家协会秘书长 辛柏祥

物竞天择，强聚弱散，盛世收藏，捷径创业。

国内外 1 200 余家厂商入驻的东北最大的珠宝古玩艺术品市场——哈尔滨同记珠宝古玩城，于 2009 年 5 月 2 日隆重开业。珠宝古玩城整体环境舒适，装饰高贵典雅，充满艺术气息，是哈埠聚宝生财之风水宝地，将献给有魄力、有眼力、有财力的投资者第一桶金，面对珠宝黄金每年 20% 递增、古玩每年翻番的增值实践，在珠宝古玩城捷足先登者将联手共赢！

东北珠宝古玩界之龙头——哈尔滨同记珠宝古玩城，地处哈尔滨市老商业区（道外区靖宇大街 368 号）原哈尔滨的百年老店——同记商场旧址。同记珠宝古玩城对面是政府新建的占地 80 000 平方米的温州商城；右侧是哈市最大的服装批发城——玛克威商厦；左侧是国美家电和三联家电；后侧是太古陶瓷批发零售一条街。同记商场当初由河北乐亭商人武百祥先生创建，已有百年历史，与哈尔滨秋林公司、哈尔滨第一百货商店并称为三大商业巨头。哈尔滨同记珠宝古玩城营业面积达 30 000 平方米，共分地下一层，地上七层，一层为黄金珠宝城和大型综合超市；二层为黑龙江省最大红木古典家具城；三层为茶城和古玩艺术品；四层为古玩城；五层为书画城；六层为金融城；七层为展览展销拍卖大厅；地下一层为休闲娱乐美食城。同记珠宝古玩城设施先进（设电梯 4 部、扶梯 8 部），设计合理，高档装修，项目大全，集黄金珠宝、超市、古典红木家具、茶、茶艺茶具、古玩文物、古今字画、中外油画、融资担保、展览展销、交流交易、收藏拍卖、地方名吃、休闲娱乐、旅游观光于一站，是投资家的福地，是收藏家的乐园，是艺术家的画廊，是老百姓的殿堂，是国内第一个高品位、专业化、多功能的珠宝古玩集散中心。

激情与胆量开拓发财蓝图，理性与实力创造辉煌未来。哈尔滨同记珠宝古玩城以精英团队的领导组织，完善优质的管理服务，强力优势的省、市级新闻宣传，高档豪华的设施设备，优雅和谐的经营环境，热切欢迎国内外老朋友及新朋友、投资家及经营者、收藏家及爱好者光临指导。

百年同记，历久弥新；老字品牌，再创辉煌！

黄金珠宝超市规模最大

哈尔滨同记珠宝古玩城为了促进黑龙江和吉林省地区的珠宝黄金批发交易市场的发展，经国家有关部门批准，和国内外金融界密切合作，创立了东三省唯一而规模最大的“哈尔滨同记珠宝黄金批发市场”。据统计，黑龙江省年黄金交易金额近20亿元人民币，每年以20%比例递增，黄金收藏储蓄的人越来越多，黄金炒股已成为股市被关注的一项。

为了提供黄金珠宝批发交易的全程质量保证和安全保险系统服务，采取了黄金珠宝由国家和省级质检鉴定部门的权威专家负责全面质量把关，同时配备专业金库、全天候的远红外线监控系统以及训练有素的保安警卫队伍，为前来批货的业者提供专车安全护送服务。为了安全保密业务，在2 000平方米的交易大厅内设立大户贵宾室以及网上交易送货上门等一系列服务。

哈尔滨同记珠宝黄金批发市场的创立，为广大消费者和经营者提供了质量保证、价格最低、款式最全、安全保险的全程服务，为黄金炒股者开辟随时兑现的平台，为收藏家提供增值保险的资源。

古典红木家具城富丽堂皇

“百年同记”老字号企业是民族企业家武百祥先生在哈市建埠时创建的“哈尔滨市第一座民族产业”，象征民族文化精神，在促进和谐鼎盛昌平的当今社会发展中，“百年同记”为弘扬、传播中华民族的文化艺术和精神，创建东北地区最大规模的“同记珠宝古玩城”，集珠宝翠玉、黄金批发市场、古玩艺术拍卖、名人书画艺术城、中华名小吃娱乐街、茶艺文化城为一体。同时为进一步弘扬中华古典红木家具文化，在“同记红木楼”和“同记文化艺术景观广场”，以典雅舒适的休闲饮茶憩逸环境，接待来此观赏和购买古典红木家具的各方朋友。

同记红木楼的建立，实现了人们多年来的梦想，也为广大收藏家和爱好明清家具人士提供一个鉴赏、品评、交流和了解中国古代家具文化艺术的场所，共同为继承和弘扬中华民族优秀传统文化作出贡献，为推动红木家具传统文化的发展而努力。

红木家具以其珍贵选材、精雕细刻、高贵典雅、富丽堂皇而令人赏心悦目，叹为观止。它集实用、观赏、收藏、环保古典风范为一体。古典红木家具可分为明式家具和清式家具。明式家具造型简练，线条圆润，比例和谐，充分展示出木材的自然美；选择对结构起加固作用的部位，进行装饰，雕刻虽然不多，往往起到点睛的作用，既淳朴厚重又空灵秀丽，典雅清新；造型注重人性化设计，器型优美，富有神韵。清式家具用料厚重，造型圆浑隽美，雕刻细腻生动，制作规整华丽，风格独特，大气沉稳，尽显尊贵气派。

茶城、工艺品运营独具特色

哈尔滨市誉称“东方小巴黎”，建筑艺术美名为“中国巴洛克”，又盛誉“冰城夏都”文化艺术旅游之城。

百年同记又逢新生，创建了东三省最大规模的“同记珠宝古玩城”，以极丰厚的珠宝古玩艺术资源而逐渐形成北方交易交流中心。

和谐鼎盛之际，百年同记又绽新枝，创办了“红木古典艺术家具城”；同时创办了“同记茶城”，举办“2009年首届饮茶文化艺术旅游节”活动，以独具室内的“茶文化艺术广场”大型仿生自然景观，第一次向游人展示了中国十大名茶产地自然风光的微缩景观，一览无遗，尽收眼底。伴随着古筝优雅的琴声，观赏精湛的茶艺表演，品茗醉人的茶香，观看书法家和画家挥毫笔墨色彩的茶经养生文化艺术作品，心旷神怡；茶花女纤手捧出一尊尊香茶和一盘盘茶点小吃，憩逸在根雕艺术茶桌上，尽享“口福、眼福、耳福、身福、尊福”五福之圣地和“品茶、烹茶、择茶、茶具、茶艺”五境之域而超脱仙境，岂不优哉乐哉。

信步百年同记珠宝古玩城、名人书画城、红木古典艺术家具城、饮茶文化艺术广场、国内外特色风味小吃城、综合超市，汇集了购物、餐饮、艺术、休闲、娱乐、旅游的新景点，为促进哈尔滨市文化艺术、旅游城市发展增添了一道独具特色的风景线。

古玩艺术注重精品

百年同记的古玩城主要经营历代瓷器、青铜器、古玉器、古钱币、古籍善本、古家具、文房用具、雅玩杂项等，成立省内最大的邮币卡市场，是目前国内古玩城装修档次最高的。古玩城内按区划分：省内各地市分别设立交流交易区域（哈、齐、牡、佳、大庆等）；各地市收藏家协会、古玩商会以及长春、沈阳、大连等兄弟城市的古玩城都将设立办事处；一批省内外的收藏家、投资家、古玩业户将在古玩城内开设古玩精品店。

珠宝古玩城是我省收藏事业的新起点，将是全国收藏界、古玩界、艺术界名人名流等参与交流交易的大平台，是我省古玩收藏行业的一次大交流、大交易、大聚会。古玩城融艺术、历史、收藏、增值为一体，是收藏家、投资家及普通爱好者淘宝、探秘的乐园。走进古玩城会让你在上下五千年间游历，会让你亲身演绎捡漏暴富的神奇故事，古玩城是宫殿式的“潘家园”，是投资升值的宝地，更是精神享受的佳境。

名人书画 品种齐全

名人书画板块经营项目主要包括：古代、近代、现代、当代著名书画家字画；中国近现代名家油画、俄罗斯油画、欧美油画、龙江版画、冰雪画等。黑龙江美术、书法、油画研究会，省收藏家协会，省古玩商会设有办事处；中国近千名著名书画家作品以及黑龙江省知名美术家、中青年画家将进入创作室。书画城还设有字画装裱、销售、拍卖一条龙服务，给书画爱好者开通增值升值渠道。同时，在城内还将举办书画教学班，推广书画知识，培养书画人才。并且每周都有书画展览，构成永不闭幕的艺术作品展览会，为我省书画家建立展示自身的平台，为书画收藏爱好者提供欣赏和投资的机会。

书画城将是东北三省经营规模最大、书画品种最全的交流交易中心，将广泛吸引国内和国际的大欣赏家、大投资家来书画城交流交易。

INSIDE PAINTING SNUFF BOTTLE
Autumn 2009
JILL (GUO JIE) · CHINA
INSIDE PAINTING SNUFF BOTTLE
Spring 2010
JILL (GUO JIE) · CHINA
JILL (GUO JIE) · CHINA
INSIDE PAINTING SNUFF BOTTLE
Autumn 2010

世界精英联盟藝術俱乐部

世界精英联盟（北京）艺术俱乐部于2003经北京高明相关政府部门批准注册设立，是由发起人徐守振先生和一批有志于为当今成功精英人士联合打造，集文化艺术陶冶、休闲娱乐放松、财金理财辅助、海外生活探秘为一体，艺术与投资高端交流平台，我们力求少而精，追求档次高，在精英圈中形成影响力和知名度，形成一个文化艺术界和工商界的互动交流合作的氛围。是我国首家集艺术俱乐部、艺术基金、当代艺术研究和推广、出版发行、画廊策展、博物馆、美术馆运营等艺术活动于一身的专业艺术机构。同时旗下有专门从事当代艺术研究、投资、推广、出版、策展、主题创作的艺术领域国际化专业机构北京二零一零国际艺术博物馆以及正在发起筹备的海南省文化艺术发展基金等相关艺术机构。目前已经出版艺术类出版物50多册，收藏艺术品近2000件作品（主要为书画、油画、当代雕塑），主要参与，策划和主办了奥运会美术大会、奥运美术回顾展、京港两地中国书画名家作品展，文化部和财政部国家重大历史题材美术创作工程的艺术。

徐守振先生策划国家体育馆主办的奥运回顾展活动现场

澳大利亚前总理鲍勃·霍克先生和徐守振先生合影

第九、十届全国人民代表大会常务委员会副委员长成思危先生向徐守振先生参与公益活动授予荣誉证书

香港特别行政区行政长官曾荫权先生和徐守振先生共同出席活动合影

本单位承办国家图书馆百年馆庆美术展览组织活动

艺术经理人
ArtManager

家的出版工作、国家图书馆建馆100周年美术作品展等重大文化项目，同时积极开展国际文化交流和公益慈善活动。本机构自创立以来，始终以传承和弘扬中华优秀文化为己任，致力成为中国新经济文化产业的开拓者，不断追求创新的经营管理模式和先进的国际艺术市场操作能力，为中国及世界文化艺术界提供综合服务。

世界精英联盟（北京）艺术俱乐部总部设于北京，上海、海南二地设有分支机构，旗下实体机构有798世界精英联盟艺术中心、二零一零国际美术馆、艺术基金、艺术俱乐部、国际艺术博物馆和《主流艺术》、《艺术经理人》杂志社等，各实体机构相互合作，形成良性的文化产业链，致力成为全球最优秀的艺术服务机构。我们通过旗下实体机构和世界精英联盟艺术网（www.art315.com），向高端客户提供艺术投资与经营、艺术市场走向及运作、艺术交流与合作、学术探讨与研究、艺术出版与发行等文化产业服务，弘扬中西方当代艺术的精髓，推进国内外文化交流和合作。力求满足中西方艺术家、艺术投资者、收藏家、当代艺术文化机构、各类高端商业客户的多样化需求，为社会提供最优质的服务。

真诚欢迎社会各位卓有成就的文化名人商界精英和社会名流常来常往，使我俱乐部成为文化艺术财经等各界精英人士交流的平台。

想知道藏品的前世今生　想揭示藏品的庐山真面
想提高藏品的辨伪能力　想了解藏品的身价几何

中国古玩研究院帮助您释疑解惑

中国古玩研究院简介

中国古玩研究院是全国工商联古玩业商会的直属机构，与香港“中华古玩文化研究院”、“北京中古商古玩研究院”联署运作。

中国古玩研究院是当前民间古玩研究人员获取研究职称的惟一机构，是民间古玩研究人员展示研究才华和研究成果的重要平台，是民间古玩研究人员进修学识补充信息的最佳学府。

中国古玩研究院成立以来，在古玩艺术品的多个领域开展了研究工作。目前正在开展的相关领域包括：古玩存在方式研究，古玩流通市场研究，古玩鉴定行为研究。

中国古玩研究院现设两个委员会：学术委员会、职称委员会；设5个部室：院务处、教务处、宣传部、函授部、市场推广部。

中国古玩研究院院刊名《紫御主人》。

《紫御主人》宣言
——中国古玩研究院院刊卷首语

紫者，紫禁城。

御者，御用品。

紫御，紫禁城里的御用品，即皇家使用的古玩艺术品，古玩艺术品的顶级形式。

昔日，帝王一族是古玩的主人；今日，我们要做古玩的主人。

主人者，不仅仅是把流散在民间的古玩收集起来，不仅仅是让流散在民间的古玩交易起来，不仅仅是把流散在民间的古玩收藏起来——

主人的最高境界是：关注流散在民间的古玩动向，研究古玩的形式，发掘古玩的内涵，传承古玩的精华。

缘此，我们将中国古玩研究院院刊起名为《紫御主人》。上述宣言就是《紫御主人》的办刊宗旨。

馆长论坛

从现代博物馆理论与实践进步谈中国民办博物馆的发展

西安大唐西市博物馆馆长 王 彬

现代博物馆的理论与实践是伴随着世界博物馆的发展进程而逐渐丰富、精进的。中国的博物馆事业，作为一种舶来品，经历了100多年的发展历程。虽然东、西方有着巨大的政治、文化和哲学上的差异，博物馆遵循着不同的理念、进行着不同的实践，但作为一种世界性的文化现象，中国博物馆的理论与实践在世界博物馆共性的基础上，随着不同社会秩序的发展而呈现出不同的特点和阶段性变化，并且显示出了顽强的生命力和充满魅力的中国特色。对此，博物馆的学人已从不同的角度做过大量的梳理与总结，我们从中可以了解到，“中国特色的博物馆实践和东方哲学思辨特点的博物馆学理论思考引起了国际关注，成为世界博物馆学术资源中重要的组成部分”[①]。但是21世纪以来，一方面，随着时代的发展，在经济全球化、政治多极化、文化多元化、知识数字化的信息时代里，博物馆发展的前面还有许多未知世界，需要我们加强对社会和大环境的研究；另一方面，蓬勃发展的中国博物馆事业尤其是民办博物馆事业的发展，需要我们在已有成果的基础上进一步加强理论研究和实践总结，以丰富和指导现代中国博物馆理论与实践。

一、中国民办博物馆理论与实践的轨迹

客观地讲，中国民办博物馆不是新生事物，中国博物馆事业的发展轨迹如果从办馆主体来看，应该说发轫于民办，发展壮大于国有，兴盛于多元。

但中国民办博物馆的发展之路有过中断且波折而艰难，并因高度集中的国家公有制及相关政策等因素长期不在主流。其发展大致可以概括为开创期、空白期、发展期、兴盛期四个阶段。

（一）开创期

“博物馆”的中文译名最早出现在1839年3月到1840年11月间，林则徐主持编译的世界地理著作《四洲志》一书中。笔者赞同“这是博物馆学研究在中国萌芽的一个关键时间刻度”[②]。这说明中国博物馆学研究的历史已有160多年。

1905年，著名的民族实业家张謇自筹资金，创办了南通博物苑，并将自己创办的大生纱厂、海星垦牧公司等实业的收益用做博物馆开办和运营费用。虽然此前中国萌动着各种筹建博物馆的主张，也已出现了具有博物馆性质的机构，但完全按照近代西方博物馆要求建设、并有一定规模与规范的中国人自办的博物馆，却是第一家。这同时也是我国第一座民办博物馆。张謇创办的南通博物苑开创的“两个第一”在中国博物馆建设史上具有非凡的历史意义，这无疑是民办博物馆在中国诞生的最早实践。

张謇的博物馆思想和南通博物苑的创办带动了中国博物馆的兴起。其时，北京、天津的一些收藏家也在个人藏品的基础之上创办了博物馆，如严修在天津城隍庙内开办了“教育品陈列室”，端方在北京琉璃厂海王村开办了“陶斋博物馆”[③]。虽然这时社会急剧动荡、国家积贫积弱，博物馆数量寥寥，但这时的民办博物馆却唱响了中国人建设博物馆的先声。

（二）空白期

众所周知，新中国成立后至20世纪80年代之前，中国实行的是计划经济。单一的社会主义公有制，成为国家经济体制的主要形式，社会管理体制高度集中，政府统一发放公共用品，公立博物馆得以稳步发展。此外，不同类型的博物馆也纷纷转换体制。公立博物馆一枝独秀，支撑着博物馆事业的全部，成为文物保护的主要手段。此外，政策上限制文物的流通，民间文物收藏急剧萎缩，收藏活动集中在少数认知圈内，民间收藏和民办博物馆失去了赖以生存的社会环境和社会需求，从而陷入了一段长约30年的沉寂，故称之为空白期。

（三）发展期

20世纪80年代到20世纪末，改革开放给中国社会带来了翻天覆地的变化，民间收藏和民办博物馆事业也随之发展变化。此时，民办博物馆的建设与发展经历了从自发到自觉，从单一到多元的发展过程。

改革开放后，国家实行以公有制经济为主体、多种经济成分并存的经济制度，市场经济体制逐步建立，提倡自由，鼓励个体、私营经济的发展。人民群众的生活水平日益提高，民间收藏投资利益的提升，为民间收藏和民办博物馆的发展奠定了政策、经济基础。

1982 年发布的《中华人民共和国文物保护法》也规定了文物所有权的多种形式，民间文物收藏的合法性得到了确认，为“藏宝于民”奠定了法律基础。此时，民间收藏和民办博物馆成长有了适宜的土壤，大致可分为两个阶段。

（1）自发阶段的家庭收藏馆

20 世纪 80 年代中期，我国的民间收藏进入大众化时期，收藏不仅成为人们满足精神文化的需求之一，随着旅游业的发展，景点、文物商店和工艺品销售火爆也让一些人注意到收藏潜在的经济价值。

这一时期，人们的经济条件还不是很富足，收藏品大多是一些大众化、容易获得、价格也相对低廉的物品，如邮票、火花、报刊、钱币、票据、民间工艺品等。其中，一些收藏家有意愿将自己的藏品向公众展示，以寻求同好间的交流探讨，获得更多的收藏信息。于是，有的藏家便在自己家中办起了个人展览接待人们参观。这种规模小、展览形式不固定、基本以藏家意志为转移的展览，被学人称之为“家庭收藏馆”。

1981 年 3 月 22 日，上海“陈氏算具陈列馆”向大众开放，标志着自发的民间家庭收藏馆在中国出现。此后，类似形式的民间收藏馆在上海、天津等地区陆续兴办。这类博物馆在 20 世纪 80 年代中叶至 90 年代初十分活跃，基本属于自发行为，对有着收藏传统国家的民办博物馆的兴起，积累了一些经验，奠定了一定的基础。

（2）自觉阶段的民办博物馆

20 世纪 90 年代初至 90 年代中后期，随着我国社会主义市场经济建设步伐加快，“我国的博物馆管理体制和运作机制也在探索适应新的经济体制和社会环境的新路子，博物馆举办主体多元化成为博物馆领域加大改革力度的主要举措”[③]。此间，上海“四海壶具博物馆”、广东“中山蝴蝶博物馆”向社会开放，获得地方文化管理部门许可。特别是 1996 年 10 月 31 日，北京地区“路东之古陶文明博物馆”、“观复古典艺术馆”、“何扬吴茜现代美术馆”、“遗箴堂金石碑帖博物馆”等四家民办博物馆申办注册，得到了文物行政部门批准公布，使中国民办博物馆进入了一个新的发展阶段。但此时的民办博物馆虽然得到了“博物馆”的名义，国家还没有任何扶持民办博物馆的政策规定；理论上几无提及。这一时期得到合法身份的民办博物馆在媒体和社会的关注与热议中，只能按着各自的想法和特色艰难地维持着运转，摸索着前进。

（四）兴盛期

新世纪以来，随着国家相关政策的出台，中国民办博物馆进入了一个全新的发展阶段：数量迅速递增，门类涵盖广泛，举办主体多元，规模不断扩大。企业结合文化产业兴建的民办博物馆更是这个阶段的主流与耀目的亮点。

1999 年 12 月 28 日，国家民政部发布了《民办非企业单位登记暂行办法》，规定民办博物馆按“民办非国企单位”申请登记，使全国的民办博物馆有了合法身份。2005 年 8 月，国务院颁布《关于非公有资本进入文化产业的若干决定》，表明了政府鼓励和支持民间开办博物馆的态度。2006 年 1 月 1 日《博物馆管理办法》中明确规定，国有博物馆和非国有博物馆共同构成我国博物馆事业的两大体系。特别是 2010 年 1 月 29 日，国务院“五部、二局”联合下发的《关于促进民办博物馆发展的意见》，就进一步调动社会力量参与文化遗产保护和大力扶持民办博物馆发展提出了一系列意见。同时肯定了民办博物馆是“促进文化大发展、大繁荣，建设和谐社会的一支重要力量”[④]。这表明中国民办博物馆终于迎来了一个充满生机的春天。

二、民办博物馆发展现状与特点

回顾中国民办博物馆的发展历程，我们可以清晰地看到中国民办博物馆在走完了一条身份不明、制度缺失、作用和地位被边缘化的艰难而漫长的奋斗历程之后，终于迎来了新世纪的阳光。其发展的问题，或说是特点，可以用“发展迅猛、主体多元、理论缺乏、实践超前”十六个字来概括。

（一）发展迅猛，主体多元

据不完全统计，“截至 2009 年 8 月，除广西、西藏、新疆外，各地文物部门登记的民办博物馆已有 386 座”[⑤]；“北京地区登记的 151 所博物馆中，民办博物馆已达 20 余所，几近博物馆的 1/7”[⑥]；浙江宁波鄞州地区“已建和在建的 18 座博物馆中，国有博物馆 8 座，民办博物馆 10 座”[⑦]，创造了个别地区博物馆的数量，超越了许多发达国家两种体制博物馆 7 ∶ 3 之比例（即国有占 70%，民办占 30%），接近了民办博物馆 60% 的比例，与美国比肩。此外，全国“正在筹建或尚不符合注册登记的民办博物馆大约 1000 多座”[⑧]。更值得关注的是，有关信息表明，陕西、四川、河南等地在规划博物馆之都的蓝图上，均给民办博物馆留下了描绘的巨大空间。民办博物馆的举办主体包括了个人、多人合作、民间组织、民营企业等组织形态；运营方面出现了民办、民办公助、公办民营等模式。这一时期，民营企业在馆舍建设和投资规模上呈不断上升态势，形成了中国民办博物馆发展史上前所未有的纷繁旺盛局面。

（二）理论缺乏，实践超前

博物馆作为外来文化，从理论引进的角度看，经历了一个早期学欧美，一度全面学苏联，继而在学习与实践中探索中国博物馆理论特色并与国际接轨的几个阶段。从中国民办博物馆理论与实践的发展轨迹可知，特定的历史阶段，其发展在相当长的时间内处于沉寂状态。翻检中国博物馆发展史，由政府向社会发出促进民间兴办博物馆的号召，仅有四次。第一次是1898年维新变法期间，光绪皇帝采纳康有为等维新人士建议，谕令总理衙门制定章程，规定建立民间办博物馆的具体办法。第二、三次分别在1913年和1929年，北京政府教育部制定的《捐资兴学奖励条例》中规定，“凡以私人财力创办或捐赠博物馆、美术馆、图书馆等教育文化事业的，与创办学校一样予以褒奖”，但都因时局和战争而未能激活民间办博物馆的热情。第四次即为国家“五部、两局”新近下发的《关于促进民办博物馆发展的意见》。在经济飞速发展的今天，在构建和谐社会，推动文化大繁荣大发展的氛围下，国民兴办民办博物馆的热情高涨。但是，当前民办博物馆发展的态势表明，热情的背后缺乏理论的支撑，因为在博物馆研究和理论的层面，民办博物馆的理论与实践，基本处在冷冻的状态。

20世纪90年代以来，民办博物馆理论与实践的研究进入了历史上较好的阶段，关于私人博物馆研究的各类文章已近百篇。这些研究涉及当前私人博物馆发展存在的问题、运营模式、藏品来源、资金筹措、法律环境、文物所有权等方面。特别是继2000年7月1日台湾地区的民间博物馆协会成立以后，2008年12月1日，宁波市鄞州区成立我国大陆地区第一个民办博物馆协会。此后，陕西、四川等省也相继成立了民间博物馆协会。协会的成立，说明民间博物馆人已经意识到整合自己的力量、加强沟通和联系的重要性。这是中国民办博物馆理论与实践的进步。

尤其应该提到的是，2010年民办博物馆高峰论坛在西安大唐西市博物馆召开。2010年4月7日，西部非物质文化展演项目系列活动在大唐西市拉开帷幕，中国首座遗址类民办博物馆——大唐西市博物馆全面开馆；同日，“2010民办博物馆发展高峰论坛”开幕式在军安王朝大酒店隆重举行。文化部、文物局，陕西省、市文物局，中国文物出版社、文物报社，新疆维吾尔自治区文物局等单位的领导同志；来自全国26个省、自治区、直辖市及香港、台湾地区的百余家国有、民办博物馆馆长及学人；北京大学、南开大学、上海大学、西北大学、陕西师范大学等设有文博专业的著名高校的学者、教授；联合国教科文组织文化遗产保护专员，法国人类学博物馆和英国、德国、美国、加拿大等国家的博物馆专家、学者、收藏家，共计近200人出席了开幕式及本次会议。

这次会议取得了丰硕的成果：一是中国第一个《2010民办博物馆发展论坛——西安宣言》出台；二是会议收到论文34篇。其中关于民办博物馆发展的论文共27篇，占论文总数的79.4%，反映了与会代表对共同问题的普遍关注和思考；三是深化了共识，促进了交流。本次论坛，是中国博物馆发展史上第一次让国有、民办等多种所有制性质的博物馆负责人；让收藏、展示、管理、研究等多个价值链主体；让国内与国外、境外等诸多同行；让文物、文化、艺术、旅游、财税、工商等诸多精英汇聚一堂的盛会。以上研究成果是中国民办博物馆事业发展的一个新标志、新起点。但从这次会议组织和提交论文的情况可知，民办博物馆的管理者，大多轻理论，更热心于办馆实践；非民办博物馆的谈论者，在没有实践的状态下大多言之泛泛。总之，从现代博物馆理论与实践的范畴来看，关于民办博物馆发展的理论研究始终很薄弱，更谈不上系统、规范化的研究，较少提出可以指导实践的建设性思想，呈现出理论缺乏、实践超前的基本特点。

三、关于促进民办博物馆发展的思考

中国民办博物馆发展现状及特点，学人们已从不同的角度做出了颇有建树的分析，笔者在持赞同观点的基础上，重点从现代博物馆理论与实践进步层面，对促进当前民办博物馆发展提出几点建议：

（一）现代中国博物馆理论应包含民办博物馆的发展

由于中国国情与西方发达国家不同，中国民办博物馆的发展路径也就有较大差异。现代中国博物馆理论特色应当包含民办博物馆的发展。

中国的博物馆理论研究始终是跟随国外新博物馆理论前进，有自己特色的理论体系尚待完善。从国际范畴来看，民间收藏是博物馆形成的三大基础之一，其理论与实践也是现代博物馆实践进步的重要组成部分，但却因国情差异，学界少有引进；中国的民间收藏因国家政策的限定，长期无缘博物馆正统地位，在此情况下，对于处境尴尬的民办博物馆发展的理论研究，一直停留在个别观点上，更谈不上较完整的理论体系，难以正确引导民办博物馆的健康发展。当前对民办博物馆的社会认同在行政管理部门、民办博物馆经营者和社会公众之间存在一定的分歧，一个重要的原因就是缺少对民办博物馆的深入、全面、科学的理论分析；缺少对民办博物馆社会功能、社会价值、社会使命的正确定位；也缺少对西方博物馆理论中有关民办博物馆成熟理论的引进和借鉴。要使民办博物馆能够健康、持续发展，需要将中国民办博物馆的理论纳入中国现代博物馆理论研究体系。

中国民办博物馆的理论体系应当包括：民办博物馆作为博物馆所具有的博物馆一般理论，同时需要有针对民办博物馆特殊性的一些理论。如民办博物馆的社会使命，私人收藏转变为社会共享的形成机制，民办博物馆对文化遗产保护的社会功能，民办博物馆存在的社会依据等。这些理论的研究，有利于促进全社会对文化遗产更广泛的保护，有助于推进社会公众与文化遗产的互动。此外，还需要进行民办博物馆管理理论、发展战略、市场营销理论等方面的研究，以改进民办博物馆“管理运营不规范，社会作用不明显”等问题，提升经营管理水平，增强其发展的能力。

（二）应制订民办博物馆的发展战略规划

民办博物馆的生存问题，是制约其可否持续发展的瓶颈。在坚持社会效益第一的原则下，做到社会公益性和文化产业性并举是笔者的观点也是民办博物馆人认可的发展理念。具有一定规模的现代民办博物馆虽然多由民营企业家创立，但是博物馆行业的特殊性，与一般的企业存在很大差别。民办博物馆兴办之初，对于博物馆的使命、观众和资金等核心问题往往缺少战略思考，以致在博物馆建成之后陷入进退两难的境地。管理学家菲利普·科特勒说：“以市场为导向的战略规划是管理的一种方法，它是要在一个组织的目标、能力、资源和它面对市场机会的变革之间，制定一个使对组织发展好维持的可行性配置。⑨”基于中国民办博物馆所处环境的现状，制订一个符合博物馆发展的市场战略规划，对于它的健康、可持续发展是至关重要的。

制订一个博物馆的市场战略规划，需要按照分析博物馆的外部环境，分析博物馆内部优劣势，确定目标和任务，选择实现战略目标和任务的策略，设计实现战略目标的组织结构，建立执行、控制市场战略实施的信息系统、规划系统和控制系统。

（三）加强民办博物馆实践的总结与研究

本世纪以来，中国民办博物馆门类丰富，发展迅猛，其各具特色的博物馆实践已远远超越了传统博物馆和国际上民办博物馆的定位，博物馆从原有封闭模式走向了开放，呈现出较多的自主性。在办馆实践中，出现了收藏与资本结合、与企业发展结合、与地域发展结合的多种组合形态。民办博物馆在实践中围绕着文化主题开展的各种声势浩大、影响深远、带动一方的文化活动和文化事件，已给博物馆文化注入了全新且充满活力的内容，更趋向于极富中国特色的“提供文化遗产内容的文化产出公益性机构”。中国民办博物馆的发展，已经从努力建馆进入寻求可持续发展的转折阶段，而以公办博物馆理论实践为研究主体的中国博物馆体系，对民办博物馆的发展状况和问题缺少了解，研究不足，所形成的理论不能涵盖民办博物馆在内的现代博物馆理论与实践进步，也缺乏指导性和权威性。而理论研究和实践总结又是民办博物馆的“短板”。因此笔者认为，应尽快组织各方面力量对民办博物馆的实践进行专题调研，一方面从调研中了解并总结具有普遍意义的成功经验，寻求民办博物馆“可持续发展”的良策；另一方面，让民办博物馆的发展成为现代博物馆理论与实践进步的一种补充与体现，让真正覆盖全行业的现代博物馆理论能够指导民办博物馆“可持续发展”。

注释与参考文献：

①安来顺：《二十世纪博物馆的回顾与展望》。

②《中国博物馆学史》课题组：《知识.理论.体系.学科——中国博物馆学研究轨迹检视》。

③宋向光、李志玲：《中国当代私立博物馆的发展及特点》。

④五部二局：《关于促进民办博物馆发展的意见》2010年1月29日。

⑤ 吕建昌：《关于中国民办博物馆发展的思考》》《2010民办博物馆发展论坛论文集》59页，陕西人民出版社2010年版。

⑥宋向光：《民办博物馆平稳发展阶段的工作重点——兼论持续发展能力建设》《2010民办博物馆发展论坛论文集》25页，陕西人民出版社2010年版。

⑦⑧高功：《民间博物馆的春天》。

⑨［美国］尼尔·科特勒、菲利普·科特勒：《博物馆的战略与市场营销》95页。

民办博物馆是国家文物保护的最后一道防线

西安经文牛文化陶瓷博物馆馆长 任经文

盛世兴收藏。随着社会的进步、经济的发展和人民生活水平的提高，一个前所未有的“收藏热”在我国已经兴起，民办博物馆的迅速发展，就是一个证明。为了积极鼓励、大力支持民办博物馆发展，国家出台了一系列政策和法规。今年1月29日，国家文物局等七部委联合下发了《关于促进民办博物馆发展的意见》，这是支持、鼓励、引导民办博物馆科学发展的纲领性文件。

一、民办博物馆的功能及意义

1. 民办博物馆和国有博物馆的异同

民办博物馆是由社会力量利用非国有文物、标本等资产依法设立并取得法人资格，向公众开放的非营利性社会服务机构。民办博物馆和国有博物馆虽然有诸多区别，但是作为博物馆，它们的功能是相同的，相对于国有博物馆而言，只是办馆藏品、经费来源和举办主体有所不同，两者在办馆方向、藏品保护、社会教育和服务目标等方面是一致的，是国家文物保护的重要补充。

2. 民办博物馆是民间文物的守护神

民办博物馆另外一个重要的功能，就是为国家保护了相当一部分散落在民间的文物。这些散落在民间的文物好比没妈的孩子，因为出身等原因不被国有博物馆认可，而它们实实在在又存在于收藏家的视野中，他们认为碰到好东西不收回来就是犯罪。于是，民办博物馆的掌门人不惜重金收购，将它们珍藏于博物馆内，供大家无偿研究、学习；并提供相对安全、科学的展示平台，供游客欣赏。

3. 民办博物馆可以填补国有博物馆题材不足的空白

民办博物馆题材的针对性、广泛性、灵活性是国有博物馆所不及的。在民间，喜欢收藏的人很多，收藏种类及品种也不尽相同，这些特点在现有机制下国有博物馆是无法比拟的。如马未都先生的观复博物馆、浙江孙海芳的越国博物馆、四川的建川博物馆、陕西的关中民俗博物院、西安经文牛文化陶瓷博物馆等门类众多的博物馆，在民间收藏家的执著中诞生。这些题材各异的博物馆极大地丰富了博物馆的内容，有效地补充了国有博物馆藏品内容及题材的空白。

二、民办博物馆的建立及现状分析

1. 建立民办博物馆的几种情况

目前就全国范围而言，建立民办博物馆无非三种情况：第一，原来有一定的资金积累，加之家传很多藏品，在崇尚民族传统文化的大环境下，建立私人博物馆，他们不缺资金；第二，有雄厚的企业作支撑，比如很多房地产开发商纷纷加入收藏者行列就是明证，他们也不缺资金；第三，真正的收藏家，他们大多都有很好的艺术修养和文化底蕴，对中国传统文化的喜爱由来已久，建博物馆便是其藏品数量与日俱增的必然。他们多年来不惜家破人亡、妻离子散而专于收藏（在这里，我想起鲁迅先生在《纪念刘和珍君》里的一句话：“真的勇士，敢于直面惨淡的人生，敢于正视淋漓的鲜血，这是怎样的哀痛者和幸福者。”我觉得，这句话用在这些民间收藏家身上再恰当不过了）。这批人对保护文物、传承文化由衷的使命感令人钦佩，收藏就是他们全部的精神寄托，他们所建立的博物馆才是真正意义上的民办博物馆，才是最需要社会关注、国家扶持、政策倾斜的民间博物馆。

2. 因各地经济发展、领导重视程度不同，导致民办博物馆分布、发展不够均衡

一些省市因经济相对发达，领导执政理念相对先进和超前，对民办博物馆的支持力度相对大一些；反之，一些省市经济相对落后，各级领导把有限的精力和资金全部投放在如何发展经济、关注民生等问题上，对于民间博物馆的生存和发展几乎无人问津，导致民办博物馆只能靠自身力量发展。所以，这些地区民办博物馆生存环境也相对较差，甚至中途夭折。

三、民办博物馆的重要性与发展困境之间的矛盾分析

国家七部委《关于促进民办博物馆发展的意见》尽管已经出台，但是操作性不强，各省市没有使其落到实处，使民办博物馆走出困境的具体执行办法根本没有。以牛文化博物馆为例，我们建馆的土地为工业用地，因为要建博物馆需变更土地用途，经咨询主管区领导，回答是：我们是国家级开发区，具体的土地政策只有行政用地、工业用地、商业用地、综合用地，没有文化用地的政策。无奈之下，我们硬着头皮建起了博物馆，缴纳了工业用地的所有费用。而如果是文化事业用地，则土地出让金、税收、水电费、建安成本等各项费用，就能减免很多。所以，如果国家再不出台实质性的扶持措施，我们最多再撑一到两年，肯定就要遗憾地关门谢客了。

在牛文化博物馆开馆的一年多时间里，经历了辉煌和惨淡两种景象，开馆初期的门庭若市和正常营业后的门可罗雀，形成鲜明的对比。但是，所有参观了博物馆的人，上至各部委及省、市领导，下至普通老百姓，观后感都用两个字来形容："震撼！"我们博物馆每月的水电费、人员工资、办公费用、管理成本、文物修复等等，大约需要16万元，这些资金的来源没有任何渠道，完全要靠个人掏腰包，换句话说，博物馆每开放一个月，就要亏损16万！从这个角度看，民办博物馆的掌门人真的是"脑子进水了"。然而如果不是这群"脑子进水"的收藏家，肯定还会有更多的文物流失海外、散落民间。浙江的施永明投资一亿多元人民币建立的中国第一个红色收藏博物馆，由于经营惨淡，只能无奈地接受关门自守的残酷现实。但是，每当地方上有博览会、洽谈会需要文化唱戏的时候，民办博物馆及其藏品、复制品就成了各个部门争相囊括的对象，争先恐后地将他们拉至自己的管辖之内。

而一阵风过后，他还是他，你还是你，问题还是问题，解决不了依然解决不了。

在这里，笔者强烈呼吁我们各级部门一定要将博物馆事业提到议事日程上来；一定要将民办博物馆的建设同民生问题一样高度重视；一定要将博物馆事业作为每个执政者的政绩工程来看待。因为文物是一个不可再生的资源，更是人类文明不可缺少的部分，这一事业是整个民族的财富！一个省每年少修一公里高速公路，并不影响一个省的经济发展，一公里高速公路节约的一亿元人民币，却可以解决一大批民间博物馆的生存和发展问题。我们恳切希望各级政府在制订民办博物馆相关政策时，应该实实在在，不要再纸上谈兵！

四、如何更好地发挥民办博物馆"最后一道防线"的作用

1. 境外流失文物何其多？非正常出土文物出路何在？

2010年5月份，笔者随陕西民间博物馆协会去台湾考察学习。在宝岛的数天里，印象最深的是台湾联华电子股份有限公司董事长曹兴诚先生。他听说我们来自陕西，很热情地接待我们，并且说"我要感谢陕西。我收藏了价值两亿多元人民币的青铜器，95%来自陕西"。这句话引起我长久的、深深的思考：这些国宝是怎么出去的？还有多少如曹先生一样的人斥巨资在大陆非法购买文物？每年流失海外的文物到底有多少？改革开放30多年来，我们国家大踏步地进行建设开发，这期间各地出土文物数量相当庞大。而国有博物馆只收藏正规挖掘出土的文物，对于这些"来路不明"（其他出土）的文物，他们不予保护。原因是：一、国有博物馆没有向民间征集文物的经费；二、国有博物馆不认可这些文物的合法身份。笔者认为，散落在民间的文物如同"私生子"，"私生子"没有罪，应该同样享有公民的合法权益，应该受到保护。但由于我们国家的文物管理体制以及文物保护的现状，国有博物馆不可能主动地征集这些散落在民间的文物，它们只能落户民间博物馆寻求保护。所以说，民办博物馆是国家文物保护的最后一道防线。

2. 积极探索民间博物馆可持续发展之路

目前民间办博物馆最大的问题就是运营维护困难。一个博物馆的运营成本远远超出建馆人的承受能力，仅凭个人力量很难维持下去。我们牛文化博物馆在经营惨淡的情况下，在等待政策的情况下，没有坐以待毙。我们不断改变经营思路，大家出主意、想办法，先后开展了"博物馆农家宴"，开发馆藏文物复制品等经营活动。但是微薄的经营利润，远远支撑不了博物馆的经费开支。迫于无奈，我们只能主动出击，积极寻求借助国有博物馆的优势，探索和国有博物馆的联姻之路。最近牛文化博物馆不断和大明宫国家遗址公园、西北农林科技大学国家肉牛改良中心洽谈，双方初步达成一致，即把现在的牛文化博物馆一分为二，牛文化部分迁往杨凌博览园，陶瓷部分迁往大明宫国家遗址公园，成为景区内的园中园，馆中馆。目前，此构想正在积极洽商中。

3. 规范收藏市场，建立健全文物鉴定队伍

近几十年来，收藏热潮把在文博部门工作的专家和工作者推上了风口浪尖，成为收藏者们争相追捧的对象。初期，这些专家和工作人员在指导收藏方面确实做了大量工作，特别是那些资深专家的专业著作更是起到了引导和启蒙的作用。不幸的是，由于种种原因，鉴定队伍混入了很多伪专家。这些伪专家有一个相同的特点，就是在文博部门工作过，或者有一些藏品，开一个古玩店。他们有一些专业知识，但只是初级知识，对文博考古研究及鉴定经验知之甚少。而由于名利驱使，这些人竟然被请上“神坛”，成为家喻户晓的“专家”。王治国先生在2010年第四期《中国收藏家》中，以《专家要自重，鉴定要严谨——专家应走下“神坛”，恢复学者风范》为题专门撰稿，对目前国内文物鉴定队伍参差不齐、局面异常混乱的现状进行了尖锐的剖析。文中谈到，他怀着朝觐的心情，登门拜访了在某电视节目中常常露面的一位专家，想鉴定两件藏品。他顺便把常带在身边的几张国内博物院和伊朗博物馆馆藏的元青花照片给那位专家看，那位专家出口便说“这些都是仿品，不对”，登时他的那种崇拜心情一扫而光。还有一件趣事：在央视赛宝大会遴选玉器入围的时候，一位藏家带了一件谷纹双管玉器，有两位专家竟然说中国玉器考古历史上没见过此种器形。可实际上，在1997年徐州狮子山大型汉墓出土的玉器中，就有一模一样的一件玉器，此玉器还在中国历史博物馆展出数月。其实，真正的专家做鉴定时都需要反复研究才敢下结论。文博泰斗史树青先生在给藏家鉴定时，都要仔细上手观看后才下结论；赵青云老先生每次鉴定都认真使用放大镜，鉴定完还会说“我的意见也不一定正确，你可以再找其他专家鉴定，或者作科学鉴定以佐证我的观点是否正确”。现在的情形是，个别专家在鉴定时极不认真，草草看后，甚至都不上手就妄下结论。牛文化博物馆也遇到好几次省内甚至国内知名度很高的专家，明明是一个墓葬出土的东西，她却说一个对一个不对；明明是一件元代的东西，她硬定性为明代的，并对一些器形以“没见过”为由予以否定。因为他们是专家，是一群有影响力、有粉丝的大明星；因为他们在高高的“神坛”上，“一言九鼎”，所以他们具备一票否定的“特权”，弄得我们啼笑皆非！为了使这种“错判”事件不再上演，我们强烈呼吁尽快成立民间博物馆鉴定委员会，让一些德高望重，具备专业知识、历史知识、实战经验、艺术素质和哲学思想的民间收藏家成为真正的鉴定专家。

任何收藏者在收藏过程中不可能不走眼。参观过牛文化陶瓷博物馆的人都知道，我们博物馆分别在唐三彩厅、耀州窑厅和综合瓷器厅以“收藏的弯路”为题专门设有专柜，陈列所收藏的部分赝品。

我们之所以这样做绝不是在作秀，而是为了一方面说明自己在收藏初期交了很多学费，另一方面也让收藏界的新兵以此为鉴，坦然地告诉他们：每个人都有走眼的时候，只有摆正心态，理论和实践不断结合，尊重专家并不迷信专家，才会少交学费，少走弯路。

4. 加强对民办博物馆的专业指导和扶持

文物行政部门要积极探索新形势下民办博物馆的管理体制、机制和办法，根据民办博物馆自愿办馆、自筹资金、自负责任、自主管理的特点，通过法规、政策、标准、评估、督导等措施为博物馆的目标管理和质量管理提供服务。民办博物馆在行业准入、等级评定、人员培训、职称评定、科研活动、陈列展览，以及人才、学术的交流、合作、奖励、政府政策信息服务等方面，与国有博物馆一视同仁，同等待遇。对具有门类特点、行业个性或地域文化、民族（民俗）唯一性的民办博物馆，以及致力于抢救濒危文化遗产、填补某领域文化空白或稀缺的新建民办博物馆，给予必要和适当的倾斜性扶持。鼓励国有博物馆对民办博物馆的藏品保护、陈列展览、科学研究等业务活动实施帮扶。加强博物馆行业协会建设，制定行业规范，鼓励民办博物馆加入行业协会，促进行业自律。

笔者这些个人见解不一定正确，但是我相信我的想法和大家有一个共同点，那就是迫切希望我们真正成为国家文物保护队伍的“合法公民”，真正享受到文博行业这一大家庭的温暖！我想这一天会来到的。

你给了我阳光，我会更灿烂；

如果没有外界的光线，我会照样发光！

中国民办博物馆现状及其走势

四川黄氏收藏馆馆长 黄邦旭

先声明一下，笔者我非国家官员，非收藏大家，甚至连笔者在1993年自建的四川黄氏收藏馆也从未申报过国家认可。但作为收藏爱好者，面对中国民间博物馆现状及其走势，一直以来都有话想说。

首先，就民办博物馆现状谈点浅见。

企业博物馆　主要彰显企业文化，就其藏品，力推品牌。因其有企业作为经济支持，藏品洋洋大观，社会效益较好，馆藏品日渐丰厚，研究机构日渐壮大，管理水平日渐提高，对树立企业形象和地方文化建设起到了无可替代的作用。如四川建川，北京观复，徐州圣旨，以及酒类、茶叶、家具行业等企业博物馆。优秀的企业博物馆是该企业领导人个人素质、喜好以及财力等因素并独具匠心所致，但这类博物馆凤毛麟角，而多数企业博物馆尚处在发展过程中，有待在文化主管部门和行业协会的帮助下规范提高。同时也还存在个别不良现象，如馆藏品杂乱无序，甚至赝品充斥，给人以假、大、空印象，似有巧立名目侵占土地之嫌，或曰附庸风雅罢了。这种博物馆毫无观赏性，甚至有辱斯文，败坏了社会风气，丝毫没有传承之价值。

私家博物馆　这类博物馆一般是由收藏爱好者以一己之力所建，藏品来自民间，具有浓郁的地方文化和民族文化特色，实在而又被社会认同，如北京科举匾额博物馆、遵义民俗博物馆、浙江青瓷博物馆、成都汉陶博物馆，等等。有道是：室雅何须大，花香不在多。然而，目前多数私家博物馆均存在局限性较大，馆舍较小且分散，开放时间较随意，文物的征集、修复、保管、展示不够规范等问题。

大专院校博物馆　其优势是历史沉淀厚重，研究机构健全，人员优势突出，知识传承有序。不足之处是藏品较为封闭，对外展示、交流不够充分；藏品增量滞缓，科研课题等项目经费手续复杂，迟滞了人才发展或者造成浪费。

其次，就中国民间博物馆未来走势谈点看法。

当前收藏热一浪高过一浪，建博物馆是收藏家的最好平台，也是收藏品的最好结果。目前，应借国家七部委文件之东风，争取各级地方政府和文化主管部门的支持。

1. 各企业博物馆应掌握时机，因地制宜、调整提高、科学发展，以文化树品牌，以品牌推经济，使企业文化与企业品牌相得益彰，力创国内、国际文化品牌，为增强国家软实力作贡献。

2. 私家博物馆应对本馆文物摸底普查，去粗取精，去伪存真，联合当地多家私家博物馆暨收藏大家，集中力量，在当地文化部门的支持下建设民间博物馆园区，集参观、旅游、购物、文化产品开发、传统教育于一体之优势，形成地方特色，为地方文化和经济建设作贡献。

3. 大专院校的博物馆不能几十年一贯制，老生常谈，要重视藏品增量；要加强对外交流，办好学术刊物，走出去、请进来，与时俱进；要有新课题、新研究、新成果，培育“四有”新人，推陈出新，百花齐放，让博物馆藏品丰富且人才济济，创知名博物馆。

上述观点，挂一漏万，相信各级政府和文化主管部门对于国家扶持民办博物馆建设的政策会设立专门的机构，拨出专项资金，安排专人、专职、专责进行专项落实。据说四川成都、陕西西安、浙江宁波等地政府已制订出专门文件，大张旗鼓地展开民间博物馆建设规划及政策扶持等工作。虽说中国国土辽阔，各地的发展不尽相同，但一致的是，各级政府都已经认识到老祖宗留给我们的悠久的历史、先进的文化是我们的宝贵遗产，我们应肩负起保护传承、发扬光大的历史重任。

朋友们，让我们携起手来，以只争朝夕的精神，为中国民间博物馆建设事业的腾飞努力奋斗吧！

探索民间博物馆之路

甘肃临洮马家窑彩陶博物馆馆长 王志安

博物馆作为现代城市的重要标志和城市文化的重要组成部分，其“回放历史、释读经典、展示文明、净化心灵”的作用愈来愈受到全社会的广泛关注。随着社会的进步、国家的发展和人民生活水平的提高，在我国一个前所未有的“收藏热”已经兴起。民办博物馆的迅速发展，就是一个证明。

民办博物馆和国有博物馆虽然在体制上有区别，但它们的功能是相同的。民办博物馆对民族民间文化遗产的收藏，是国家收藏的重要补充，更是民间资本参与民族文化遗产保护的一种新的形式和方向。民间收藏与国家收藏同等重要。发动亿万民众共同保护民族文化遗产从而形成国家、社会、个人三个层次的文化遗产保护体系，正在成为新的民族文化遗产保护理念。

为进一步调动社会力量参与文化遗产保护的积极性，今年，国家文物局等七部委专门发出《关于促进民办博物馆发展的意见》。民办博物馆如何抓住这一有利契机，在民族文化遗产保护中更好地发挥其重要的作用，这是目前应该解决和重视的问题。

民办博物馆来自于民间、成长于民间、服务于社会，是我国经济社会持续稳定发展大背景下公民文化需求增长的必然结果；是具有文化普及鲜明特色的公共文化服务亮点；是动员全社会广泛参与，共同构建公共文化服务体系，促进文化大发展、大繁荣，建设和谐社会的一支重要力量。民办博物馆相对于国有博物馆而言，只是办馆藏品、经费来源和举办主体有所不同，两者在办馆方向、藏品保护、社会教育和服务目标等方面是一致的，在调动社会力量参与文化遗产保护和社会主义先进文化建设这一目标方面也是完全一致的。

政府为推进文化产业发展，鼓励民间资本进入文化产业的一系列政策，为民办博物馆发展提供了有力的政策支持。国家文物行政管理部门加快了文物和博物馆管理所需的基本和配套法规制度的建设。2002 年 10 月，经修改的《中华人民共和国文物保护法》重新公布实施。修改的文物法有关民间收藏的用语从“流散文物”改变为“民间收藏文物”，体现出了管理机构对民间收藏的态度从歧视变为肯定，承认了民间文物收藏的地位和作用。在此基础上，提出了民间文物收藏者应承担妥善保护其合法拥有文物的要求，承担为社会利益而利用文物的要求，这是对以民间文物收藏为基础的私立博物馆存在的合理性和必要性的承认。2006 年 1 月 1 日，中国文化部发布的《博物馆管理办法》开始实施。该办法宣示“国家扶持和发展博物馆事业，鼓励个人、法人和其他组织设立博物馆”，明确规定了博物馆设立的必要条件和申办程序、管理办法和退出机制，为民办博物馆的规范发展奠定了制度基础。

民办博物馆的收藏多为原发性积累，即举办者有多年的收藏经历，基于个人的兴趣和眼光，及早进入、低价收藏、渐进地发展，逐渐积累起具有一定主题和特色的藏品。藏品多有一些个性化的特色，有些举办者希望让更多的公众欣赏自己的收藏，增强观众对祖国传统文化的热爱；有些则希望通过收取门票以弥补收藏费用的不足；或通过取得博物馆资格以使自己的收藏合法化；或依托博物馆身份以获取特定的藏品。这些民办博物馆的经济基础比较薄弱，或依托中小企业，或依靠举办者个人的积蓄，或采取“以藏养藏”的方法，通过藏品流转的差价来维持博物馆的运营；博物馆多设在自用房屋中，或租用房屋办馆。

进入 21 世纪，中国的私立博物馆事业进入新的发展阶段，私立博物馆的社会环境和制度环境明显改善。另外，文物、艺术品市场的发展吸引了一批有经济实力的民营企业家，成为新时期民办博物馆发展的主力。他们将举办私立博物馆与企业发展相结合，将博物馆作为构建企业文化、营造企业形象的重要措施；有些举办者还将博物馆作为拓展企业产品销售的平台。当私立博物馆回归其公益事业和博物馆专业领域以后，社会舆论更为客观地看待私立博物馆的存在，关注影响私立博物馆存在和发展的直接条件，切实讨论制约和影响私立博物馆的困难和问题。这让私立博物馆的管理者和举办者的头脑冷静下来，开始客观地考虑建馆、维持、正常运作和持续发展的问题。从整体来说，民办博物馆长期存在并发展的前景更为明朗。

与此同时，民办博物馆面临着许多意想不到的困难，他们必须为博物馆的生存努力奋争，藏品的获取仍只能依赖传统渠道，观众的数量似乎还没有媒体记者多，维持博物馆的开放还需要额外的投入。一些私立博物馆因经费短缺，或资金链断裂，影响到博物馆基本业务，甚至不得不闭馆。

目前民办博物馆的身份尴尬：你说你是博物馆，却享受不到国家免费开放政策另一方面，但却又承担着公共服务的功能。

让社会大众享受文化资源，弘扬民族文明，这个核心不变。但在具体运作方式上，如何运用民间的资金、民间的资源、民间的智慧来发展这个事业，探索出一条适合中国式民办博物馆发展之路，这是有识之士共同关注的课题。

作为全国最早的民办博物馆，马未都的观复博物馆走出了一条自己的发展之路，值得我们许多民办博物馆借鉴。

他们的资金来源主要是三部分，一是来自董事会，由为数不多的几个成功企业家组成，每年拨一定的款项出来；二是来自理事会，这部分人不用承担博物馆的社会责任，拥有荣誉头衔，理事们对博物馆有不定期的赞助；三是建立了博物馆会员制，每年1000元的会费，享受诸多的优惠政策，目前这方面发展得很好。

观复博物馆的发展给了我们一个启示：要办好民间博物馆必须结合自身的实际情况走出一条发展之路。例如距敦煌60公里的民办阳关博物馆，依靠紧邻敦煌这一独特的区位优势，借助得天独厚的敦煌旅游资源，在2010年收入达到了300万之多，发展势头就比较好。而同样作为民办博物馆的天水成纪博物馆，门票收入这块就明显地入不敷出，其运营主要依靠投资企业支撑。作为提升企业形象，打造企业品牌，博物馆不失为一个很好的平台。位于北京大观园的古陶文明博物馆也是一家民办博物馆，它虽然位于京城繁华地段，紧邻大观园景点，由于受规模场地限制，无法利用大观园的游客资源。但是馆长路东之独具画家诗人的慧眼，大量地开发旅游纪念品，做了各种精美的瓦当拓片、画册、印刷品，凭借北京的市场优势，尤其是国际市场，逐渐走出了自己的路子。

民办博物馆的生存发展任重道远。只有不断创新，依据自身优势、特色探索发展之路，相信它们将迎来发展的春天。

文化是民办博物馆的生命线

中国性文化博物馆馆长 胡宏霞

民办博物馆一般都是由个人创办，在个人收藏的基础上发展起来的。有人对我们说，个人收藏大致可分为这几个阶段：第一阶段是作为一个收藏的初涉猎者，有广泛的兴趣，看到喜欢的就买；第二个阶段是逐渐对某一个特定的收藏领域产生了更为浓厚的兴趣，不是见什么收什么了，而是形成了专攻；第三个阶段，对专攻的这一点的体会越来越深了，甚至上升到理论上来了，这就有了研究；第四个阶段是有收藏，又有研究，还可能有别人的欣赏和推动，于是才着手办博物馆。

对我们来说，也是这样。我们从“文化大革命”以后开始搜集古老的红木家具，那时中国刚恢复了稿费制度，我们不断地有了一些稿费收入，就用它来买老红木家具，那么庄重、典雅、精美的古家具那时竟没人要，十分便宜；在这个过程中有时也顺便搜集一些古董，喜欢什么买什么。后来，我们开始研究性文化了。历史要用文物来证明，我们就有专攻地专门搜集性文物，其他东西不搜集了，因为没有那么多钱；有时要买一件性文物，钱不够，还卖了过去的收藏，很舍不得的。我们一边收藏一边研究，收藏了4 000多件，藏品在我们手里，研究成果奉献给社会，我们20多年来在国内外出版了130多本书。最后，很多方面的人士认为我们的工作很有意义，在他们的帮助与推动下我们办起了博物馆。

博物馆是一个国家、一个民族文化的象征和体现，而民办博物馆则是国家博物馆的必要补充，它说明了这个国家的过去和现在，启示着未来。欧洲有一些城市，一个城市竟有大大小小400多个博物馆。在日本，在路上开车，常常见到一个民居（带一个花园的平房），也是个不大的博物馆，一家人住在里面（往往是一对老夫妻），还陈列出他们的收藏，有些东西也很有意思。

我们感到，随着社会物质生活水平和文化水平的提高，搞收藏的人是越来越多了，找一块地方，办个馆也许还不是太难。但是要有研究，不仅要保存一些东西，还要从中挖掘文化，才更有意义，而这就不是很容易做到的了。离上海不远有个镇，以一些博物馆作为景点，我们去参观了一下，有一个民办博物馆内容倒不少，古旧物品甚多，但是杂乱无章，也没有多少说明，简直像个旧货店。后来了解到，这个馆的主人以前是收旧货的，这就怪不得了。我们在中国率先创办了中华性文化博物馆，又在国内外巡展多次，反响很好，于是有些人就仿效，搞什么性博物馆、性文化展了。我们去了解了一下，展品不多，赝品占了极大部分，而且基本上没有说明，没有文化含量，这哪是什么博物馆呢？简直是“旧货摊”。我们本来也想帮他们弄得文化品位高一点，后来接触下来，有些人根本不重视什么文化不文化的，只想靠这个捞点钱。这真是“道不同，不相为谋”了。

办好一个博物馆，有两大要素不可或缺，一是东西要好，少见，价值高；二是要有研究，文化品位要高，让观众有更大的受益。在这两大要素中，也许第一个要素更容易做到些。现在这个社会中富豪很多，有了钱什么事办不成啊？一个普通老百姓含辛茹苦，花了十年、二十年所搞的收藏，现在一个富豪，拿出几十个亿来，找一些人为他效力，也许一两年就可能弄得很有模样了，重赏之下，必有勇夫嘛！德国柏林在1996年建立了一个“比亚特·乌莎”性博物馆，内容相当丰富。我们了解它怎么能那么快地就建立起来。德国朋友告诉我们，“比亚特·乌莎”是个国际性的性保健品集团，很有钱，集团总裁是个老太太，她以“无可抗拒的价格”（例如比原价高上几十倍）从德国的几个收藏家的手里把他们多年的相关收藏转让到手，于是不到几个月这个博物馆就完成了。这个老太太不能算是收藏家，她只是有钱，买了人家的东西，也买了人家的学问。

搞收藏，没有钱绝对不行；但是光有钱而没有相关的文化知识，也不行。浙江有个大老板，有能力，有魄力，干过许多大事，也到我们的中华性文化博物馆来过，报上报道他还收藏了一万多件文物，我们觉得这个人真不得了呀！后来，有个和他很熟的朋友悄悄地告诉我们，他这一万多件收藏大部分是赝品，人家看他有钱，骗他的，朋友们也不好意思拆穿，以免刺激了这位大老板，闹得不愉快。

以上是讲文化对收藏之重要。还有一个不能忽略的因素是经济对收藏、对办馆的重要。搞民间博物馆的动机各有不同，有人为了个人兴趣；有人为了经济投资；有人为了扬个名，包装自己；有人为了学术研究。但是不论出自什么动机，钱都是十分重要的，办博物馆离了钱怎么行呢？空讲文化的人还要不要吃饭啦？

我们中华性文化博物馆有它的特殊性。一般的博物馆都是传播知识、传授文化的，但是性文化博物馆除了要发挥这方面的功能之外，还要发挥一种观念改革的作用，使人们以自然、健康、科学的态度来对待性，这就有了一种新旧观念的冲突。中国实行改革、开放到现在，政府官员公开地说性文化、性教育不好的可以说没有了，但心存疑虑的还不少，具体支持不够（哪怕我们已经获得了很大的国际声誉），甚至还多少有些阻力。例如我们1999年在上海南京路办馆的时候，地区管理部门不许我们挂博物馆的招牌，说是“性”字不能出现在南京路上。现在我们搬到了江苏同里，这是个古镇旅游区，一进去就要买80元的联票。可是我们不能纳入联票的范围之内，因为性文化博物馆不能对未成年人开放。这样一来，有些观众原本是专门来参观性文化博物馆的，他们就必须先买80元的联票，再买我们馆的20元的门票，一共要花上100元才能进来。

这种状况当然对观众人数有影响，对门票收入有影响，其原因归根结底还是因为有社会阻力。对我们这个馆，虽然社会反映很好，观众也在逐年增加，但是地方太大（有近万平方米），开销太大，维持了10多年总感到太累。

我们现在的主要收入还是门票。但是一个好的民办博物馆除了门票收入之外，应该是有许多商机的。我们有过许多商机，但是没有及时抓住或没有处理好，所以往往失之交臂。这和我们的经营能力与“君子耻言利”的旧观念都大有关系。不过，前面的商机没有抓住，后面的商机又会来，例如在海外办分馆；从性文化博物馆衍生出集参观、休闲、旅游、疗养于一体的“养生文化基地”；出书，拍片子；制造仿制品、纪念品，在国外很有市场，等等。对于这一切，要会做、肯做；不会做，就要学习，要改造。我们正在做，也正在使性文化博物馆适应社会的经济发展浪潮。也许，其他民办博物馆也会有这些类似的路子和机会。

但是，机会怎么会来呢？人家怎样才能不断地找我们？这就要我们的馆办得好，文化品位高，人家才有兴趣。

所以，经济还是离不开文化，想赚钱也必须从加强文化品位入手。搞文化就要踏踏实实，不能骗人，商场上的造假骗人那一套决不能用，民办博物馆的“品牌”也极其重要。

在这方面，使我们恼火的事也不少。例如广东那边也有个性文化博物馆，是我们帮他们建立起来的，他们从我们这里买去了一些仿制品。可是，他们这个馆一开张就“吹开”了，说什么什么东西（从我们这里买去的）是从扬州一个老头那里买来的，这老头已收藏了几十年；又在网上宣传这个博物馆的老板自小就钻研性文化等等，全是鬼话！

还有一次，我们在海口办展，当地的合作方宣传手法有些庸俗，我们感到丢脸，有些人真是只要“性”，不要“文化”啦！

由此可见，办民办博物馆经济要与文化并重，同时还是要把文化放在第一位。在现代社会里，往往是懂文化的不懂经济，懂经济的不懂文化。只有这种情况改变了，民办博物馆才会有更大的发展，社会才有更大的文明与进步。

探索民间博物馆自我发展模式

天安门博物馆馆长 闫树军

中国是个文化艺术品收藏的大国，那些穿透时空的艺术珍品，凝固着历史沧桑，积淀着文化传统，是一个国家最不容忽视的文化遗产。中国的艺术品收藏自古有“搜宝纳库”和“藏宝于民”这两种方式。“藏宝于民”这一方式在国家发展和政策的引导下，逐渐成为国家文化进程中的新的文化热点，并由此孕育了新的馆藏——中国民间博物馆。

博物馆的前面冠以“民间”两字，由此，也就有了中国人固有的思维，这个思维就是藏而不露。

通常讲，收藏就是先“收”而后“藏”。藏而不露，不露富，不露宝，不显山露水，将收来的“宝物”把玩欣赏，充其量是一家人共享其乐，然后子子孙孙永世传之。这一国人传统的收藏观，也就形成了中国独特的把藏品叫做传家宝的思维定式。但这一农耕时代形成的一种古老的传统，在现今市场经济的大潮中，有了巨大的改变。特别是改革开放30多年来，文化市场的繁荣，信息化时代的迅猛发展，以及大大小小的拍卖会都早已深入人心。拍卖方式的公开化，以及从中央到地方各省、市电视台的寻宝、鉴宝等缤纷的节目样式，走进寻常百姓家，从而使人们的思想，特别是固有收藏观从内心深处发生了质的变化。再加上现在的家庭结构多是单亲，都是独生子女，让子子孙孙代代相传的家庭基础也不存在了。所以，藏而不露难以承续。由此，开放的收藏观，即将自己的私藏展示于公众，让社会来品鉴和共享，促进文化的传播和收藏的学术研究，已成为拥有一定数量藏品者的新的收藏观，这就促进了中国民间博物馆的迅速发展。

一个国家，一个民族，任何一件物品，都是历史进程中的见证者和记录者。但任何一个国家都无法将其全部收藏，这也就给民间博物馆的收藏提供了丰富的藏品。而民间博物馆一般都是独一的，也就是专项的，从而也就构成了民间博物馆是中国的特色博物馆这一显著特征。这一鲜明的特色，注定其成为国家文化文物的补充。然而，尽管民间博物馆以特色占了“先位”，但又因每个馆主自身的经济状况及地位等多种因素的制约，民间博物馆的发展还在困惑、徘徊中艰难曲折地前行。这也是我们这么一个大国为什么只有几千家民间（私人）博物馆的原因。据资料，德国有6 000座博物馆，平均2 500人就有一座博物馆。如果按这个数量算，中国应有近6万座民间博物馆，才能基本容纳我们本民族的文化。那么，是什么因素限制了民间博物馆的发展？民间博物馆到底要有怎么样的发展经营模式，才能示藏于民，弘扬民族文化，成为国史文化的传播者呢？

简单地说，限制民间博物馆，也就是说制约民间博物馆发展的关键就是资金。作为个体的人，在一个国体中是非常渺小的，在执著地收集文化文物之时，心力财力都历练着一个人的意志，他们在不断地持之以恒中，终将文化物品由单一趋于丰富，最后成其规模。但如果将这些代表人类发展史、国家发展史上曾经存在的文物束之高阁，或密藏不露，又失去了文化的传承。而在国家对文化文物发展的远景规划中，对民间博物馆的发展给予了政策的支持。这对于民间文物或民间博物馆的整体发展起到了一定的作用。但对于营造民间博物馆却少有资金的支持，于是便有了矛盾：想办馆或想办展，没有资金。而已办了博物馆的馆主们，又在艰难中前行，基本的陈列多数是昙花一现，最初的设想、最初的激情，多在观者少、费用消耗大中逐渐消弥，最终迫不得已关门。

前行中总会有这样那样的问题和困难，需要人们不断探索，并在不断的创新中，最终找到一条民间博物馆的发展之路，并将这条路发展成为一条社会效益与经济效益双丰收的高速路。

对此，笔者从以下三个方面谈一些浅见——

一、联合联展谋共赢

你有紫砂壶，你有火锅，你有青铜器……即使你有国之重器，但如果你的博物馆处于小巷深处，没有一个很好的交通便利的馆址，人们找你的馆都很困难，那受众肯定就少。而再加上有的馆主总是自认为自己的收藏独具特色，看不起或瞧不上他人的馆藏，彼此间不相往来，这不仅不利于文化的传承，更不利于博物馆的发展。我们都说马未都先生取得了成功，但我觉得成功还不够大，这主要是交通不便，再加上拆迁，馆址几次变更。如果能将馆址永远固定，将会获得更大的利益空间。而我们各具特色的民间博物馆又分散于各个省市，在自己所在的省市中特立独行，都是难以谋得更大的发展的。所以，笔者觉得，应充分利用民间博物馆专业委员会这个平台，从一个点，也就是一个省或市出发，集各个特色民间博物馆于一地集中举行联展，谋求一种轰动，让人们认知你的收藏；而借这个势，将你的藏品进行宣传，从而使得你所在的省市的人们，会萌生一种想去看的冲动。联手联展首先要加强民间博物馆间的交流，要一致向前看，要有容人之大胸怀，要学会夸自己之时先夸他人，使自己的境界先升华，才能达到一种大至，最终取得共赢。

二、特色馆藏在特色

任何一个民间博物馆都是有其独特的馆藏的。

北京匾文化博物馆容纳了我国科举制度从有到消失的历史，其匾文化独具大雅。陕西西安的牛文化博物馆以其独特的主题定位和深厚的文化内涵，丰富和活跃了西安的历史文化，成为西安对外宣传的新窗口和新名片。重庆中国民间医药博物馆集史、医、药为一体，是目前中国唯一的中医药专业性博物馆。无论哪家民间博物馆都是以特色见优，都是独一无二的。但馆藏的特色，并不代表办馆的特色。要让你的馆藏发挥其特色，笔者认为要从拓宽办馆特色的思路上下工夫。具体地说，要在闻、活、知、触、购上下工夫。

先说“闻”。走进你的博物馆，任何一件物品，对于观者都是沉寂无声的不说话的文化具象。

对这一具象就要通过工作人员来解读，让物品说话，从而让观者了解每一件物品何时产生，在其社会发展进程中曾经发挥过何种功能和作用。简言之，就是要做到让观者听到的声音很独特，其独特能吸引观者。这第一声，至关重要。因为这个“物”发出的声音，并不一定是你的镇馆之宝，它应是你馆藏中最具有故事的那个“物”，通过这个“物”，让观者闻到了不同，闻到了兴趣，从而自愿地走进你的馆藏深处。闻之后便让观者自己去品读。

再说“活”。比如，一个孩子到你的馆藏中，看不懂你的物品，但孩子们能看懂动漫和卡通形象。你将馆藏中的“物”做出一些3D模拟动画，让“物”活起来，观者便有了认知欲，这样就会把原来冰冷的文字配合冰冷的展品的传统模式打破，从而给观者一个崭新的模式。

所谓的“知”，就是进行知识讲座。博物馆作为文化、历史和知识的综合体，蕴含的文化丰厚。

而身为馆主，对其所藏都是进行了较深入的研究，但其研究成果，为自己独有，不仅不利于馆的生存，更不利于其文化的传播。适时地举办讲座，会让观者得到收藏和历史文化的求知需求；同时，也能让你的馆藏走出去，让更多的人知道你的馆。

而“触”，就是让馆藏的物与观者零距离接触。作为民间博物馆，一定要走出官办博物馆的老套路，即将物品置于玻璃柜中，不能触摸，不能拍照。我们民间博物馆中的“物”，可以做出一些复制品，让观者零距离接触，可以拍照。有了这样的亲近感，观者会给你做宣传，会回头再来。观者多多，效益自然多多。当然这些独特的“物”的复制品，要精致美观，让观者对“物”了解后，自愿购一个“物”回去把玩。这样，同样有利于我们民间博物馆的生存。“特色馆藏在特色”，这个特色是专指馆如何生存的奇思妙想，在寻找“特”上下工夫来维系你的馆的生存，从而达到文化的永远传承。

三、维系生存在先机

国家博物馆及各省市的博物馆大都被列为教育基地，这种功能民间博物馆同样可以担当，让公民尤其是学生面对藏品受到历史教育。但所有的一切功能和功用，都要有一个前提条件——钱，而国家没有专项经费给民间博物馆进行投入。在这方面，笔者觉得馆主们在于抓住先机。这也是“特色馆藏在特色”的解读的延续。我们知道，现在是网络社会，网络已经影响到各行各业及每个家庭。我们知道网络红人，我们的视频网络让街头歌手走上春晚，从而走红整个社会，备受人们关注。同样，我们的民间博物馆，也可以通过网络的延伸化，通过网络的强大的传播功能，在网上发布文物图像、博物馆知识、展览资讯，特别是你拥有的独特的馆藏“物”的历史文化介绍及网上办展的形式，扩大传播的辐射范围，使你的博物馆中的“物”跨地域地发挥作用，让更多的人能够通过网络了解你的特色收藏，获得更多的知识。

总之，民间博物馆的发展，在国家的政策许可下，必须在深化馆藏的文化主题、人性化、互动化、亲切化上下工夫，在谋求自我发展上独辟蹊径，想常人之不想。在有了“物”的特色、办馆的特色后，再加上独特的展现手段和方式，终会在自我发展、自我生存中找到一条适合我国特色，适合你馆藏特色，并能取得社会效益和经济效益双丰收的高速之路。

公私观念与民办博物馆命运

——中小民博困境根源理论初探

北京励志堂科举匾额博物馆　姚远利

近十几年，不少民间收藏家，热情投身文化公益事业，纷纷创办私人博物馆。但由于相应的政策法规严重滞后，既无规范又缺乏引导，致使民博发展无序，小、散、乱突出。除资金雄厚的大型民博生存尚无忧虑外，多数品质优秀，具有发展前景的中小民博，由于政策无助、资金短缺，不断陷入关、停、转、卖的生死轮回之中，使众多的文物资源及其形成的文化资源流失，对中国民博事业发展造成了严重影响。

公私对立观念　阻碍民办博物馆发展

为什么公博与民博在发展上形成冰火两重天的景象？为什么相关的法律法规迟迟不能出台？为什么七部委关于民博发展的意见影响不大？究其原因，主要是陈旧的公私对立的观念没有改变的结果。

关于公与私的关系，是国家组织出现后人类社会永恒的话题。在制度之中对公与私的关系的处理，关系着国家的存亡、社会的进步，或制约着一个领域的发展。

在阶级斗争的理论影响下，在计划经济时代所形成的公私对立、扬公抑私的观念，一直主导和影响着对公私矛盾的处理，它的核心弊端就是公私关系失衡，失去了公正公平性。

现实生活中，大到国强民穷分配制度的失衡，小到民宅的“强拆”而新政难出，都反映着这种观念带来的不良后果。这方面我们有着刻骨铭心的教训，而民博则是这种观念的直接受害者。

民博，因脚踏公私两只船，是属公私关系表现最鲜显的一类。私人博物馆其藏品的私有性、文化资源的公有性与民博的公益性交织在一起，这种公私兼备、公私界限模糊的状态，用陈旧的公私观念，难以对民博属性予以科学的界定。在这种公私关系不清晰的状态下，相关部门的犹疑观望，造成政府相关部门职能严重不到位，事关民博生死存亡的法律法规难产，导致了民间中小型博物馆一片凄凉景象。

面对民博无法规可循的情况，在官员中有着不同的表现。十分珍视民博而又具胆识的官员，则是千方百计以各种方法支持民博，并也卓有成效，成为榜样。有些官员则是心有余而力不足，无奈地等待法规出台，不敢越雷池一步。较多的官员则是受旧的公私观的影响，对民博表现出一种消极心态。

有人说：国家并没有点名让你办博物馆，既然是你自己要求，一切困难只能自己解决；我同情你，但没有政策，爱莫能助；有人说：对民办博物馆国家无政策，我批钱给你，我会犯错误，丢了饭碗谁管？这些人的说法并没有错，但缺少的是解决问题的热情和相应职能应有的责任感；

有的人推托：民博情况复杂，良莠不齐，鱼龙混杂。有人借此扬名，有的以此生利，更有甚者触犯刑律倒卖文物，如何区分如何帮助，实无良策。其实和其他新兴行业一样，庞大的民博队伍出现鱼龙混杂状态在所难免。正因为如此，才更需要政府采取积极的态度，进行有效的规范和引导；

还有人说：你的藏品价值千万，随着时间的推移还会不断地增值，你积累了财富，名利双收，国家还要出钱资助你，这公平吗？这是对民博贡献视而不见的一种嫉妒心态。

更多的政府官员则有着共同的良好愿望。他们希望所有的民博都能成为文化创意产业，都能市场化，都能自负盈亏。这样，不仅国家不要花钱，减轻财政负担，而且能增加税收，安置就业人员；既是当地的一张文化名片，更是一种文化政绩。

这类官员的思维，依然是政绩观依托旧的公私观派生出来的产物。他们可以耗资巨大造假古董，对民博这种珍贵的文化资源却置之不顾；再好的再珍贵的文化历史遗存，只要不出显著的经济效益，与政绩挂不上钩，则不但不会关注，甚至无情地加以损毁。这种人急功近利目光短浅，不知道文化同样是强国之本。

发达国家之所以给博物馆定位为非营利性，目的是让博物馆有别于市场化的文化。如果所有民博都成了文化创意产业，那才真正是中国文化的悲哀。

以上种种错误认识如不纠正，即使有了政策法规，执行和落实依然艰难，政府应尽的职能依然会难以到位。

公私和谐　保护民办博物馆利益

在民博问题上，公私关系的处理至关重要。民博的法规，首先要体现出以人为本和对民博人个人利益的保护。我们必须抛掉公私不两立的思维方式，建立起公私两利、公私双赢、公私和谐的新观念，并据此制定法规。如没有这种新观念，所制定的相关法规是否会产生良好效果，值得怀疑。

众多的民博人尽管目前生存艰难，一片凄凉，但毕竟已经形成了遍布全国城乡的一个巨大群体，是他们托起了民博这一片蓝天。

民博是个人资源社会化的具体形式。这种私人拥有的文化资源，是社会公共文化所必需的，是一个国家不可缺失的文明滋养，是国家博物馆无论是门类上还是特色上的重要补充，是国家博物馆事业中的一翼。民博，因国家政策滞后而减少，就如同北京众多被拆毁的四合院一样，是传统文化资源的重大损失。

民博人为了这片天，付出了巨大的牺牲，尤其是一些中小型馆付出的牺牲更大。除去藏品，他们再没有雄厚的资金支撑博物馆。他们依靠有限的收入和积蓄，省吃俭用，以至借贷维持博物馆的生存。他们只要卖掉藏品，马上可以坐拥百万、千万甚至更多的财富；他们完全可以关闭博物馆，出租办馆的场地，坐收可观租金，无须殚精竭虑。但他们没有这样做。原因在于，除了对文物浓厚的兴趣和爱好外，他们的理念已经升华到了为民族保护文物资源，为民族传承文化的至高境界。博物馆已经成为民博人生命的一部分。民博人为文化事业所做的牺牲与贡献，应该得到国家与社会的尊重和支持。

众多的民博人，在办馆之时绝无坐等国家支持的奢望，尽管国家的支持是世界的通则。他们只想通过自己的努力，打造出经济上良性循环的优秀博物馆，也有着与公办博物馆一比高下的雄心。他们努力了，付出了，但由于多种主客观因素的影响，成功者甚少。在这点上，可以说是民博集体的溃败。现在他们面对困境，只能盼政策、盼法律，盼望借助国家的力量生存，借助国家和社会的力量重整民博半壁江山。

博物馆是一项永久性的公益事业，以众多中小型馆的力量，长期维持它确实是十分沉重的负担。国家和社会应该给予扶助，用政策和各种方式给民博以补偿，保护他们的个人利益。保护他们的个人利益，就是保护他们坚持办馆的热情，这才是民博发展动力的核心所在。不能让民博人在巨大的付出后心里也在流血。有一句话说得好：“公正的社会，不能坐视为国家和社会作出贡献的人士所背负的沉重压力而不顾。”民博人期待着这个迟来的公正。

养公济私　保障民办博物馆生存

由于陈旧的公私观的长期影响，又有“血拆”还在进行而新的拆迁法规难产的先例，关于民博的各项法规的出台肯定尚需时日，也许遥遥无期。如果观望等待，民博关、停、转、卖现象肯定还会继续。笔者认为，不能消极坐等政策法规，在过渡时期，应积极想方设法，尽可能帮助中小型民博渡过“生存关”。据此，笔者提出两个建议：

1. 用“吃低保”方式，保存民办博物馆实力

所谓“吃低保”，就是用类似城镇贫民“吃低保”的方式，由政府出资给予困境中的中小民博，保障它的生存。具体办法：

摸底排查

首先摸清有多少家民博。在优秀和比较优秀的民博中，按特别困难、勉强维持分类排查，并摸清自有房与租用房。

如系租用房，按当地出租房的价格，发放租金补助和水电费补助。如，租用300平方米办馆，月租金为8000元，水电费为2000元，那么补助你10000元/月，12 0000元/年。

对于自用房办馆，按当地出租房价格予以适当补贴；水电等费用，则按实际展出面积予以补助。

签订合同

双方签订合同，对政府补助的用途、博物馆开放的相应要求，都有章可循，包括违反合同的处罚。

公开透明

用各种方式公开信息，既防止有人弄虚作假，更杜绝相关人员从中渔利。

2. 用“租赁资源“方式，规范提高民办博物馆

“吃低保”是解决民博基本生存问题，而对于特别优秀的博物馆，则用租赁或者是采购、招标的方式，由政府出资，给其对社会的贡献予以回报。

同时规范其运行，提高整体品质，为中小型博物馆树立榜样，促进民博的健康发展，体现出一种公正和公平。

政府租赁民办博物馆文化资源的方式可概括为：政府出资，设定标准，市场运作，租赁资源。

市场运作，租赁资源

把民办博物馆的文化资源作为文化产品，由政府以租赁方式购买。用租赁方式，既有灵活性也有可持续性，便于运作。

全面调研，设立标准

对所在地区的博物馆在全国调研基础上，以展品独特性、稀有性、教育性、受众面广为参照，以质定级，划分等次，确定租赁资源的标准，防止撒胡椒面，平均分配。

严格筛选，确定目标

按照标准，公开、公平、公正地进行选拔，严格筛选租赁对象，避免鱼龙混杂引起争议。

方式透明，价格透明

民办博物馆以中小为多，租赁的计算方式，应以实际展陈面积为基础；可以平方米为基本计算单位，类似房屋拆迁一样，价格透明，并予以公示。

签订合同，定期检查

按照市场与运作方式，双方签订合同，明确条款，定期检查，防止偷梁换柱、以假充真；服务不到位，可终止合同，按合同约定予以处罚。

这样做的好处，既可以确保优秀民办博物馆的生存无后顾之忧，同时规范了民办博物馆。因为博物馆要想得到政府的租赁，要获得这项资金，就必须按照相关标准去建设，这就起到了规范民办博物馆建设的作用，进而促进民博事业的发展。

以上建议，是民博相关政策、法规未出台之前，以解燃眉之急的权宜之计。一家之言，希望批评指正。

民办博物馆的出路究竟在哪里

遵义嘉丰民俗博物馆馆长 吴 军

中国民办博物馆如雨后春笋般出现，证明了我们的国家在中国共产党的领导下的繁荣昌盛和社会的稳定，也证明了国家文化产业政策的良好作用。

特别是2010年2月29日国家七个部委联合下发的《关于促进民办博物馆发展的意见》中，强调对民办博物馆要“高度重视”，“加强扶持，为民办博物馆创造良好的发展环境”等的决定令人欣慰，备受鼓舞。

2010年10月，中国共产党在北京举行的十七届中央委员会第五次全体会议中提出，“文化是一个民族的精神和灵魂，是国家发展和民族振兴的强大力量。要推动文化大发展大繁荣、提升国家文化软实力，坚持社会主义先进文化前进方向，提高全民族文明素质，推进文化创新，深化文化体制改革，增强文化发展活力，繁荣发展文化事业和文化产业，满足人民群众不断增长的精神文化需求，基本建成公共文化服务体系，推动文化产业成为国民经济支柱性产业，充分发挥文化引导社会、教育人民、推动发展的功能，建设中华民族共有精神家园，增强民族凝聚力和创造力”等。

实践证明，我国文化产业经过多年的探索性发展，正迎来一个历史性拐点，将进入一个高速增长周期，同时也给民办博物馆带来了大好发展时期。

面对这样的大好形势和发展机遇，我们怎么办？笔者个人有五点意见：

一、突破思维模式，在转换上求发展

要真正把民办博物馆办好，目前唯有突破“以收藏论收藏”这一思维模式，解放思想，在“转换”上做文章。转换，不是转卖换取收藏物品获利，而是挖掘收藏物品的潜在文化，继而对其文化现象给予提升扩展，让其潜在的、独特的或者是神秘的文化资源，发挥更大的可持续的稳定的增效作用。简而言之，使民办博物馆增强活力的最佳办法就是经营方式上的转换，即“变收藏展览为揭示展现”。通过揭示展现，将文化转换为经济。

收藏展览是将收藏物品摆在特定的环境中进行展出让人参观，而揭示展现是对收藏物品潜在文化的模拟复原。前者是让观众在单一的观赏中揣摩历史，后者是让观众在生动活泼的文化模拟中感悟历史。

两种展示效果相比，前者不如后者有吸引力，无论是经济效益还是社会效益，后者都具有可持续发展的增效力。

笔者的博物馆有1000多平方米，收藏品中80%和仡佬土著民族文化有关。但是，尽管我馆珍藏展品不少，由于是博物馆，所以自然而然地界定了观众对象。这一特殊现象的存在，在很大程度上制约了发展后劲。

针对这一现象，笔者采取的办法是挖掘揭示馆藏品中独特的潜在文化，进行模拟复原打造。即依托原生态的自然景观融合揭示文化，打造一个有几百亩面积的仡佬土著文化博物馆，让观众在领略自然风光中感悟文化，带走文化，传播文化。

二、发挥馆藏品优势，因地制宜进行文化转换

民办博物馆转换经营扩展方式是多样的，绝没有一个固定的模式。应根据馆藏品的属性挖掘潜资源文化，发挥优势，因地制宜地进行文化转换。笔者的馆叫“民俗博物馆”，顾名思义，是搞民俗文化收藏与展出的。说实在话，这些年来我馆只有支出而无收入，每年亏损上百万，如果没有另一产业的支撑，早就关门大吉了。

贵州是一个多民族的省份，仡佬族是最为古老的土著民族，笔者收藏的物品大都是仡佬族的东西。说仡佬族没有自己的文字，是一个弱小封闭落后不开化的民族的文献记载不少。可是，在笔者的收藏物品中却发现了专门记述仡佬族发展历史的仡佬文天书。从书中的记述内容中不难看出，仡佬族不但有自己的文字，而且在历史上是一个非常了不起的民族。在发展历史的长河中，他们倡立和合，独创文字，发现和运用朱砂，冶炼水银，以及种子、酒、茶等等的发现和创造。其中最难能可贵的是，仡佬族及其先民，长期以来在本民族中贯彻倡立团结、忍让、宽容、

和谐、以和为贵的和合理念，并定为本民族自觉遵守的行为规范。仡佬人及其先民有自己的国家，包括夜郎国在内达两千多年，国家的法律只有两个字——和合。

经国家权威专家们鉴定，仡佬天书对研究我国古代史特别是断代史有很大的作用。面对专家的鉴定结论，对笔者最大的安慰是，我们民办博物馆又抢救了一个民族文化；同时再一次证明民办博物馆有它存在的价值。因此，笔者认为，民办博物馆虽然是个人爱好与国家民族责任的产物，但也是一种抢救文化的产业。

仡佬天书给我最大的启示是潜资源文化的转换。因为在这些天书中笔者看到了潜在文化的闪光点。于是，笔者多次请教权威仡佬文化研究专家，并邀请他们为模拟复原的指导以及文化转换顾问。

平正是中国仡佬第一乡，也是仡佬族的发祥地，那里有一座古老的仡佬石头城，在贵州省文物局、民族委员会，以及各职能部门和当地政府的支持下，依托这些石头赋予天书揭示的仡佬文化模拟，因地制宜地建设起贵州原生态仡佬文化博物馆。

三、千变万变，根本不能变

虽然笔者主张以转换的方式发展民办博物馆，但千变万变根本不能变，博物馆就是博物馆。博物馆中的收藏物品是揭示展现体的根，揭示展现是这一物品潜在文化的灵魂。任何偏离根系之文化，都不可能长久。因此，在转换中特别要注重根系之实，严禁夸大其词弄虚作假，否则弄巧成拙。

四、民办博物馆离不开国家的扶持

民办博物馆发展的活力，源于可持续增效的基础，这其中最为重要的是自身的努力和国家的重视与政策的落实。如果没有这两个基础条件，我们再努力，发展的愿望再好，终难成气候。但是，尽管国家对民办博物馆发展下发了好的政策，但得不到好的落实，民办博物馆的发展愿望仍然难以实现。

今年七部委《关于促进民办博物馆发展的意见》下发后，确实给民办博物馆的发展注入了活力。但在和同行的交流中得知，也有对该文件不传达、不落实、不认账的现象。因此，推动繁荣民办博物馆这一文化产业的希望，目前最为关键的是抓好对国家重视文化产业发展政策的落实。因为民办博物馆不管怎么干，都离不开国家的扶持。

五、“三坚持一依靠”发展民办博物馆

在国家重视、众相支持的大气候大环境中，民办博物馆的发展需要“三坚持一依靠”。一是坚持党和政府以及各职能部门的领导，以遵守国家法律法规为核心，完善民办博物馆收藏与发展的市场机制，争取国家政策的进一步支持；二是坚持民办博物馆各馆之间的馆藏物品主题突出、独具特色，按各馆藏品主题互通有无，进行交流；三是坚持收藏是为了抢救和保护，保护是为了研究，研究是为了继承和发扬中华民族文化的收藏理念；四是依靠收藏物品展示和研究，将文化转换为经济，以此来巩固提高民办博物馆的可持续发展。

坐拥万千宝藏，却自甘清贫生活；半生呕心沥血，只换得门庭冷落……他们坚定、执著，踽踽前行，虽九死而不悔，只为心中拥有一份炽烈的对民族文化遗存的热爱、痴情和难以割舍的迷恋，一颗顽强的保护、传承、发扬华夏五千年文明史的决心和信心。

这就是我们的民博人！

路东之，只是他们中的一员。

通过一斑，可窥全豹。

——编者感言

民间收藏的现实与民营博物馆的处境

北京古陶文明博物馆馆长 路东之

说起收藏与博物馆的话题，需要回顾我们建国之初的一些情况。不妨引用五年前我在《正视民间收藏》一文中的一些内容。

"中华人民共和国成立之初，首任国家文物局局长郑振铎、王冶秋两先生倡议并进而要求参与文博工作的同志从此放弃个人收藏，从而更好地'全心全意'为国家为人民工作。这些早期参与文博工作核心的人几乎都是收藏家，他们经过了一定不无痛苦的思考抉择，果然一一提高觉悟，放弃个人收藏，为了崇高的无产阶级理想，牺牲个人利益以服从国家利益。由此，形成了新中国文博工作者不沾收藏的清规戒律和传统。郑振铎、王冶秋们当然是很值得敬重的前辈。然而，这一切都是在建国之初全国上下共产主义狂热与社会主义误解背景下进行的，这使得我们的文物法规条例中那些明显理想化的、"左倾"的、不周全的甚至荒谬的条款得以通过，得以被多数人拥护且显得合情合理。例如，《文物保护法》规定'中华人民共和国境内地下、内水和领海中遗存的一切文物，属于国家所有'。这就意味着哪怕再明确是个人财产、祖传之物，只要一经埋入地下、井中（许多地方人们习惯于这样），所有权已经改变。即便是埋入自家院内、房基地下也一样，因为宪法还规定一切土地是国家所有的。现在，我们有理由说这是具有非理性、非人性色彩的，而且是无法真正贯彻执行的，无法真正实现的。它构成了我们文博事业不可弥补的伤害和损失，它使得很大一部分人群对文物从根本上疏离以致丧失感情和兴趣。这一切甚至也为后来的'文化大革命'埋下根须。一方面我们规定了'一切'归国家所有，一方面国家又没有能力没有花相应的力量实现对它的拥有和保护。在几十年的漫长岁月里，因为《文物保护法》的非现实成分和严格贯彻执行的不可能性，致使矛盾重重，冲突处处，既构成了国家利益的损伤，更构成人民利益的伤害，也同时严重破坏了法律的严肃性。因为与《文物保护法》相冲突的行为、事件在全国范围随时随地普遍发生，使得执法部门被迫普遍选择了宽严松紧不一，具体情况具体处理的弹性方针。一方面法律形同虚设，一方面使无可计数的人民群众受害蒙冤。许多人因为仅仅去看一件文物或随身携带文物以至被怀疑文物的赝品、工艺品而遭到罚款或拘押。而很多地方执法机构或其中的个人则利用法律的模糊性，以罚款为目的，甚至以坑人、整人为目的，'收拾'那些对文物有兴趣的人。以至于用文物'钓鱼'，成为全国人民都懂的隐语。当一项法律与大多数人的正常行为构成冲突的时候，它的合理性何在？于是，人民呼吁修改现行《文物保护法》的声音越来越大。同时，进入新时期，我们的文物主管部门被迫在一定程度上顺应民意，采取更加宽松也更加人性化、现实化的工作方针，并直接批准、执行了许多与现行《文物保护法》相左、甚至相悖的方案（例如认可并鼓励民间收藏、批准各地成立收藏家协会、准许开办民间古玩市场、批准私立博物馆等等）。终于，2002年10月28日，全国人大通过了新修订的《文物保护法》，保守而谨慎地明确了个人拥有文物的合法性和合法流通的可能性。尽管依然不尽如人意，但却是一个根本意义上的进步。

为了这一点进步，人民痛苦了几十年。

“现在，我们不妨作一个假设：假如郑振铎、王冶秋两前辈没有提出那条戒律，假如我们的文博工作者中有大量收藏家和抱有收藏兴趣的人，假如我们当初的《文物保护法》再理智些再现实些再人性化些再合理些，假如我们更早地选择藏宝于民的策略，假如我们让人民肩负责任的同时也能够相应地更多给之予权力，假如我们采取谁发现谁负责，谁拥有谁保护的方针（可以给这个‘负责’与‘保护’规定一些具体而现实的规则），我们的文博事业一定不是今天的样子。我们一定会拥有更多更好的博物馆、研究所，拥有更多更好的藏品和学术成果，拥有更热爱文物也更痴情敬业的文博队伍。假如我们努力尽可能首先把个人兴趣、业余爱好建立在个人所从事的行业与工作领域，那岂不是更合情理更靠近现实的理想状态。事实上，大部分国家、大多数行业是这样的。因为更合乎情理，因为更靠近现实，也就更自然而然地被更多地接受、选择和实现。那些把个人爱好和所从业的工作紧密相连的人，他们在工作的时候，会更有另外一重的兴趣、领悟和感情，也就更容易获得成果、进步和发现。至于所谓‘避嫌’、‘忌讳’诸般问题，当然都可以通过纪律、通过逐步完善的工作条例得到解决。一定要通过避讳、通过所谓‘不沾’解决问题的逻辑是推不通的，甚至是荒谬的。其他行业怎么办呢？难道要银行和印钞厂的人都不得花钱来实现清白吗？卖食品的就别吃东西了吧！做鞋的也全都光脚！或者只能吃自家所卖的东西以外的东西？只能穿别个厂家生产的鞋子？可这样也依然不够彻底，社会却早已不是社会了。

“没有办法，历史是不可以说假如的！我们只能永远面对现实。应该说这些年来，我们逐渐合乎情理地对待民间收藏、允许藏宝于民、兴办古玩市场，我们批准拥有文物拍卖权的拍卖行、批准私立博物馆，调动民间力量配合国有系统保护文物，这一切都是理性与智慧的选择，也是发展与进步的必然结果。遗憾的是，在我们国家最高领导层高声倡导与时俱进的今天，一小部分文博专家和领导依旧思想僵化，不肯正视民间收藏，不能正确对待留藏在民间的文物遗产，不能正视甚至视而不见、也就根本不能理解私立博物馆事业以及收藏家、收藏大众对我们民族文化事业所做出的巨大努力和贡献。个别人甚至声称所谓对于来自民间的东西看都不看。

“不可否认的事实是，随着新时期改革开放的进程，随着前所未有的大兴土木，无可统计的大量文物散落在民间。在这个国有文博系统无力顾及也难于掌控的巨大层面，正是收藏家、收藏爱好者们承担着保护文物的使命和作用，并进而完成着收藏、整理、研究文化遗产，弘扬华夏文明的工作。他们中的许许多多优秀分子甚至能够忍辱负重，无论身处何境而固执地选择‘知识分子立场’，淡化以至牺牲个人利益，比国有文博工作者还要虔心敬业地为实现中华文明的尊严、价值和意义而努力工作。因为他们在拥有藏品的过程中不仅仅付出了时间、劳动和金钱，更有感情、青春以至生命。由此，他们获得了特殊的更切心腑的感知、理解和关爱。由此我要说，这的确是一个具有无限潜力与可能的巨大空间，也确有一支队伍庞大的、痴情收藏而保有良知、道义和理想的人民群众，这里有着异常美妙的花朵和草木，风景与品格。我们的文博工作者、我们的社会，实在到了应该解放思想，摒弃成见，以尽可能宽容而平和的目光正视民间收藏、正视藏在民间的文化遗产的时候了！”

说来在我开始收藏行为的上世纪80年代中期，社会现实与今天有着太多的差异。那时候，收藏只是极少数人的另类行为，与文物、古董、旧货发生着关系的也只是一小部分人群，而这一小部分人群中的绝大部分也还是买卖人，为生计计，“鼓捣俩钱儿花”。真正买了就不想着卖的实在是少得可怜。是啊，中国人民刚刚从“文化革命”的渊渊孽海之中踉跄走出，刚刚能够填满肚子，所有人都在睁大眼睛向前张望，“收藏”两个字显得那么离奇古怪不合时宜。所有和古董、文物、收藏相关的行为都显得离奇古怪不合时宜，都需要遮遮掩掩躲躲藏藏以至鬼鬼祟祟偷偷摸摸。就是这样的历史背景下，偏偏有一些极个别的人，或出于情性天心，或出于智性觉悟，或受家庭渊源影响，或受偶然事缘影响，他们开始着魔上瘾一般执著于收藏古物，回望历史，怡情探秘。他们成为“新时期”最早也最纯粹的一代收藏家。尽管为数稀少，队伍细瘦，他们的确构成了“代”的概念。他们和他们的前一代收藏家——那些在毛泽东时代保有收藏，在“文化革命”中历经苦难，已经被时代风雨摧残得七零八落，虽诚惶诚恐战战兢兢迷离恍惚将信将疑，却犹能抱残守缺痴心未泯，并进而在“新时期”小心翼翼继续收藏重圆老梦的前辈有着太多的不同。同时，他们和他们的后一代收藏家——那些在中国社会商品经济转型与小康时代迈进时期染指收藏，在收藏渐成大众行为与社会风尚的时候跻身其中，或附庸风雅，或迷恋美奥，或押宝升值，或投资炒作……总之，是自觉不自觉抑或不得不随时需要关心其藏品直接经济价值的后来者又有着太多的不同。他们有着特殊的辛酸和苦难，也获得了特殊的机会和缘分。他们是我们时代的幸运儿。在那个所有人都在睁大眼睛向前张望的时代，随着人们义无反顾地弃旧图新，更随着举国上下前所未有的大兴土木与继之而来的挖坟掘墓，传世古物与新出文物货源堆积而市价低廉。那时候逛摊儿，真叫是紧张而兴奋。周日起床疾急往奔，到得市场急冲乱抢。永远担心别人抢先，永远发愁钱不够用，早已数得一清二楚的那点儿钞票需要散掷定金最佳分配。进入21世纪，逛摊儿抢宝的感觉已经荡然无存。“老手们”悠哉而索然地浑身于熙攘而茫然的“收藏大众”人流中，口袋里银子厚厚的，却是举目尽假“不需折腰”了。早在上世纪90年代中期，我曾经为《收藏家》杂志拟下一个《第六代收藏家》的题目，后稿未竟而遗失。2001年前后，偶然言及，又有报刊先后约稿，遂又拟下《第六代收藏家——中国收藏家的代沟理论》一题，却又未成稿。在我看来，自古以来的中国收藏家是可以也应该用代沟理论划一划“代”的。划到20世纪八九十年代，进入“新时期”生成的一代，刚好是第六代，我称之为“第六代收藏家”。有幸，我是这其中的一例典型。

我出生于饥荒初度的1962年秋天。1966年秋“文革”之初，我们全家随“历史反革命”父亲被押往北京站遣送“老家”辽宁。那天，未足四岁的我脑门儿上被贴了“大坏蛋”的字条，怯生生看着一些凶恶脸孔在我家门外贴上封条。记忆偏早的我一直恍惚记得那最后的封门动作。此后，我们全家十数年颠沛流离历尽苦难，直到70年代末陆续回到北京，而作为苦难之源的父亲已于灾厄深重的1976年惨死于秋天的告状途中。这样的命运使得我家几乎没有任何故物，我的全部收藏均属于我个人自成年以后至今未足30年的一己痴心。因为一介书生身份，又因为天性孤寂而心性高古，我的收藏很快由起步之初的古币、书画过渡到秦砖汉瓦、高古陶器。这是心性的选择，也有不得已的成份。

因为痴情诗文书画，秦砖汉瓦、高古陶器既通魂洞腑契合我心又实在是太便宜了，但舍仨瓜俩枣便可背回古器。当然，对我来说最重要的是1987年负笈长安的大缘（我由鲁迅文学院转入西北大学作家班进修）。因为西北大学图书馆工地的收藏考古实绩与妙得“菩萨残碑”奇缘，因为迅速成为“瓦当大户”并以瓦拓题跋作品得以谋生，我开始把收藏作为事业主项。扪心感谢天地诸神，让我的收藏生涯痴心不坠也奇缘不绝，并陆续有所重要发现也逐渐构成重要影响。

我最初构成系列的收藏是瓦当。上世纪80年代，玩瓦者少，识瓦者鲜，作为冷门项目，瓦当的市价极低。可我知道50年前它曾是前辈收藏家钟情的大雅，仅仅因为我们时代的特殊现实才使之冷落。我决心恢复并提升它的价值、意义和尊严。

1993年，我在北京举办了“路东之收藏瓦当展”，这是关于中国古代瓦当的第一个专题展览。同年，我在由我参与创刊的《收藏家》杂志创刊号上发表《藏瓦者说》。后来许多人告诉我，这篇文章对他们构成影响，甚至一些人就是由此开始的对瓦当的关注和收藏。1994年至1995年，我用了几乎一年时间，亲手完成了《路东之藏战国秦汉瓦当原拓本》60部，这是我“梦斋原拓本系列”工程的开基之作。此后，我每两年选择一个藏品系列作手拓本书，“梦斋原拓本”在海内外收藏界有着特殊的影响和声望。它是综合材料与手段完成的特殊作品，我穷尽心机，企图将艺术创作、学术研究与文献公布和史实披露融为一体，将传统和现代、古典与前卫、艺术和考古糅合。经过20多年的苦心经营，古陶文明博物馆的瓦当收藏系列已经成为全世界最完整也最具影响力的瓦当收藏体系。

我最具学术价值的藏品系列是封泥。1995年，由我梦斋封泥收藏引发的“秦封泥重大发现”，其内容涵盖了秦始皇三公九卿政治体制的各类官属，揭示了数十个失载的郡县、宫苑名称，揭示了许多与秦始皇及其秦代文明相关的鲜为人知的政治、经济、军事、文化内容，从而被考古界、史学界专家称为秦始皇批阅文书的遗物，是可以弥补《史记》《汉书》缺憾的珍贵文献，是统一的中国封建王朝第一部百官表和地理志，是中国百代政治体制的源头档案。越来越多的学术文章和著作涉及秦封泥相关问题，有人说秦封泥是50年来民间收藏领域最具学术价值的收藏和发现。1996年之前，全世界封泥藏品最多也最知名的是日本东京国立博物馆所藏700余件，第二位是上海博物馆所藏400余件，而古陶文明博物馆在成立时就已有1000多件。如今，古陶文明博物馆以战国秦汉封泥总量约3000件成为全世界最重要也最知名的封泥收藏与研究机构。

值得自豪的是，我的收藏一开始便避开庸俗、华丽和热门，从而取向高古、大雅和冷门，并一直把学术价值放在首位。我发现“在我们这个文化沦丧的快餐时代”，许多价值被颠倒了，许多被前辈收藏家奉为瑰宝的东西被冷落了。我发现历史正在开敞一道玄机，一道透出奇异光芒的纤纤细缝。是历史在成全我一介书生，让我在十几年的“瞬间”八方蓄宝，迅速建立起一个足以和50年前那些集学识、权力与金钱于一身的前辈大家比肩、品位高雅而结构庞大的收藏体系。这时候，我发觉原本似乎是闹着玩儿的事情已经不那么简单了，面对已经构成体系的古代文明遗产，面对几千件先民杰作，在感受爱与美的同时也感受到了责任。我下决心亲手创办一座博物馆，要在自己生命力旺盛的季节以最积极的姿态最大限度地亲手实现藏品的价值，也同时实现自己的理想。历史又一次敞开缝隙，在经过许许多多收藏家不断努力的前奏，北京市文物局决定特批成立首批中国私立博物馆。经过吕济民先生为组长的国家文物局专家组全面认真的考察、鉴定和论证，经过一系列复杂而艰辛的工作，1996 年 10 月 30 日，当时的北京市文物局局长单霁翔向社会宣布，首批四家私立博物馆成立。我申办的古陶文明博物馆名列其中。这一天是我 35 岁的生日。1997 年 6 月 15 日，跨越了事先无论如何不堪想象的艰难困苦，古陶文明博物馆隆重开馆，其藏品以新石器时代彩陶及周秦汉唐陶器、战国秦汉砖瓦、战国秦汉封泥约 3000 件构成以古陶文明为主脉、以艺术考古为特色的收藏体系。这是第一座陶的专题博物馆，不仅具有填补博物馆空缺的意义，更以其独特的内涵意义、文化品位和学术价值为中国当代文化广场增添了新的内容。

中国民营博物馆的创办，标志着国家文物政策的进一步开放和对民间收藏的进一步肯定与支持，也为迅速发展的中国博物馆事业开创了新的途径与体例。与其说是文物政策与中国博物馆事业的发展进步，不如说是一个明智的合理的选择，是顺应历史的选择，是合理调动民间力量配合国家保护文化遗产的选择，是我们社会发展与进步的必然结果。

然而，作为新生事物，中国民营博物馆十几年来可谓处境艰辛而尴尬。实际情况是，无论民间收藏还是民营博物馆，都尚未获得应有的认知、尊重和对待。尽管近年来国家对发展文化创意产业的力度足大，但民营博物馆尚处于归属不明、位置模糊、运营艰难、处境尴尬的状态，没有可以对接的政策。

作为私立博物馆中的重要标本，古陶文明博物馆的情况既具有特殊性又有其典型意义。许许多多来自不同国度不同社会阶层和文化背景的人们为有这样一个博物馆而惊诧、而自豪、而感动！陆续有多个其他省市的相关机构为解决好当地私立博物馆事宜前来调研考察。更有文博专家已将古陶文明博物馆的创办及其生存发展过程视为一株有特殊意义的文化标本研究考察。

1996 年秋第一批四家私立博物馆成立之初，北京市政府一度相当重视并给予较高调式的礼遇和宣传。“批准四家私立博物馆成立”一时构成新闻事件被各媒体追踪报道，何鲁丽（时任北京市副市长）等相关领导也预约了调研考察。在接到市文物局“批准博物馆成立”的文件后，我们被指令到北京市机构编制办公室注册登记，当时给予的名分是：相当于局级的特殊民营事业单位，大大的事业单位法人证书。马未都的观复古典艺术博物馆和我的古陶文明博物馆还分别获批了 12 人和 15 人的“事业单位编制”，公安局也给刻了相当于局级的事业单位大印。当时媒体上还有人戏称马未都为“局长”。马未都因第一个抢先开馆，遂从此号称“第一家私立博物馆”。“批准”之前我们确实都在争取“第一家”的名分，后来文物局明确告知：你们都再别争“第一家”了，都叫“第一批”，咱们“第一批”批四家，是四种不同的类型。事实上，“第一批”四家中，北京遗箴堂碑帖拓片博物馆后来放弃开馆，而何扬吴茜现代绘画馆第一个办完了“事业单位法人证书”。我到“编办”注册时，正逢上何扬吴茜两口子笑眯眯地抱着“大证”从楼上走下来。拿到这张“证”才是合法机构，从这个意义上，何扬吴茜现代绘画馆也是有理由称“第一家私立博物馆”的。也有一些专家学者和媒体在文章和报道中称我古陶文明博物馆为“第一家私立博物馆”，我总是会认真纠正为“第一批私立博物馆”。而其他省市亦不时有人声称他们才是中国“第一家”或“第一个”私立博物馆或民营博物馆。据我所知，除上海的多家后来被定名为“家庭博物馆”的“民间藏馆”构成中国民营或私立博物馆事业的萌芽与基础外，其他省市确有多个规模更大、也更靠近博物馆定义的民营或私立博物馆形态，它们早于 1996 年月 10 月 30 日北京市文物局批准中国首批私立博物馆成立之前，就已以民营博物馆名义成立与运营。然而，它们均不是政府文物部门正式批准成立的。当然，它们是中国民营或私立博物馆事业的先期形态与组成部分。据说，全国的民营博物馆至今已经超过 400 家。

后来的情况是，中国第一批私立博物馆的名分与权益都有些虚妄，没有可以对接的政策。至于我们两家获批的所谓 12 人和 15 人的“事业单位编制”，更属空文象征。据了解，韩国的私立博物馆同样批准“编制”，其“编制”之内的馆员则由所属政府行政机构的文化部门提供薪金与福利待遇，而我们则一切“自筹自支”。开馆的喧哗与热闹转瞬过去，接下来便是孤独地前行与寂寞的坚守。的确，我们这项事业在中国当下的现实中，尤其前些年是有些超前意味的，没有多少人能够给予真正理解与正确看待，尤其是不能从公益事业的角度理解和对待。首先房子是花钱租赁的，水电都得以商用价格支付。经常有人见了我问：“生意好吗？”“买卖怎么样啦？”或者“你还干着呢吗？”“干这玩意儿行吗？”可见大部分人意识里，这档子事还是个买卖，而且是可以随时随意转行关张的。尤其是当人们知道我们赔钱的时候，往往疑问：“怎么赔钱你还干？”无论我怎样努力表现出文化色彩和追求永恒的理想与信念姿态，大部分人还是看不大懂。遗憾的是，看不大懂的不仅仅是大众，很快有资深文博专家出来说话与撰文，其核心观点是：北京市文物局批准成立私立博物馆是冒进，尤其批准路东之出土文物藏品的古陶文明博物馆更与《文物法》不符；古玩城、文物拍卖、私立博物馆都会刺激与鼓励盗墓和走私，都应该取缔；“要防止有人打着博物馆的招牌倒卖文物”；建议条例规定私立博物馆“不得购买出土文物”。真是能把人气糊涂了！我们的“左派”资深专家思想僵化而思维发达，我一直没弄明白：无论倒卖文物还是其他“投机倒把”行为（刚知道这条罪名即将要从宪法条文中取消），从来都是尽可能偷着摸着，哪里需要打着牌子。在各地古玩城、文物市场日渐发达，买卖文物日渐方便的新经济时代，爱宝如命的我辈为何偏要“打着博物馆的招牌倒卖文物”！至于“不得购买出土文物”一条就更荒诞无理了。谁都知道我们的现实情况是大量出土文物散落民间，国家无力顾及而鼓励“藏宝于民”，这么多年来人们都在相对自由地买卖收藏，我是因为买得多藏得好才经政府特批创办了博物馆，怎么一旦办了博物馆却不可以再买了呢？！

1999年6月15日，北京市人大、市文物局“考察团”为《文物法》修订和制定“博物馆条例”来馆调研，我连夜准备了一份书面文案：

致市人大、市文物局“6月15日考察团”的书面文字——

尊敬的各位领导和专家，闻知你们将有一个较大规模的考察团6月15日来馆，我非常高兴，感谢大家对我们工作的关心和重视。同时，各位的光临还将对我们构成另外一重意义的喜悦。今天，6月15日，是本馆开馆三周年纪念日，我们为此筹备了《文字的美奥——古陶文明博物馆开馆三周年特展》。按照惯例和我们最初的计划，总是要请一点有关领导、专家、前辈、我们的顾问和朋友来馆，搞一个习惯意义的纪念活动和展览开幕式。然而，一方面时间已迫而工作确忙，另一方面则是资金紧张，我决定放弃，只把展览搞出来，默默地开始。因为这才是我们工作的核心和根本，也因为我们更愿意把有限的财力和心力花在更为本质也更为切实的地方。同时，固执而寂寞地工作也是我一贯的风格。……无论如何北京市文物局批准私立博物馆这件事已经进入了中国历史，与其说是文物政策的进步，不如说是一个明智的合理的选择。这是顺应历史的选择，是中国博物馆事业发展的必然。作为始作俑者，我们首批私立博物馆是尽了最大程度的努力来支持和配合市文物局这一发出历史性光芒的决策和工作的。要知道，在这个过程中我们个人承担和付出了多少局外人无法想象的艰难困苦和个人利益的牺牲。我们不过是在这个注定要有所奉献的过程中追求个人的理想，实现我们的目的。一无所图是没有道理也没有可能的。但是，我们的图谋远远超越一般意义，超越一般人的狭隘的理解。从一开始直到现在，我的境界远远超越一般界线，超越那些目光短浅的少数官员、专家和大众。总有一些人对我们缺乏基本的理解，总把我们的期求看得过于简单、低级和直接，总在认为我们拾了多大的便宜谋了多少利。对此，我只能通过严肃认真而精彩的工作，通过时间和事实来证明。……尽管在未来社会，许多行业将会被解构重组以至取代，许多价值与资本将被重新判定和认可，但是博物馆不会，博物馆是人类永恒的需要。我们通过博物馆所获得的一切是其他途径无法取代的，这也构成了博物馆事业巨大的潜力与前途。应该说，我们原有的有关文物有关博物馆的法律法规确实有着太多的失误与疏忽，有着许多不够理性也不够智慧甚至不近情理的成份，我们从根本上对文博事业投入的资金和力量太少太不够，这是造成50年来中国文博事业落后的直接原因之一。试想如果50年前、30年前、20年前，我们的相关政策较之现实情况更宽松些更理性些更现实也更智慧些，那么中国的文博事业一定比今天发达进步许多，中国首批私立博物馆也轮不到我们这代人来始作俑。当然许多情况是历史局限造成的，是历史的局限造成了我们前辈文博工作者和收藏家的遗憾以至悲哀。然而历史已经过去，其他行业其它领域的法律法规都在不断地修改完善，到了文博领域应该出台更为合理也更靠近现实的法律法规的时候了，这正是咱们“人大”和文物管理机构乃至全体文博工作者的当下责任。

这一天，“考察团”为我和我的博物馆深深感动。他们站在《文字的美奥——古陶文明博物馆开馆三周年特展》前言牌前，为这样一段话感动着：“古陶文明博物馆开馆三周年了。尽管这注定是一条艰辛而寂寞的荒路，然而，毕竟我们走过来了。我们没有改变初衷，我们一步步靠近着理想，这构成着我们最大的欢乐和幸福。”这一天，宫苏艺先生送来了当天的《光明日报》，他文章的题目是：《为了发现的收藏》。其中的一段文字是：“古陶文明博物馆创办人路东之今年38岁，收藏的历史不过十几年，但他独具审美的收藏体系和多方位的综合文化艺术能力却让人惊叹折服。正是这一切，使他时有奇迹也时有发现，走通一条常人望而生畏、注定艰辛寂寞也注定精彩奇异的荒路；也正是这一切，构成他异彩的人生，也构成我们时代真正意义上的收藏家。”

1999年10月13日，国家文物局董保华副局长带队来馆考察。董局长一行对我的工作惊奇和感动，并给予了很高的评价、认可和关心。我则趁机表述了我的牢骚和异议。我说：“在我看来，及时地购买、收藏、抢救、整理散落民间的出土文物，正是我们这种本来就以文物类藏品为主体的私立博物馆的职责和本分，是我们存在与发展的必然，是目前状态下私立博物馆藏品最大最现实的补充来源，也甚至是我们的基本工作岗位和最大的用武之地。就我个人而言，这么多年来一直把抢救、收藏、整理、宣传、展示散落民间的出土文物视为自己毕生的责任和使命。一个前提是这些文物已经流落市场，我不买谁买？因为我爱惜它们，尊重它们，理解和懂得它们的价值和意义，也最大意义上地发现和实现着它们的价值和意义。如同大家所见，本馆收藏的数千件文物，在某种意义上就是因为我买了，它们才有了今天的命运，才能够被大家共同认识、欣赏、研究。从这个意义上，我每天的工作与国营文博机构工作人员的工作是一样的，差别仅仅是我省下了国家的工资。我一直坚持的观点是：文物不在于谁人占有，而在于占有者的态度。无论何人，只要他对其所拥有的文物的态度是真诚的、善意的、美好的、有所崇高意义的、能够出以公心的，他就是合理的，应该受到尊重的；无论放在何地，只要是妥善的、可以公开的、有利于公众观赏与研究的，那便是功德的，应该获得帮助的。反之，即便是国家科学发掘，即便是国有最高级的文博机构所有，只要其长久湮没而不能为公众服务，只要其受到不应有的损毁破坏，那又何尝不是犯罪！同理，博物馆更不在于是谁办的，而在于办得怎么样，办得是否符合大家公认的博物馆的定义。从全世界范围说，有多少了不起的博物馆是私立的或者缘起于私立的。从这个角度上，正视民间收藏、正视藏在民间的文化遗产并给予正确疏导与合理利用，适时发展并引导支持私立博物馆事业，应该成为我们整体文博事业的一个方向。”

2003年，一位在美国某大博物馆工作了几十年并兼任社区文化管理工作的女士来馆。她对我所作的一切赞赏不已，兴趣极大地向我追问博物馆各方面情况。当知道我们完全没有外援资金，是我用全部文化艺术劳动收入填补博物馆开支的时候大为诧异。她说：“你有这么好的藏品，有这么高的文化艺术能力和文博专业能力，如果在我们美国，你这个博物馆，我们的企业和基金会是要追着给你钱的。难道你们的企业家就真的没有人捐助吗？为什么？”我说：“中国人和美国人的现实还存在很大差异。你们美国有发达的基金会系统，你们的企业，你们的有钱人已经有钱了很多很多年，他们自然要作公益事业要有财富以外的追求，要有文化品位和深远目光。我们中国人刚刚远离贫困和动荡。我们目前的有钱人大多还刚刚聚集起财富，他们有钱还没多久，他们还只能顾及眼前儿的、更直接的、更近时兴与功利的。他们的目光还不够深远，还看不清我的光芒和价值。”我告诉她我并不抱怨什么，在我看来这一切都是正常的，是合乎情理与逻辑的。她愣愣地看着我，我相信这位大洋彼岸的同行不可能完全听懂我的话。同样，不少位饱经沧桑的老华侨在博物馆展厅激动不已。他们一定要见见博物馆主人——他们想象中的比他们有钱的老先生。他们怎么都不相信这一切是一个三四十岁的书生一手建立起来的。他们总想问问有多少是上辈给我留下的遗产。我告诉他们我没有遗产，是中国改革开放的特殊现实成全了我的收藏；而且是因为我一直没钱才固执冷门的追求，才拥有了眼前的一切。如果我有钱，没准也会追逐热门，也许早会迷失或改变了方向。我告诉他们收藏不是钱的问题，而是缘的问题，是审美的问题。他们同样迷茫地看着我，我知道他们同样不能完全听懂。

说到捐助，我当然也寄予希望，但是这么多年来却从未敢指望。问题是捐助公益性事业后，享受税收优惠减免政策既力度太小又远未深入人心，且实现起来困难重重。然而，这是全世界所有博物馆事业发达地区的共同经验和方向。我们实在应该认真对待，并尽快出台更加合理进步简单方便的方案和政策。

2004年后，北京的私立博物馆改由民政局年检注册，并被重新定位为“民办非企业”机构。本来我们挺明白自己的，特殊“民营事业单位”，“自筹自支”，现在则不知道是什么了。因为只告诉我们不是企业，那么是什么呢？没有界定。善于说话的马未都多次出来掰扯，至今于事无补。因为“非企业”，因为“非营利性”，使得我们的年检非常痛苦。按照规则，我们不能盈利一块钱，否则违背“非营利性”；同时，我们也不能够亏损一块钱，那样我们将因为不能成功运营而面临取消生存资格。我们必须收支绝对平衡，这样的假账做起来确有难度。

多年以来，寻求新址发展成为我梦萦魂牵的大事。2002年12月，我把一份《古陶文明博物馆征寻新址发展合作意向书》寄给单霁翔局长，并在信中写道：“既然私立博物馆是国家文物机构正式批准成立的‘特殊文博机构’，既然支持与发展中国私立博物馆事业已经构成整体中国博物馆事业的一个重要环节。那么，像古陶文明博物馆这样确有藏品实力、学术内涵和业务能力，确有独特文化品格与个性魅力，又已经声名远播的重要私立博物馆，在我们竭诚尽力为社会为文博事业工作的同时，是否也有理由向社会向政府请求一点切实的帮助？换言之，政府方面是不是应该切实有效地实际扶持与帮助一些（哪怕一个、两个）中国私立博物馆中的优秀标本？”我在这份意向书中写到：“可以说我们拥有异常重要而特殊、内涵深厚而丰富，且近乎完整而自成格局的文物收藏体系；我们也有对博物馆事业的深切理解、拳拳诚心和超前运营理念与综合工作能力，我们只是缺少资金和没有合适的‘地方’！为了实现理想，我们迫切需要一块可以充分使用的生存发展空间。随着人们对博物馆日渐深切的关心、理解和需要，随着北京向国际化文化中心与国际化大都市迈进的脚步，我们看到了一个可能，一个与大型建设项目（文化艺术投资项目、房地产项目、社区建设项目、旅游商贸建设项目）合作，互惠互利、相得益彰、协调发展的可能。为此，我们竭诚向社会寻求这个可能。近年来，我们深深遗憾与惋惜地看到一些挺大的博物馆建起来了，却没有什么像样的藏品；一些大型建设项目开始寻求与打造文化艺术的光芒，却因盲目或外行而浪费了大量的资金和空间。现在，有一颗奇异的珍珠尚在暗淡的角落。请设想一下吧：在任何一个较大建设项目中，拿出一小块儿空间放进古陶文明博物馆，放进这颗特殊品格的珍珠，那里的一切必将因为这颗珍珠的异彩光芒而生辉而夺目而传播，从而生成新的价值、意义和可能。这是一颗注定要发生耀眼光芒的宝珠，我们所做的一切都是为了使它更加明亮。”

2007年秋，经过多次磨合的失意，总算有一个机缘感觉靠谱。2008年元旦，我们与山水文园集团达成合作意向并拟定合同，对方在其建设中的E区临街把角最佳位置，提供2 100平方米建筑空间免去房租水电物业，用于古陶文明博物馆新馆建立，从而构成其整体社区与企业文化品牌形象的第一亮点和社区底商之“文化大道”的引领形象。我们配合对方，在半年时间里完成了全部设计与装修图纸。然而，这个原本可能良好的合作方案，却因为接踵而至的四川地震、奥运停工、金融风暴从而导致的地产危机，致使甲方陷入一时困境而搁浅。迁址山水文园方案搁浅后，了解情况与关心本馆事业的一些领导、前辈和朋友纷纷帮助张罗，我们开始重新寻求迁址方案。

因为民间收藏以及民营博物馆藏品身份模糊、来历复杂，许多体制内专家与权威机构往往以“非科学发掘品”而轻视、忽略，以至否认。文物、文化遗产是一个异常巨大、复杂的客观存在，国家没有可能实现对它的全部拥有和保护，全世界任何博物馆的藏品也不可能都是“科学发掘品”。而在历史学、考古学、文物类型学、数据库、信息与资讯手段都如此发达的今天，“非科学发掘品”的价值和意义正在获得前所未有的认知和实现。任何人对此的轻视、忽略和否认，都是愚昧、无知而且困难的。

20多年来，我在收藏的渊谷里迷醉得太深。“我固执前行，仿佛被一束神秘的暗线牵引，又仿佛被遥遥远方的诱惑招魂。我不计归途，也忘记了还有其它的一些景观和出口。就在这幽深的渊谷，我相逢了一道道奇缘美景，获得了一颗颗玄珠。我把这些玄珠编织成串，一轮奇彩的光环显现出来。我看到了那光环上镶满我理想的颗粒。我发现那是我痴心追索的五千年文明的收藏大梦。”渐渐，我的古陶文明博物馆的收藏已经构成整体意义的古陶文明收藏体系；渐渐，一个框架庞大的课题工程构想在头脑中生成——“古陶文明坐标系”。陶是人类创造的第一个非自然物质，是人类文明的曙光，是人类最初的科技语言，也是人类共有的文明遗产。在中华文明五千年的历史长河中，陶是一条承载文明的主线，是一张连接与编织文化诸端和颗粒的大网。这张大网触及到我们生活的全部空间和内容，这张大网与我们全部文化传统有着千丝万缕的关系。陶的发生发展历史构成一个异彩纷呈而延绵有序的庞大文化遗产，直到今天，我们从未停止过陶的创造、使用和审美。如是，整体意义的陶的文化遗产的价值和意义正有待我们全面整理和总结、发现和实现、弘扬和开发。尽管全世界都在将陶用于考古、科研、审美和其他诸多领域的应用，却至今未有一部完整反映陶的文明历程的大型类书，没有一个跨越时空、民族和品类的坐标体系，没有一个可供大家使用的综合数据库，这可以说是20世纪人文科学领域的一个遗憾。“古陶文明坐标系”构想最初产生于2002年，在我心里，它是一个包含着无数分支坐标系、子坐标系的庞大坐标体系。因为力量薄弱，我孤军奋战，虽努力多年而“坐标系工程”无大进展。我无数次地修改“纲要”，“工程”整体总是难于进展，虽梦萦魂牵却力不从心！

唯一从未停止而收获欣慰的是古陶实物的收藏，它们是我“坐标系”上的重要标本，是“基础工程”的重要基石。我企图最终提供它们尽可能周全完备的资料信息，除了常规资料信息之外，还希望获取科学检测数据信息。然而现在，它们拥塞在我陋小的博物馆库房，连常规资料信息也大都未能整理完成，似乎一切遥遥无期。我则一直在条件极其简陋且没有任何资金支持的情况下主持“坐标系”基础工程。我心中的“古陶文明坐标系”，是一个归纳、总结、整理和提供人类与古陶文明相关全部内容的文博课题工程，拟建立尽量完整的权威意义的单一门类综合知识体系与资料信息数据库，是一个随时处在补充、修正、更新、完善过程中的综合课题计划，是一个成长着的、发展与变化中的人类古陶文明相关知识体系的共有资源，也是一个既能服务于社会大众也能应用于专业科研，同时又利于宣教传播与产业开发的创意文化产业工程。2009年春天以来，我多年努力的“坐标系”计划陆续获得历史、文博、考古、教育等相关领域多位重要专家、学者的赞赏、认同和支持，并正在努力提供帮助和为之呼吁。中国社科院学部委员、考古所学术委员会主任刘庆柱和著名表演艺术家黄宏，分别联名多位政协委员在2009年3月召开的全国政协会议上提交了题为《关于援助“古陶文明坐标系计划”的提案》和《建议援助“古陶文明坐标系”计划的情况反映》两个提案文件。

古陶文明博物馆创办之初确立的理想是：“建立具有权威意义的古陶文明收藏与研究体系，最大限度地发展并实现其价值，将陶类文物的收藏鉴赏、学术研究、宣教展览、信息传播及与之相关的艺术创作、产业开发、资本运营于一体，开创中国博物馆事业新的途径和体例。”如今回看13年前自己拟定的这段文字，确有些高远宏大而深邃的理想主义色彩。记得当年开馆当天收到恩师壶斋叟刘毓煊老人整张红色宣纸上的榜书贺辞“开拓万古心胸”时十分激动，这六个大字是那么契合我心。13年来，我确是孤独寂寞而艰辛地固执走在这条理想主义色彩浓重的路上。某个瞬间，我也会低首自问：这一切果然是我一个贫弱书生可以为之的吗？可是，我却从来没有改变过信念！时常，大众与媒体因为偶然看到博物馆门可罗雀抑或展厅空荡便轻言惨淡、不成功，我只好淡然一笑。对于一项立意高远的博物馆事业，难道可以如此片面、简单、轻易而迅速地判断成败？在这个急功近利而喧嚣浮躁的时代，平坦、深邃而凝定的目光已经越来越少。人们越来越习惯于浮光掠影，习惯于疾视斜瞟，习惯于信口随言，这是人类动物的悲哀。为了实现理想，我们正在寻求一块可以充分使用的生存发展空间，正在规划和设计一座多功能的、包括“陶文化创意产业”形态的新馆方案。同时，也在开始寻求合作式异地设立古陶文明博物馆分馆的可能性。经过诸多策划精英的参谋和帮助，基本形成了一个《古陶文明博物馆新馆及其创意产业运营方案》。其核心创意是由从前展览宣教与学术研究这一个中心，拓展出“陶文化创意产业”这第二个中心。第二个中心以“陶文化生活馆”为主体形态，其内容由多个子单元互动服务项目构成：

[1] 陶文字室（综合古陶符号、文字、书法认读讲习欣赏宣教互动空间）

[2] 弄陶工房（综合陶艺互动空间）

[3] 传拓工房（综合制拓互动空间）

[4] 手印工房（综合丝网印、版画互动空间）

[5] 装饰工房（综合装饰服务工作室）

[6] 修复工房（综合陶瓷修复服务工作室）

[7] 陶文化苑（综合陶文化创意产品营销中心）

[8] 陶文化香（陶文化品牌香房）

[9] 陶文化茶（陶文化品牌茶室）

[10] 陶文化餐（陶文化品牌餐厅）

这第二个中心连同一个名为“古陶文明之光”的中华古陶文明综合门类主题展览，以固定模式、以“古陶文明博物馆 ×× 分馆”形式追求多的实现，并为此寻求多种可能的投资与合作。其第一次实现需尽最大可能追求标准性、规范性与可复制性，以构成品牌价值和意义，以实现本“创意产业方案”的再生性与品牌性。同时，作为第一个中心的博物馆主馆及其所属“‘古陶文明坐标系’计划工程中心”、“陶文化创意产业研发中心”、“古陶文明网”等将为各分馆提供核心思想、主导方针和总体操控与宣传推广。为此，还需要设立“古陶文明基金会”，以期对整体古陶文明博物馆事业给予长久的支持和保障。

大家对这个策划方案充满信心，认为这太符合时下国家大力倡导的文化创意产业方针和方向了。大家劝我尽快申请北京市文化创意产业发展专项资金项目补贴，我遂赶忙制作各种文件。这是我们13年来惟一一次可能获得政府资助的机会。及至报送文件，问题出来了。市文物局告诉我们：你们不是我们财政拨款的直属单位，我们不能负责受理报送，赶紧修改文件送到你单位驻地所在地区里去吧。重制文件送到区里，区里说：你们不是在我们工商部门登记注册的单位，我们不能负责受理报送，赶紧找文物局去吧。我们赶紧解释情况特殊，正是文物局让送到区里来的，求人家看看我们的文件。对方翻过文件说：申报单位注册资金须在100万以上，你们这注册资金10万元的门儿都没有。我们赶紧翻出事先备好的“关于古陶文明博物象征性注册资金的说明报告”，说我们情况特殊，注册资金10万元是历史问题造成，完全不能反映我们机构的实力，我们有5000件文物……对方说：讲这些都没有用，注册资金100万是硬性条件，你这写着是10万元，这一条不过什么都没有用了。

古陶文明博物馆1996年在北京市编委注册法人证书时，有关注册资金问题曾专门提出并颇费心思。编制办领导建议我们象征性注册3万5万或10万均可，因为作为文博事业单位，其资产核心是馆藏品实力及品牌形象为主的无形文化资产两项，而法人证书上的注册资金一项是象征性的，完全不代表机构综合实力。当时本馆开办资金已花去近百万而尚未开馆。于是，我们选择了象征性注册资金10万元。事实上，“注册资金10万元”这一历史问题在日后博物馆运营发展过程中还是给我们带来诸多尴尬和困难，许多大型活动平台与重要合作可能因为我们“注册资金太小”而丧失机会。几年前，我们曾经尝试以增资或将作为本馆资产核心的文物文化资产（公开登记的约3000件文物藏品及作为中国第一批私立博物馆重要品牌的无形文化资产两项）转入2004年8月才新补开列的“文物文化资产”条目，从而达到注册资本金增大。然而，这又构成复杂问题：首先是“文物文化资产”评估工作复杂而缓慢，面临一些困难，相关机构的工作还远不能及时做到我们这里；二是一旦完成评估又会因其庞大，从而给我们造成另外的困境。早在2001年9月一次民办博物馆工作会议上，我发言说：“我希望由文物局出面组织一个具有权威意义的评估鉴定班子，对我们所有的博物馆进行鉴定和评估。我想这项工作不光是博物馆需要，最终所有的文化机构和单位都将需要这个资产鉴定评估。我们整个社会已经转型成更加资本化的社会，人们需要更直接的价值判断。在市场经济大潮中无论多么文化，你都被迫需要和接受一个价值定位，一个比较方便一般情况下认可与使用的价值衡量。有了这样一个鉴定评估，这个博物馆，这个文化单位的生存和发展就有了更大的可能，有了更大更方便的运转操作空间。这件事其实潜力很大，我是指这个针对博物馆及其他文化事业单位的评估鉴定班子，一旦有了影响有了相对权威意义，它的工作前途和意义是无可限量的。这件事应该尽快去做，组建一个班子，这个班子除了文博专家以外，更主要的是经济学家（包括会计师、审计师）、法律专家、社会学家；形成一套规则，这个规则的部分内容最终具有行业标准及至政策法规意义。既然是开拓性质的工作，就不妨大胆前行，就必须容忍偏颇。无论一件文物、一处景点还是一个博物馆、一个其他文化机构，哪怕再无参照，这个‘具有权威意义的评估鉴定班子’都必须给出一个结论，哪怕是姑且如此有待完善的结论。正是在这个过程中，这项工作、这个评估鉴定班子的规则及其权威意义才得以逐渐确立。而这项工作、这个班子、这个机构又将构成一项具有特殊意义的文化资产。”

13年来，我虔心敬业地工作，尽最大可能地配合与履行来自政府各个层面的工作要求，每年填无数表，开许多会，参加许多活动，用掉我大量时间，就是没有得到一分钱实际的援助。尽管大家都认为这不合理、不应该、不可思议以至不相信，可事实就是如此。那件事不久，民政局“民非处”领导来馆调研，为我们的遭遇摇头叹息。在看了我们的申报文案后十分欣赏，认为我们的申报项目是最应该获得专项资金补贴资助的。他们给我的高见是：别一根筋博物馆了，赶紧注册一个公司吧！这么好的项目可不能耽误了。就在感谢他们的时候，我感受到悲哀！当初，早已弃职的我本是心性超然而散淡的自由人，凭一支瘦笔足可以安身立命，大部分世俗功利于我构不成诱惑。是“博物馆”三个字所代表的永恒价值和意义，是发现与提升古陶文明价值体系，是亲手“开创中国博物馆事业新的途径和体例”的远岸光芒诱惑我义无反顾地投身这条荒路，充当始作俑者。既然13年前已经给了我一张“民营事业单位”的堂皇牌子，怎么13年后反而要逼得我开公司做买卖了呢！

随着我们国家整体意义的发展进步，各行各业各个领域都得以改善都获得实惠，从国企、外资、合资、私营经济到科研、教育、影视、出版、演出团体，从原本最可怜的农民、民工、残障到摊商散贩，都已感受到了“党和政府的阳光雨露”，各有新的政策所依。惟独民营博物馆四六不靠，哪都着不上边儿。古陶文明博物馆成立14年来，至今从未获得实质意义上的来自国家方面的扶持。从前我们从政府方面所获得的都是情感、道义和理论意义与层面上的。尽管说起来谁都认为我们不容易，我们一直在奉献，我们最应该最有理由获得关心、资助和扶持。其它行业其它领域的政策法规都在不断地修改完善，到了博物馆事业应该出台更为合理也更靠近现实的政策法规的时候了。

作为博物馆事业的合理补充与新生力量，民营博物馆已成为我们整体博物馆事业的重要组成部分。在国家大力发展公益性文化事业及其相关文化产业的大背景下，民营博物馆事业正面临跨越式的发展契机，却也面临诸多困境。资金短缺、政策滞后、没有外援，是民营博物馆的主要困境。为此，我列出如下几条建议：

一、促进和援助民营博物馆事业发展并出台新的政策法规；

二、认真修改并加大力度推行有关捐助博物馆等公益性文化事业的税收减免方案；

三、由政府相关部门协助解决民营博物馆馆舍用地、房租、水电等优惠与减免方案；

四、由政府相关部门出资实施对民营博物馆基本运营费用、基本陈列展览、相关学术课题及其著作等给予补贴；

五、由政府相关部门负责组织专业队伍对民营博物馆从业人员的专业培训（法律法规、设计陈列、宣教讲解、保护保管、鉴定评估、修复整理等）；

六、切实扶持与援助民营博物馆创意文化产业项目，给予项目基金补贴、项目运营贷款、税收优惠减免等相关政策；

七、由政府相关部门组建一个具有权威意义的评估鉴定班子，对民营博物馆进行鉴定评估，给出文化属性定位、行业级别定位、品牌价值定位等；

八、由政府相关部门出面协调，成立一个“中国民营博物馆基金会”，并形成一个资助与奖励机制，以期对整体民营博物馆事业给予长久的支持和保障。

14 年来，我一直秉承良知、道义和信念，竭尽我一介书生所堪承载的最大可能。古人称“试玉要烧三日满，辨才需待七年期”，毛泽东老人说“风物长宜放眼量”。我期待并努力争取着中国民营博物馆事业的良好未来！

2010 年 3 月 8 日

路东之简历

路东之，古陶文明博物馆法人及馆长。曾获国际青年征文一等奖、全国首届微型小说大赛一等奖；曾出版《情况——路东之诗选》、《可能——一个孤独行者的诗歌远旅》、《问陶之旅——古陶文明博物馆藏品掇英》，合作出版《秦封泥集》；曾制作《路东之收藏战国秦汉瓦当》、《路东之梦斋秦封泥留真》、《路东之梦斋藏甲骨文》、《古陶文明博物馆藏砖》、《古陶文明博物馆藏战国封泥》等原拓本；曾举办“路东之收藏瓦当展”、“拆散的结构及其他——路东之美术作品展”、“神或巫者及其他——路东之美术作品展”、“古陶文明展——古陶文明博物馆开馆十周年纪念展”等专题展览。

浅谈中国民办博物馆的经营和发展

辽宁朝阳德辅博物馆馆长 王冬力

近年来，国内民间收藏热持续升温，社会上掀起的收藏热印证了一句老话“盛世流行收藏”。民间藏家收藏日丰，各种类型的民间博物馆随之萌生。近年随着国家有关民营博物馆的政策放开，民办博物事业得以迅速发展，呈现出雨后春笋般的态势。

尽管一些社会学者认为，民办博物馆的兴起被许多人看好，不仅可以使我国博物馆的门类更加齐全，和国家大型博物馆组成一个完整的博物馆体系，还因为它的灵活机制给博物馆事业带来一些新气象。但民办博物馆与广泛占有公共资源的公立博物馆不同，建展馆、收展品、办活动，民办博物馆的运转完全要靠自身。尽管民办博物馆正在成为展示民间收藏的主力军，其经营却是举步维艰。有很大一部分并没有把博物馆真正作为一种产业来运作，许多民办博物馆的发展尚处于摸着石头过河的阶段。因此，如何把民办博物馆经营下去，是大多数承办人思考的首要问题。

辽宁朝阳德辅博物馆是在笔者十多年收藏的基础上于 2009 年创建的。展示内容为红山文化专题。目前馆内藏品两千余件，已于 2010 年 10 月在辽宁省的民办博物馆中率先通过了对馆内藏品的定级工作。其中：国家二级文物 7 件，三级文物 34 件，一般文物 646 件。作为德辅博物馆创建人，笔者深深体会到民办博物馆从筹划、建设到经营过程中的艰辛和不易。通过一年时间的运营，笔者对民办博物馆如何能健康有序地经营下去，有了一些心得和体会，下面就具体的一些问题加以探讨。

一、民办博物馆的现状

目前我国的民办博物馆约有400余家之多，大多数的场馆面积小、档次不一、形式雷同，专、精类文物少，且安全系数低、运行经费高、资金短缺，其总体的经营状况让人堪忧。据笔者了解，除马未都先生的观复博物馆在没有政府拨款的前提下能够经营持平以外，其余的民办博物馆都入不敷出。

很多民办博物馆在经历了开业时的人声鼎沸后，大多数要面对如何维持生计的问题，其收入来源主要依靠门票，收入远远不敷员工工资、水电费、取暖费、研究陈列费用、场馆维修等支出，可谓惨淡经营、举步维艰。

比如，上海曾经是全国民办博物馆最多的城市，最集中的多伦路上原有的十余家只剩下了两家，而且不仔细找还很难发现。上海筷箸民间博物馆馆长蓝翔老人在两年前还是把展馆的一半租了出去；而隔壁的钟藏室只能靠卖展品维持生计了。目前，原来13 0多家民办博物馆现在仅存不足1/3，而且大多数搬到了郊区。

再如四川建川博物馆聚落是由军人出身的樊建川先生凭借自己开办房地产公司的财力和多年的积累收藏创建起来的十几个博物馆。目前该博物馆聚落的馆藏文物超过了1000余万件，其中国家一级文物达121件，这在民间博物馆中首屈一指。但每年樊建川的公司都要贴进1000多万元在博物馆上。樊建川最大的愿望是不靠政府，也不靠别人的施舍和赞助，博物馆就可以造血，可以自己养活自己。

还有北京马未都先生创建的观复古典艺术博物馆，于1996年10月成立，成为新中国第一家民办博物馆，设有瓷器馆、家具馆、油画馆、工艺馆、门窗馆、多功能馆和商品部，并在浙江杭州、福建厦门设有地方馆。现在观复博物馆没有政府拨款也能够经营持平，这也是在全国所有博物馆当中唯一能做到的。

二、国家文博政策对民办博物馆发展的影响

在2010年2月由国家文物局、民政部、财政部、国土资源部、住房和城乡建设部、文化部、国家税务总局七部门联合下发的《关于促进民办博物馆发展的意见》下发之前，民办博物馆还处于探索阶段，还存在着准入制度不完善、扶持政策不健全、管理运行不规范、社会作用不明显等问题。许多难题亟待解决，许多探索寻求突破。目前国家《关于促进民办博物馆发展的意见》已经下发至各省市，一些原来无从执行的政策得以有章可依。它的实施，无疑对民办博物馆事业是一次很好的推动。但我们也应该清醒地认识到，现有的体制下县一级以上公立的博物馆以及一些大型的遗址保护经费尚且不足，政府不可能也没有财力包养民办博物馆。因此，民办博物馆寻找适合自己的经营模式，积累适合自己的经营经验，才是可行之举。

三、民办博物馆的经营之路

民办博物馆首先要解决固定的支出费用，如员工工资、水电费、取暖费、展馆维修费、研究陈列费用、新增加展品费用等等。而正常的收入无外乎：1.门票的收入；2.鉴定的收入；3.开发旅游纪念品的收入。而这些对于民办博物馆来说只能是杯水车薪，入不敷出是必然的结果。笔者所创办的德辅博物馆的运营与建川博物馆聚落的运营是一样的，都是靠创建人其他企业的资金投入来维持正常的运营，所不同的是德辅博物馆的规模较小，投入不多罢了。

笔者认为这不是民办博物馆的经营出路所在，它无法保障民办博物馆长久地生存下去。因为一旦所依附的企业经营不利，一旦创建人年老体衰甚至撒手人世的时候，费尽心血所创建的博物馆命运无法预测，多半会倒闭，而馆内文物也会面临再一次的散落流失。于是寻找民办博物馆生存的长治久安之策则显得更加重要。

马未都先生的观复博物馆经营运作的成功无疑是民办博物馆行业的启明灯。马未都先生曾经表示："哈佛大学的创始人哈佛先生已经去世多年，但哈佛依然作为名校闻名于世界，它不光靠个人的影响力，更多是靠先进的有力制度。优良的制度是博物馆长治久安的保障。"

观复博物馆的经营理念是：个人品牌+基金会+理事会制。

今年6月9日，马未都先生正式宣布创建观复文化基金会，把他几十年收藏的文物全部捐给观复博物馆，由基金会理事会统一管理。观复基金会的成立为中国民办博物馆事业的发展寻找到了新的突破口。在管理上，观复基金会接受社会捐赠，借鉴国外同类艺术基金会的管理模式，如古根海姆基金会、盖蒂基金会、大维德基金会，打造观

复基金会的公益文化品牌，开创了适合中国博物馆的运营模式。

这不得不提到观复的资金来源：

一是来自董事会，由为数不多的几个成功企业家组成，每年拨一定的款出来；二是理事会，这部分人不用承担博物馆的社会责任，拥有荣誉头衔，对博物馆有不定期的赞助；三是建立会员制度，每年1000元的会费，享受诸多的优惠政策；四是商品部的经营收入。

当然，这一切均源于马未都先生的个人品牌效应，这是重要的无形资产，这也是观复博物馆成功的基础。另一个重要的因素是极其丰富而又层次极高的馆藏，再加上人为的管理和经营运作，这一切铸造了民办博物馆的成功典范。

笔者认为，“唯一没有政府拨款能够经营持平”这就是最好的证明。说明在我国民办博物馆的长久存在是可行的，只是要找对路子。最后，笔者借鉴以上诸多的经验，把民办博物馆的经营运作归纳出如下几点：

首先，要按照国家文博主管部门的准入制度，获得合法的民办博物馆身份。馆内藏品要丰富且艺术价值高，有自己的特点，并获得国家定级。

其次，展馆建设要功能齐全、环境雅致。管理人员专业技能、文化修养要一流。

最后，也是最主要的一项，即收入来源：1.门票收入；2.鉴定业务的收入；3.开发旅游纪念品及相关文化、休闲、餐饮服务等；4.对外巡展交流；5.企业家和社会各界的支持；6.基金会制度；7.寻求当地政府的资助。

基于此，我们有理由相信，在中国国民经济依然保持强劲增长速度的同时，收藏的繁荣时代已经来临，民间收藏队伍正在逐年扩大。早在2007年中国的收藏爱好者已经超过了1亿人。1亿人是什么概念？当年中国人口总数为13亿人，这就意味着有8%的人也即每13个人中就有1人从事着与收藏相关的活动。而这正是民办博物馆生存发展的基础。早期的民办博物馆由于没有其他产业所支撑，自身的经营又举步艰难，势必遭到社会的淘汰，民办博物馆行业的重新洗牌已势在必行。

“大浪淘沙、物竞天择、适者生存”，这是大自然的必然法则。其他领域也是经过了无数次的洗牌才日渐成熟，只有那些有着雄厚资金的投入、有着过硬的馆藏、有着科学管理体制的民办博物馆才能真正把民办博物馆世代办下去。也只有这样，民办博物馆事业的大发展时代才能真正地到来。

新政策应让民间博物馆可持续发展

长期观察思考民间博物馆问题的世界博文博物馆馆长高肃，眼下正在等待政策出台，以便在海南开办大型民间博物馆园区。那么，高肃眼中到底看到了什么呢？

记者：感觉您在2009年民间博物馆论坛期间非常关注国家关于民间博物馆的政策。

高肃：这是大事情。2010年的上海世博会，世界博协将与中国博物馆同行进行交流。这是我国博物馆事业融入国际化的机遇，也是学习交流并发展我国民间博物馆的转折点。国外的博物馆是以民间、私人为主，而我们的博物馆基本上都是国家的，中国民间博物馆很难与国家直属博物馆一样，同国际同行合作。

2009年民间博物馆论坛上，国家文物局副局长张柏明确提出：大力扶持民营博物馆的发展，将出台新政策使民办有法可依。国家文物局局长单霁翔表示，国家文物局在中宣部、国务院法制办、文化部、民政部、财政部、国土资源部、住房和城乡建设部、国家税务总局的大力支持下，拟订了《关于促进民间博物馆发展的意见》，即将联合印发。民间博物馆与国有博物馆具有同等法律地位也将越来越接近现实。

记者：同等对待很关键。

高肃：新政策的信息很快传遍全国各地，大家都期待

"同等对待"：中国民间博物馆的"春天来了"！说心里话，中国民间博物馆这些年发展得太难了，其原因主要还是政策瓶颈。

首先，民间博物馆在审批上十分严格，甚至苛刻，以致 90% 的民间博物馆都没有合法的身份。本来是件光荣的事，却成了被人瞧不起的行当。久了，倦了，才有了 "谁要想死，就让他办民间博物馆"的悲观论。

其次，在藏品等级审查上也几乎要了民间博物馆的命。因为没有统一的标准，一些地方审查的专家往往拿国家文物等级的标准卡你，来自民间的民俗文物往往因为不够国家标准而被认为不适合办馆。

虽然国家鼓励提倡民间资本进入文化遗产保护领域，但是从目前的政策环境和舆论氛围来讲，民间资本还没有真正被社会所认可。金融界的"银行家"看了一些民间博物馆的规模及藏品都大为赞叹，而一谈到贷款则大摇其头。他们认为这属于民营企业家的经济行为。国土资源管理部门一听是民间博物馆要地也摇头，感到这个没有房地产来钱快，无利可图。扶持不能得到各政府部门的认可就等于"模糊政策"。

记者：有具体点的例子吗？

高肃：很多收藏家进入这个领域，基本都是出于热情，脑袋一热就进来了，等进来以后才发现，其中问题太多了。办一个博物馆，对一个民间收藏者来说，是一件天大的事，场馆、土地，人员开支、保管、保安等等，每年产生的费用，他都没办法消化。现在规定博物馆不能经营，你说他怎么生存？

就像刘达临的中华性文化博物馆，上海、深圳他都去过，现在又去了同里，很难生存。你再看马未都的博物馆，他搬了不下十几次家。谁愿意搬家啊？搬一次就损失一次，尤其是珍贵的藏品。这种到处搬家就是因为没有自己的用地，没有相关政策去扶持他。你不是国家系列的博物馆，怎么给你用地？藏品丢了，谁管？谁承认你？没有官方认证与身份，谁给你贷款？谁给你上保险？

再举个例子，博物馆很重要的一点就是藏品的安全。可是，你没有相关政策，你到公安部门，手续就批不下来。要知道只有公安局批准，才能请到保安，你的安保才合法，否则的话，你东西丢了都没人承认你，你私人雇保安都是不合法的。过去就发生过这样的事，有藏家准备办博物馆，结果公安部门来了，把东西都没收了。有的博物馆整个馆一夜间东西全没了，没人管，也没法管。所以，民间博物馆的问题，不只是文物局一家的问题。我接触到一些办民间博物馆的人，跟他聊，他都是叹着气："走一步看一步吧！"

记者：您是说此前的政策环境打击了民间办博物馆的积极性？

高肃：不只是打击积极性的问题，如果目前的政策环境不改变，那就会对民间文物的保护造成负面影响。民间文物收藏与民间博物馆有一个特点，那就是许多博物馆的藏品都是专业化、系列化的，都是某个专题。比如，某藏家十年、二十年全部投入"鞋"的收藏，这个人基本把全国各地的"老鞋"全都收藏起来了，是件十分了不起的系统化文化宝库。但首先到了地方文物局审批就过不了关——鞋不是国家文物等级标准里的范畴，办不了博物馆。而一旦博物馆发生问题，像遭遇火灾、丢失，造成了损失，就是一系列的损失，几乎无法弥补。

记者：您的说法比较符合收藏的实际情况。

高肃：因为我们经常到下面了解情况。实际上，国家文物部门也很想了解民间的情况，但是缺乏有效的沟通渠道。我在海南调查，有一位海口的朋友，是收藏海南黄花梨的，收了 1000 多件东西，现在全没有了。因为他的博物馆批不下来，原来的地被征用了，只有租厂房。但东西多，需要的地方太大了，600 多平方米，要开支怎么办？只有卖东西，一件件卖，最后全部散失了。还有专门收藏地方民俗文化藏品的，也几近这样的遭遇。中国文化是由各个地方文化组成的，地方文化就这样散失了，怎么谈整体文化？

记者：有观点还是倾向于国家用资金扶持民间博物馆。

高肃：扶持是很抽象的概念，要国家出钱支持在现实中是很困难的。国家为什么提倡民间办博物馆，就是因为仅仅依靠政府的力量办不了这个事情，才支持引入民间资金来保护文物。现在一些民间博物馆获得一些地方政府的支持，也是他把博物馆办到一定规模水平了，然后政府找出一个说法，给他拿钱。实际上，在地方政府，给博物馆拿钱是很困难的。政府能认同民间博物馆已经很不容易了。

记者：有这么难吗？

高肃：我给你举个例子。还说海南。据我所知，海南光起好名字的国有博物馆就有 32 个，但大多数博物馆都只有一块牌子；只有一个博物馆有馆址，就是海南省博物馆。十几年了，有些博物馆就在一个小平房里。我们知道，文物不只是用来陈列展览的，是需要保护的，如果无法提供好的保护条件，大量的文物会遭到损坏。我慕名去参观某博物馆，打开门一看，青铜器都没展柜放，就放在地上，用脚就能踢到。这种情况不光是海南有，甘肃、陕西等地，类似的情况非常多。

记者：您是说国有博物馆也存在资金困难？

高肃：对啊，我们是个大国，国家投在博物馆上的资金有限，这就需要民间博物馆发挥自己的力量了。比如说国家多出台相关扶持政策，允许引进文物托管制度，由民间博物馆来代管这些文物。当国家文物单位发现文物之后，没钱进行保护，就可以与民间博物馆签订合同，由民间投入设备、场地进行妥善保管，国家可以出技术人员共同监管；民间博物馆在获得文物保管权后，可以使用这些文物进行副产品（如复制品、展览、音像制品等）商业开发，进行经营。

记者：您的想法还是把民间博物馆进行企业化运作？

高肃：我觉得，民间博物馆企业化的道路势在必行。说白了，就是让民间资金觉得做博物馆有利可图。比如，鼓励民间资金买地办博物馆。民间资金买地以后会自然增值，但捆绑条件就是给民间博物馆藏品定级，国家级文物统一全国联网登记编号，不能卖，让土地增值利润补偿不能交易藏品带来的损失。民间资金及藏品因为捆在地产上，有了稳定的经济来源，馆长也愿意把定级的文物永远保护下去，文物才能真正从国家藏家库房里走向社会。我觉得不谈用地，民间博物馆活不下来。

记者：您觉得民间博物馆企业化可行吗？

高肃：实际上，在这个问题上我们已经是工商先行了。现在工商局已经允许，你具备条件就可以成立博物馆，只要是不涉及文物范围，就可以不经文物局批准成立博物馆有限公司。博物馆有限公司就是企业，你可以展览，可以交易，都没有问题。这就是在民间博物馆的问题上，工商先走了一步。工商先行起码让不属于文物的民俗藏品工艺品有了生存的空间。

记者：文物会跟上吗？

高肃：现在各级政府部门只认文物局，尤其涉及银行、担保、信贷等等，没有文物局的批准，就不会相信你。文物局是博物馆的主管单位，没有文物局的批准，博物馆也会觉得无法获得官方认可。官方认可，是民间博物馆获得合法身份的来源。因此我希望，工商局批准的经营性博物馆有限公司与国家文物局、国家民政部两部委批准的博物馆，能够相互认可。也只有各部委的相互协作，才能真正解决民间博物馆的困局。

（摘自《收藏趋势》）

民办博物馆发展的思考

山西珐华博物馆馆长 王 焱

中国民间博物馆的发展从其历史状态来看很短暂。我们在原有的战争废墟上创建了新中国，为了巩固政权，不惜打破中国几千年文明所留存的意识形态，建立新的模式。文化精神领域首当其冲，“破四旧”及“文化大革命”彻底颠覆了中国传统文化，所有意识形态以新的姿态出现，致使中国传统文化出现了断层。

改革开放使人们从原有的政治热情中解脱出来，重新审视古人所遗留的林林总总的东西。首先发现的是，这些物品是可以改变现有的困窘而拮据的生活的。于是，从上个世纪70年代末始，一批人进入到这个领域从事最原始的“旧货”—古玩经营。另一方面，改革开放导致大量的外籍人员来华，他们有很高的艺术修养及审美情趣，当看到中国遍地都是“艺术品”的时候，一部分人很快地也进入了这个领域。于是，内外两批人的共性导致了一个链条的产生：全国各个角落出现了一批所谓的“铲地皮”，即走街串巷进行拉网式搜寻古物的古董贩；古董需要交易平台，于是北京潘家园旧货市场应运而生。尔后，随着国家有关政策的调整，各省、市、县古玩市场如雨后春笋般建立起来，于是从乡镇至北京整个链条完善了，东西被源源不断地集中。我们的海关也忙碌起来，整集装箱地往外运，再加上非正常渠道出境，致使我们前人所遗留的古代艺术品遍布亚洲、欧洲、美洲。这是一次空前的规模浩大的文物散佚。

随着改革开放的推进，一部分人真的富起来了，他们具有一定的经济基础与敢为天下先的开拓精神。这些人对市场信息非常敏锐，发现一件好的古玩的运作相当于自己工厂几个月的收入。而且这是一个提高自身文化素养、提高企业文化品位的工作，他们便把一部分资金投入到古代艺术品中去做投资。于是单一的外国人买卖古董的格局改变了，中国的企业家们已从这个锅里开始分一杯羹了。现在在各大拍卖会曝出冷门的很多是这部分人的需求。而且“铲地皮”者已铲到世界各地去了，于是出现了“文物回流”现象。需求决定目标，在这个过程中产生了一大批古代艺术品的拥有者，其藏品不计其数，使人震撼。那么这些东西往何处去？这便有了拥有自己的博物馆的思路，与西方早期的博物馆情节不谋而合。

2003 年以来，民营博物馆遍地开花。据不完全统计，现有登记在册的有 400 多家，实际存在的有 1200 余家，而且这个数字在不断地增加。这便带来一个问题：如何正确引导及政策规范民营博物馆？

可喜的是，2010 年初由国家七部委联合下发的《关于促进民办博物馆发展的意见》出台；同年 4 月，在国家文物局博物馆学会的支持和领导下“民办博物馆专业委员会”在京成立。这为民间博物馆的经营者带来了春风。

我国民间博物馆不外乎有以下三种模式：

企业模式：企业为自身产品及企业文化促进而建立的博物馆，宗旨是为企业服务。

自有模式：私人收藏家建立的供自己和社会欣赏，满足自身精神需求而建的博物馆。

家庭模式：有极大的热情而又没有足够的资金投入，以家庭为基础所建的博物馆。

这些模式，在现有的环境下各自经营，没有统一的管理和规范，导致博物馆良莠不齐。这就需要政府职能部门有更细致而具体的政策和行业规范。如何规范和扶持现有的民办博物馆？我们先来看看建立博物馆的条件、职能和宗旨。

博物馆是征集、典藏、陈列和研究代表自然和人类文化遗产的实物的场所，并对那些有科学性、历史性或者艺术价值的物品进行分类，为公众提供知识教育和欣赏的文化教育的机构。博物馆是非营利的永久性机构，对公众开放，为社会发展提供服务，以学习、教育、娱乐为目的。

美国博物馆协会指南里面提出，博物馆必须具备三个条件：1. 有永久藏品；2. 有专业人员；3. 必须向公众陈列其藏品。

著名学者苏东海先生是这样阐述的：博物馆是一种外来文化，它是一个先进的文化形态，是一种文化工具，是物质的海洋，是情感的世界，是历史的现场。

文化部《博物馆管理办法》中关于博物馆设立具备的条件是这样规定的：

1. 具有固定的馆址，设置专用的展厅（室）库房和文物保护技术场所，展厅（室）面积与展览规模相适应，展览环境适宜对公众开放。

2. 具有必要的办馆资金和保障博物馆运行的经费。

3. 具有与办馆宗旨相符合的一定数量和成系统的藏品及必要的研究资料。

4. 具有与办馆宗旨相符合的专业技术和管理人员。

5. 具有符合国家规定的安全和消防设施。

6. 能够独立承担民事责任。

从以上对博物馆的定位可以看出，中国民办博物馆目前尚存在许多亟待解决的问题。

具体表现在：

一、对博物馆应扮演什么样的角色不甚了了；

二、对政府体制理解欠缺；

三、对自身经济实力估计不足；

四、对自身藏品认识不够。

国家改革 30 年，从计划经济向市场经济转变，政府从原有稳固的程序化向专业型的服务化转变。其固有化模式在经济方面转变很快，但在精神领域还处于初级阶段。我们从中国的教育体制的落后性可以看出，传统精神领域仍处于原始状态。博物馆属精神的范畴，政府部门尚无暇顾及，我们可以从政府文物管理的混乱性及文件出台的不可实施性方面感觉到，而且这种状况还要延续很久。但民办博物馆的蓬勃发展又需要政策的跟进，这就要求办馆者遇到问题需要自身解决。这便出现了对自身能力估计偏差的问题。大家知道一个博物馆的建馆费用、布展及展品的管理、藏品的维护是很费钱的，而且不是一次性投入，是要不断花钱的事情。一个馆年维护费多则上百万，少则得几十万，经费从何而来？怎样可持续发展？

首先要解决的是观念的问题。博物馆是非营利性的公益事业，应属于政府范畴，但从博物馆发展存在来看，民办博物馆是不可低估的一个主流。如何发挥其社会性和公益性，关键在于政府与民间结合的问题。

其次是民办博物馆自身完善经营。现在有一种新的思路是民办博物馆的市场化，通过对博物馆原有的固态和无形的资产作市场运作而产生的效益来反哺博物馆。其中包括无形资产的挖掘与延伸，有形藏品的复制与产业化。西方已有这种模式。

另外，如何同政府联合，利用政府与自身的优势，因地制宜地采取不同的方式，使博物馆得以延续。

这些看法有一定的局限性和片面性，需要有学术上的探讨，希望它能起到抛砖引玉的作用。

越窑“秘色瓷”

——中国青瓷史上的千古绝唱

绍兴越国文化博物馆馆长 孙海芳

随着法门寺地宫的开启，准确无误的纪实和实物，终于结束了陶瓷界一千多年的争论。秘色瓷这个青瓷史上的千古绝唱，以其精美俏丽的容颜，既征服了世人，亦被世人所公认。

一、秘色瓷的起源

唐秘色瓷的存在，早已记于史实，但千百年来争论不绝，使其变得扑朔迷离，犹如海市蜃楼，若隐若现。对唐代秘色瓷和他的起源，历史上从唐陆羽的《茶经》、《新唐书》，顾况的《茶赋》以至到明万历的《上于县志》，都有明确的纪实。首先《新唐书·地理志》著于北宋，其史料价值和真实性早已公允，有越窑土贡的记载：“越州会稽郡，中都府土贡，宝花、花纹等，罗，白编、交梭、十样花纹交绫、轻容、生谷，花纱吴绢，丹纱，石蜜，橘、葛粉、瓷器、纸笔。”而历史上越州区域，设会稽郡有两次，一次是隋大业三年到唐武德四年（607~621），另一次是唐天宝元年到唐乾元年（742~758）。这里所指的“会稽郡”应指唐天宝元年所设的“会稽郡”。也就是说，向唐皇朝进贡“越窑”，应从唐天宝元年即公元742年开始。引出这段史实，可使我们看到，唐皇朝从这个时期有了“贡瓷”，也是中国历史上最早的“贡瓷”。但这种“贡瓷”与“秘色瓷”仍有着质的区别，过去好多学者把这一时间段的“贡瓷”也认为是秘色瓷，这肯定是错误的。但这段“贡瓷”的历史却是造就“秘色瓷”的必然过渡，与“秘色瓷”有着不可分割的“血肉”与“传承”的关系。在收藏界，对这种逐步演变成为“秘色瓷”的“贡瓷”恭称为“秘宗瓷”，即“秘色瓷”之祖宗毫不为过。这也是“秘色瓷”起源与形成的一个不可缺少的，且具有根本性意义的重要环节。虽然我们已无法查证“秘色瓷”一词是否直接来源于唐朝庭，但可以肯定的是，唐皇朝作为一个还能风靡世界的大朝廷，大唐风韵犹存，必然需要一种“御瓷”，其对不断进贡的越窑，在质量和形制上必然会有所要求。也正是勤劳智慧的越窑窑工们，经过积极的技术改进，迎合唐皇朝对越窑贡瓷的要求，集天时、地利、人和与一统，才诞生了在陶瓷史上具有划时代意义的“秘色瓷”。而对“贡瓷”提出改进要求的，只能是唐皇朝，所以才有“臣庶不得使用”和“秘色”的神秘色彩。这种“秘色瓷”的产生，深得唐皇朝和文人墨客的追捧，许多文人墨客都以能一见这种神秘之器为荣，才有了唐陆龟蒙（？~881）《秘色越器》之咏。而这种文人追捧之气一直延续到五代。五代的徐夤曾作《贡余秘色茶盏》一诗，用“名月染春水，薄冰盛绿云”、“古镜破苔”和“嫩荷涵露”等华丽辞藻来褒誉。从这段历史中可以证实，这种通过技术改造后的“贡瓷”一诞生，就被冠以“秘色瓷”之名，并由“贡瓷”升级为“御瓷”，“臣庶不得使用”。从唐僖宗李儇供奉法门寺“秘色瓷”的史实，证明“秘色瓷”是唐皇朝“御瓷”的观点是正确的。而“御瓷”的名称，必然是由唐皇朝所赐和确认，才使“秘色瓷”披上如此神秘的色彩。

有了法门寺“秘色瓷”的标样，从至今考古和出土的文物看，“秘色瓷”最早的实物，应是安葬于咸通十二年（871）西安市枣园张叔尊墓出土的八棱净水瓶。也就是说，“秘色瓷”在咸通十二年即（871）已经诞生。而曾经被认为是越窑“秘色瓷”的大中五年、大中四年、大中二年、绍兴、宁波等地出土的越窑，都不属“秘色瓷”。因其质量、工艺和釉色与法门寺的“秘色瓷”有着本质的区别。我们必须认真区分唐越窑精品、贡瓷与“秘色瓷”的关系，绝不能混为一谈。过去有的学者曾把上述出土的越窑，称为“秘色瓷”，其最根本的依据，是法门寺“秘色瓷”中有两件黄釉的产品。笔者认为，这两件冠以“秘色”之名的黄釉器物，应是秘色瓷产生前的“贡瓷”。因为从其制作工艺，釉色和胎体厚薄，与其他 12 件“秘色瓷”存在一个质的区别，根本不可同日而语。可以认定，这两件器物是“秘色瓷”产生前的越窑“贡瓷”。而之所以在法门寺的账单上被误记为“秘色瓷”，应为法门寺僧人不能区分唐朝所供奉的“秘色瓷”和“贡瓷”之故，这与八棱净水瓶未被记入“秘色瓷”账单的失误同出一辙。从考古研究和现有的出土实物看，“秘色瓷”与“贡瓷”（越窑精品）在制作工艺、胎体厚薄、釉色上有本质的区别，这是认定秘色瓷的根本所在，也是我们认定包括从法门寺出土中的两件黄釉越窑和咸通朝以前的越窑精品都不是秘色瓷的重要依据。从出土的实物看，从唐天宝元年“贡瓷”产生到咸通年间的 100 多年中，是秘色瓷的起源与孕育期，秘色瓷应产生在唐懿宗李漼执政时段的咸通年中后期，最早不会超过咸通八年。其依据是：一、到目前为止，出土的实物，能与秘色瓷相符的只有咸通十二年（871）西安张叔尊墓出土的八棱净水瓶。二、大唐皇朝对佛祖释迦牟尼的信奉由来已久，从唐高宗李治朝开始，先后有武则天、肃宗、德宗、宪宗等七位皇帝迎奉“佛祖舍利”进入皇宫，并赐珍宝与法门寺的历史。在除懿宗外的六位皇帝，在他们所赐的珍宝中没有“秘色瓷”，这从一个侧面反映这六个朝代还没有秘色瓷。三、在唐懿宗李漼执政的中后期，也就是咸通八年（867）以后，唐懿宗的皇朝，已处于南北混战即将爆发的艰难时期，久居深宫的李漼，早已寄希望于佛法无边的佛祖释迦牟尼来保佑大唐皇朝。经过一段时间的筹划准备，于咸通十四年（873）春，诏令供奉官李奉建及大批群臣高僧去法门寺迎请“佛指”。并为图岁丰人和、平安吉祥、八方来朝，李漼准备了大批恩赐的珍宝，其中就有 12 件“秘色瓷”，也是大唐历史上第一次出现秘色瓷。但由于唐懿宗还来不及恩赐就驾鹤西去，这个心愿就由他的儿子 12 岁的大唐天子僖宗李儇来完成。在乾符元年（874）正月初四，佛指舍利，连同李漼、李儇两位皇帝和皇后太后及大臣所赐的大量珍宝送至法门寺，并立即被送入地宫，由僧人建账后永久封存。从这段历史中，我们可以认定，“秘色瓷”的产生，应在唐懿宗执政的中后期。我们更有理由相信，唐懿宗为保大唐江山的太平，对这次恩赐珍宝的筹划和准备极为重视和虔诚，所供奉的秘色瓷，应由唐懿宗亲自下诏生产，并与唐懿宗这一次迎佛活动有必然的关系。也由于这个原因，才有“庶臣不得使用”和窥视的“神秘”色彩。这里包含着对佛祖的虔诚恭敬和供佛之器的神秘、神圣。这种“神秘”色彩和“碧玉”之色，完整地组合了“秘色瓷”的名称和意义的诠释。

从咸通十四年（871）这一次迎奉佛指的规模之浩大，皇室之虔诚，可见一斑，这里略加叙述，以供研考。

（咸通十四年）三月二十九日清晨，法门寺香烟缭绕，梵音不绝，铿锵震天的钟声轰鸣而起，身穿五色木棉袈裟的内殿首座僧澈大师，怀抱盛装佛指舍利的水晶宝函，在中使太监及左右僧录清澜、太教三藏遍觉法师智慧轮、国外高僧天竺沙门僧伽提和等大德高僧侍奉下，在两边披胄戴甲御林军的护卫中，缓缓走出大门。整个寺院，鼓乐齐奏钟磬共击，宝帐升腾香辇移动，八百僧众屈身合掌，佛声似江涛巨浪，翻腾起伏，涌动不绝。从法门寺到长安城两百多里的大道上，车轮滚滚、彩旗飘飘，禁卫御骑昼夜不停地向朝廷呈报佛指舍利的所到之处。四月初八，连绵不绝的迎佛队伍进入长安，从开元门到安福门，早已五步一棚，十步一楼，浩浩荡荡的御林军仪仗，侍奉佛指舍利的大德高僧和众僧以及争相围睹的京城百姓与四方豪门、善男信女，充斥长安城宽敞的街道；皇室与民间的各种乐器争相鸣奏，唢呐声声，鼓乐震天，颂经拜佛之声惊天动地。从这一使千万众生似醉似狂又井然有序的迎佛活动中，对唐懿宗李漼为这次迎奉佛指活动筹划之周详可见一斑，对恩赐珍宝的筹集更可想而知了。当然，这里所提出的有懿宗下诏烧造“秘色瓷”的推论，虽能被广泛接受，但更有待于今后的考古佐证。

二、秘色瓷的历史地位

秘色瓷在中国的陶瓷史上，具有划时代的意义，是中国历史上最早的“御瓷”。它起源于越窑贡瓷，最早应生产于官搭民烧的模式之中。这一观点，已无争议。随着时代的进步和皇室的需求，越窑也从“贡瓷”升华到了“御瓷”，那种官搭民烧的模式，也随之转变为有地方郡州掌管的地方“贡窑”到吴越国“御窑”。从秘色瓷发展的历史看，他经历了唐、五代十国和北宋从宋太祖到宋哲宗赵煦执政的前宋时期。这段漫长的岁月，长达两百余年，所经历的皇朝之多、时间之长，且久盛不衰，实属空前绝后。在中国历史上这一段从唐到宋的重要时期，秘色瓷能深受三大皇朝的钟爱，也是陶瓷历史上的千古绝唱。

秘色瓷从官搭民烧，转变到由地方政府掌管的“御瓷”，其形制、工艺、质量亦达到了空前的高峰。明万历的徐应秋在《玉芝堂谈荟》中曾指出，“越窑，至吴越有国时愈精”；南宋的陆游在其主编的《嘉泰会稽志》中也指出：“广教院（今上虞县窑寺前村）在县西四十里，开宝四年（971）有僧筑庵山下，镇国军节度使口事治因建为寺，易为保安。治平三年（1066），赐今额，国初尝置官窑三十六所于此，有官院遗址尚存。”这里非常明确地指明，在吴越王建国后，设置了烧造秘色瓷的官窑，并配有官员监制，造有“官院”。而这个“官院”在陆游著书时还能见其故址。而到宋太平兴国七年（982），宋太宗赵炅又派“殿前承旨赵仁济监理越州窑务”。这些记述非常明确地证实，吴越国建有烧造“秘色瓷”的“官窑”，而且从五代吴越国时期延续到北宋的宋太宗时期。而宋太宗时期的这些吴越国官窑属“越州窑务”，应该可以理解为宋越州地方政权接管和掌管了从太平兴国三年撤消了“吴越国”后的，由吴越国遗存的“官窑”。有人曾对吴越国三十六所官窑的记述提出质疑，认为吴越王要建三十六所官窑是不可能的。这里，首先是对“所”这个词的认识。这个“所”应是量词，意为“一个窑”，这个窑的规模，不可能像南宋郊坛下龙窑那么大。再从目前已可确认的上虞窑寺前窑址规模超过 30 000 平方米这一点看，在这个区域设置三十六所窑是可能的，要是没有这数量众多的官窑，吴越王何以能贡奉数量众多的秘色瓷。同时这三十六所官窑，亦不是一次建就，它必定是随着贡瓷数量的增多而增加。而这三十六所窑所烧的秘色瓷，亦非全部为合格的可供贡奉之用的秘色瓷，还有一定数量的不合格产品。正如五代徐寅在《贡余秘色茶盏》中所说“陶成先得贡我君”的情况一样，合格的“秘色瓷”作为贡品，不合格的作为商品，所以各地都有类同秘色瓷越窑器物出现，包括外销。前几年在澎湖岛发现的大批五代越窑，就是类同秘色瓷产品。严格地讲，这一批越窑就是一批不能作为贡品的秘色瓷，是不合格的秘色瓷产品。因此这个吴越国的“官窑”，应是由吴越国所创办掌管经营的“官窑”，它的历史意义，既在于开创了中华民族陶瓷史上“官窑”的先河，又对以后两宋“官窑”的形成和发展，具有十分重要的意义。

三、秘色瓷的定义

自从法门寺秘色瓷的被发现，唐秘色瓷的存在终趋统一。但什么是秘色瓷，仍是众说纷纭，争论不休。1995 年 1 月 16 日，由上海博物馆主办召开的越窑秘色瓷国际学术讨论会，虽然观点不一，却为我们进一步认识和了解秘色瓷提供了极大的帮助。考古和收藏的实践证明，秘色瓷的名称在于“色”，秘色瓷的珍贵在于“色”，秘色瓷震撼人心的魅力在于“色”，上千年来人们对它的追捧、讴歌在于“色”，多少代越窑的窑工们所刻意追求和创造的目标在于“色”，今天我们的收藏爱好者用闪烁和挑剔的眼光所求索的越窑珍品更在于“色”。这种千古绝唱的千峰翠色才是秘色瓷的核心。李刚先生在论述秘色瓷中曾讲到：“在晚唐到北宋的近三个世纪中，‘秘色’的概念从清晰到模糊，又从模糊到清晰。所谓模糊，就是对‘秘色’本义的曲解，而后来的清晰，则是在对碧玉般青瓷的认识上，重新赋予‘秘色’的正确的涵义——‘秘色’实际上已成为‘碧色’的同义词。”因此要认定秘色瓷，首先，它的釉色必须是像法门寺出土的“青绿色”；五代和北宋的“秘色瓷”其釉色在这个“青绿色”的基础上，釉面更加光亮，更加“青翠”。这是认定“秘色瓷”的重要标准。其次，烧造工艺必须是匣钵支烧。这个工艺的特性和其对秘色瓷的特殊意义，是在于越窑的窑工们为烧造成“秘色瓷”所创造的特殊技术。据科学研究的数据表明，秘色釉中的 Fe_2O_3 有 54% 左右被还原成 FeO，而青黄釉只有 4.5% 左右的 Fe_2O_3 被还原成 FeO，两者的还原率相差 10 倍之多。要提高 Fe_2O_3 的还原率，必须在烧造的全过程和冷却的全过程中加以密封，才能烧出青绿色釉色。这个在目前看似简单的技术，在唐代，却是窑工们在无数次的实践中才摸到的经验。目前我们还能在窑址中找到在匣钵沿口带有釉封的窑具。因此，匣钵支烧是秘色瓷的工艺条件和依据。其三，秘色瓷制作形器规整优美，打磨精细，胎质坚密，胎体莹薄。这也是认定秘色瓷不可缺少的条件之一。在考古出土和窑址中所发现的秘色瓷，都具有这一特征。以上“色”“艺”“作”这三者特性是相互依存，缺一不可，而这三者水准愈高，则秘色瓷愈精，档次愈高。因此这三者不光是认定秘色瓷的条件，更是决定秘色瓷等级、优劣的重要依据。其四，秘色瓷产生于一定的时空之内，即上至唐咸通八年，下至宋哲宗元祐，超越了这个时段，就不是秘色瓷。在收藏的实践中，人们对咸通懿宗朝前的越窑分为普通越窑、越窑精品、越窑贡瓷（亦称秘宗瓷）。宋哲宗元祐后的越窑，品质上接近秘色瓷的称之为“类秘瓷”。从“秘宗瓷”（贡瓷）到“秘色瓷”到“类秘瓷”，用这种习惯名称来区分这三个时空段中的秘色瓷与非秘色瓷，不失为一个可普遍接受的好方法。

四、五代秘色之巅、瓷皇"柴窑"

——从千峰翠色，走向雨过天青

探索"柴窑"，需要一种勇气。千百年来，这一千古之谜由于缺少翔实的记述和流传有序的实物，一直成为探索者望而却步的雷区，使许多颇有建树的古陶瓷专家和学者，不敢轻易染指。但随着法门寺准确无误记述的唐"秘色瓷"的出现和河南清凉寺汝窑窑址的考古发掘，使人们几乎看到了破解这一千古之谜的一缕曙光。探索"柴窑"又成了许多古陶瓷研究者和爱好者的共同课题。探索、破解中国古陶瓷史上最大的谜案，亦成为古陶瓷研究者的共同目标，以相互切磋、相互补充、相互充实、去伪存真的科学态度，共同完成这一中国古陶瓷史上具有重大历史意义的使命。

（一）"柴窑"的基本定义

1. "柴窑"产于五代周世宗柴荣时期，即显德元年至显德六年（955~959）的六年间（极有可能产于显德四年至显德六年的三年之间。因此，地上、地下遗存极少）。

2. "柴窑"是五代周世宗时期，包括整个五代十国时期，能独步瓷业的最精美的青瓷。

3. "柴窑"胎体莹薄，釉色鲜碧，工艺精美，是五代青瓷中最具艺术成就的代表作品。

4. "柴窑"是继唐"秘色"以后，在釉色和器形上更具艺术特色，独贡周室的贡瓷。尤其是釉的化学成分，基本接近"汝官"。

5. "柴窑"是唐五代越窑"秘色"走向"汝窑"必然历史过渡的青瓷贡器，具有"秘色"和"汝窑"的共同艺术特征，符合五代至北宋时期的统治者以及主流社会的审美情趣和艺术要求。

（二）周世宗其人其事与"雨过天青"

周世宗，史称世宗睿武孝文皇帝。本姓柴，讳荣。生于唐天祐十八年，即公元920年。幼年家境贫寒，由其姨夫郭威收为养子，改名郭荣（宋司马光著《资治通鉴》记述"荣本姓柴，父守礼，郭威之妻兄，威未有子嗣养以为子"）。柴荣从小跟随郭威，由于生性谨厚，办事勤勉干练，深得郭威喜欢；晓事后，即替郭威管理家业。郭威一生从戎，跟随后汉刘暠多年，公元947年刘暠战掳汴梁自立为帝，史称后汉高祖。郭威是后汉高祖刘暠的得力战将，年仅27岁的柴荣，也随郭威南征北战，并显露出卓越的指挥才能。后被提升为"以左监门卫将军郭荣为贵州刺史，天雄牙内都指挥使"（宋司马光《资治通鉴》）。公元949年，后汉隐帝刘承祐即位，此时的郭威，已是后汉军中的实权人物，基本控制了后汉的军政大权。至公元951年，后汉隐帝无能，"春正月，丁卯，汉太后下诰，授（郭威）监国符宝，即皇帝位，监国（郭威）自皋门入宫，即位于荣元殿"（《资治通鉴》290卷）。郭威称帝后，"制曰：'朕周室之裔，虢叔之后，国号宜曰周。'"（《资治通鉴》290卷）。因此将国号改为"后周"，史称太祖圣神恭肃文孝皇帝。郭威称帝的当年，即将柴荣提升为澶州节度使，检校太保，太原郡侯。在澶州柴荣为政清肃，盗不犯境，广其街肆，增其廨宇，深得民心。广顺三年，即公元953年，授开封尹，兼功德使，封为晋王。广顺四年二月，即公元954年，周太祖郭威寝疾病故，宣柴荣"柩前即位"。这样，年仅34岁的柴荣成为五代后周的第二个君皇，史称世宗睿武孝文皇帝。

柴荣即位后，一心图治，决心实现做一个英主的宏图大志，当年将年号改为显德元年。并外拓疆土，内修法政，使后周迅速成为五代十国中的威猛之国。即位当年，世宗即西征太原北汉，击败北汉刘旻，取其州土，奠定了后周强盛之基石。至显德六年，世宗从北汉、南唐等国所拓展的疆土和州县，有一百十八州之多，使后周成为当时五代十国中，州县最多，疆土最大（比南汉大一倍，比南唐大二倍）的强盛之国。

周世宗不仅是一位骁勇善战、睿智多谋的五代霸主，更是一位胸怀大志、勤奋理政、雄才韬略的英主。他在驰骋疆场，拓疆扩州的同时，十分注重政权建设，颁诏设贡举、定《刑统》、建税课、立盐法、监铸钱、废寺役、制礼乐。尤其是礼乐，周世宗将其看作是一个国家威严的象征，是一种威仪，是一种意识形态的教化。过去不少学者认为，周世宗身为一代英主，不会劳民伤财去烧造御用之器。从周世宗要实现宏图大业，建立后周大朝廷的战略思想看，烧造御用器是必然的，是一种大朝廷威仪的需要，并不是享乐的需要。这一点可从宋司马光所著的《资治通鉴》和宋薛居正所著录的《旧五代史》中，得到例证。

显德四年，"九月，中书舍人窦俨上疏清令有司讨论古今礼仪，作《大周通礼》，考正钟律，作《大周正乐》"（《资治通鉴》293卷）。

显德五年，"十一月……从（窦）俨之奏也，辛亥，日南至帝御崇元殿受朝贺，仗卫如式。"（即仪仗、卫队，如'大周通礼'所规定的模式。）（宋薛居正《旧五代史》118卷）；"古之王者，理定制礼，功成作乐，所以昭示天地，统和人神，历代以来，旧章斯在……显德五年冬……世宗因亲临乐悬，试其声奏。……又命枢密使王朴，考正其声，……世宗善之，申命百官议而行之”（《旧五代史》114卷）；薛居正还在《旧五代史》中记述：“世宗览奏，善之。乃下诏曰：‘礼乐之重，国家所先。近朝以来，雅音废坠，虽时运之多故，亦官守之因循。……讨寻旧典，撰集拳声，定六代之正音，成一朝之盛世……’”可见，周世宗对礼乐的认识，完全出于建后周大朝廷，展宏图大业的考虑。如果认为制礼乐，烧御器，是周世宗贪图享乐之作，那就缺乏对周世宗这位英主的全面考研。从周世宗这些意识形态的实践中可以肯定，他对御用瓷器，必然会有所要求，“柴窑”的产生是肯定的。这是周世宗为实现宏图大业，建立强盛的后周王朝，经过深思熟虑后所形成的建国思想体系在具体行动上的必然反映。“御瓷虽小，威仪事大”，这正是周世宗烧“御瓷”的出发点和落脚点。

在周世宗即位后的六年中，我们还可以从宋代史料记载中了解到，周世宗崇尚天神，“显德二年……命（王）朴考而正之，朴奉诏岁余，撰成《钦天历》十五卷，上之。”“世宗览之，亲为制序，仍付司天监行用”（《旧五代史》140卷）。“显德四年，夏四月，礼官博士等诏，议祭器，祭玉制度以闻”（《旧五代史》143卷）。显德三年，“冬十月丙辰，赐京城内新修四寺额，以天清、天寿、显静、显宁为名”（《旧五代史》117卷）。从这些周世宗的思想活动中，可以看出，周世宗从崇尚天神，宇宙到御用器追求“雨过天青”的鲜碧之色，有着必然的联系。如果说，唐朝君主所喜爱的是“千峰翠色”的青山绿水之大地，而后周君王则更崇尚“雨过天青”的苍穹之美和无垠天际。这包含着周世宗更远大的志向和建立强盛帝国的意愿。可见，明谢肇淛在《五杂俎》中所记述的“御批云‘雨过天青云破处，这般颜色做将来’”的记载是可信的，这也是周世宗的思想意识在烧造御器中的反映。总之一句话，烧造“雨过天青”的御用瓷，是建立强盛的后周大朝廷的需要，是周世宗整个建立大周王朝思路中的一个环节。

（三）历史记载的真伪考析

对“柴窑”史料记载不少，但内容单一，有的更是抄袭之作，毫无新意；有的添述，使“柴窑”更加云里雾里南辕北辙。如对史料记述不加认真、科学的考析，势必闹出按图索骥的笑话。只有对这些记述加以认真的分析、考究，去伪存真，才能对我们去科学地认识“柴窑”有所帮助。

“柴窑”史料，最早见于明吕震等所著的《显德鼎彝谱》。该谱记述：“太子太傅礼部尚书臣吕震于宣德三年三月初三日，接到司礼监太监臣吴诚宣出圣谕一道，着臣会同太常寺卿臣周瑛，司礼监太监臣吴诚，汇查本部司祭册籍以及太常寺礼祀署司礼监内丰积库册籍所载郊坛太庙内廷供用鼎彝等件，已经会同诸臣参酌，遵旨于博古图录考古诸书中遴选款式典雅者，计得八十有八种，其柴、汝、官、哥、均、定中亦选得二十有九种，二共一百一十七种。谨写图形进呈御览，可否，伏候上裁。”之后，天顺本（1457）曹昭的《格古要论》，记述“柴窑出北地，世传柴世宗时烧造，故谓之柴窑，天青色，滋润细媚，有细纹，多足粗黄土，近世少见”。在这里，从吕震和曹昭的记述中，可以肯定柴窑的存在。吕震的记述从史料上传承，而曹昭的记述则从实物上记述。但要注意的是，曹昭并不是一个陶瓷学者，对“柴窑”的记述，除缺乏前人详尽的史料之外，只从一个历史学者的角度，将传说与人们对柴窑的转述，并记于史，不能不有所偏失。其“柴窑出北地”只能来源于传说，史料肯定无法考证，事实可靠性就不高。倒是其“近世少见”这一记述，突出了“柴窑”实物的存在。其意十分明确：不是没有，而是少见。可见曹昭著书的时代，还能见到“柴窑”，只是少见，这对“柴窑”的存在，提供了有力的佐证。同样，明万历张应文，在著《清秘藏》中记述：“论窑器，必曰柴、汝、官、哥、定。柴不可得矣。闻其制云：青如天，明如镜，薄如纸，声如磬，此必亲见，故论之如是其真。余向见残器一片，制为绦环者，色光则同，但差厚耳。”在这里，张应文认同了柴窑的存在，但其时代已无法得到柴窑（整器）。更重要的是，张应文在柴窑残器与以前记述柴窑的比较中，除认同了“青如天，明如镜，声如磬”这三点外，唯独发现“柴窑”的残片，不是“薄如纸”，而是“但差厚耳”。同时，明代的谢肇淛在《五杂俎》中记述“陶瓷，柴窑最古，今人得其碎片，亦与金翠同价矣。盖色既鲜碧，而质复莹薄。可以装饰玩具，而成器者，杳不可复见矣。世传柴世宗时烧造，所司请其色，御批云：‘雨过天青云破处，这般颜色作将来。’”在这个记述中，谢肇淛以“今人得其碎片，亦与金翠同价”，表明“柴窑”的存在；并进一步根据柴器的残片，纪实“盖色既鲜碧，而质复莹薄”，从那种“青如天、明如镜、声如磬”形容性的记述转向纪实性的记述。笔者认为，“盖色鲜碧，质复莹薄”才是“柴窑”的真谛。可见，张应文与谢肇淛对“柴窑”残器的记述，“质复莹薄”与“薄如纸，但差厚耳”的看法基本一致。纵观明曹昭以后诸家对“柴窑”的记述，随着时间的推移，“柴窑”也从“近世少见”到“柴不可得”，直至“余向见残器一片”，最后连残器不得复见。因此以后诸家的论述，除了照搬曹、张、谢三说外，均无新意。如明谷应泰的《博物要览》、高廉的《燕宋清赏笺》和黄一正的《事物绀珠》、张谦德的《瓶花谱》、清代朱琰的《陶说》等等，都无法给后人以新的确凿的考论。所以后人除了在上面的史论中探求外，要揭示“柴窑”的历史面目，最根本的只能从发现“柴窑”实物这一根基入手，结合史实，找出一种“盖色鲜碧，而质复莹薄”的五代极品贡瓷。在这里，笔者认为，“薄如纸”肯定不是“柴窑”的基本特征，一是世宗无此要求，二是器物的厚薄，当适合艺术的需要，并非越薄越好，而是要厚薄恰到好处，符合人们的审美情趣，尤其是贡瓷，莹薄或比较薄为上乘，太薄反而不好，“汝官”之厚薄就是例证。因此“柴窑”胎壁之厚薄应与“汝官”类同，“莹薄”而不失稳重。

（四）吴越钱氏与周世宗的渊源

钱氏吴越，从公元907年钱鏐起，至太平兴国三年取消国号，近70余年的时期里，依靠软性外交和依附强国两大法宝赖以生存，时而也经营得光彩夺目。在公元947年后汉高祖时期，吴越钱佐、钱倧、钱俶三代吴越国王，都与同侍于后汉高祖的郭威、柴荣有着密切的关系。当时的郭威已是后汉军政的主要将领，吴越王钱俶也是后汉东南面兵马都大元帅〔乾祐二年春（949）……三月，汉敕授王东南面兵马都大元帅镇海、镇东等军节度使……（《钦定四库全书》，卷八十）〕。到公元951年，郭威接后汉李太后之诏，入宫称帝。当年三月，称帝后的郭威，以后周太祖皇帝之尊，加封钱俶为“诸家兵马都元帅”；广顺二年（954）春二月，授钱俶为“天下兵马元帅”（《钦定四库全书》）；广顺三年三月，周太祖又授钱俶为“镇东大将军”。显德元年，周世宗柴荣即位后，当年七月，即遣使加授钱俶为“天下兵马都元帅”。显德二年十二月，吴越王钱俶遣元帅府判官陈彦禧入贡周世宗，周世宗口谕调吴越国兵马“会击金陵”。显德三年正月，周世宗东征，诏吴越王钱俶分水、陆两路，随驾东征，会击淮南，先后攻克常州、宣州。从史料的记述中我们可以看到，从后汉起，吴越王已经归附后汉及周太祖郭威；周世宗即位后，吴越王为周世宗宏图大业的实现征戦南北，立下了汗马功劳，为后周王朝的强盛作出了贡献，是周世宗时期关系最为密切的附属国。当显德三年冬，周世宗过生辰“天清节”和“天清寺” 落成典礼时，吴越王钱俶又贡周“白金五千两、绫一万匹，又进天清节金花银器一千五百两。”（宋《嘉泰会稽志》）这时周世宗大业初定，又逢生辰，并独创将生辰取名为“天清节”，造寺院，赐名为“天清寺”。出于后周王朝威仪之需，极有可能就在这次吴越王所贡礼单上的“秘色瓷”和请求御批的请示，引出周世宗“雨过天青云破处，这般颜色作将来”的御批，造就了中国古陶瓷史上一代天骄的“柴窑”。从周世宗时期的贡器交往看，这个“御批”也只能是针对吴越国所贡“秘色”瓷的“御批”，别无其他选择。此后，显德五年四月，吴越王贡周世宗“绫绢各两万匹，白金一万两”；七月，贡周“白金五千两，绢二万匹，细衣缎二千连”；八月，又贡周“白金五千两，绢一万匹”。（见《四库全书》）

显德五年，四月、七月、十一月和显德六年六月，吴越王钱俶先后四次进贡周世宗。在这四次的进奉中，除金、银，绢缎外，应有周世宗钦点的“雨过天青云破处”的贡瓷，且深得周世宗欢心。于是，周世宗在显德六年六月癸未，“赐两浙（钱俶）进奉使吴延福，钱三千贯、绢五千疋、银器三十两”（宋薛居正《旧五代史》119卷）。赐进奉使以厚礼，足见当时周世宗对吴越王所进奉贡器的高度满意。而这个“高度满意”不可能来自金银绸缎，极有可能吴越王这次的进奉，烧成了周世宗钦定的“雨过天青”的御用瓷器，圆了周世宗之梦。陶瓷界泰斗陈万里先生曾在《中国青瓷史略》中写道：“周世宗在位仅有六年，这六年是群雄割据，逐鹿中原的混乱时期，在郑州创建御窑应大成问题。所谓柴窑‘雨过天青’是钱氏称霸东南时，在越州所烧造的看法，显然是可能的。”由于当时陈老未曾见到越窑中“盖色鲜碧，质复莹薄”，可称作“柴窑”的实物，哪怕是残器、残片，陈老也会断然深究，揭示谜案。由于这种历史的遗憾，才使我辈有幸能参议“柴窑”，并赏读于案儿，可谓盛世之福。

（五）“秘色瓷”与“柴窑”

任何事物的出现，都有特定的历史背景，都是一定历史条件下的产物。只有当中国的陶瓷业经过唐“秘色瓷”进入一个更高的发展时期，才会诞生艺术成就极高的“柴窑”。要是在两晋南北朝，哪怕千百个周世宗，也呼唤不出“盖色鲜碧，质复莹薄”的“柴窑”。所以，只有把“柴窑”重新放回到它发展的基础和发展的方向这个时空中去研讨，才能揭示出正确的定论。从“千峰翠色”到“雨过天青”直至北宋“汝官”的诞生，是中国古陶瓷史上一段辉煌而灿烂的历史。从这一段中国陶瓷发展史中，我们可以看到，从唐到宋，“重色”是主要的艺术追求。无论是君主帝皇，还是达官显贵、文人雅士，无一例外。“重色”也不光是唐五代时期对“御瓷”审美的重点，也是北宋直至我们现代赏评古陶瓷的重点。这种对古陶瓷的审美观，不管多少年，多少代都将不会改变。因此，简单地讲，这条发展历史的纹脉，就是“秘色”—“柴窑”—“汝官”。这是一段相互依存，逐步提高的发展史，其艺术特征是和谐、统一的，艺术成就一浪高过一浪，形成阶梯式发展。如果我们现在把一个还不能与唐五代“秘色瓷”相比的瓷种称作是“柴窑”，只能说是对陶瓷史的不敬和嘲弄，“柴窑”也就不再是我们陶瓷史上的明珠了。

叶喆民和叶佩兰先生，在2002年版《汝窑聚珍》一书中，在论述“汝窑青瓷的胎釉和工艺特征及其与各窑的关系”时指出：“北宋以前的浙江诸窑生产的青瓷，釉中硅的含量最低，约为55%~63%。根据目前化验的结果看来，北方青瓷中只有汝窑（天青釉）与封氏墓出土的北朝青瓷釉的含硅量最低，属高铝低硅釉。它们与北方多数的高硅低铝釉截然不同，而和南方的越窑为代表的青瓷釉比较接近。由此可见，汝窑典型的天青釉同越窑青瓷的关系相当密切，可能当时曾有过制瓷技术上的沟通。例如越窑精品中也有裹足支烧的工艺特征。对其五代制品釉中气泡分布状态，笔者曾用30倍放大镜仔细观察，同样存在‘寥若晨星’的现象。至于这两处名窑，历史上先后曾作为‘官窑’性质而深受皇家宠爱，更是不言而喻的。尤其是汝窑，地近汴京得天独厚，可以说是在越窑青瓷基础上进一步的提高和发展。这不仅在今后的科学数据中足以说明，而且对徐兢所谓‘越州古秘色，汝州新窑器，大概相类’一语的理解，似又增添一新的科学论据。”

讲到这里，有必要对“柴窑”一词的由来，作一些探讨。在周世宗时期，吴越王按世宗御批所烧制的御器，只能仍以“秘色瓷” 的名称奉贡，只是这一种特殊的秘色中的秘色，独供周朝王室。所以直到北宋太平兴国七年（公元982年），北宋王朝派殿前承旨赵仁济监理的仍是“越州窑务”，而不是别的其他窑务。显而易见，从唐中晚期产生秘色瓷以后，直到北宋中期“汝官”的出现，“御瓷”就是秘色瓷。要到人们发现周世宗所“御用”的“秘色”与众不同，“盖色鲜碧，而质复莹薄”，才使后人追溯到周世宗的御批，而冠之以“柴窑”之名。这里有一个非常重要的问题，就是从两宋到元，为什么人们所公认的最名贵的“柴窑”没有记入史册？答案只有一个：“柴窑”就是“秘色瓷”中的一个品种。而且所有的史记和研究者，都没有把“秘色瓷”和“柴窑”加以细分，而是千篇一律地用“秘色瓷”替代“柴窑”之名，所以才有北宋宣和年间的徐兢，作出“越州古秘色，汝州新窑器，大概相类”的评述。很显然，北宋的徐兢除最接近五代时期以外，还对陶瓷也颇有研究，可以证实那时仍没有分“秘色”与“柴窑”。这是证明“柴窑”就是秘色瓷的重要依据，而且质量已与汝州新窑器的“汝窑”相类，但仍称作“秘色瓷”。从徐兢的记述中，可以肯定，徐兢所说的“秘色”就是我们所要讨论的“柴窑”。否则，徐兢的记述就会变成“×× 古柴窑，汝州新窑器”了。因此“柴窑”之名应是在五代消亡的若干年以后，人们在发现了周世宗所御用的秘色的特别之处，再根据周世宗的御批，才冠名为“柴窑”。这也是史料中缺少“柴窑”官记资料的原因之一。

同时，周世宗时期，“御瓷”虽经周世宗钦点，但把这种“御瓷”直呼为“柴窑”的可能性极小。从周世宗对礼仪极为严格这一点看，极不可能允许把“御瓷”称为“柴窑”。按一般的常理讲，对器物的定名，一是设计者，二是制造者。这里，周世宗是设计者，只定“雨过天青云破处，这般颜色作将来”，并没有给“御瓷”定名；而作为制造者的吴越王钱俶，没有世宗的“御批”，何敢擅起名称，直呼“柴窑”，只能继续作“秘色”进贡。这是世宗在世时，没有确定“御瓷”名称的根本原因，也是后人在发现世宗御用的特殊“秘色”时，冠名为“柴窑”的根本原因。

我们肯定了“柴窑”为五代的越窑“官窑”产品，从历史意义上讲，也平反了“五大名窑无秘色”的“冤案”。过去我们在对古陶瓷的排列中，要么是“柴、汝、官、哥、定”，要么是“汝、官、哥、钧、定”，都看不到“秘色”的踪影，使人百思不得其解。从事实看，不要说五代，就是唐宋的秘色瓷贡器，其质量和艺术成就都在定窑之上，但却排不上座位。难道是我们两宋的陶瓷研究者，忘记或忽视了“越窑”和“秘色”这一中华民族乃至全世界的“瓷母”的存在？现在我们明白了，“柴窑”就是越窑五代的“官窑”，这个不是“冤案”的“冤案”也就随之平反昭雪了。其实，“柴窑”是越窑“秘色”，明代的谢肇淛在《五杂俎》中已经有所表述。谢肇淛指出，“陶瓷，柴窑最古”。这句话中，包含着两个概念，一是“柴窑”是中国古代陶瓷中最古、最具悠久历史的瓷种；二是作为贡瓷的“柴、汝、官、哥、定”中，“柴”最古。在这两个概念中，非常明了，“柴窑”只能是属于“越窑”，其他任何窑口都无法替代。

（六）五代越窑“秘色瓷”新品种的发现

我从事越窑青瓷收藏20余年，从1983年起，过目欣赏过各品种的越窑和其他古陶瓷有三五万件之多，从中挑选了近2000件越窑予以收藏。在1997年冬，本人发现一件五代时期海棠形高足耳杯（残缺一小口）的釉色，特别娇嫩鲜碧，形制精致，釉质完全好于同时期的越窑“秘色”，可与“汝窑”媲美。由于当时对柴窑“薄如纸、明如镜、青如天、声如磬”观念很深，根本没有往“柴窑”上去想，只是想到“汝窑”的形成与“越窑”一定有某种特别的联系。因此近十年来，非常注重这一种有特殊性质的越窑包括残片的发现与收藏，但实在非常稀少。到目前止，只收到四件，其中三件有残。另外发现锦纶艺术馆一件小盏，属同一窑口，其余连残片都没有见到，包括杭州市出土的残片。可以肯定，现存在公私博物馆和藏家手上的这一类越窑不会超过二三十件。随着对这一种窑口的不断研赏，深入分析，越加觉得这一种五代晚期称之为秘色又胜于秘色的瓷种，就是我们苦苦寻找的“柴窑”。它真正是一种“盖色鲜碧，而质复莹薄”的古瓷极品。在这里，要再重析一下关于柴窑“盖色鲜碧”记述的含义。鲜，即娇嫩、鲜艳、娇翠欲滴；碧，即青绿、碧绿之意。近四年来，本人无数次观察过“雨过天青云破”后天空出现的色彩，就是一种可用“鲜碧”来记述的颜色：鲜绿中带青，从浓到淡。尤其是夏秋两季的雨后，以蓝天白云为背景的这种颜色尤为明显，极为艳丽。不由得感叹，我们古代的君主周世宗，能在日理万机之暇，仔细地观察天体，竟然想到用这种“雨过天青云破处”鲜碧而玄妙的色彩来烧造御瓷，不能不使人由衷地敬佩，真不愧为一代英主。到了北宋早期和中期，“汝窑”和“汝官”的出现，就是柴窑发展的必然结果。

由于实物不多，也没有同样的残片供作科学的检测。但可以肯定这种青瓷，也是一种高铝低硅釉，更与“汝官”相接近。在这里，对这种器物优美的型制已无需多加论述，在五代晚期已属顶级的品种。但它的釉料，已使我们看到，远远好于同期的“秘色”。同时也基本可以肯定，这一种越窑“秘色”中的“秘色”，在釉中已经使用了玛瑙，开了陶瓷中使用玛瑙釉的先河。这一工艺的成功，才使吴越王得以完成周世宗“雨过天青云破处”“柴窑”的烧造成功，同时也为“汝官”的形成、发展作出了特殊的贡献。

我们肯定了这一秘色的新品种为“柴窑”，那么为什么我们陶瓷界多次的考古发掘，尤其是上林湖和寺龙口窑址的考古发掘中，都没有发现同类釉质的器物和残片？其实对越窑的考古发掘，还有一处十分重要的窑址，并没有引起政府和考古界的足够重视，这就是目前浙江上虞市的“窑寺前”窑址。

上虞市窑寺前窑址，早在南宋，由著名诗人陆游作序，成书于南宋嘉泰元年（1201）的《嘉泰会稽志》中记述：“广教院在县西四十里，开宝四年（971）有僧筑菴山下。镇国军节度使 事治因建为寺，易名保安。治平三年（1066）赐今额，国初当置官窑三十六所，於此有官院故址尚存。”再从《万历志·广教寺条》所论：“广教寺，在县西南三十里，昔置官窑三十六所，有官院故址。宋开宝辛未（971）有僧筑菴山下，为陶人所祷。吴越领华州节 钺钱惟治创建为寺，名保安。治平丙午（1066）改为今额，俗仍呼窑寺。”这两次记述，尤其是由南宋陆游所序的《嘉泰会稽志》可信度已得到广大史学者的肯定。《嘉泰会稽志》是由陆游组织当时相关地域的官员和退位官员及学者，包括龙图阁沈作宾、通判府施宿、瑞安抚司李兼、韩茂卿、会稽郡士冯景中、陆子虑等几十人用十余年时间的考证，所撰成的纪实史料。因此，上虞市窑寺前官窑是肯定存在的。它存在的时间，正好是五代吴越国的中晚期，直到北宋大平兴国三年（978）撤销吴越国号，归顺宋朝为止。如纪实中“国初，当置官窑三十六所”，这里所指的“国初”，即是宋太祖赵匡胤的建国初期，也就是公元960年。而这时的会稽上虞等地，还在吴越国的统治之下，这个三十六所官窑，就是吴越国在五代的中晚期所设立的专门烧造“秘色”贡瓷的吴越国“官窑”。这里所指的“官院故址尚存”，也是指吴越国在归顺大宋前，曾在这里设监理窑务的“官院”。因此，在大宋兴国七年（982），也就是吴越归顺大宋的第四年，宋皇朝派殿前承旨赵仁济，接管监理越州的窑务。从这些史料的纪实中，我们可以肯定，吴越王钱俶，就是用在上虞窑寺前所建的吴越国“官窑”来完成烧制周世宗所钦定的“雨过天青云破处”的“柴窑”，而且专贡世宗柴荣“御用”。难怪明万历的徐应秋在《玉芝堂谈荟》中指出：“越窑，至吴越有国时愈精，臣庶不得用，谓之秘色，即谓柴窑也。”由于这种“柴窑”烧制的成本肯定远远高于其他“秘色瓷”（技术不十分成熟，正品率肯定很低），所以在世宗故世后，即停烧。另一个原因，可能是吴越王钱俶，对在周世宗尸骨未寒的显德七年正月，就发动“陈桥兵变”而称帝的原后周归德军节度使、殿前都点检赵匡胤的不满，有意停烧已烧制成功的“柴窑”，以示怨怼。有理由相信，吴越王钱俶与周世宗深厚的情感，会导致其有此举动，致使“柴窑”十分稀少，被后人视为“古瓷奇珍”。笔者深信，随着上虞市窑寺前窑址的考古发掘，“柴窑”，包括越窑“秘色瓷”中许多还未清晰的问题，都将会大白于天下。

（七）柴窑的工艺与艺术特征

柴窑之所以成为人们心目中的瓷中之皇，简要地讲就是在柴世宗时期，它是工艺与艺术最精最美最赋有艺术成就的瓷种。从历史记载中，我们已了解到柴窑“胎体莹薄，釉色鲜碧”，其“鲜碧”的釉色如“雨过天青”，首先从“多足粗黄土”的记述中论述柴窑的工艺特征。“多足粗黄土”一词说的是两个方面：一是柴窑多数为粗黄土足，还有一部分不是粗黄土足。从烧造瓷器的工艺看，柴窑必定采用匣钵烧造，这一点无可非议。烧造时，为确保器物底部的釉色与器物釉面一致，必须用支钉烧或器物圈足处填放一些粗黄土，使匣钵内的任何部位，温度气流高度一致，又可防止器物与匣钵由于釉液垂流而发生粘结，如果不用支烧和圈足处填放粗土，必然要发生器物与匣钵粘结或器物底部釉面出现“麻子脸”。因此可以确认，柴窑是采用了匣钵支烧和匣钵圈足填放粗黄土烧的两种工艺方法。这与明曹昭在《格古要论》的论述中是一致的。而所谓的粗黄土足，就是圈足处在烧造中的填粘土。曾有学者把“多足粗黄土”认为是瓷胎，如果瓷胎为“粗黄土”，又何来“声如磬、明如镜”？本人所收藏的柴窑穿带瓶，其圈足处就有填粗黄土的粘着物，这是窑工们在烧造立件器物时，不宜采用支烧，如采用支烧，由于立件器物较重，烧造时在高温的作用下，会导致器物软化而变型，只好对立件器物采用圈足填粗黄土的烧法。这也与五代秘色瓷的烧造方法相一致。二是柴窑的胎体坚密，比其他秘色瓷更为“莹薄”。上面已经讲到，任何瓷种其胎体的厚薄，从审美的角度讲必须“恰到好处”，并非越薄越好，柴窑也不例外。但薄到“恰到好处”，也有一个烧造中的技术问题，薄易变型、难度较大，否则唐中后期的“秘色瓷”胎体就不会显得略于微厚。从目前收集的可确认为“柴窑”的器物看，其胎体都要比其他五代秘色瓷薄 1–2mm 左右。碗、耳杯其胎体厚度都在 1–2 mm 之间，显得莹薄与精神，与“汝官”相类器物的厚薄相一致。三是型制新颖优美，胜于秘色，可与“汝官”媲美。“柴窑”的烧制，必定集合着一批工艺技术高超的窑工，在型制上必然突破从唐到五代的秘色瓷。如柴窑海棠耳杯，其长宽高的比例、圈足的造型、上口的弧线，俱极其完美，做到了多一分不雅、少一分不美的境地。又如柴窑花口小盏，已有“汝官”的典型器物“天青釉莲花碗”的雏形，在形制上已炉火纯青，是五代时期其他任何窑口所不能比拟的。四是釉色鲜碧，如雨过天青。秘色瓷，把唐贡瓷的青黄釉改进为青绿釉，被文人誉为“千峰翠色”。笔者认为，窑工们为烧造“雨过天青”般的釉色，在釉料上作了大胆的探索和实践。通过上海硅酸盐研究所对柴窑标样化验分析，其釉的成份与“汝官”相当一致，可以断定，柴窑首开在釉色中使用玛瑙的先河，并为“汝官”的形成奠定了技术基础。

柴窑在釉中使用玛瑙，使原来“千峰翠色”“青绿色”变得更加鲜碧、娇艳，釉质产生荧光，这种荧光与汝窑一样。这样的釉色也是五代柴世宗时期其他任何窑口所不能比拟的。

日月祥云随形端砚赏析

福建包氏私人博物馆馆长 包章泰

对于自己所藏的上千方历代名砚，每一方的材质、特点、典故等等，我都能如数家珍。而其中一方明代文徵明所刻日月星祥云随形端砚更是我宝爱之物，稍有空闲，就会捧它在手细细品赏。此时，遥想文徵明以石当纸，以刀代笔，以天然石品石色作墨彩，亦简亦繁、亦工亦拙、挥洒自如的情景，心境会如同遇一长年知音，灵犀通透，慧门洞开……

此砚石之优美，造型之大气，布局及刻工之精到，令人叹为观止。它质地坚细滋润，包浆浑厚自然，握之水滋温润。砚体通长18.5cm，前高（砚额隆起处）3cm，后高2.7cm，呈前窄后宽、砚堂宽广、中心微凹、前低后高之态。砚池凿成弯月状，右上角两道弧形起线内，有一大二小黄金色石皮，不施刀工，尽显良材之美；为砚堂实用需要，左右两边略作减地处理，而后端又刻意琢连绵弯曲的起线，后边缘保留下凹弧形状槽沟，整个砚面宛如一幅日月星云齐聚无垠蓝天，山川江河环绕广袤大地的山水画。

砚的背面大部分依原石起伏不平状，经打磨抛光，并以隐地双勾起线法，浅雕如意连云纹及钩状朵云纹列于周边，着意留下左边一块天然石破，寓天人合一之道，中间留白部分有一个大的和数个小的金黄色石眼，其中大的一个石眼稍圆，金黄色彩由中心向周围作稍浅淡过渡，边缘间有紫色晕；还有一个小的呈椭圆形，浅金黄色，周围有一圈明显的紫晕。砚背右侧阴刻行书“挥毫自在”，落款“瀓明”，书法淡雅，刻工精到。作者巧借石品中紫红、金黄和蓝白之色及大小石眼之天然造化，加以精心雕刻的如意祥云，在砚台的背面又创作了一幅夕阳余晖下万道霞光，极目蓝天，星空夜聚、祥云缭绕的动人画面。

这不仅是一方砚台，更是一幅美轮美奂的画作。

文徵明（1470~1559），江苏吴县人，祖籍衡山，故号衡山居士。他自幼习经籍诗文，喜爱书画，文师吴宽，书法学李应桢，绘画宗沈周，年轻时即享盛名，与祝允明、唐伯虎、徐祯卿并称“吴中四才子”，与沈周、唐寅、仇英合称“吴门四家”，书法与祝允明、王宠并誉为“吴中三家”。

文徵明诗、书、画精绝，书法中篆、隶、楷、行、草无所不精，特别擅长行书和小楷，其小楷尤显个人风格；绘画造诣极高，人物、山水、兰竹、花卉无所不工，与乃师沈周并驾于吴中画坛；并继沈周之后成为吴门画派领袖达五十年之久，门人弟子众多，其以书入画，色调对比中见融合，稳健中略见涩笔，极具装饰性、抒情味、稚拙感的吴派风格，影响力直至清代画坛。古代历来有“砚而有铭，其价倍增”的说法，大文人或大藏家刻铭之砚是历代藏家梦寐以求之物，而文徵明创作并刻铭的砚台作品并不多见，因而更显珍稀，被后人视为难得一见的宝物。清代乾隆年间，就有一藏砚家曾用二十两黄金和一副唐伯虎的画换得一方下岩子鸲鹆眼文徵明刻铭端砚，并以和田玉剜空为匣贮之，匣上刻铭以示珍重之意：“黄金换砚人笑痴，我道砚田胜黄金。二十年来偶一得，富贵于我如浮云。”此事一经传布，即成藏砚美谈。由此，文徵明刻铭砚台更是成为藏家们魂牵梦绕之追藏目标。

一块天作之美的端溪良材，经由一代巨擘的“妙刀生花”，终成传世奇珍、藏家瑰宝，岁月愈是流逝，它的艺术价值与文化价值愈是弥足珍贵。我为自己能拥有这样一方不朽名砚而深感荣幸。

千秋大业正逢时 任重道远须给力
——关于民间博物馆发展现状的思考

中国博物馆协会理事、民办博物馆专业委员会主任 宋建文

一、蓬勃发展的民间博物馆

近二十年来，民间博物馆的发展在我国遇到了千载难逢的机会，下述三种现象可以证明：一是交易热收藏热使得民间博物馆呼之欲出；二是国家支持民间博物馆发展的政策越来越清晰；三是地方政府把民间博物馆当作文化产业支持的热情不断高涨。

据民间博物馆的注册机构统计，当前全国注册的民间博物馆数字为400个左右。而据本《年鉴》编辑部统计，由于各种原因导致的非注册民间博物馆约有800~1000个，相当于注册民间博物馆的两倍之多。

粗略归纳，导致上述现象的原因主要有以下四点：

首先，一些地方的注册渠道还不是十分通畅；其次，一些民间博物馆的所有人出于对当前民间博物馆政策的不同解读而不愿意办理注册手续；再次，一些地方的民间博物馆注册门槛过高过严，或一些民间博物馆的藏品及馆舍水平达不到注册标准的要求，致使大量注册行为半途而废；最后，文物行政管理机关之外的注册渠道五花八门，如工商、如社团、如院校、如部委、如大型企业，等等。

横观当前民间博物馆注册与非注册现象并存的繁荣图景，纵览民间博物馆个体生存与发展的众生百相，笔者认为，有必要总结叙述一下我国当前民间博物馆生存与发展的主要特点。

二、民间博物馆生存与发展的特点

（一）发展的速度快

从改革开放之后北京第一批民间博物馆的诞生算起，才不过走过了十几年，从第一个全国民间博物馆论坛召开算起，也就仅仅一两年，我国的民间博物馆即迅速进入了发展高峰期。这与国有博物馆的发展的漫长路程相比，不能不让人感到振奋。

（二）组织形式多为“个体”

所谓个体户的组织形式，是指个人出资、个人兴办、个人设计、个人管理或仅有家人或极少数雇员参与的类似改革开放之初的个体运营模式。抽样调查显示：96%的民间博物馆属于个体运营模式，真正形成科学严密管理体制的民间博物馆可以说是凤毛麟角。它们大多类似改革开放之初的个体餐馆、个体百货店，不过经营内容不同而已。

回顾我国私人企业从个体户到私人企业再到有限公司的企业形态发展历程，再分析民间博物馆现状，结论是：民间博物馆处于初级阶段这个现实是很难逾越的。

（三）生存模式多种多样

按民间博物馆生存发展的资金来源划分，当前的民间博物馆生存模式主要有以下四类：

1. 企业供养型

一般是指博物馆的投资企业每年固定拿出一笔数额可观的资金用于博物馆的建设发展和日常运营费用。通过对几个这种类型的博物馆了解，这笔资金的数额约在1000万元人民币左右。由于这种类型的博物馆没有筹措资金的干扰，因而在博物馆的硬件建设规模和硬件建设档次上，在展品收集和展品展览设计上，都有其他博物馆难以相比的优势，都显示出了其他博物馆难以超越的活力，都在各自的领域里创造出了具有鲜明自身特色的发展经验。如江苏常熟苏作家具博物馆、陕西西安大唐西市博物馆，等等。

2. 社会赞助型

众所周知，国外的民间博物馆多数都是依靠在社会上筹措资金维持运营。这也应该是我们要努力追求的方向。由于我国的民间博物馆和国外的民间博物馆比起来成长的路程还十分短暂，还处于初级发展阶段，加上社会赞助博物馆的风气还没有形成，多数民间博物馆都只能以个体户的形式运营。

但可喜的是，一些民间博物馆已经在不同程度上开始了吸收社会资金的尝试，马未都的观复博物馆即是这方面尝试的佼佼者。据了解，观复博物馆不仅从社会上筹措到了资金，而且健全了基金会制度，摆脱了个体户式的运营色彩，实现了所有权与运营权的分离，实现了基金会领导下的馆长运营负责制。

3. 自我造血型

没有实力雄厚的企业供养，也筹措不到社会赞助资金，博物馆的藏品就是自己多年收藏的积累，博物馆的建设和运营要靠自有资金的支持，有的甚至倾其所有支撑维持，这就是我国绝大多数民间博物馆生存发展现状的真实写照。这部分博物馆要想继续存在和发展，多数只有一种出路，就是强化自身造血功能，或门票收入，或研究成果推广收入，或应邀外出展览收入，或配套服务收入，或其他能够有收入的经营行为等。如四川成都的建川博物馆、陕西西安的民俗博物院、浙江绍兴的越国文化博物馆、福建宁德的包氏博物馆、陕西西安的牛文化博物馆、遵义嘉丰民俗博物馆，等等。

4. 外力借助型

上述自我造血做出成绩收到效果的毕竟还是少数，因为这种造血也要依靠一定数额的自有资金作支撑。一些民间博物馆在自我造血难以为继的情况下，千方百计寻找可以借助的外力合作，也收到了可喜的效果。如上海的中华性文化博物馆与江苏同里旅游区合作，河南鹤壁的古典艺术博物馆与大型国企合作，山西晋城的山西古典家具博物馆、珐华瓷博物馆与当地政府的行政管理部门合作等。

（四）生存难是当前民间博物馆议论的主题

不论是参加民间博物馆研讨会还是交流会，不论是参观民间博物馆还是与馆长交谈，“生存难”几乎是必然出现的永恒话题。一是政策环境难。主要是指在国有博物馆管理观念主导下的管理环境里发展的空间相对狭窄，发展的活力受到限制，与国有博物馆相比不在一条起跑线上。二是经济环境难。主要是指民间博物馆大多资金来源渠道狭窄，自有资金难以长期维持运营，造血功能又因种种困难不能有效实现。

（五）库房或高级库房说

我国的民间博物馆虽然发展速度迅猛，但仍然处于初级阶段。库房或高级库房说就是对当前多数民间博物馆管理水平与办展水平不高的形象化的形容与注解。所谓库房，就是将藏品集中混杂堆放摆放的场所；所谓高级库房，就是将藏品在集中混杂堆放摆放的基础上进行了分类处理和分类登记。两者缺少的是对藏品的深刻细致的研究和科学艺术的展示。可以说，它较为准确地描述了我国当前民间博物馆的现状。

（六）多数馆不回避经营

抽样调查显示，我国当前的民间博物馆中，90% 以上不回避经营这个话题，81% 直言建立博物馆的目的之一就是经营，53 % 表示建立博物馆的唯一目的就是经营。

经对民间博物馆的经营内涵进行全方位考察后发现，经营目的主要为如下四种：（1）补贴办馆经费；（2）在筛选中提高藏品档次和价值；（3）提高藏品销售价格；（4）提高未进入博物馆的其他藏品的销售价格和销售档次。经营内容主要为如下几种：（1）把博物馆作为一个事业经营；（2）把博物馆作为企业的广告经营；（3）经营馆藏品的副产品；（4）经营馆藏品；（5）经营未列入博物馆的藏品。

（七）政府重视程度提高但效果不明显

政府对民间博物馆的重视程度提高主要表现为：（1）支持态度越来越明确，国家和地方政府相继出台了促进民间博物馆发展的文件；（2）支持措施越来越细化，有的地区把民间博物馆作为地方文化产业的重要内容给予土地优惠和资金支持，有的地区甚至细化到了按建馆的面积进行资金补助、按参观人数进行门票补助等等。

调研过程中，我们在充分感受政府对民间博物馆重视程度的同时，也不无遗憾地感到国家对民间博物馆的支持效果还不明显。抽样调查显示，实实在在受益于政府支持民间博物馆政策的民间博物馆还不到 10%，多数民间博物馆尚处于望梅止渴的状态。表现为两种现象：（1）政府的重视还没有普遍演化为地方政府对民间博物馆的自觉支持，多数支持行为还停留于地方政府张扬自身政绩的需要；（2）政府的重视还没有普遍演变为地方政府支持民间博物馆的具体措施细则，多数还停留在造氛围造声势的文件层面上。

三、应正确认识民间博物馆的各种关系

在总结分析民间博物馆发展特点的过程中，我们会发现一个特别明显的现象，就是国家管理阶层和专家阶层强调的是强化管理，民间博物馆阶层强调的是生存困难。这种现象昭示了一个非常需要关注的问题，即研究与处理好民间博物馆初级阶段存在的诸多矛盾与矛盾关联方的关系。以下简列九种，分述如下。

（一）民博数量与质量的关系

我们首先必须正视这样一个现实：我国当前存在的数量众多的民间博物馆中，能够达到现行政策认可标准的，或曰完全意义上的民间博物馆还不会很多。这恰恰是因为民间博物馆发展处于初级阶段所决定的。我们不妨回忆一下我们现在还不陌生的我国私人企业发展成长的过程，或许会对刚刚出现的处于发展初级阶段的民间博物馆的管理政策的制定和调整提供一些有益的启示。

我国的私人企业发展经历了个体户－私人企业－有限责任公司三个阶段之后，才形成了现在这种私人企业蓬勃壮观的可喜局面。而即使是现在，个体户也还大量存在于世，只不过不再是改革开放之初私人经济的主流而已。不妨设想一下，假如我们当初就因为其资金规模、经营规模、雇工规模达不到现今私人企业的标准而不允许其存在，不允许其注册，我国现在的私人企业会是个什么局面？我们认为，如同私人经济的发展过程一样，民间博物馆的发展也必然会遵循一个从小到大、从不成熟到成熟、从不标准到标准的发展过程。也就是我们常说的：没有一定的数量就没有质量提高的基础。因此，在民间博物馆发展之初的一个很长的时间段里，应该允许大量的达不到一定标准的民间博物馆存在，应该允许大量的多种面目多种形态的民间博物馆存在。在雄厚的数量基础上，高水平高档次高质量的民间博物馆才会喷薄而出。此外，我们从乒乓球发展的骄人局面和足球发展的可怜局面之对比中，也不难看出数量与质量的关系之规律。因此我们殷切希望营造一个民间博物馆数量发展的宽松环境。

（二）国有博物馆管理思路与民间博物馆管理思路的关系

不能不承认，我们已经习惯了自觉不自觉地用国有博物馆的管理思路来制定民间博物馆的管理办法。虽然，国有博物馆的管理思路会对民间博物馆有诸多的启发和借鉴作用，但不能替代。而且，由于所有制的不同，民间博物馆发展到一定的阶段还会对国有博物馆的发展带来有益的变革启发和借鉴。深入细致地研究我国当前民博的现状是处理好这个关系的关键。

（三）民间博物馆终极标准与初级阶段标准的关系

毫无疑问，民间博物馆发展的终极目标一定就是非营利的、为社会大众服务的、展示藏品研究成果的文化机构。但我们又必须清醒地认识到民间博物馆处于初级阶段这个现实，不能超越这个阶段。

这个阶段的特点就是：民间博物馆的办馆热情、办馆积极性空前高涨，办馆目的五花八门，办馆水平普遍有待提高。我们应该在这个阶段的基础上制定鼓励民间博物馆发展的政策措施，不能拔苗助长；应该在遵循民间博物馆发展规律的基础上，为民间博物馆的成长锄草、施肥、灌溉，甚至人工降雨，甚至暖房暖棚。这个比喻的核心内容，就是呼吁全社会都来支持民间博物馆，为民间博物馆的发展付出力量，对眼下达不到博物馆标准但却真心实意努力做博物馆的人，对已经建成博物馆但还没有办注册手续的博物馆，对已经办了注册手续但研究水平、办展水平、管理水平还不够高的博物馆，都要从培育的角度、扶持的角度给予支持。

（四）民博生存与民博发展的关系

几乎所有的人从不同的角度出发，都会一致认可民间博物馆生存难这一话题。但认可之后表现出的态度却不尽一致，甚至截然相左。为了民间博物馆事业的千秋大计，我们呼吁社会各界首先要鼓励民间博物馆的生存，要为创造有利于民间博物馆生存的环境添砖加瓦；要把先生存后发展，没有生存就没有发展这一自然界的普遍规律运用于民间博物馆的生存与发展的过程中。

（五）私人所有与政府支持的关系

国家所有与私人所有是两种不同的所有制形式。因而政府支持民间博物馆，就因为这两种所有制形式的不同而出现认识上的瓶颈。私人所有的认识不容置疑。政府支持的态度也不容置疑。国外有许多鼓励私人博物馆发展的政策值得我们研究与借鉴。

首先必须看到，现今民间博物馆的所有制性质多种多样，有单独一个私人资本所有，也有多个私人资本所有；有一个或多个私人资本集合的有限公司所有，也还有私人资本与国有资本混合所有；等等。我们觉得现阶段如果能够在注册文件上载明民间博物馆的所有制性质，将有利于打消一部分民间博物馆开办人的顾虑。

其次，应该重新解释明确博物馆的社会所有性质，明确社会所有也不是国家所有。这样将有利于研究制定政府支持民间博物馆发展的具体措施，也有利于打破存在于政府各个环节的支持民间博物馆发展的观念上的瓶颈。

（六）博物馆性质与办馆目的的关系

从理论上讲，博物馆性质与办馆目的应该是相辅相成的。但由于我们还处于民间博物馆发展的初级阶段，由于我国国民的整体文化素质还需要进一步提高，现阶段要求两者的绝对统一是很难做到的。强求绝对统一，很容易出现偏离鼓励民间博物馆发展的做法。左者，关闭入口，把大量民间博物馆发展的积极因素枪毙在萌芽状态；右者，大门敞开，不加引导任其发展。上述两者的做法都不利于民间博物馆的健康发展。

（七）同等对待与区别管理的关系

同等对待就是对两种不同性质的博物馆在准入政策、管理政策、优惠政策上要一视同仁。区别对待就是要有意识地根除用国有博物馆的管理思路管理民间博物馆的种种做法，就是要深刻地把握民间博物馆处于初级阶段的实际，准确地制定有利于初级阶段民博发展的有效管理政策。但目前的情况是：一方面，我们是用长期以来形成的已经非常习惯了的国有博物馆的管理观念和管理思路来同等对待两种不同性质的博物馆群体；另一方面，我们又是用长期以来形成的已经非常习惯了的国有博物馆的管理观念和管理思路来制定区别对待的政策和措施。我们不能不客观地看到，思维惯性还在很大程度上左右和影响着同等对待和区别管理这个本来非常正确的民间博物馆管理原则。正是由于思维惯性的存在，对民间博物馆同等对待区别管理的原则的真正落实，还需要经过一段很长的路程。当前我们反思同等对待和区别管理的关系时，更应该在区别管理上下大工夫用大力气。

（八）馆藏品与其他藏品的关系

由于我国当今的民间博物馆绝大多数都是由私人收藏家演变而成的，也由于民间博物馆旗下的藏品与私人收藏家名下的藏品常常是库居一处，局外之人很难区分清楚。因而，处理好民间博物馆馆藏品与收藏家其他藏品的关系就显得尤为重要。

其一，馆藏品是收藏家所有藏品中的精华部分；

其二，馆藏品经过政府行政管理部门认定，属于博物馆所有，馆藏品的交流处置要遵守政府的管理规定；

其三，作为收藏家的办馆人可以经营非馆藏品，也可以通过非馆藏品的经营活动为博物馆购买藏品或筹集办馆资金；

其四，作为博物馆馆长的收藏家应该拿出很大一部分资金和精力履行博物馆的功能和义务，做好馆藏品的研究和展示工作。

（九）库房保管员与研究员的关系

毋庸讳言，国有博物馆中的许多研究员都是保管员出身。可以断言，库房保管员是晋身研究员的有利条件和有力基础。但为什么国有博物馆的研究成果大量出现效果和影响非常明显，而民间博物馆的研究成果出现的数量和影响力都微乎其微？这里固然有队伍素质和队伍形成年限的原因，但我们更需要关注的是这两类博物馆库房保管人员的工作目的。根据调查情况分析，绝大多数民间博物馆的保管人员即馆长，和绝大多数国有博物馆的保管人员即后来的研究员，心目中的主要奋斗目标是截然不同的，前者主要的奋斗目标是经济效益，而后者的主要奋斗目标是研究员的职称。前者达到奋斗目标的途径有多种，而后者达到奋斗目标的渠道只有一种——研究成果累积。综上分析，我们不难得出这样的结论：处于初级阶段的民间博物馆的库管员即馆长，不可能按照国有博物馆库管员的发展线路演变为研究员，因而他们对馆藏品研究的重视程度、精力投入程度、资金投入程度，都不可能放在最突出的位置。要改变这种现状，不仅仅只是提高库管员的素质的问题，更重要的是要提高民间博物馆研究成果的市场认知程度与价值高度。在鼓励民间博物馆发展的大政策大环境的基础上，国家要制定鼓励民间博物馆对馆藏品研究的优惠政策，创造民间博物馆对馆藏品研究的激励环境。

从博物馆的功能和陈列艺术看民间博物馆的建设

中国博物馆协会民办博物馆专业委员会秘书长　肖秉侠

随着新中国成立以来民间文物艺术品的不断积累，特别是自改革开放三四十年来经济的高速发展，更加促进了民间收藏热的升温，很多收藏家从自发的爱好一点一滴的搜集，在社会经济形势越来越好的条件下，逐渐走向了专题的、系统的收藏，达到了一定的规模。并且，思想意识上也发生了一个飞跃，即从原来纯粹的个人爱好，发展成对收藏品的理论研究，产生了一种对国家民族、对社会文明继承和发扬的责任感。有经济实力的，他们拿出高额的资金去收集藏品；没有经济实力的，他们不惜倾家荡产，拿出自己的全部精力和财力收集那些散落在民间的艺术品和反映国家民族文化起源、进步和发展的各类物品。由于他们遍布全国，人数众多，覆盖面广，且生活于民间，因此能够广泛地、不失时机地收集到具有相当的历史价值、文献价值和研究价值的藏品。更有那些有一定经济实力的收藏家们不惜重金收购，甚至从国外竞买回各类流失的文物。

这个群体无论从人数上、分布区域上、还是从资金的支持和对藏品的认识上，都超出了人们的想象。不可否认，他们已经起到了对国家文物的保护和补充的作用，成为一支不可忽视的力量。

那些具有一定实力的藏家，从原有的爱好、兴趣出发的集藏，逐渐发展到有系统的具有相当数量积累的，上升到理论研究高度的层面。于是他们产生了向社会展示其收藏成果，宣传中华民族的历史文化发展，教育人民热爱国家民族的历史文化的意愿。因此，近些年来开办民间博物馆的人士越来越多，民间博物馆的发展越来越快。据不完全统计和估算，目前全国的民间博物馆约有上千家。他们以自己辛勤的汗水、睿智的慧眼和丰富的知识，以及向社会无私奉献的精神，把自己几十年积累起来的藏品陈列出来，供社会参观、了解和研究，为提高人民群众的科学文化素质，丰富人民群众的文化生活作出贡献。

但是，我们应该看到，在我国民间博物馆的建立才刚刚起步，基础还很薄弱，还处于发展的初级阶段。由于受到种种客观因素的制约，如资金短缺、环境狭窄、经验不足和技术水平低下等等，民间博物馆的建设还存在很多问题，更不可能跟国办博物馆同日而语。在博物馆的建设中，涉及的内容非常多，其藏品也是种类繁多，涉及广泛，从地质、天文到当代高尖端的科技产品，从民众的生活用品到反映各个不同历史时期的工艺、美术及民风民俗等等。无论是什么类别的藏品，上升到举办博物馆都应该围绕着博物馆的功能去建设，其藏品也必定要展示给观众欣赏、学习。因此笔者现就博物馆的功能和陈列艺术两个方面谈几点看法。

一、博物馆的基本功能

在我国一直认为博物馆的功能有三点，即收藏、研究、教育。谈到收藏，凡能开办博物馆的人士，大都拥有成千上万件藏品，这是他们毕生的积累，如没有藏品数量的积累，也就不可能产生举办博物馆的动机。这种藏品的积累还应该是有主题的、系列的，而不是杂乱分散的、藏品个体之间相互没有关联的。我们的民间博物馆大多都具备了这一基本条件，如筷子博物馆、汽车博物馆、古钱币博物馆、紫砂博物馆、苏作古典家具博物馆、彩陶博物馆，等等。这些博物馆从馆名上就带有明显的专题特色，并且有着一定数量的积累。当然也还有一部分综合博物馆，其馆名虽然没有显示出其主要藏品的种类，但在其馆藏品的内容上也区分着诸如瓷器、青铜器、古典家具、石雕、佛像等系列。而且，所有这些博物馆还都在不断地积累、扩大其藏品的内容和数量。他们把国内外、社会上所有的能代表一定的文化内涵的物品都收藏起来，为保护、传承和宣传博大精深的中华民族的历史文化不遗余力，令人敬佩。

有了收藏的前提，把其藏品归类，或按不同的年代、时期，或按不同的地域、用途，或按不同的文化取向，或按反映不同阶层的生活状态分成系列的主题，针对这些主题进行分析、研究，寻找其发展的历史渊源和文化内涵就是博物馆更深层的基本功能了。博物馆不是单纯的陈列室，对其藏品要有较深刻的认识和分析，并根据藏品去探讨那些已经消失了上千万年的历史文化和科学技术，不断地去探索去发掘那些未解之谜，去疏理我们现代生活、文化和科学技术的来龙去脉。民间博物馆群体当中不乏这样的有识之士，且研究成果丰硕。如，甘肃省马家窑彩陶博物馆馆长王志安，在办馆过程中始终没有放弃对马家窑出土的彩陶的研究，成立了马家窑彩陶研究会，从其藏品器型的变化，纹饰的文化内涵追溯到四五千年前生活在马家窑地域的人类祖先的文化发展脉络，对我们远古历史的研究做出了重大的贡献。北京励志堂科举匾额博物馆馆长姚远利，在收集了大量反映我国历史上科举制度的形成和作用的藏品之后，梳理出了我国历史上沿用了半个多世纪的科举制度的沿革，对研究我国古代教育制度的建立、延伸和发展以及消亡的原因作了大量的工作，该博物馆现已成为文教系统的青少年教育基地。浙江绍兴越国文化博物馆馆长孙海芳，于2007年就举办了越窑高峰论坛，讨论越窑发展过程，探讨在我国已失传了数千年的秘色瓷的制作、烧制、器型、特点等等，开创了我国民间博物馆主办研究活动的首例……类似的例子，并非凤毛麟角，笔者不再一一列举。但客观地讲，我国大部分民间博物馆还尚未对博物馆的研究功能充分利用，仅满足于向社会展示其藏品，对其藏品深刻的内涵和历史文化渊源还没有进行系统的理论研讨，在一定程度上失去了举办博物馆的意义。记得在2009年1月首届中国民间博物馆论坛上，姚远利馆长就曾经呼吁，民间博物馆要注重馆藏品的理论方面的研究。这个呼吁反映了我国民间博物馆发展的必然，也道出了我们民间博物馆在自身建设方面的缺陷。

我国具有悠久的历史文化，所有的博物馆的藏品，无不闪烁着先民们的智慧和创造。我们的馆长们把他们收集起来展示给社会，让每一位欣赏它的人都为之震惊，为之骄傲，更加激励着国民热爱国家、建设国家的热情。所以，民间博物馆的教育功能是显而易见的。

综上所述，我们的民间博物馆在博物馆的基本功能建设中还要在研究方面下更大的力气。研究是收藏的一个提升、一个飞跃，是更好地整理藏品、提高其教育意义的核心，是我们民间博物馆建设中的一项重要工作，也是一项非常有意义的工作。

二、博物馆的陈列艺术

陈列是每个博物馆都能做到的，只要建成了场馆，放上了展台和展架陈列就算完成，不是件难事。但谈到陈列艺术，就不是那么简单了。我国民间博物馆还处在起步阶段，馆长们对陈列艺术的理解恐怕还不那么深刻，但陈列效果的好坏应该每个人都能感受得到。商场和超市我们每个人都去过，商场货柜的布局、商品的摆放就是一门艺术。有的商场我们去了之后感到很舒适，很温馨、很方便，去了一次下次还要选择这个商场购物，而有的商场则让人感到拥挤、杂乱，犹如迷宫般，去了一次就不想再去，甚至打消了购物的念头。可见，商场的陈设陈列艺术好坏，会直接影响到顾客的心情，关联营业的成效。博物馆也有相同的道理。客观地说，每个博物馆在开办时，可能都要请专业人员来设计，但民间博物馆由于受到资金、场地等等条件制约，所选择的水准则不同，只能因陋就简，因地制宜。但是，笔者认为陈列艺术与场地并非密切相关。场地为有效的陈列提供了条件，但场地并不能决定艺术的发挥。记得北京古玩城刚刚建成时，很多经营者都不注意陈列艺术，物品摆放拥挤、零乱。他们为了充分展示自己的商品，几乎把自己的所有物件都塞进了摊位、货柜，有的商户甚至弄得连下脚的地方都没有。如此这般，相当一部分客人只能在门口一瞥而过，有的连这个商户卖的是什么都没看出来。后来由于经营观念的不断提升，同时又受到新入驻商户文化理念的影响，老商户们的商品摆放理念大为改观，于是商品陈列变得主题清楚、视线良好、环境幽雅，与其经营的内容相融，大大提升了商铺的价值。笔者也曾参观过美国洛杉矶的一家私立博物馆，这个博物馆展出的是上世纪初的一些贵族服饰和水晶摆件等。该展馆是一家私宅，面积不大，但设计得很是优雅，室外有水池、花木，室内不大的展厅主题突出，参观路线清晰，藏品摆放井井有条，毫无拥挤现象，参观起来有空间，也有视觉效果。

就我国民间博物馆的陈列来看，笔者参观过场馆大的、场馆小的，感觉其藏品陈列还有待于推高。比如有一古典家具博物馆，只注意了随建筑设计摆放，但忽视了家具年代的延续和关联，再加上参观路线的设计不尽合理，参观者看到的是明、清家具混合摆放，其效果显得杂乱、无序，思路也不清晰；有的藏品种类很多，可陈列中并没有分类，给人以视觉跳跃的感觉；更有相当多的博物馆的陈列过于注意数量，内容重复，让人感到疲劳，看不出重点，等等。因此，陈列艺术在发挥博物馆的展示效果以达到教育目的中的作用是十分重要的。

那么，陈列艺术又从何入手呢？教材上写得很多，但笔者觉得应着重注意以下两个问题：

1. 要正确地理解展出主题和展出内容。首先是给自己的博物馆定性，是历史陈列、考古陈列还是出土文物展？是博物馆还是美术馆？是科学展还是旅游景点？其次，正确地理解陈列主题和内容，是搞好陈列形式艺术的关键。一个部分、一个单元往往只适合于突出一个中心内容，一个陈列也只适合于突出一个主题。

2. 陈列艺术形象要具有准确性、鲜明性和生动性。即：表现的思想观点要准确，所表达的内容要准确，艺术形象要鲜明，陈列形式有特点，不要千篇一律，要有创新，使观众有新鲜感。陈列形式要生动活泼、引人入胜，为观众所喜闻乐见，给观众以深刻的印象。陈列是一门艺术。我们要突破传统的陈列方式，用新的构思、新的设计，将我们有限的空间和资源利用好，同样可以达到意想不到的展览效果。

民间博物馆的发展是艰难曲折的，我们也刚刚在起步，但只要我们牢牢把握建设博物馆的基本概念和要求，在搜集大量藏品的基础上，对藏品的文化内涵在理论上加以研究，将我们的收藏提升到一个更高的层次。有了对藏品更加深刻的理解，我们将丰富对藏品陈列的认识，就会在藏品的陈列艺术上有所创新，不断提高我们的办馆水平，从而对社会产生更大的影响，作出更大的贡献。

民博大事记

中国民间博物馆发展大事记

1996 年 10 月 30 日

我国第一批获得政府批准的四家民办博物馆——观复博物馆、古陶文明博物馆、遗箴堂碑帖拓片博物馆和吴茜、何扬现代绘画馆，由北京市文物局正式批准成立，并颁发了“事业单位法人证书”。

1996 年

北京市政府无偿提供用房支持民办博物馆——炎黄艺术馆。这是国家在场馆方面支持民间博物馆发展的首创之举。

1999 年 12 月 28 日

国家民政部发布了《民办非企业单位登记暂行办法》，规定民办博物馆按“民办非国企单位”申请登记。

2002 年 6 月 5 日

建川博物馆首次邀请国家文物专家为该博物馆藏品评级，有 14 件藏品被评为国家一级文物。之后，分别于 2005 年 8 月 6 日评定 43 件；2008 年 4 月 11 日评定 34 件；2009 年 10 月 31 日评定 30 件。

2004 年 4 月 19 日

中华性文化博物馆从上海迁至江苏同里后正式开馆。这是我国民间博物馆与旅游景区结合运营的首次尝试。

2004 年 6 月 18 日 -22 日

中国收藏家协会和收藏界杂志联合推出的“雅观杯首届中国收藏界年度排行榜”评出十大民间博物馆。这是国内第一次组织民间博物馆的评选活动。

2007 年 6 月 24 日

“古陶文明展”在首都博物馆开幕。这是我国民办博物馆藏品首次在国有博物馆亮相。

2007 年 10 月 23 日

由浙江省博物馆、绍兴市人民政府主办，绍兴越国文化博物馆承办的“中国越窑高峰论坛”在绍兴开幕。论坛讨论了越窑的发展过程及秘色瓷、柴窑发展与发现。由政府主办、民营博物馆承办的文博专题研讨会，在我国尚属首次。

2008 年 8 月 13 日

宁波鄞州区政府出台《关于鼓励促进我区民办博物馆的意见》。这是我国第一个地方政府支持民间博物馆的政府文件。

2009 年 1 月 13 日

“首届全国民间博物馆论坛”在北京国都大饭店举办，有 50 家民间博物馆的代表出席。国家文物局副局长、中国博物馆学会理事长张柏出席论坛并发表讲话。

该论坛由全国工商联古玩业商会、中国古玩研究院主办。

2009 年 1 月 14 日

第一个“全国民间博物馆联谊会”在北京诞生，宋建文当选为秘书长。

2009 年 1 月 14 日

参加“首届全国民间博物馆论坛”的全体与会者集体出席“北京国粹苑民间博物馆园区”启动仪式。这是我国民间博物馆领域首次提出博物馆园区的概念。

2009 年 1 月 18 日

陕西西安经文牛文化陶瓷博物馆与首都博物馆联合举办的“牛年说牛文化文物展”，在首都博物馆开幕。这是我国民办博物馆首次在国家博物馆亮相。

2009 年 3 月 28 日

“全国民间博物馆馆长联谊会”在成都双流县举行。50 多个地区的民间博物馆馆长出席了会议。

2009 年 4 月 22 日

第一个民间博物馆小镇即将诞生——四川大邑县县长宣布将投资 20 亿元人民币建立 500 个民间博物馆，打造世界级博物馆小镇。

2009 年 5 月 17 日

广东“英博啤酒博物馆”开始试营业。这是我国第一个与外资合办的民办博物馆，也是第一个实行董事会管理制的民办博物馆。

2009 年 5 月 20 日

成都市政府出资 4000 万元人民币，将中宣部、国家发改委、解放军总政治部和中国人民军事博物馆举办的“万众一心、众志成城抗击汶川大地震展览”落户建川博物馆园区，开创了国家支持民间博物馆发展的新途径。

2009 年 9 月 26 日

第一个省级民间博物馆协会——陕西省民间博物馆协会在西安成立，选举吕建中任会长，巩德顺任名誉会长。

2009 年 10 月

中央财政拨付专款对西安关中民俗博物馆、青海藏医药文化博物馆的陈列展览项目给予支持。

2009 年 10 月 31 日

第一个“中国博物馆文化之乡”在浙江宁波鄞州区诞生。该称号系由中国民间艺术家协会授予。

2009 年 11 月 12 日

第一次“全国民办博物馆工作座谈会”在北京举行。由国家文物局主办民间博物馆座谈在我国尚属首次。国家文物局局长单霁翔在会上发表了讲话。

2010 年 2 月 29 日

国家文物局等七部委颁布了《关于促进民办博物馆发展的意见》。这是我国第一个全面支持民办博物馆发展的政府文件。

2010 年 3 月 18 日

中国博物馆学会行文中博协函【2010】17 号，批准成立民办博物馆专业委员会。

2010 年 4 月 7 日

陕西西安大唐西市博物馆正式开馆，由原陕西博物馆副馆长王彬任馆长。这是国家文物保护遗址首次与民营资本结合运作，也是国家博物馆专业人员首次出任民间博物馆馆长。

2010 年 4 月 7 日

“全国民间博物馆西安论坛”在陕西西安举办。论坛发表了《西安宣言》，出版了论文专集。该论坛由陕西省民间博物馆协会主办。

2010 年 4 月 23 日

中国博物馆学会民办博物馆专业委员会成立大会在北京农展宾馆召开。大会选举宋建文任主任，孙海芳、包章泰、王炎任副主任，肖秉侠任秘书长；聘请吕济民、罗哲文、闫振堂、巩德顺担任顾问；聘请贾文忠担任专家组组长；聘请叶星生为名誉主任。

中国博物馆学会副理事长董琦在大会上宣读了张柏理事长的讲话。

2010 年 4 月 23 日

由中国博物馆学会民办博物馆专业委员会编印的《民博通讯》正式创刊。

2010 年 6 月 9 日

观复博物馆馆长马未都宣布创建第一个民间博物馆基金会——“观复文化基金会”。他将自己 30 年的收藏全部捐献给观复博物馆，由基金会统一管理。

2010 年 7 月 3 日

第一个私人博物馆俱乐部——中经私人博物馆俱乐部在北京成立。该俱乐部是在中国经营报自 2009 年设立“私人博物馆系列”报道的基础上成立的，秘书长是马达飞。

2010 年 8 月 30 日

中国博物馆学会在京召开特别会员代表大会，宣布中国博物馆学会更名为中国博物馆协会。

2010 年 9 月 26 日

国家民政部为中国博物馆协会民办博物馆专业委员会颁发了社会团体分支机构登记证书。

2010 年 10 月 18 日

国家文物局举办的“文物科技保护标准培训班”在南京开班，民办成都华通博物馆被邀请参加。这是民办博物馆首次参加国家文物系统的技术培训。

2010 年 11 月 18 日

由国家文物局主办的“全国民办博物馆发展成都论坛”在成都召开。国家文物局局长单霁翔在会上作主旨发言，宋新潮作总结。全国民办博物馆馆长等 100 人出席了会议。会议签署了《全国民办博物馆发展成都倡议》。

2010 年 12 月 10 日

中国证券报和中证网透露，由中国博物馆协会民办博物馆专业委员会编辑的我国首部民间博物馆年鉴——《中国民间博物馆年鉴》编辑工程已经启动，计划于 2011 年年中出版发行。

（民办博物馆专业委员会秘书处辑）

民博风云人物

建川博物馆馆长：五亿“砸”出国内最大民间博物馆

他曾经是一名驻守边防的军人；他曾是一个辞官下海的商人；他是富有但日子过得紧巴巴的人；他是干了一件伟大事情的平凡的人；他是一个博物馆馆长。他有一个博物馆聚落；他收藏抗战文物、“文革”文物；他还收藏地震文物。

他，就是成都建川博物馆馆长樊建川。

为了收藏 他辞去副市长下海

在如今的建川博物馆聚落的一家酒店大堂墙壁上，有一张用玻璃框精心装裱起来的奖状——“学习雷锋积极分子”。这张奖状的获奖者正是樊建川。奖状的落款时间是1978年12月，当时樊建川还是内蒙古化德地区的一位普通战士。

说起樊建川的经历，有些传奇：插过队、当过兵、教过书、从过政、经过商、写过书、搞收藏……其中的丰富性和复杂性超过一般人的想象。

但对樊建川而言，当年义无反顾地投身商海的一个重要原因，就是希望有足够的资本去搞收藏。

他35岁时从宜宾市常务副市长任上辞职下海，做房地产的同时收集了超过200万件藏品。为了这些文物，樊建川跑遍了大江南北，建立了一个多达50多人的辐射全国的文物收集网络。他还跑遍了当年参与过第二次世界大战的英、美、德、俄等国家，并多次到日本“反扫荡”，安排线人，建立收集网络，仅购买、翻拍的图片数量就超过30万张。

力排众议 定要实现最重要的梦想

经过10余年的收集，樊建川手中的抗战藏品不断增多，而对抗战历史的深入研究又激发了他强烈的使命感。作为一个退役军人，樊建川希望能为他的前辈们做些什么。

2004年是樊建川人生的又一个转折点。为了给自己收藏的诸多抗战文物找一个家，这一年，大股东樊建川力排众议，由集团公司投资两亿元，在大邑县安仁镇开建民间博物馆——建川博物馆聚落。

建馆初期，资金、经验都缺乏，费用比预期多了两三倍。迄今为止，这个占地500亩，投资近5亿元的中国民间资金投入最多、建设规模和展览面积最大、收藏内容最丰富的民间博物馆，几乎耗尽了樊建川下海经商、开发房地产十多年来的全部收益，甚至为它卖掉了公司7000平方米的办公楼。但他无怨无悔。樊建川把建设这个博物馆看做是自己一生要实现的最重要梦想，是自己精神家园的物化和生命意义的凝聚。

书信、日记、报刊、瓷器、勋章、飞机残骸、机枪子弹……一件件藏品，记录着日军侵华暴行留下的斑斑血迹，也见证着中国人民英勇抗战的不屈精神。樊建川说，每一件展品的背后都有一段惊心动魄、血泪交织的故事。

博物馆聚落 带动古镇综合发展

樊建川创建的博物馆自2005年8月15日开放以来，累计接待观众50余万人次，成为爱国主义教育的生动读本，弘扬了爱国主义精神，引起了强烈的社会反响。以建川博物馆聚落为依托和新的推动力，还带动了古街、公馆、庄园的综合利用，形成了聚落发展、古镇改善、农民增收，弘扬历史文化传统、发展特色文化旅游、促进地方经济发展的共赢格局。目前，该项目已被批准或授予为全国文化产业示范基地、全国光彩事业重点项目、四川省青少年爱国主义教育基地、成都市爱国主义教育基地、成都市国防教育中心、成都市文化建设突出贡献单位。

樊建川总是忙碌着。他说，希望建川博物馆成为跟着时代走的博物馆，而不是一个凝固的博物馆，“它承载了我们的过去，记录着我们的现在，也预示着我们的将来。”

（原载《成都日报》）

世界上收藏汉语辞书最多的人

——记世界吉尼斯纪录证书获得者王英余

2010年3月，一封从英国世界吉尼斯纪录总部发来的函件，寄到中国石油黑河分公司退休职工王英余手中。函中是一份世界吉尼斯纪录证书和一份英国世界吉尼斯纪录总部签发的信，认证了王英余为“世界上收藏汉语辞书最多的人”。之前2010年1月，他曾被“上海大世界吉尼斯之最”认证为“个人收藏辞典（字典）之最”。

辞书收藏家王英余，是中国收藏家协会会员，痴心辞书收藏40个春秋，拥有各种版本的辞书3000余册。其中晚清、民国时期的辞书近百种，在辞书收藏中占有重要地位的《康熙字典》有10个版本，收藏《辞海》103个版本。

在众多的辞书中，王英余父亲留给他的一部《中华大字典》最为珍贵，也正是它开启了王英余的辞书收藏之门。

1988年，王英余成为黑河石油公司的一名职工，担任办公室主任负责文字工作直至退休。在此期间，随着藏书规模的扩大，他从辞书中获得的裨益也越来越多。工作期间，他撰写的关于管理的6篇论文获得有关部门大奖。退休时，最初只有小学文化程度的王英余已经获得了政工师、经济师和工程师三个中级职称。

王英余说：“辞书是我的精神食粮，自己就像蚂蚁寻找食物一样四处搜集辞书，再艰辛也要把它们运回来。”“辞书蚂蚁”，是王英余在孔夫子旧书网上给自己注册的用户名。

王英余养成了每到一地必逛书店的习惯。在海南旅游，他挤出时间去书店寻找《方言大辞典》中的海口分册，最终如愿；去西安办事，他利用等待回程的时间一个人进了青海省格尔木市，抱着“越偏远的地方越可能有收获”的想法，逛遍了西宁和格尔木的书店，买到许多有关军事内容的辞书；到北京，他兴奋地买了100多本书，剩下的钱却不够买一张回黑河的卧铺车票。看着自己的满架辞书，王英余感慨万千：“这里的每本书背后都有一个故事。”

收藏辞书，精神与体力上的付出不可计数，金钱的花费也相当可观。

2008年4月旅居北京东燕郊开发区以来，王英余最爱去的地方是北京潘家园书市。他有好几个长宽约50厘米的布袋，每次去潘家园，最少带三个，这样的袋子装满书每个重量可达10多公斤。拎着沉甸甸的书，他要换乘两次公

中国世界纪录协会

世界纪录证书

世界上收藏汉语辞书最多的人

——王英余

黑龙江省黑河市王英余先生从1970年开始收藏各种版本的汉语字典词典，至2010年3月共计收藏2337册，创中国世界纪录协会世界上收藏汉语辞书数量最多世界纪录，特发此证。

中国世界纪录协会

交车才能回到30多公里外的家。有时对“淘书”结果不满意，他还会拎着已经买到的书乘坐拥挤的地铁，从东到西穿过北京城，去八宝山古玩市场的另一个书市继续“寻宝”。

在王英余的思想里，“藏德”更重于“藏品”。他把旅居地家中唯一一间朝南的卧室开辟成四面环书的“辞书馆”，分门别类陈列图书；还置办了桌椅，为读者提供方便；又在自家阳台单元门口都贴上了醒目的标志。

2008年，京东热线报道了王英余开办公益图书馆的事迹后，他干脆把个人手机号码公布在网上，只要有人打来电话要看书，他立刻做好准备。

公益辞书馆自开办到现在，已扩充到了10个书架，来查阅辞书的人累计达1000多人次。华北科技学院的一位老师曾经带着三名学生慕名而来，查阅台湾版的《中文大辞典》，最终找到了想要的资料，他感叹道：“没想到个人的图书馆居然有这么罕见的辞典，帮我查到了资料，实在太感谢了！”

王英余最大的成就感并非来自“世界之最”的名号，也不是来自媒体的宣传报道，而是来看书的人每次走时能对他说一句：“我查到了需要的资料，辞书帮了我大忙！”

在继续扩充辞书博物馆的同时，王英余还在进行着另一件意义非凡的工作：编写一部《中国辞书史辞典》，弥补国内相关领域著述上的空白。目前，他已搭建起辞典的写作框架，初步计划写作20万字，预计在2012年前完成。

（摘自《黑河时报》）

王志安：彩陶文化捍卫者

马家窑文化以彩陶器皿为代表，它的器型丰富多彩，图案富于变化，色彩绚丽，是世界彩陶发展史上一大奇观，是人类远古先民创造的最璀璨的文化之一。它除了具有重要的考古价值以外，还有可贵的文化、观赏及收藏价值。甘肃省马家窑彩陶博物馆馆长、书法家王志安，在彩陶文化的保护、研究、推广等方面功不可没。以他为首的甘肃省马家窑彩陶研究会以几十年的努力研究这个领域，掌握了彩陶文化的精髓，在鉴定与市场价位评估领域有相当的权威性和话语权。

独特的研究方向

彩陶是远古先民在打磨光滑的橙红色陶坯上，以天然矿物质原料彩绘，然后入窑烧制，烧制成形的彩陶表面有赭红、黑、白诸种颜色图案。

王志安对文化艺术尤其是彩陶文化有发自内心的喜爱。上世纪80年代，王志安在甘肃临洮县收集到一件彩陶；因与中央美术学院叶浅予教授的一段文化渊源，王志安许诺将此件彩陶赠与叶老，不想却失手打破。他在懊悔的同时再度寻找，周折许久又找到一件彩陶。令他遗憾的是，叶老这时已故去。不过这件事最终促使他走上了收藏彩陶的道路，至今已有30多年。

1996年遇到的一件事，坚定了王志安收藏的决心。那年八一电影制片厂来临洮县拍摄电影。当剧组得知，有着深远影响力的马家窑文化遗址在临洮，却没人重视时，他们感慨临洮人是“抱着金饭碗讨饭吃”。当时八一电影制片厂的美工张春荣，也是发现、研究和推动东巴文化的重要人物，他说：“现在的云南以东巴文化为支撑，每年为政府创造几百万到几千万元的收益，为什么不能把马家窑文化作为一个文化资源开发推广？”与剧组人员的交流让王志安深有感触。他随即与地方政府沟通，成立民间文化研究组织。于是马家窑文化研究会应运而生，王志安被选为马家窑文化研究会的会长。这更促使他全身心致力于马家窑文化的研究与彩陶收藏。当初，王志安仅是因个人爱好而收藏，手里只有10多件器物。研究会成立后，他开始大量搜集彩陶，从此为研究而收藏。

马家窑文化是新石器时期华夏文明晨曦中一道绚丽的霞光。即使现在出土的彩陶，其图案仍然精美、典雅，不失古朴、粗犷、大气、浑厚之风。

经多次商讨，马家窑文化研究会最终确定了研究方向：解读马家窑文化彩陶上的纹饰图案。以前的彩陶研究多以分期断代和确定文化类型为主，没人对图案作专门研究。从甲骨文开始，中国有文字记载的历史有3500多年，之前的1500多年的时间则是以传说和图画记载。王志安从这个思路入手研究远古陶器，借助图案解读历史，也填补了该领域的空白。甘肃是马家窑文化的主要分布区，有着得天独厚的马家窑彩陶资源，很多彩陶实物散布在民间，便于搜集、研究，研究会也由成立初期的20多人发展到280多人。2003年，经甘肃省民政厅审核，甘肃省马家窑文化研究会成为省文化厅直管单位。2003年5月份，马家窑彩陶博物馆在王志安自己的5层小楼里安家并对外开放。

马家窑彩陶博物馆目前有2000多件藏品，在馆里展出的代表性器物有700多件。图案大致可分为象形和抽象两种。经鉴定，马家窑文化彩陶的历史已有5800年到4050年，大致可分为四个类型和时期：石岭下类型，距今5800年~5000年；马家窑类型，距今5000年~4650年；半山类型，距今4650年~4350年；马厂类型，距今4350年~4050年。

研究会和博物馆的经费几乎全部由王志安个人旗下的文化产业提供，现在每年的经费总额约七八十万元。博物馆至今共投入资金2 000多万元。

彩陶的收购价逐年上涨，由早期的几十元涨到万元以上，若以现在的物价来衡量，博物馆的全部彩陶估价高达2亿多元。

破解图案密码

马家窑文化的彩陶中有一个非常重要的“卐”字符号图案，距今有四五千年的历史。佛教传入中国的历史只有2000多年，但“卐”字符号当时已在马家窑彩陶的远古艺术中出现。“卐”字符号的雏形类似鸟的头尾和两只飞动的翅膀，王志安进行了大胆猜想，认为这个图案应该是鸟。彩陶上的整体图形类似太阳，王志安认为远古人不理解太阳周而复始的“运动”，他们的概念中，是鸟在带着太阳“飞”，即是远古人思维中的太阳鸟。他们希望太阳能永久性带来光明、温暖、安乐、幸福，进而形成了对太阳的崇拜。古人以极强的创造力，把图案加以抽象、归纳后变成现在的“卐”字符号。同时，符号本身很像转动的风铃，古人显然把太阳“轮回”的概念加入其中，恰好与佛教的轮回转生概念相一致。甘肃的不同区域都发现了“卐”字符号，说明远古人的迁徙很频繁，或许佛教的源起还需要作更多考证。

另有一些陶器上“卐”字符号和女阴图案相邻并对称放置。女阴代表当时的生殖崇拜，象征生命的开始，有阴的含义；人的生命终结后灵魂归天，以“卐”字符号表达阳的含义。王志安认为，古人将女阴符号和“卐”字符号并置在彩陶上，他们已在思考“人从何处来，到哪里去”的问题。这也是古人“阴、阳”的原始哲学思维，是对人生和世界的规律性原始探索。这个观点提出后，得到武汉大学哲学系博士研究生导师陈望衡、南京大学哲学系博士研究生导师李曙华的认同。博物馆里还有很多珍贵器物，如有4300多年历史的“播种人”，60多公分高的马家窑水纹精美彩陶等，都有着很高的文化及收藏价值。

发展前景广阔

博物馆的创建是王志安个人情结所致，“彩陶文化是中华民族的文化源头，意义重大。要把彩陶保护好防止文化流失。东方民族具有强大的文化根基，西方近代在商业资本文明方面走在我们前面，但不代表文化的总体性。我们有强大的5000年文化做支撑，要找回自己的文化源头，坚定民族自信心”。

他庆幸，彩陶文化推广得不错。2006年，央视“探索与发现”栏目曾做过6集的彩陶纪录片《神秘的中国彩陶》，王志安作为主讲解读了彩陶纹饰。

随后山东、甘肃等省电视台也邀请他录制彩陶节目。其博物馆的影响力也在不断提升。

在博物馆的运营模式上，作为中国博物馆协会民办博物馆专业委员会副秘书长的王志安，赞同博物馆和旅游相结合，开发相应衍生品创造经济效益，改善私人博物馆的生存困境。目前，虽没有直接效益，但间接效益不可小觑。四川、浙江、江苏、广西等省区纷纷邀请王志安前往讲学、交流。

随着其个人影响力的逐渐扩大、博物馆知名度的不断提高以及创新的研究成果被广泛认同和推广，王志安确信今后各方面环境会变得更好。

（原载《收藏投资导刊》）

见证国史：闫树军和他的天安门收藏

作为当代军人的闫树军，在藏龙卧虎、高手如云的收藏界，独辟蹊径，专门收藏“红色”天安门。并以天安门、天安门广场为轴心，同时收藏人民英雄纪念碑、革命历史博物馆、人民大会堂以及毛主席纪念堂文物。闫树军的收藏，可以当之无愧地说是天安门“红色收藏”的第一人。

参观过闫树军的天安门收藏的人都说，那是独一份的东西。金钱有价，精神无价。官方做不到的，他做了，做得还不错；官方没有的，他有了，这就是绝。闫树军所付出的艰辛可想而知。

闫树军其人和他的“天安门”情结

18年前，闫树军是解放军艺术学院的学生，专业是文工系。

闫树军在文工系，用他自己的话说，基本上没怎么弄过文学，只写过一些短文。那是自谦。他的《铜盆》和《蛇阵》等几个短篇小说，深得黄献国、邢军纪等老师的赏识。实际上，这样的人其实是厚积薄发，如果一“发”，谁都挡不住。后来的情形果真如是。

1993年，以闫树军为主笔的畅销书《天安门广场备忘录》横空出世。这应该是中国出现较早的一本详细介绍天安门的书。

那本达31万字的书，将天安门广场及周围的历史事件、奇闻轶事、人文景观、自然风物融为一体，以天安门地区建筑物为基点贯穿历史事件，用平民视角，勾勒出了一份完整的天安门广场的文化档案，受到读者的热烈追捧。

闫树军也一跃成为研究北京文化，特别是研究天安门广场文化的领军人物。

这本书出版后不久，新华社原社长穆青曾打来电话，开口便称他为“闫老”，着实让刚刚30挂零的闫树军惶恐了一回。老先生以为，闫树军一定是一位上了年岁的专事北京文化研究的专家。这样的鼓励，怎么能不是他继续将天安门研究下去的动力呢？

也就在那一年，走出解放军艺术学院的闫树军，调进了距天安门最近的一所军事院校——后勤指挥学院，参谋、干事、学员队长，啥都干过。在完成本职工作之余，他便将所学的知识慢慢变成了文字。先是撰写了《天安门历史档案》、《中南海历史档案》、《钓鱼台历史档案》、《中山陵历史档案》。这其间，他为《今古传奇》杂志策划选题，并撰写了《历史转型时的第一人和最后一人》、《老英雄的故事》、《老知青的故事》、《老劳模的故事》、《老电影明星的结局》、《圣堂之谜——毛主席纪念堂兴建前前后后》；为《档案大观》、《中国政协报——文史周刊》等报刊写了一大批历史纪实的稿件。其中在《纵横》杂志上发表的《焦裕禄广为人知的背后》，被几十家报刊转载。看似杂乱的脚步，实际是他在训练自己向天安门走近与攀登的功力。

随后，他还在解放军出版社出版了《人文与战争》书系10本，九州出版社出版了《话说北京》书系8种。2003年，修订并由西苑出版社出版了《天安门备忘录》、《中南海备忘录》、《钓鱼台备忘录》及《京城故事》和《细说北京往事》。今天，我们从他如歌的行走来看，他是沿着历史脉络，踏着北京人文，逐步接近天安门。

当我们浮躁、并浪费着大块时间的时候，闫树军却成天泡在北京图书馆，用了两年的时间，将国家图书馆所有的地方史志类书通览了一遍，积累了大量的文学与史学知识。他从《明清史》、《清史稿》、《民国史》、《天咫偶闻》、《旧下旧闻》等典籍中，寻章摘句，考据追问，不一而足。一个馒头，一壶水，就能在图书馆泡一天。真可谓废寝忘食，呕心沥血。他的刻苦，令国家图书馆工作人员大为感动，称他的读书精神为“马克思精神”。

此时的闫树军，就此明确了今后的主攻方向——“天安门历史”影像、物件的收集整理和研究。

蔚为大观的天安门研究收藏

不少专家和学者不止一次看过他收集的从晚清、民国至今天100多年来，不同历史时期天安门的珍贵照片和各式各样民间收藏品上的天安门图案，增加了对天安门历史档案史实的感性认识。那20000多张带着天安门历史细节的图片，是一笔不可复制的精神和物质财富。他收藏的数万件有着天安门符号的各类物品、物件和那些印在邮票、明信片、国画、年画、喜报、奖状、车票、粮票、饭票上的天安门图案，给人一种恍如隔世的历史真实。可以说，在中国，有关天安门的基本陈列都在闫树军这里。

北京档案馆、天安门管理委员会的人员参观过他的天安门收藏品后，对他的收藏品种类和规模，不住地赞叹：有些收藏品，连他们这些专业人士都是第一次见着呢。

从1991年到今天，闫树军的收藏与研究历时18年。18年，光阴似箭，他咬定青山不放松，一直持之以恒。

天安门红色收藏的文化脉络和历史纹理，就这样慢慢地清晰起来。他的红色天安门收藏，就这样形成规模了。

按照编年体例，做一本《天安门影像志》巨书。最初的想法是每年用一张不同历史人物或平民百姓在天安门前的留影照片，讲述着发生在天安门前的故事，展现我国人民伴随着共和国的脚步前进的精神风貌。

应该说，《天安门影像志》是一部集明清、民国、新中国和新世纪各个不同时代的精魂，重点突出从1949年至2009年天安门的变化。闫树军的天安门照片，正是以新中国成立之后为重点，60年一年不落地系统化收藏。作为个人，实在不是件容易的事情。

更应该说，闫树军的天安门老照片收藏，是可以衍生出诸多高品质的产品的：把收藏品化为图书成果，化为研究成果。

于是，《天安门旧影（1417~1949）——你没见过的天安门老照片》出笼，从1860年第一张天安门银盐蛋白照片开始，到1949年中华人民共和国成立前，三四百张鲜为人知的照片。接着《天安门新影（1949~2009）你没见过的天安门新照片》，以1949年开国大典为起点，到2009年每年一组天安门的精彩照片又见光。继而，《天安门编年史》是一部天安门历史断代切片。《中华门老照片》用数百张照片还原了一段已经消失了的历史。而《天安门老明信片》，则集中展示了数百张晚清与民国时期流落在民间的天安门老明信片。

每一张不同的历史照片，都会有一个故事，那是一个特定时代的缩影；而每张图片的来历，背后也有一个故事，那是他精神的皈依。

著名摄影家、视觉文化批评家鲍昆说，闫树军对于天安门这个题材的收藏是令人惊异的。我以为最珍贵的是那些不同时期天安门的摄影照片，给了我们一个真实的历史情境。

其中一张1860年英法联军进入北京的天安门地区全景照片尤其珍贵。从时间跨度上说，许多藏品都有100多年的历史，将一个在时间中沧桑易容的天安门串接起一个风流水转的时代过程。闫树军的收藏，恰恰揭示了这个时间过程。

闫树军显示了一个真正收藏家的品格，因为任何收藏的最终价值是关于文化和精神。这是一笔真正的财富。

收藏散落在岁月中的点滴遗珍

说到天安门，闫树军无论如何也无法绕开以拍摄过1949年解放军进城和开国大典而闻名、也是成果甚丰的军事摄影家孟昭瑞先生，以及他们那个时代拍摄过天安门和领袖人物的诸多摄影前辈们。

为着避免不必要的麻烦和对前辈摄影家的尊重，闫树军在选用前辈们的老照片之前，只要是能联系到的，他都要登门礼拜，取得他们的支持、帮助和授权。

闫树军打通了孟昭瑞先生的电话，介绍了自己收藏的天安门照片和物件，也说明了要出版一本《天安门影像志》的用意，想请孟老支持。孟老得到了晚辈绝对应该有的尊重，高兴地表示：你们来吧。过了几天，闫树军登门礼拜了孟老先生。

“我一去，把我收藏的明清、民国和新中国成立前天安门老照片给孟老一看，老人高兴坏了，连声说：和我拍的1949年连在一块了。老人拿出他的存货说：想要哪张，你挑吧。”这些年来，闫树军深得大师们的厚爱。是他的真诚在感动着一群人！

有一天，中国航拍西藏的第一人、毛泽东的摄影师钱嗣杰先生送他一本齐观山的画册，那里面有一张50年代扩建的天安门全景照片。

通过一条线索，他把新华社当年参加天安门拍摄的老人们找到了。解放军画报社第一任社长高帆的夫人牛畏予，将几张珍贵的人民解放军第一次进城的照片，提供给闫树军无偿使用。

为了优中选优，取其精华，他亲自到孟昭瑞、牛畏予、宋连峰、王可信、钱嗣杰、张致祥、伊之、喻惠如、张祖道、袁毅平、袁苓、张肇基、陈娟美、翁乃强、赵勇田、侯波、于天为、周令钊、陈若菊、于晓平、孟瑛瑛、崔宝林、章宗元、王国栋、鲍昆、陈澎桂、刘英毅、王文扬、刘杨、鲍乃镛等大师家中，聆听教诲接受赠与；许多人与他成为忘年交。

每次面见这些记录过天安门历史的大师级人物，闫树军总是要先从天安门的兴建开始，认真地梳理，最终将其整个演变历史过程说个清楚。由于闫树军对天安门的特有情怀，对天安门的准确品读，许多拍摄过天安门的国家级摄影大师，全被他的渊博知识所感动，也全都真诚地倾其所有帮助闫树军不断完善天安门照片的收藏品种。

闫树军为着收藏天安门，可以说是倾尽所有。花过多少钱，只有玩过收藏的人心里有数。但是只要一件好东西出现了，再难、再苦也要攻克。

为购买到与天安门相关的物件，将重建天安门时的手写用料账单拍下，将开国之初修建天安门城楼的28张没有发表过的照片寻到，他利用节假日飞上海、赴汉口，到长春、去沈阳淘宝，或托友人参加现场拍卖。

为了一张难得的天安门城楼悬挂蒋介石挂像的照片，他硬是托人从德国花了300美金，才买到了原片。

为了将明初、晚清、民国年间的影像找齐，他周末在潘家园、报国寺、琉璃厂、八宝山古玩市场，或利用出差到广州、武汉和古城西安等全国各地的旧书市场，到处转悠；甚至在淘宝网上不停地搜索。

为了一张有天安门照片的100多年前的外文图册和外国人留下的个人影集，他宁可全部买下，也绝不让那张天安门照片从他眼前流走。往往是数百张中只取一二，他也心甘情愿不放过。

为了确保从1949年至2009年每年有一张天安门的图像资料，闫树军先后去新华社、民族画报社、解放军画报社、人民画报社、中国新闻图片社，将建国以后至今的逐年照片全部找齐。

为了确保从1949年至2009年每月有一张天安门的图像资料，他发动同事、战友、朋友，甚至调动全国各地的“淘”友，或高价购买，或把自己家中和自己本人的照片无偿奉送。

原总参文化部部长赵勇田，将他在北平从事党的地下活动时，在天安门前接头的照片找了出来。

原全国妇联副主席沈淑济，得知闫树军的收藏故事后，便在家中翻箱倒柜，找到了从中学、大学到支边内蒙古，离京前及再回北京工作共9张在天安门前留影的照片，寄给了闫树军。她附言道：“您的民间收藏作为国家档案的补充，可为中华民族后代留下更丰富、更真实的历史资料，功在千秋万代。”

而闫树军每晚在灯下漫笔，也把一家人都拉了进来。他的岳父母、夫人甚至9岁的女儿，凡见到与天安门相关的材料，都条件反射似地帮他搜集起来；连他单位的木工师傅王国平在报纸上见到有天安门的报道，也剪下来送给闫树军。其间点点滴滴，实难一一道清。

闫树军被这些已经沉寂在岁月烟尘中的历史照片牵引着。他的灵魂飘荡着。他被激动、悲愤、哀叹的情绪缠绕着。这种全身心地投入的独一无二的红色收藏，每件物品、每张图片，他都有了亲历似的感觉。

天安门收藏与历史细节一起永恒

用图像作史，这是一份创造性的劳动。特别是用图像作为基本材料为天安门立志，闫树军在中国应该算是第一人。

值得推崇的是闫树军的平民视点。他不代表谁，他仅代表他自己，或者说他代表着那些和他有着相同情感经历的普通人。他们热爱天安门，热爱天安门的伟大与神秘，他们目不转睛地注视着它的一切，任何丝毫的变化都会让他们内心亢奋和狂喜。这样的民间立场和普通人的情怀是该书的支撑点，在一幅幅图片背后，我们可以隐隐看到闫树军那双清澈的眼睛。

比如说在《图说人民英雄纪念碑》一书中，他就用新鲜的视角、完整的史料、详实的文字和鲜为人知的图片，向我们展示了中华文明祭祀史上的最重要的章节——人民英雄纪念碑奠基典礼中的细节和围绕纪念碑修建的幕后故事。

2007 年 11 月，闫树军将他的收藏品分成了若干个专题和分支——

《天安门影像志》。用他收集的从晚清、民国至今近 100 多年来不同历史时期的珍贵照片，突出了从 1949 年~2009 年天安门的变化。用每年一张普通人物在天安门前的留影照片，讲述着发生在天安门前的故事，展现共和国的前进脚步和人民的精神风貌。

《天安门广场大扩建》。从 1949 年新中国成立至 2009 年，这 60 年间，天安门广场经历了五次大的扩建工程。闫树军的收藏品中，就涵盖了从 1949 年开国大典前、1950 年、1959 年、1976 年、1999 年的五次修整，资料甚全、图片甚多。

而《中华门》、《前门》、《长安街》，甚至老北京风光，哪个主题之下，他全都可以随便拿出数百张百十年前的历史老照片。

天安门、天安门广场、人民英雄纪念碑、人民大会堂、新华门、长安街……这些围绕在天安门周边的普通建筑物，由于它独特的地理位置和坐标，在我们百姓的日常生活中，已经被打上了历史烙印。无论怎么说，它都是中国革命发展建设的历史见证。

百岁老人张致祥算是传奇式人物，他对开国大典、对天安门城楼作为红舞台的布置倾尽全力，这一布置成为永恒，至今 60 年当年布置没变。布置开国大典主席台的总指挥张致祥，保留了 1950 年天安门大修缮的照片，当闫树军上门拜访这位百岁老人时，他向闫树军讲述了当时情形，并让夫人伊之把 163 张照片，送给闫树军使用。

王国栋是以画毛主席画像闻名的，他不接受任何媒体采访，也没提供任何照片。但他被闫树军的执著所感动。老人不仅让他拍照，还兴致勃勃地讲述了他在天安门城楼上画毛主席画像的许多鲜为人知的故事。

闫树军还在不断地深掘与天安门相关的历史细节。比如说，给毛主席献花的 14 对少男少女、海军方队的擎旗手……

梦想在继续：图书、影像和实物的立体前进

闫树军的收藏与众不同。他的理想是：天安门图书、影像和实物的三者合一，立体交叉并进。他的梦想是在不远的将来，建起三个馆，即：天安门图书馆、天安门影像馆、天安门实物馆。

2009 年 8 月，闫树军的 5 本天安门系列丛书，已经进入到出版印刷的最后尾声。《天安门旧影——你没见过的天安门老照片》、《天安门新影——你没见过的天安门新照片》、《天安门编年史》、《天安门老明信片》、《中华门老照片》也陆续由解放军出版社出版。中共党史出版社也即将出版他的《天安门影像志》、《红舞台上的永恒——天安门城楼毛主席八版画像的由来》、《共和国生日》、《我爱北京天安门》。

在研究中收藏，在收藏中收获，在收获中再研究，终使他完成天安门 600 年历史的辑录，这一辑录又是以影像志的形式出现，当属惟一的一部天安门史书、志书。

因为天安门与众不同，它才会永远地被人们憧憬；因为天安门高大雄伟，它才会吸引人们频频登临；因为天安门磅礴厚重，它才会容纳百川吞吐四海……

这就是中国的天安门！

（作者：解放军出版社 兰 草）

豁出去的性学家
——记中华性文化博物馆馆长 刘达临

“塔象征了男性生殖器，具有巨大威力……女性的服装设计要表现女性的线条美，也具有性的意义……性文化跟一国之兴衰很有关系，例如对性较轻松的美国国力强大，而对性过度压制的则多是国力弱小……”刘达临对于性文化的讲解，对中外个人来说，都是有吸引力的课题。这大概是出于人们想知又不敢知的心理因素。

对于性文化的意义，刘达临相信那是还原历史真相的一环。他说，中国对性压制了多年，现在性的发展也开始走向进步。但由于过去的影响太深，门虽然是开了，却还是半遮半掩。中国的性文化比起西方更含蓄，也更身后，他相信在十至二十年内，彼此的距离会拉近，但不会完全一样。至于香港的性观念，比起内地，他形容为“开放的更开放，保守的更保守”。

性，是一件很具争议性的事。刘达临的个人见解是：“以不伤害他人为原则。”他说，人性是共同的，西方对同性恋一类的问题较开放，中国则有很多人对此不理解。怎样从性的两个极端之中寻找到平衡点，这是他透过研究要找的答案。

春宫图、房内秘戏瓷雕、裸体男女交合像等等，都是上海社会学教授刘达临私人的研究藏品。他是国内研究性文化和性文物的著名的少数一两位学者之一。对于自己从事这项别人眼中“有趣”的工作，他形容为“人生中最勇敢的事情”。然而，勇敢的代价，往往是一种无奈的眼神。

“买这些藏品，便耗了上百万元。我把自己教书的工资全都交给太太，把自己写书收的版税都用来买藏品，甚至变卖家中的古董家具，弄得很穷。也有些亲戚很不以为然，认为我的工作不正派。”他说出了自己的无奈。

别人的眼光，他可以不管，但家人的理解，却令他耿耿于怀。他坦言，跟家人的关系，不太好，也不太坏。

那份豁出去的心志，也许是因为他要坚决地向其苍白的前半生告别。

“我在年轻时参军当过训练员，训练飞行员；文化大革命后曾在工厂干了20年。在我50岁时，发觉这半生是白过了。于是我在54岁进上海大学搞社会学，最初研究婚姻家庭，后来又接触带性的课题。我觉得这是不能回避的问题，而且我年纪大了，总不能跟在别人的后面，就选择了这个没有多少人做过的事情，专心搞性文化和性文物的研究。”

人生五十是知天命之年，刘达临渴望的是寻找心中安身立命之所。结果他找到了性学研究。这是本来跟他扯不上半点关系的工作。出身于书香门第的刘达临，父母都是知识分子。自幼他就写得一手好字，年轻时，曾想过当作家。在文化大革命期间，他也写过好些政论文章。但是青春的梦往往在现实中给砸个稀烂。

“写多了也没意思，因为社会形势不断在变，你写的东西得符合中央的意思，那不是学问。写有关性的文章，却不会被推翻，因为你写的都是历史，是人性。”刘达临如是说。

在提到自己的性研究时，刘达临常说，那不仅是学问，更是人性中的自然。经历中国社会最动荡的数十年，对“人筲“二字，他自有一番深刻的体会。在念大学时代，他曾经有一个要好的女友，直至他参军后仍保持联系。后来因为“文革”，他指为家庭成分不好，这段感情就被扼杀了。

“历来中国社会的政治性就很强，人性往往得不到发展。在文化大革命期间，我没有被打成反革命，或上山下乡，因为我在军队里，能得以平安。但是，我的青春，也没有得到很好的发挥。所以，到了晚年，我就拼了命的去做。”

在一个人性失落的时代，遭受了的创伤难以言说。于是他以晚来的事业，去弥补半生的缺失。他说，现在是他一生中最快乐的日子。那段苍白的岁月，他不言悔，也无从后悔，毕竟那不独是他个人的事，而是一代人的事。“文革”过后，他跟整代人一起，重新反思人性的问题。他终于找到了治疗自己心灵创伤的药。

据刘达临研究所得，中国的性文化是一套外藏内露的文化，贯彻了中国人的含蓄作风。同样，一派书生气的刘达临，自言是个外柔内刚的人，只要一经他确定的路，就会坚定地走下去。

1989年2月，他展开了一项涉及二万人的性研究调查，但来自海内外民间的捐款搁置了。他形容当时的情况，“像一支军队没有了粮草”，别人都劝他放弃，他却坚持要完成，并准备变卖家产。后来，幸亏得到友人的帮助，他也卖掉了好些财产，终于完成这项计划，成为世界性史学上一个里程碑。

（原载《香港经济日报》本文略有删节）

吴克顺和他的“世界最牛的青瓷博物馆”

有人说，青瓷是中国继指南针、造纸术、火药和印刷术后对人类文明的第五大贡献。瓷器是如此的重要，外国人干脆用瓷器（china）来称呼中国。深圳民营企业家吴克顺用20多年的时间，创办了世界最大的青瓷专业博物馆。私人财产变成了社会财富，个人的爱好变成了促进中华民族文化发展的动力。

这家名叫玺宝楼青瓷博物馆的专业博物馆，虽然是家民营博物馆，但是收集的青瓷数量多、成系统、不断代，比古代青瓷最大产地的浙江博物馆数量还要多，比国家故宫博物院的藏品也多，因此称得上中国第一，而中国第一就是世界第一，因此有人说它是“世界最牛的青瓷博物馆”。

路甬祥参观大感惊奇

2007年9月，全国人大副委员长、中国科学院院长路甬祥到深圳出差。他听说深圳有这样一家博物馆，就要求安排参观。来到罗湖区宝安中路上，距离全市第一高楼地王大厦北面２００米的地方，有一栋小楼，很普通，不起眼。进楼上到二楼，才看到博物馆的大门，两开的红色门扇，金色的狮头门环，飞檐雕饰，古香古色。进入馆内，展现在面前的是一个宽敞的展览大厅，明净的橱窗内，柔和的灯光下，摆满了一件件稀世展品。

商朝以前中国与其他文明古国一样，只有陶器而没有瓷器。商代时，不知是哪个能工巧匠突发奇想，在陶罐上涂了一层釉，高温烧制，于是中国就有了最原始的瓷器。概括起来说，青瓷初创于商周，发展于两晋南北朝，鼎盛于唐宋，衰落于元明。青瓷博物馆收藏了商周、春秋、战国、秦、两汉、三国、两晋、南北朝、隋、唐、宋、元、明、清各代的青瓷珍品，不断代，成系列，按年代排列，历史脉络清晰。清朝以后，青瓷式微。青瓷好比是中国历史上一朵花期最长、花朵娇艳的鲜花，凋零后繁复的花瓣枝叶落地化作肥沃的土壤，里面长出了素彩、三彩、五彩、粉彩、珐琅彩、釉里红、青花瓷等千姿百态的彩色瓷器。默默无声的青瓷用自己的身体告诉人们：她是瓷之根、瓷之母，是中华民族灿烂文化的最杰出代表；不会说话的青瓷，用一个个实物展品向世界宣告，中华民族是人类文明史上文化没有中断的唯一文明古国，优秀的民族为人类文明宝库创造了灿烂辉煌的古代文化。

参观后，路甬祥大为惊奇。他没有想到，深圳这个历史上并没有以青瓷著名的地方，竟有人创办了一个藏品数量世界第一的博物馆；更没想到创办人是一位民营企业家，馆长吴克顺尽一生精力，用全部财产，创办起这个令人震撼的青瓷博物馆。他拿起博物馆的简介，看到上面写着这样一句话：“带您走进古老艺术殿堂，共同追忆华夏文明历史。小学生的心灵从这里启迪，中学生的眼界从这里打开，大学生的奋发从这里开始。”他微笑着点头称是。路甬祥回到北京后，激动的心情难以平复，提笔给许宗衡市长写了一封信，信中写到：参观青瓷博物馆“感到十分震惊。此民间博物馆实为国内和国际青瓷收集之最，收存十分系统，而且包含大量国宝级精品，文化价值无限。建议深圳市给予进一步重视，保护和展出，也是深圳一大文化亮点……”

收藏爱好变成了事业追求

吴克顺是甘肃景泰人。1971年入伍，1981年随部队调入深圳参加特区建设，1983年转业成为深圳人。1986年，他任锦绣中华微缩景区的工程技术部经理。为建设游览景区里的“小人国”，3年间他跑了国内外100多个风景名胜区考察；也参观了全国的陶瓷厂，深入了解陶瓷的烧制过程。随着对青瓷的了解，他开始对青瓷收藏有了兴趣。

吴克顺真正下决心开始收藏古瓷器是在1987年。是年9月，由冯克铭等瓷器专家编写、文物出版社出版了《中国陶瓷史》。该书对中国历史上曾经出现过的100多个窑址情况写得非常详细；对每个窑口的形状、各种瓷器的形体、烧制温度、化学成分等，交代得清清楚楚。此书出版前，英国等许多国家都有人说瓷器最早是由他们国家发明的。有一次，吴克顺参加了一个学术会议，一个英国古瓷专家对“瓷器是中国人发明的”说法不以为然。他认为，虽然中国的历史文献上有这样的记载，但是并没有见到多少实物。“实际上你们中国的瓷器要到我们大英博物馆来鉴定。”英国人的话刺痛了吴克顺。他下决心将收藏方向定为青瓷。他说：“这几年的经历使我认识了中华民族的文化瑰宝——青瓷。青瓷源于中华，始于商代，是世界上出现最早的瓷器，是瓷器之根。”他说，“要办青瓷博物馆给外国人看。一定要圆这个梦，这是个民族的梦。”

经过几年的积累，他在青瓷收藏和保管方面有了专业的知识和经验，与陶瓷界许多专家建立了良好关系。1996年，吴克顺开始筹办青瓷博物馆。他向几位专家发出邀请，请他们来深圳帮助整理藏品。其中有朱伯谦（中国古陶瓷研究会副会长，浙江考古研究所研究员）、陈丽琼（号称中国文博考古四大女强人之一，重庆博物馆研究员）、赵青云（河南省考古研究所研究员）等。正在创业的吴克顺没有能力高标准接待，只好把专家们安排在博物馆上面的职工宿舍里。没有一个人提出报酬问题，心存感激的吴克顺只是每人每月给点生活补贴费。但是专家们毫无怨言，兴致勃勃地投入工作，为藏品作鉴定、写说明、建立档案，在深圳足足工作了一年多。整个工作完成后，吴克顺又请汪庆正（中国古陶瓷研究会会长、国家古陶瓷鉴定委员会委员、上海博物馆副馆长）来到深圳，将展品、资料全部审核一遍，在所有的鉴定文书上签字负责。吴克顺谈到这些往事十分感动：“学者们太可爱了。他们是这个行业里的顶级专家，外国人花大价钱都请不动他们……他们之所以愿意来深圳帮忙，是为了实现一代人的追求，完成一个民族的心愿。”

收集古瓷的酸甜苦辣

吴克顺收藏第一件瓷器是在1985年。他出差到山东淄博，中午，两个同事约伴出门到农民集市上逛逛。在地摊上，眼尖的吴克顺看到一个汉代越窑的瓷器，便出价300元买了下来。他的青瓷收藏生涯就这样开始了。

但是，吴克顺不总是这样好运。由于知识不够，眼光不精，开始一段时间里他收到了一些假货、赝品，价值高达300万元。“这件事对我打击很大，使我真正认识到了这一行业的巨大风险。这是我创业以来最艰难的时候。当时，我几乎绝望，一段时间一直考虑一个问题：是干下去，还是就此打住，洗手不干？最后还是决定咬牙坚持下去。”

最成功的一次收购

青瓷鼎盛于唐宋，以宋朝官窑的瓷器最为名贵。在青瓷博物馆里，有9件宋瓷摆在最突出的位置，安排的空间也最大。汪庆正在评价青瓷博物馆时说过这样一句话：“宋代修内司官窑的瓷器是珍稀瑰宝，有一件就了不起，玺宝楼竟然有9件。”其中有一件南宋官窑的六棱形投箭瓶，釉色佳美不可思议，色润如碧玉，光冷像冰凌。几乎每次去博物馆参观，吴馆长都会介绍这件瓷器。这个绝品是1999年收来的。当时吴克顺听说杭州一个藏家手中有一个南宋官窑的瓷瓶想出手，已有日本人、台湾人参加竞购。吴克顺第一时间赶到了杭州，看了这个投箭瓶，一时不能判断其价值。留下几万元定金后，吴克顺将古瓷带到宾馆，请来几位专家鉴定。

首先，这个瓷瓶是干什么用的呢？专家们发表了看法：宋朝的文人们喜欢游乐享受，春游饮酒时，将此瓶置于大树下的草地上，人站在五六米外，手持箭杆投掷，以投中多寡为赢，或吟诗作对，或饮酒取乐，极为风流潇洒。其次，瓷瓶质量怎么样呢？几位专家意见一致：“极为完整，毫无损伤，造型优美。最可贵的是釉色玉洁冰清，为稀世珍宝！”（后来这件古瓷又请北京故宫博物院的研究员耿宝昌鉴定，他的评语是：“世界罕见之珍品”。）

古瓷是罕见宝物，藏家开价也高：160万元。日本人和台湾人已经接受了这个报价。吴克顺出不起这个价格，但是他决心将这件宝贝买下来。艰苦的讨价还价的过程开始了。吴克顺请藏家到酒楼吃饭，不断地磨来磨去，藏家的态度开始松动。在这个关键时刻，杭州的一些专家助了吴克顺一臂之力。他们带话给藏家：“这件藏品属于国家限制出口文物，作为有良心的中国人，应该将其留在国内，不要卖到国外……”吴克顺也动之以情：“我是一家民营博物馆馆长，虽然没有力量出最高的价格收购，但是这件藏品放在我的博物馆，可以让更多的国人参观这件宝物，而且你的子孙也可以随时看到这件传家之宝。”吴克顺的真情终于打动了藏家，最后同意以 80 万元的价格卖给青瓷博物馆。这件珍品现在是青瓷博物馆的镇馆之宝。

最心痛的收购

2001 年，在河南一个地方修高速公路时，露出了一个瓷腰鼓。当有人把这个消息告诉吴克顺后，他火速赶到了当地。看到两个茬口很新的碎片后，吴克顺傻眼了，忙问怎么回事？原来，发现这个花鼓时在场有 13 个农民，谁也没有想到要把这件文物交给国家文物管理部门，而是决定藏起找机会卖掉分钱。但是在“由谁保管”的问题上相持不下。最后一个精明的人提出了一个大家都接受的办法：砸碎花鼓，分瓷片！一个一米多长、小盆口般粗的古瓷花鼓被砸成了 40 多块瓷片，13 个农民有的分了一大片，有的分了几小片。后来吴克顺搞清楚，这是一件唐代的花瓣釉青瓷腰鼓，鼓身上有漂亮的花瓣，两头粗中间细，两头蒙上羊皮，可以敲响，用来伴舞。这样稀罕的瓷鼓只能是皇宫的用品。可是这样一个稀世罕见的珍品，却被这帮贪婪愚昧的农民打碎了。吴克顺欲哭无泪，赶紧开始抢救性收购。这个农民手里有两片较小的碎片，讨价还价后 8000 元成交。然后，在这位老兄的带领下，一个一个找到其他人，将他们的瓷片全部买下，共花去 11 万元。可惜的是最后一位农民外出打工不知去向，他手里的碎片没能收到。吴克顺回来后，将碎片对好、黏合，恢复了腰鼓的原貌，不足部分用石灰灰浆补齐。现在我们在博物馆里能够看到这件腰鼓，已不是原来的优美形状，有几块地方是白色的石灰，看着令人心酸。

时间最长的收购

展馆中还有一套 9 件的金属餐具，吴克顺用了 4 年时间才将其收购全。那是 1993 年，吴克顺听说自己的景泰家乡有一位清朝时名叫岳登龙的将军，据说是岳飞 27 代后裔。岳将军的孙子已 80 多岁，要将家传的一套金属餐具卖掉。说起这套餐具，来历可不简单。岳登龙将军小时候调皮，到少林寺学武后投军，当年是镇守凉州（今武威）的一名将军。有一次他带伤上阵，立下大功。战功报到皇宫，慈禧大悦，在大红锦缎上写下一个大大的福字，连同自己使用的一套餐具作为奖品，派快马送到兰州，奖给了岳登龙。

吴克顺听到这件事，马上回家乡找到了这位老乡，请他拿出餐具瞧瞧。这是一套合金餐具，全套是 9 件。但是让人失望的是，主人手里只有少半，多数被几个声称要买的人拿去看货，结果是肉包子打狗一去无还，已经有好多年了。吴克顺让他讨要回来再谈买卖，老人家可怜巴巴地说，这几个人分住在几个省里，他没有路费去讨货，估计也要不回来，还是请吴克顺想想办法。碰到这种事，吴克顺哭笑不得，但是他觉着这是很珍贵的文物，放手又于心不甘，只好亲自出马帮助主人去讨货。此后，吴克顺花了 4 年时间，跑了新疆、青海、陕西和甘肃的一些地方，找到了拿走这些餐具的人。讨要餐具时，这些人是不会白给的。吴克顺只好说代表岳家感谢他们保管了这些年，付给他们一笔“管理费”后才把餐具一个个收回来。当 9 件餐具收全后，吴克顺才感觉自己 4 年的努力和辛苦是多么值！眼前的这一套 9 件餐具，有 1 个大鼎、4 个中鼎、4 个小鼎，每件造型、鼎的耳朵、盖上的钮各不相同，鼎身上刻有不同的花纹、小篆文字等，十分精美。9 件收齐，文物价值难以估量。吴克顺将这套餐具整齐地摆放在展厅突出的位置，独特的餐具和餐具背后的故事吸引了很多参观者。

将流失的文物购回来

吴克顺在文物古玩界的名声越来越响，他这一方面的消息也越来越灵通。内地的很多文物是通过深圳口岸走私到香港去的，有时候一些文物到了深圳后一时出不去，就会有人将消息告诉吴克顺。自觉对保护祖国文物肩负责任的他，就会找当事人做工作将文物留在国内，或者干脆自己收购。这方面的故事很多。而且后来他还经常去香港港岛上环的摩街等文物古玩街溜达，发现有比较好的文物就收购回来。

有了青瓷博物馆，外国人就牛不起来了

1998 年 11 月 14 日，文博界发生了一件大事：深圳第一个私营博物馆、全国最大的青瓷专项博物馆——玺宝楼青瓷博物馆正式开馆了。国家文物局博物馆司、北京故宫博物院、上海博物馆、台北故宫博物院、新加坡国际博物馆等 30 多家单位先后致电祝贺。国内外的专家一致认为，玺宝楼的规模、质量、观赏价值、历史价值、艺术价值都是一流的。朱伯谦同意兼任玺宝楼青瓷博物馆名誉馆长。

听说中国深圳开办了青瓷博物馆，大英博物馆有些不

相信，特地派来两个人探虚实。不久，又正式派来 5 个人 (4 名外国人专家和 1 位华人翻译) 来青瓷博物馆参观考察。这次看得很仔细，问得很详细，看过以后感觉不简单，认为："只有中国才能办起来这样专业的博物馆。"最后评价说："看了这样规模巨大、展品全面、形成系统的专业博物馆后，看来陶瓷确实是中国发明的。"为青瓷博物馆建馆时做出过很大贡献的陈丽琼女士说："从今以后瓷器要拿到中国来鉴定了，青瓷博物馆的建立为此打下了基础。"香港青花瓷大王戈世科评价说："青瓷博物馆规模很大，展品精美，是中国人的骄傲。吴先生非常了不起。"

现在，青瓷博物馆已经开馆 10 年了。10 年间，参观人数达到近 10 万人次。政府给青瓷博物馆挂牌为爱国主义教育基地和青少年德育基地。许多领导、名人和国外的朋友都来博物馆参观过。北京国家歌剧院的法国设计师安德鲁来深圳时特意到博物馆参观，对博物馆里的藏品喜欢得不得了，最后买了一个玉佩作为留念。今年 3 月，李铁映来到青瓷博物馆参观，看完展品后说"感到非常震撼"，欣然提笔写下了"精美绝伦"的题词。他评价说："到全国许多地方看过博物馆，没有看到过收集了这么全的青瓷，深受感动。吴先生把收藏当成了事业，是一位思想品德高尚的企业家。"

吴克顺办青瓷博物馆，实际上把个人的收藏变成了国家文物部门管理下的文物管理单位，把私有的财产变成了社会的财富。有人问他为什么这样做？他说："我能在深圳这块热土上发达，不是我个人有多大的本事，是因为遇到改革开放的好时机。人不能忘本。我个人的藏品，说到底属于国家和人民。我办私人博物馆，就是要回报社会，报效祖国，尽炎黄子孙的一点责任。"从吴克顺成功创办青瓷博物馆的过程中，我们也可以领悟到，人的私人爱好可以变成创意的来源，只要这个爱好是真正从心底里产生的，没有太多的功利性；而社会责任也可以成为激发创意的一种动力，一个富有民族文化责任感的人总会能想得到如何为弘扬民族文化做点事情。

（原载 广东文化网）

上海民间筷箸博物馆馆长蓝翔开创五个第一

1993年，中国青年出版社出版了《中华之最大典》，第615页载有“第一家民间创办的筷子博物馆”条目。小小藏筷馆之所以能在140万字的大典中占有一席之地，首先在于馆长蓝翔是位学术性的收藏家，同时又是作家、民俗学者。他自1978年藏筷以来，以作家敏锐的眼光理解筷箸并不断升华，使其从古玩转变为祖国文化遗产而加以研究保护。为此，他在我国现代箸文化史中创下五个第一。

中国藏筷第一人

这是新闻界和收藏界赠予蓝翔的美称。30多年前“文革”刚结束，全国尚无人想到收藏筷箸，当蓝翔看到周恩来总理举行国宴，尼克松所用之筷被加拿大记者收藏时，他敏感地意识到这一举动的深远意义，下决心填补我国无人藏筷的空白。此后，他30年如一日地为弘扬箸文化作奉献。为此，数百篇介绍蓝翔藏筷事迹的报导，不少皆以《藏筷第一人》为题。

独一无二的民间藏筷博物馆

创馆时他不敢称博物馆；10年后馆藏古今中外筷箸达2000多双。上海虹口区文化局为蓝翔接待外宾方便，特将藏筷馆置换到多伦路文化街沿马路20多平方米的展厅中，至今已接待了30多个国家的外宾和全国各地的参观者约10万人次。上海韩正市长和人大主任及前文化部孙家正部长等领导，都光临参观指导。故《中华之最大典》等十多部典籍和香港、台湾旅游书刊，都称该馆为我国第一家民间藏筷博物馆。馆匾系前国防部张爱萍部长所书。

撰写出版我国第一部箸文化专著

我国发明筷箸4000多年，却自古无人为之著书。蓝翔千方百计收集资料苦苦钻研，以五年时间撰写了《筷子古今谈》，1993年由中国商业出版社在北京出版。该书虽仅有12万字，却是古箸溯源、演变、发展、习俗等全方位第一部为筷箸树碑立传之作。由此，2001年获得中国文学艺术联合会颁发的学术著作优秀奖，民间文艺山花奖。

举办第一次台湾筷箸展和出版箸文化专著

2000年应邀赴台北参加中华美食展，蓝翔携唐宋元明清500双(套)古筷参展。这是台湾第一次举办大陆古筷藏展，故引起轰动，参观者多达5万人次。同时，蓝翔所撰写的《筷箸的故事》学术著作，亦首次在台湾全彩印制精装出版，作者一周签名售书600册。

第一次出版英文、法文版《中国筷子》

上海2010年举办世博会，蓝翔立即赶写《中国筷子》，由北京外文出版社翻译成英、法两种语言出版。这是我国第一次连出两部外文《中国筷子》。由此，党史信息报和上海老干部局向作者蓝翔颁发了金花奖；劳动报则评选其为世博征文二等奖。

蓝翔先后撰写出版了七部箸文化专著，新著《筷箸史》即将出版。

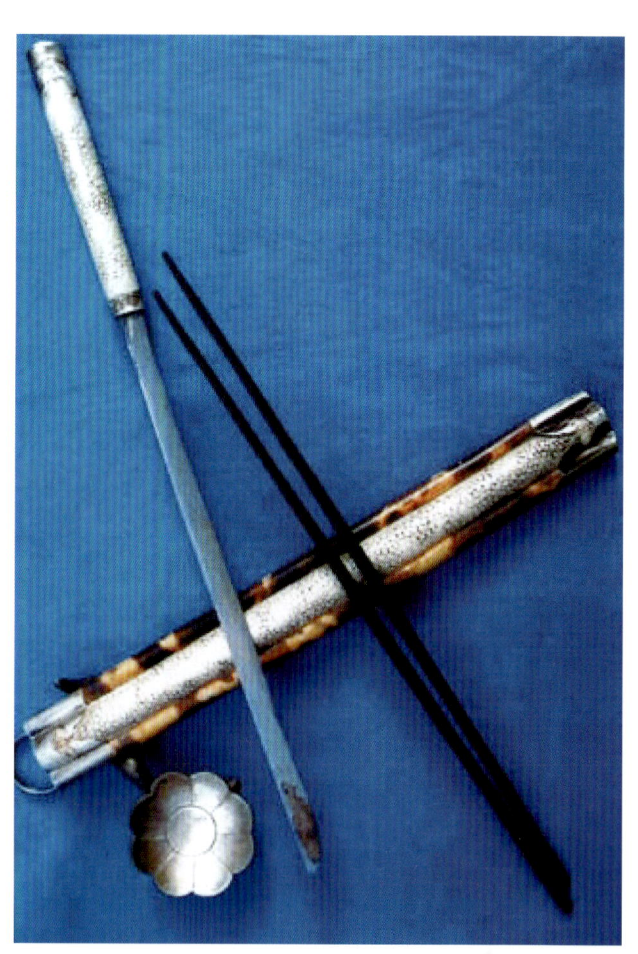

八方建言

民间博物馆生态调查

2010年1月29日，文化部、财政部、国家文物局等7部门联合下发了《关于促进民办博物馆发展的意见》。意见指出，将加强扶持，为民办博物馆创造良好的发展环境。其中包括，规范民办博物馆准入制度，切实帮助解决民办博物馆的馆舍与经费保障问题，加强对民办博物馆的专业指导和扶持等内容。政府的支持是民办博物馆健康发展的必要保障。但是，正如中国文物保护基金会理事长马自树最近在一篇文章中谈到的，博物馆作为社会公益事业，非营利组织，要维持其运转，开办者除了不断地付出之外，很难有什么回报。在民办博物馆发展不长的历史中，虽然有政策上的不断跟进，但是在政策指导、科学管理、配套实施方面，依然存在许多不容忽视的缺位。于是，有人退出，有人坚守，还有人加盟，成为民办博物馆发展过程中的一种现象。

资金困局 中小型民办博物馆孤军奋战

正当“全国民办博物馆藏品博览会”在西安引起关注的时候，筷子收藏家蓝翔坐在自己位于上海多伦路的藏馆中为某出版社撰写着稿件。稿费是这位80岁老人支撑这个面积已经不足20平方米的筷子藏馆的重要资金来源。

上世纪90年代末，上海多伦路重新修缮并定位为文化街，虹口区政府以十分优惠的条件陆续吸引了包括蓝翔筷子藏馆在内的四五家民办博物馆入驻。在蓝翔的左边，曾是一家钟表馆；它的右边，则是一个收纳了众多老上海旧器物的小型家庭博物馆。但当《收藏投资导刊》记者近日走访这条曾因为这些博物馆的存在而名噪一时的街道时，却惊奇地发现，除了蓝翔的筷子藏馆，其他几家博物馆早已销声匿迹。蓝翔也将自己的藏馆分出一半面积，出租给一位经营翡翠的商家，“我不想出租，但如果不这样，我的筷子藏馆就会因为缺少资金而关门。”蓝翔无奈地对记者说。资金的匮乏，成为像蓝翔这样小型民办博物馆所遇到的最致命的问题。蓝翔说，除了用自己原有的一套房子和虹口区文化局换来这个博物馆的空间，使得目前在租金方面并不存在较大压力外，在开馆的11年间，自己没有得到任何方面的经费支持。早先时候，通过媒体的大量报道，蓝翔以为会引起社会各界对自己的关注，从而获得一些商家的资金赞助。“遗憾的是，至今没有一家企业愿意支持，我只有孤军奋战。”

和其他几家曾经同时存在于多伦路上的民办博物馆相比，蓝翔老人毕竟解决了藏馆的租金问题。而另外几家民办博物馆，则显得并不那么幸运。记者了解到，上世纪90年代末，为了打造文化品牌，虹口区相关部门曾通过免租等优惠政策吸引了这几家民办博物馆入驻多伦路。但随着该地区文化品牌影响力的逐渐扩大，并最终成为上海一个重要的文化景点，多伦路的租金比初建时高出很多倍。当时受惠的民办博物馆，也因和相关部门签订的免租合同纷纷到期，加重了本来就捉襟见肘的资金困局，终因无力支付房租而被迫关张。和蓝翔筷子藏馆一样，杭州世界钱币博物馆同样是受到来自有关部门的邀请而入驻杭州最繁华的商业街之一“河坊街”。该馆汇集了创办人储建国20多年的珍藏，其中包括楚国特大椭圆形青铜称两货币(6.5Kg)、秦汉各类钱范、王莽十布、三国东吴大泉五百和当千钱树、唐镌文银锭、宋各类铭文金牌金铤金锭；中国人民银行发行的金银纪念币、流通纪念币、流通硬币、纸币等2万余枚钱币藏品。不过，和蓝翔筷子藏馆自入驻后便鲜有得到关注不同，钱币馆受到了来自官方和媒体的更多青睐。浙江电视台、宁波电视台、嘉兴电视台、杭州日报、宁波日报等媒体都介绍过其事迹。2007年7月，经北京奥组委批准，吸收该馆为2008年奥运会特许商品分销商。然而，仅仅在关注层面，并不能阻止杭州世界钱币博物馆落入资金困局。储建国说，除了优惠的租金外，相关部门依然缺乏为其提供更多配套的扶持方案。而这种租金优惠政策，也正面临着瓦解。“我们与街区管委会签订的《合作协议书》中写明，合同到期后按当时协商价格出售给博物馆，但至今合同未能兑现。”对此，储建国只有报以无奈的理解，“如果政府相关部门出租这样的房子给民办博物馆租金为20万，而给其他商业机构能达100万的话，基于经济利益的考虑，当然多数人会选择租给后者。”

储建国不无遗憾地对记者透露，目前自己正准备撤离河坊街，关闭这个运营了10年之久的博物馆，“为了办馆，我已几近倾家荡产”。

政策生态 大型民办博物馆的发展诉求

和因为资金局促而制约发展的中小型民办博物馆不同，一些大型民办博物馆由于创办人本身经营其他产业，有足够的资金投入于藏馆的日常开支，因此，这些大型民办博物馆所面临的问题则更多地来自藏馆本身的深度运营。占地2000平方米，有着5000余件藏品的“南京长风堂”，被誉为江苏最大的私立博物馆。2004年该馆在北京某拍卖公司以6930万元人民币拍回的一张陆俨少《杜甫诗意百开册页》，创立了当时中国书画的世界拍卖纪录。然而，就是这样一家拥有顶级藏品的民办博物馆，在发展过程中依然摆不脱来自各方面的制约。

馆长顾颖向记者介绍说，长风堂的藏品主要来自创办人杨休的个人收藏，作为民办博物馆，从藏品的精品度以及对公众免费开放的普及度，其实已经履行着和国家博物馆同样的社会功能。但受到的待遇仿佛“内外有别”。“我们在国外为博物馆买回很多藏品，但入关的时候，海关会认为这样的购买是一种商业行为，1000万元的藏品，可能会征收30%的关税。”顾颖认为，哪怕是最有实力的民办博物馆，也常常受到有关部门下意识的歧视。“如果是国有博物馆购买了这些海外回流的藏品，只要开具相关的证明，就能顺利过关。而且在征买过程中产生的人员差旅等费用也都一概由国家承担。不像我们，不但要缴纳过高的关税，而且全部支出均要自己买单。”顾颖说，“这很不公平。”

西安大唐西市博物馆是国内首座由民间资本投资建设的遗址类博物馆，馆长王彬也认为目前国家实行的政策上，对民办博物馆和国有博物馆并非一视同仁。“虽然从中央到地方出台了很多这种‘一视同仁’的规定，允许非公有资本依法运营文物收藏和仿制品开发等业务，但是非国有博物馆实际上并没有获得同等的地位，比如征集方面，没有藏品征集权；藏品流通方面，不能有价调拨，而民办博物馆向国有博物馆借展文物的手续也相当繁琐。”

王彬还说，对于民办博物馆来说，人才短缺是普遍存在的问题，“民办博物馆很难留住人才，”王彬说，“像我们这样的博物馆可以为很多大学生提供就业机会，刚毕业的大学生普遍表示出兴趣，但是这些学生进来后，没有办法获得职称。另外，如果我们想引进国有博物馆的相关从业人员，他们来后，原有的诸如研究员等身份可能会失去。”人才的紧缺，是制约民办博物馆纵深发展的一个重要瓶颈，“民办博物馆中的藏品，也是国家的财富，但由于人才的缺乏，这些藏品得不到很好的技术性保护和修复。”王彬认为，国家应该加大民办博物馆人员的培训力度以及实现对相关从业人员的职业认可，同时，制定针对国有博物馆对民办博物馆的人才和技术的帮扶政策。

尽管大型民办博物馆在资金方面远远强于中小型藏馆，但王彬依然认为政府应该给予民办博物馆一定的税收减免、财政补贴等财税支持。“目前国有博物馆实行门票免费后，政府给予它们很多补贴。但是民办博物馆却没有同等待遇。因此，就大唐西市博物馆而言，开馆前10天门票是免费的，以后在经营中门票会实行半价策略。”

其实，许多发达国家对于民办博物馆的财税支持早已成熟，午逡国际文化传播公司负责人吴昊向《收藏投资导刊》记者介绍说，在法国，企业会拿出一部分资金成立基金会，由基金会注册成立博物馆，政府会为企业免税60%。另外，“法国公民去世后，子女如果继承其遗产，需支付高昂的遗产税。这部分遗产税，可以支付现金，也可以经过专业评估机构评估后，用遗产中的艺术收藏品替代。因此，一些法国藏家，在60多岁的时候，就提前和一些博物馆沟通好。比如，该博物馆需要一张毕加索的某件作品，藏家就会通过拍卖会或者其他渠道购买一张回来。这样，在他去世后，后人可以将这幅博物馆指名需要的作品捐赠给博物馆，以代替高昂的遗产税。”

今日美术馆负责人张子康认为，国家对包括民办博物馆在内的艺术品政策存在一定的“生态问题”，很多环节相互不连接、不配套。“国家各个部门实力不同，这个部门想做的事情，不一定能得到另外相关部门的支持。比如，一些措施是文化部门支持的，但财政部门没有相应的配套。”张子康说，这是中国民办博物馆在政策方面遇到的最大问题。

其实，张子康提到的政策“生态问题”，已经直接导致了大多民办博物馆处于无证经营的边缘状态。据上海收藏欣赏联谊会统计，在上海仅家庭博物馆就达120余家，而在上海民政部门登记注册为民办非企业单位的民办博物馆总共只有15家。究其原因，很多民办博物馆均无法达到《博物馆管理办法》中有关成立非国有博物馆的规定，“政府对于民办博物馆的审批要求过于严格，基本是按照国有博物馆的要求来办民办博物馆，使得大多数民办博物馆无力注册。”

社会共享 国有博物馆的重要补充

尽管步履艰辛，当一些藏馆走向衰落的同时，又有不少民办博物馆在各地建立起来。发展的困惑似乎并不能阻挡社会对民办博物馆的需求与热情。随着我国艺术收藏浪潮的风起云涌，民办博物馆能否健康发展则是走向收藏成熟的重要标志。

据记者了解，博物馆的数量和形式的丰富程度是联合国教科文组织衡量一个国家文明程度的重要指标。我国目前国有博物馆约2900余座，而注册的民办博物馆只有400余座，仅占前者的13 .7%。和国外发达国家相比，我国民办博物馆的比例相当低。大唐西市博物馆馆长王彬认为，“我国的文化遗产众多，如果只是限于国有博物馆保护，是远远不够的。国家应该吸引更多的民间资本参与进来，来共同保护我们的文化遗产。而且民办博物馆的藏品来自民间收藏，是把个人收藏之宝变成社会共享之物。它的多样化、专题化、精微化、个性化是国有博物馆的重要补充。”

储建国虽然决定将自己的钱币博物馆关闭，但依然认为民办博物馆有着其他文化机构不能替代的作用。在创办钱币博物馆之初，储建国到东南亚考察民办博物馆的运营方式，“泰国一个华人聚集的岛上就有17家民办博物馆，泰国居民在行成年礼的时候，很多都会在岛上居住一周，参观各类博物馆。”储建国说，这比任何形式的成年教育都有意义。他同时还介绍说，民办博物馆的另一个功能是促进旅游业，“在马来西亚马六甲市这座海滨小城市中，就有大大小小50多家民办博物馆和1家国立博物馆，政府规划要办100家民办博物馆，成为当地吸引各国游客的重要景点。”

此外，民办博物馆除了对公民教育以及旅游开发具有影响力外，在储建国看来，还对企业有着令人惊叹的促进作用。“上世纪90年代初，凡·高的一幅《加歇医生的肖像》以8 250万美元的拍卖天价，被日本‘大昭和纸业’总裁斋藤收入囊中。之后，斋藤为该作品建立了一座博物馆，凭借作品的知名度以及‘大昭和纸业’本身对造纸技术的深入研究，很快使其从第17位晋升为日本第二大造纸企业。”

突出重围 民办博物馆上下求索

也许国家制定一系列针对民办博物馆有效的政策还需一段时日，但一些民办博物馆已经纷纷走向了自救之路。大唐西市博物馆馆长王彬向《收藏投资导刊》记者介绍说，博物馆在规划项目和产品定位的时候，加入了一些产业类以及服务方面的内容。“比如，我们设计了一个‘丝路百工体验展’（百工是西周时期对手工业的一种统称），观众可以参与其中，然后再将自己制作的手工艺品买走，可以说亦展亦演亦销；在服务设施方面，我们设立了接待各种会务的场所，将来也会办一些讲座和演艺；根据唐文化的主题，还会开发一些衍生产品。比如，开发把传统文化和现代高科技结合在一起的热敏体温测量器，古代钱币样式的U盘等，这些都拓宽了博物馆的收入来源。”

此次上海世博会的18个企业馆中，唯一的台资展馆——震旦企业馆，位于世博会园区的浦西区，总投资1亿元，占地3000平方米。它的创办人——台湾企业家陈永泰多年来致力于精品玉器的收藏，记者了解到，藏品数量已高达4000多件。陈永泰为自己的藏品在上海申请注册了民办博物馆。震旦企业馆副馆长谭白绢介绍说，博物馆采用了欧美基金会的运作模式，取得了良性循环，“由于博物馆的运作已经比较成熟，加之我们和上海博物馆以及台北故宫均有长期的合作，因此，和这两家博物馆之间的藏品借展都没有问题。另外，除了博物馆的展览运营，我们还会有一批人专门从事文创工作。”谭白绢透露，明年年初，上海震旦艺术博物馆将由原先的一层扩充至六层。

4月23日，民办博物馆的又一利好消息传来，中国博物馆学会民办博物馆专业委员会在京成立。专业委员会旨在准入制度、扶持政策、管理运行和社会作用等方面发挥应有的作用，进一步调动社会力量参与文化遗产保护和社会主义先进文化建设的积极性。希冀在政策支持、社会关心和民办博物馆自身发展的共同推动下，种种不利因素终将慢慢消退，而我们的私人收藏也能被越来越多的民众所共赏。

（原载《收藏投资导刊》本文略有删减）

私立博物馆发展的若干思考（摘要）

国家允许并鼓励兴办私立博物馆已经明确写入国家相关法规之中。《中华人民共和国博物馆管理条例》对私立博物馆的设立、管理有专门的条款，其中，第一章“总则”中第四条明确规定：“允许兴办私立博物馆”；第三章“博物馆的设置、撤销和登记”中又规定了私立博物馆设置、撤销和登记的具体办法;第五章“博物馆的藏品与业务活动”中对私立博物馆藏品的来源又作了专门规定。

由对私立博物馆的全面限制，到许可私立博物馆的设立，特别是把私立博物馆与国有博物馆在性质、任务等方面并立，这是一个非常大的思想观念的进步。对于私立博物馆藏品的所有权，在新修订的《中华人民共和国文物保护法》以及“实施细则”中又作了规定，不再强调它们“属于国家所有”，而是指出“属于私人所有的纪念建筑物、古建筑和传世文物，其所有权受国家法律保护”，同时强调“文物所有者必须遵守国家有关保护管理文物的规定”。国家不仅承认私人对所收藏文物的所有权，还许可私立博物馆从事与本馆性质相符合的收藏活动。这些法规的出台是私立博物馆迅速发展的前提和保障。虽然如此，私立博物馆在实际中仍然遇到种种问题，以下试做若干讨论。

（一）关于私立博物馆的社会地位

博物馆是对文物标本进行收集、整理、保藏、研究、陈列、传播文化科学信息，为社会服务的文化教育机构。大部分国家都将博物馆作为一种服务社会、社区及公众的国家公共事业。大部分的博物馆主要采取政府主办、国家拨款形式，这就决定了博物馆的基本性质。在西方发达国家，有相当数量的博物馆属于社会团体或宗教机构，但它们并不等同于一般意义的“私立博物馆”，它们可以接受社会捐助，享受国家减免税的政策。

但在我国，私立博物馆在性质上比较模糊，特别是关于是否可以接受社会捐助、享受什么样减免税政策，国家尚未有具体的规定。这给私立博物馆的各项工作带来不便，特别是那些以古代文物为主要收藏内容的博物馆更是如此。

（二）我国发展私立博物馆的经济空间

目前，我国已建立了一系列的国有博物馆，2000年底注册的各类博物馆已达2000座，它们对弘扬我国传统文化、保护我国文物资源、宣传现代科学知识、提高民众文化素质都有着重要作用。但因受国家经济、社会、文化等诸多因素的限制，我国博物馆无论从数量、规模等方面看，都还不适应现代社会的需要。而且因我国现正处于转轨时期，一些博物馆在新的社会条件下遇到了一些困难。计划经济向市场经济推进中，博物馆也面临着市场经济的冲击。旧的管理体制使博物馆在社会效益与经济利益之间难以取舍。因此，私立博物馆的发展有其可能性与必要性。

私立博物馆不仅是当前国内经济发展的需求，也是追求经济效益的企业与作为“文化事业”的博物馆结合并产生良好社会和经济效益的可贵探索。即私立博物馆除了在利用博物馆的自身优势向社会提供有偿服务和开发第三产业以及发展多种经营外，还有重要的“经济价值”。

许多优秀的企业家和管理者开始将原本是纯粹“文化事业”的博物馆作为一个重要的“再生的象征资本”加以使用，从而打造自己的名牌，打响了品牌效应。有不少企业从营造企业文化的高度参与到博物馆的建设和经营当中，把博物馆当成一个有着“经济收益”的文化项目。一个学者曾经说：“每个城市应该有自己的文化灵魂，来提携这个城市的文化档次，影响这个城市人们的文化精神。”那么，对于产品，我们是否可以说，品牌只有形成了自己独特的文化魅力，才能卓越于其他品牌的存在。

另一方面，企业不直接参与博物馆兴建，而是通过赞助博物馆事业来确立自己企业的良好形象，这种做法也将有助于私立博物馆的兴起。从这里，我们可以看到中国博物馆与企业互补式的新模式和发展前景。

（三）我国发展私立博物馆的社会空间

首先，各种私立博物馆可以活跃人民的日益多样化的文化生活，满足观众多种的精神文化的需求和消遣的需要。改革开放以来，我国物质文明取得了巨大的进步，同时人们也如饥似渴地追求精神方面的享受。博物馆作为精神文明的重要基地，发挥重要作用。然而在国内即使是在北京，经过半个世纪的发展，博物馆增长了50倍，其常住人口与所拥有的博物馆数量之比为12万：1，但与欧洲小国瑞士1.17万：1的数量与规模还是相差甚远，更不用说其他地方。这方面私立博物馆可以解决以往博物馆分布不平衡，规模小，不能满足人民需要的矛盾。

其次，随着人们物质生活水平的提高，私立博物馆可以满足民间收集、保存、展览乃至增值需要的功能。在当代中国，因为经济的发展，那些对某一领域的事物有着特殊兴趣的先富起来的人，有了资金的保障，自己可以从事文物标本的收集、保存、展览的事业。尤其是当人们逐渐认识并提出“为了明天而保存今天”的口号，成立私立博物馆显然成为一个不错的选择。这些多样化的博物馆可满足民间多样化的审美和欣赏情趣。

最后，私立博物馆弥补了中国公立博物馆的一些不足，由于具有灵活、高效的管理体制，能够适应时代瞬息变幻的需要。而公立博物馆主要由政府主办并投资，因此对成立博物馆有着一定限制条件，在馆藏品的征集上有着时间和资金的制约，这显然满足不了当今社会急速变迁带来的馆藏品的流失。私立博物馆由于自收自支的财政制度，并在馆藏品的收集与入馆程序、时间等各方面有着更大的机动性和灵活性，从而，能够在藏品的征集、展出上具有高效率，满足人们的需求。

综上所述，发展私立博物馆在我国有着重要的意义。同时也正因为上述原因，随着我国社会经济及文化的综合发展，我国私立博物馆必将有更大的发展。

然而，私立博物馆在发展中也面临着一些体制、环境、资金等问题。比如“公益性”、“非营利性”与私立博物馆持续发展之间的矛盾关系；私立博物馆设立的审批程序与过程过于繁琐，所有者与主管或监督部门之间的权责不明等问题，希望有更多人关注并参与讨论。

（摘自《北京文博》）

如何对待民间博物馆

政府作为公共管理部门，要从法律法规上把民间博物馆机构的体制建设纳入宏观管理的视野，彻底改变目前小、散、乱的局面，搭起一个制度化的发展框架，使民间文化力量成为我们整体社会文化建设的重要组成部分。在总结全国经验的基础上，应该制定出台一个分级制的标准化管理措施来。对于初级阶段的个体小机构，视其藏品特色，进行必要的指导帮扶，使他们突出特色上档次；要鼓励中等规模的机构，不断改进、调整、提高，为他们的扩大、扩建提供必要的场地设施等条件，要争取创出知名品牌，能够推出强势的藏品内容，结合自己的特长拓宽办展思路，走专题化、精品化、特色化路线，集知识性、艺术性和娱乐性于一身的以展养馆的路子；要允许民间资本以更加灵活的方式，进入达标的、有实力的大机构，引入产业化的管理发展模式，通过入股、参股或合作、联合等多种形式，组建实力雄厚的、专业的大型民间机构，利用股东会、董事会这样的决策层对其进行现代化的管理。

同时，政府管理下的文化研究部门也应该与民间机构进行立体的合作，进行收藏鉴定的技术指导，尤其应该重视私人藏品的研究利用价值，通过与民间收藏机构进行学术的联合或互动，提升民间机构的社会形象和品位，并且进一步挖掘私人藏品的文化潜力，使之走向更广泛的地区间、国际的交流合作。

（摘自《中国民族报》）

论民间博物馆保护传承民族文化的作用及启示（摘要）

凤凰山江苗族家庭博物馆（以下简称苗族博物馆）是由湖南省人民政府督学，湖南湘西土家族苗族自治州原副州长龙文玉先生和他的家人，倾尽了20多年的心血，自筹资金，在世界文学大师沈从文先生和著名的苗族歌唱家宋祖英的大力支持下，于2002年10月1日在湖南凤凰山江苗寨正式开办的一家民办博物馆。

苗族博物馆的作用

一、弘扬苗族文化的龙头作用

苗族博物馆自开馆以来，以弘扬苗族优秀文化为已任，通过苗族博物馆这个载体，有效地保护了少数民族文化特色与内涵，又使多样的少数民族文化得到延续和传承。以“四月八”、“六月六”等苗族传统节日为契机，多次精心组织策划大型的苗族民间传统活动，当地苗族民众积极参与本民族活动的热情空前高涨，苗族文化得以发扬光大。

如，2003年10月，在博物馆风情园跳花坪接连30天举行跳花活动；2005年1月1日，凤凰县山江、腊尔山等12个乡镇的苗族群众在山江苗族博物馆内苗族风情园举行庆祝元旦“苗家乐”联欢会；2006年，以“天下凤凰聚凤凰”活动为契机，苗族博物馆倡导、策划，于11月17上午在凤凰古城文化广场举行集苗族服饰和银饰为一体展演的“凤凰·中国苗族银饰文化节”，等等。随着香港凤凰卫视、湖南卫视等24家媒体的报道，使得人们更多的了解苗族文化，促进了文化的交流。鉴于苗族博物馆所作出的贡献，2006年，馆长龙文玉先生被中华人民共和国国务院评为“全国民族团结进步模范个人”；文化部授予苗族博物馆为“中国新时期优秀文化建设单位”。

二、保护文化遗产的基地作用

苗族博物馆立足本土、不局限于对文物的静态保护，还十分注重对活态的民族文化的“传承人”的保护和培养，于2004年5月26日（农历四月初八）举办了首届“凤凰杯”苗族民间文化传承世家大赛。来自湘黔边区的凤凰、松桃等6县市21个队62人参加了苗绣、苗歌、苗鼓三项比赛，年龄最大者90岁，最小14岁；评出“苗族文化传承大师”13名，“苗族文化传承世家”11个，“苗族文化传承者”、传承师31位，最大限度地提高了人们参与民族民间活动的积极性。2006年，湘西民保中心把山江苗族文化保护区确定为湘西州凤凰山江苗族原生态文化保护基地，苗族博物馆成为湘西州民保中心基地和吉首大学民族文化保护基地研究中心。苗族博物馆同时还是“湖南省收藏协会苗族收藏博物馆”、“湖南省苗学学会苗文化研究中心”，“农家女工艺作坊管理中心”。

三、支撑文化旅游的骨干作用

湘西自治州地处老、少、边、山、穷地区，经济社会发展水平低、速度慢，全州尚有66万低收入人口，加快经济社会发展的任务十分艰巨。苗族博物馆在开馆之初，在遵循博物馆一般功能定位的前提下，更新观念，认真分析形势，找准了文化与旅游的契合点。

一是充分利用丰富的民族文化资源优势，增加可看性（可游性）。在静态的实物展示中，民族源流、生产工具、山地开发、农商经营、家居建筑、家具服饰、婚丧嫁娶、节庆饮食、歌舞娱乐、文学艺术、风俗信仰等，一个民族共同体的历史文化浓缩在一个个展室中，活生生地展现在人们的面前。在动态的民族文化演示中，苗族艺人现场绣花、编制苗花带，画苗画、打苗鼓、制作苗族银饰；苗族宗教、跳花、跳月等活动定期在苗族风情园跳花坪上举行，吸引着广大游客。

二是注重游客的参与性和体验性，让游客积极参与到苗族的各种活动中，自己亲自体验，从而获得深刻的旅游体验和感受。

三是积极主动加强与旅游业的联合协作。与旅游业界人士举行多种联谊活动，先后与深圳、上海、北京等地建立了广泛联系，双方携手协作，共同发展。

四是充分利用苗族传统节日优势，整合苗族文化资源，树立民族文化旅游品牌效应。2005年5月15日，湖南省苗学学会、湖南省凤凰县人民政府进驻广州办事处、湖南省凤凰县山江镇人民政府、中国凤凰（山江）苗族博物馆联合主办的苗族“四月八”活动在苗族博物馆举行。凤凰县及周边地区的苗族同胞，北京、上海、广东等15个省市和来自美国、日本、加拿大、韩国的客人3万多人参加了这一盛会。

四、扩大对外开放的窗口作用

苗族博物馆自开馆以来，吸引了众多中外游客及关心民族文化事业建设和发展的领导、专家、学者及各界人士。原贵州省委书记、全国人大民委主任王朝闻，全国政协委员、教育部原副部长、党组副书记张保庆，国家民保工程专家委员会副主任资华筠教授等均前来博物馆检查指导工作并题词留念；著名作曲家谭盾先生专往苗族博物馆及苗区采集苗族民间音乐。2004年10月23日，苗族博物馆主办“天下凤凰美群星演唱会”，宋祖英、严维文、孙悦等20多名明星汇聚凤凰，同颂凤凰美。2006年10月12日，苗族歌唱家宋祖英在美国肯尼迪艺术中心举行独唱音乐会，苗族博物馆中的“百花床”作为演出道具随宋祖英走进了这个艺术殿堂。苗族博物馆成为了扩大对外开放的一个窗口和文化交流的平台。

此外，该馆还加强对外联系，寻求对贫困苗区支援。2005年8月12日，湖南三一重工股份有限公司在山江苗族博物馆馆长龙文玉先生的介绍下，组织全国各大城市200多名优秀学生到湘西凤凰山江苗族文化保护区开展了一对一贫困生助学扶持活动；同年，与“美国国际教育发展基金会”联合成立“湖南西部农家女实用技术培训学校”。农业部门的阳光工程通过苗族博物馆的湘西农家女工艺管理中心，培训300多名苗家女，组织她们大搞民族工艺生产，增加收入，脱贫致富。

苗族博物馆的实践经验，充分证明了民族地区民族民办博物馆对民族地区的经济、社会、文化的全面、协调、可持续发展所发生的作用已初显成效。这对改变当地农村的经济结构，拉动区域经济的发展，增加当地居民的经济收入，改善生活质量，提高文明素质，加强对外文化交流，提高民族自信心与自豪感等方面，将产生不可估量的影响。

苗族博物馆的启示

一、民族博物馆可以向多元化方向发展

苗族家庭博物馆作为湘西少数民族地区唯一一所民办苗族博物馆，给人们以很多的启示。

一是办馆主体的多元化。可以是完全的国办民族博物馆，完全的民办博物馆，国办博物馆和民办博物馆相结合，企业投资办馆等多种形式并存的博物馆形式；只要能有效地促进民族博物馆事业的发展的一切办馆模式，我们都应该转变观念，积极采纳。政府要加强宏观调控、规范管理，让博物馆事业走向健康、有序的发展之路。

二是博物馆种类的多元化。1998年10月31日，由中国、挪威合办的中国第一座民族生态博物馆——梭嘎生态博物馆正式开馆，并在贵州先后建立了苗、布依、汉、侗四个民族的生态博物馆；2002年10月1日，凤凰山江苗族家庭博物馆诞生；2004年11月26日，我国第一座瑶族生态博物馆（也是广西第一座生态博物馆）———里湖白裤瑶生态博物馆，在广西南丹县里湖瑶族乡怀里村诞生。这些都为民族地区民族博物馆多样化发展提供了有力的实践基础和可借鉴的经验。

二、民族博物馆在民族地区大有发展空间

我国的少数民族主要集中于中西部地区，数千年来众多民族和睦相处，各自保持着独特的文化习俗和民族性情，创造出绚丽多彩的民族文化、悠久的民族史以及浓郁的民族民俗风情。近年来，地处偏远西部地区的生态博物馆以其文化上的强烈个性色彩，出色的建设运作，吸引着海内外游人，在国际博物馆学界被赞为“走出了一条具有中国特色的生态博物馆的成功路子”。生态博物馆是将自然环境、人文环境、传统艺术等有形和无形文化艺术遗产在其原产地由居民自发保护，使人、物和环境处于固有的生活关系中，从而较完整地保留社会的自然风貌、生产生活用品、风俗习惯等文化因素。目前湖南西部博物馆建设滞后，除了一座湘西州博物馆之外，还没有建立起自己民族的生态博物馆。

湘西土家族主要生活在龙山、永顺、保靖等县，苗族主要生活在吉首、花垣、凤凰等县市。沅水支流酉水流域历史文化积淀深厚，从保靖到龙山里耶河段，迄今发现的东洛旧文化遗址，押马坪新文化遗址，证明远古时代就有人类的祖先在这里生存过。2002年发现里耶战国古城遗址，从一号井一次性发掘出3万枚秦简，举世震惊。永顺老司城文化遗址既是湘西800年土司史的见证，又是土家文化的表征。土家族语言已属濒危语言，土家织锦、梯玛歌、茅古斯舞、打镏子等都应加以保护和利用。就苗族而言，以苗族博物馆所在地凤凰山江黄毛坪村为中心辐射周边的16个乡镇，湘西苗族的生产生活习俗、建筑、宗教，军事，服饰、婚恋、歌谣、节庆、丧葬、鼓舞等传统文化特征在这里都有完整的体现和遗存，已初步具备建设苗族生态博物馆的条件。因此对该区域内所有应当保护的土族、苗族文化遗产，需要统一规划，分别管理，突出特色，分类保护，筹集资金分批建设。如能得到当地政府的高度重视和大力支持，加强管理，乘着“民保”东风，湘西州完全可以建设好东部方言区苗族的苗族生态博物馆以及土家族生态博物馆，民族博物馆在民族地区大有发展空间。

三、民族文化保护与民族文化旅游可以共进双赢

民族文化是保证民族文化旅游的前提和基础。要使民

族文化旅游形成可持续发展，必须建立在对民族文化保护的前提下。苗族博物馆首先是利用馆藏的形式将静态苗族文化如苗族服饰、居民建筑、生活用具、工艺品等保护起来，并利用节日、习俗等有形载体，使活态的民族文化如音乐、舞蹈、婚丧习俗、饮食文化、宗教文化等得到广泛的展示和传承。要注重保护苗族文化的原生性，越是“土”的，对旅游者越具有吸引力，资源的品味越高。在保护的同时，把苗族博物馆和苗族文化作为重要的旅游资源，进行开发和利用。旅游给民族文化以展示和交流的机会，在文化交流中民族文化得以不断丰富并更具特色和魅力。

苗族博物馆作为旅游景点，吸引了大量的游客，在实现其社会文化价值的同时，也带动了与旅游消费相关的餐饮业、旅馆、手工业制作、商业和交通业行业的兴旺，增加了苗族社区民众的就业机会，拓宽了就业门路，成为苗族社区经济新的增长点。近几年山江镇人均收入逐年递增，2001 年仅为 567.9 元 / 人，2005 年即提高到 882.9 元 / 人；黄茅坪人均收入 2001 年为 570.2 元 / 人，2005 年提高到 900.8 元 / 人。

实践证明，民族文化保护与民族文化旅游可以共进双赢。对民族文化旅游资源要进行科学的规划，在开发中既要充分挖掘利用民族文化，使它成为吸引游客、产生社会经济效益的资源；又要注意加强对民族文化资源的保护，走可持续发展之路。要实现民族文化旅游的可持续发展，就要使普通民众成为民族文化旅游发展中的参与者和受益者，而不是旁观者、被开发者和消极影响的受害者。只有将民族文化旅游资源保护与当地居民的经济利益结合起来，才能增强其对本民族文化的自信心，为保护和发展民族文化提供源源不断的动力。

（作者：凯里学院原生态民族研究中心　石群勇）

建议为民间私人博物馆设立安身之地

民盟成员、浦东新区科学技术局职员盛雪锋反映，民间私人博物馆是藏品世界的重要组成部分，尤其在上海，私人博物馆是非常具有特色的。上海私人博物馆在全国私人博物馆中占有相当重要的地位，全国共有 400 多家私人博物馆，上海就有 100 多家，约占 1/4 的比例。上海私人博物馆有“小、特、专”等特点。小指面积和规模小，特指展品有特色，专则指有专题性。比如，左旭初的私人商标博物馆、张道华的红楼梦博物馆、葛效文的门票博物馆等，具有展品丰富、作品时间跨度长等特点。

但目前，上海的私人博物馆逐渐进入了惨淡经营的境地，很多具有很高文化价值的私人博物馆无奈被迫关闭，或基本处于无法营业的境地。比如四海壶具博物馆位于曹安路上的“百佛园”，是经上海文管委批准的上海地区首家私人博物馆，也是目前规模最大的民间收藏博物馆，并于 2004 年荣获“中国十大民间博物馆”称号。但这个私人博物馆却悄无声息地休馆一年有余，因为原本计划用于开馆的方塔建成后资金周转出现问题，无法进行装修，所以开馆也就成了未知数。

另外，在多伦路上的筷子博物馆、钟表博物馆都因为规模小，无人问津，经营惨淡，几乎已经处于关闭的边缘。这些私人博物馆，在文化价值上各有长处，很多藏品是国家博物馆所没有的，特别是在某个专题上处于非常有价值的地位。

上海作为世界文化的中心地之一，这些民间私人博物馆是组成上海文化基础的重要的部分。但目前由于没有很好的机制，这些文化沉淀有的外流，有的消失，非常的令人扼腕。

为此，建议在上海设立专门的民间收藏馆，用于安置上海众多的民间私人博物馆。

第一，建议选定固定的较为集中的物理场所，建设上海民间博物馆，面积要足够大，足够容纳目前的私人博物馆。

第二，建议让众多的民间私人博物馆免费入驻建设好的上海民间博物馆。每个主题可以有一个或若干个展厅，不单独收取门票费用。

第三，可以采用政府补贴的形式，对整体博物馆进行补助。也可进行门票收费，收费用于补贴整个博物馆经营和每户经营费用。

（摘自上海政协网）

私立博物馆的中国式生存

5月18日世界博物馆日，北京地区的150家博物馆大都免费向公众开放，这其中也包括那些私立博物馆。从1997年第一批私立博物馆获批建馆，私立博物馆已经在中国发展了12年，仅北京就有近30家。但记者调查发现，绝大多数的私立博物馆在夹缝中艰难前行，难成气候。

历史：私立博物馆12年

1997年1月18日，北京琉璃厂西街一座面积仅为400平方米的门脸诞生了新中国第一家私立博物馆——观复博物馆，它的主人就是如今大名鼎鼎的马未都。当时，与观复博物馆一起获批成立的还有路东之的古陶文明博物馆，画家夫妇何扬、吴茜的何扬吴茜现代绘画馆，北京遗箴堂碑帖拓片博物馆。12年一个轮回，如今观复博物馆借马未都之名刚刚做到“不赔钱”；而古陶文明博物馆则“藏”在一间地下室里，游客稀少艰难维持；何扬吴茜现代绘画馆一直仅限个人画作展出；北京遗箴堂碑帖拓片博物馆成立则一波三折。但从1997年开始，全国先后由个人出资建立的私人博物馆有300多家，其中北京近30家，占全市博物馆的五分之一左右。类别从陶瓷、家具、皮影、门墩，到中医药、空竹、匾额等等，如同一串文明瑰宝，散落在民间的角角落落。

这些博物馆大多同观复博物馆、古陶文明博物馆的命运相似，除了刚成立时热热闹闹一番，一段时间后就面临供血不足的困境。而资金背后，则是身份、政策等一系列的模糊与缺失。马未都甚至感叹，私立博物馆的受重视程度远远比不上私营经济。

困境：登堂易入室难

尴尬一：身份模糊

“不是私人是私立！”面对记者，马未都一上来就先强调观复博物馆不是“个人的”。他说在中国博物馆序列里，私立博物馆是受歧视的，一说是某个私人的就更没有地位了。从诞生到现在，私立博物馆仍没有统一的身份界定。管理部门先后几易其名：“私立”、“私人”、“民办”、“非政府办”、“民间”、“民营”；文化部新出台《博物馆条例（征求意见稿）》则称之为“非国有”。第一批私立博物馆是在北京市编制在册的民营事业单位，后来改在民政部注册了。2002年马未都的观复古典艺术博物馆更换法人名称时，新的身份是“民办非企业”，这令他无所适从。“我和卖冰棍的一个地位了。可是国家又把我们定义为非营利机构，还不能有企业行为。”马未都无奈地说。

记者调查发现，中国私人投资兴建博物馆主要出于如下几种情况：出于公益考虑，想把自己多年的收藏与更多人共享；出于经济考虑，想达到以收藏养收藏的良性循环；企业办馆，希望树立形象等。但由于国家对私立博物馆的身份界定不清楚，形成了一个怪圈，没有国家财政拨款的私立博物馆干着公立博物馆一样有意义的文保事业，自身要生存还没有经营权。直接的影响就是博物馆的事业单位发票很多公司人家没法入账，最后马未都只好又注册了一个观复文化公司给人家开票，从事经营活动。

尴尬二：收不抵支

除了陈丽华的紫檀博物馆、樊建川的建川博物馆依托馆主背后的企业生存外，全国范围内大多数私立博物馆都严重“差钱”。租用场地、购置和制作陈列用具、布置展厅、聘用人员、水电耗费，各种花销让资金并不雄厚的私立博物馆馆主遭受巨大的压力。寥寥的门票收入显然难以维持运营费用，私人馆主们不得不拿自己的其他收入补贴。记者在古陶文明博物馆采访时，整整一个上午居然没有一个参观者，展厅里的灯依然亮着，工作人员说这博物馆能存活全靠馆长路东之一个人撑着，“这些年他自己字画作品的销售所得基本上都贴在里面了”。

尴尬三：馆藏难补

补充藏品对于资金匮乏的私立博物馆来说，是一件“明知很难却咬牙也得干”的事情。近年来全社会兴起民间收藏热潮，很多藏品价格一涨再涨，公立博物馆都买不起，私立博物馆就更别惦记了。

路东之的古陶文明博物馆大部分藏品是上世纪90年代前后淘换的，那时老百姓还不怎么认这些东西。“现在我们看上特别有学术价值的好东西也没机会，人家都想卖个好价钱，我们肯定比不过那些有钱人，一点辙都没有。”

一位工作人员无奈地说。

北京老爷车博物馆的馆长雒文有看上一辆老上海，那是一辆祖师爷辈的孤品，见证了新中国汽车工业发展的历史。“没有100万根本下不来，车主和我也很熟，人家明说应该支持我们博物馆，可是这差价不是一点半点的，只好卖给出高价的有钱主了。”雒文有说，“我只能表示理解。”私立博物馆没有充裕资金，很难保证博物馆持续发展，就目前而言，大多数私立博物馆都在吃老本。马未都说：“在人们还没有意识到的时候我先上手了，很多好物件搁现在谁还买得起呀！”

尴尬四：政策缺失

国家文物局博物馆一位工作人员表示：“我们也希望能够对私立博物馆进行扶持，但具体是否实行奖励或者补助措施，并不是在我们管辖范围内，这需要财政、民政等其他部门通盘考虑，我们只能提出建议。”据了解，对私立博物馆如何扶持，没有相关政策。正在征求意见的《博物馆条例》仅指出“国家鼓励个人、法人或其他组织设立博物馆”。

北京市文物局博物馆处处长刘超英在接受晨报记者采访时表示，她个人对那些执著的私立博物馆馆主很敬佩，“他们非常不容易，用个人的力量保护文物并与社会分享成果。马未都先生现在头发都白了，我是眼瞅着他变老的……”

北京市文物局对私立博物馆的发展一直“积极扶持”，这主要体现在对开馆人的指导上。刘超英说：“每一次有人来申请建馆，我们都会先打预防针进行劝退。因为开博物馆不是那么简单的，从藏家到馆长需要一个转变过程，个人开私立博物馆的困难会远比他们想象的多得多，开了馆就必须弄好，没有退路。”

刘超英透露，马未都苦恼的发票问题在文物局多次向有关部门协调后已经解决，“很多事情需要一步步来，法律政策的调整都需要漫长的过程。”

（摘自《北京晨报》）

扶持民间博物馆
保护历史文化遗产

日前，浙江省城市科学研究会组织专家专题调研杭州民间博物馆，并进行了座谈，对杭州民间博物馆发展提出了建议。历史学家、原全国人大常委毛昭晰、国家铜雕艺术大师朱炳仁、杭州文史研究者丁云川、南宋钱币博物馆馆长屠燕治、浙江吴越古陶瓷博物馆馆长李加林等专家参加了调研和座谈。

浙江吴越古陶博物馆位于后市街一间很小的2层楼铺面，在简陋的木结构房屋内，堆满了良渚文物，有7000多年前的船桨、陶罐，有200多种刻着良渚时代文字的瓷器。作为民间博物馆，其收藏的有价值精品甚至超过国家博物馆。毛昭晰教授是博物馆专家，他看了后感慨地说“天外有天”！现在，该博物馆面临运作经费紧张、房租涨价等多重问题，度日艰难。还有一所民间博物馆——南宋钱币博物馆，也是非常有特色的，藏品在国内堪称一绝。原来在湖滨涌金门有一幢三层小楼，楼下经营钱币制品，颇具特色，以此“养”博物馆，尚可维持。但西湖南线整合时，拆掉了这幢楼，至今将近十年，馆舍还无着落；原来的附属企业徒有营业执照而无营业场所。该馆失去了居所又失去了经费来源，日子很难过。

民间博物馆有其存在的重要价值，相对于国家博物馆来说，民间博物馆的藏品有着多样性，且人们能够更近距离观赏。常有北京研究良渚文化的教授来古陶瓷博物馆寻找良渚时期的文字。南宋钱币博物馆对南宋钱币的研究，经常有令人惊喜的成果，最近该馆的《南宋关子钞技艺研究》成果，市领导予以高度肯定，国内100多家网站作了传播，受到专家赞赏。尽管近年来政府鼓励民间办博物馆，但缺乏专门的政策支持。因此，民间博物馆发展缓慢、生存艰难。

专家们说，杭州的民间博物馆体现杭州的历史文化特色。如果把南宋钱币博物馆移入南宋御街，能更加契合南宋的主题。古陶博物馆里藏品十分丰富，这些珍贵的藏品放在如此简陋的环境中十分危险和可惜，要加大保护力度。像这样有价值的民间博物馆，需要政府的充分重视，落实对民间博物馆的具体扶持政策。

专家们说，民间博物馆藏品虽然是民间收藏家收集起来的，但是这些藏品是我国珍贵的文化遗产，民间博物馆力量单薄，更需要政府的理解和扶持。杭州应该大力发展民间博物馆，对目前呈濒危状态的，要迅速加以抢救。杭州是历史文化名城，具有丰富的博物馆资源，建议将杭州打造成“博物馆之都”，让博物馆成为杭州的品牌，让大家一想起博物馆就想起杭州。

（摘自《杭州日报》）

山东民间博物馆艰难前行

注册的少“隐形”的多

据山东省文物局工作人员介绍，山东省2006年后注册的民间博物馆只有3家：聊城明清圣旨博物馆、临淄金珍堂古钱币博物馆、莱西市胶东民俗文化博物馆。未登记的民间博物馆数量无法确切统计，如果算上一些规模较大的家庭博物馆，应该在百家以上。

文化部审议通过并于2006年1月施行的《博物馆管理办法》，规定了注册成立博物馆的六项要求。其中包括“具有必要的办馆资金和保障博物馆运行的经费”，“具有与办馆宗旨相符合的专业技术和管理人员”，这两条就足以把大多数收藏者注册博物馆的想法打消。

主管部门认为，如果没有完善的筹资计划，很难保证博物馆的永久性、公益性。这种担心并非多余。近20年来，随着收藏的升温，民间博物馆在全国层出不穷，但因为相关法规和监管的缺失，伴生了很多混乱现象。例如企业宣称要建博物馆，优惠拿地后却将其用作商业开发；利用博物馆名号抬高藏品身价，然后高价转手，有的甚至把博物馆开成了文物商店；有的博物馆关门后，已登记备案的文物不知去向……而我国又没有一部专门的博物馆法对此作出明确规范，因此主管部门在审核时非常审慎。

另一方面，办了博物馆，在某种程度上，文物变成了社会财富，馆内的文物就不允许买卖了。因为不愿受约束，一些“博物馆”只是自己挂个牌子，并不积极去主管部门注册。

资金缺乏成发展瓶颈

众所周知，博物馆是“非营利”的公益文化机构，民间博物馆也不例外。从博物馆的运营情况来看，资金缺乏已成为制约民间博物馆发展的主要瓶颈。 年过七旬的收藏家姜忠有着近50年的“藏龄”，收藏品类包括地契、刺绣等，他希望能为自己的藏品建立博物馆，但最主要的困难是场地问题。作为一个普通收藏家，他根本无法支付展馆场地租金，也难以承担其余相应费用。

桓台万狮博物馆位于山东淄博渔洋宾馆地下一层，而渔洋宾馆又被馆长巩曰祜承包经营。以宾馆来带动博物馆应该是不错的经营之道，但巩曰祜并不这么认为。他说：“这些年，我的收入都用在购买石狮上，可以说是越买越穷。虽然宾馆的收入可以拿出一部分补贴，但还是捉襟见肘。如果把更多资金补贴到博物馆身上势必影响宾馆资金周转，宾馆资金跟不上又势必影响博物馆的发展。这样长期下去，肯定是不行的。” 与此同时，很多民间博物馆也正遭遇着资金困境。一位业内人士认为，民间博物馆的成本对于个人，即使是成功的企业家，都是一个惊人的数目。场馆的初始投入也许并不困难，但是，一年要拿出十几万元甚至几十万元来增加博物馆的藏品以及维护和管理，很难依靠个人的力量维持。博物馆不同于一般行业，它承担着一定的社会责任和义务，在保证文物安全、提供参观环境上，都需要大量的资金投入，而这种投入的回报较少，回报的周期较慢，仅靠门票收入养馆，几乎是不可能的。因此，很多颇具规模的民间博物馆就是这样被拖垮的。

事实上，民间博物馆不仅面临着资金问题，还面临着其他如人才、经营、政策等问题的制约。由于民间博物馆大都处在勉强维持的状态，有限的资金大多投入到藏品的收购和保护中，很难在提高陈列水平、搞多种经营上投入力量；同时，也就很难吸引高水平的专业人才加入。

依托文化产业 寻求政策支持

为寻求发展，很多民间博物馆纷纷做出尝试。莱西市胶东民俗文化博物馆馆长姜殿平心目中最理想的模式是：依托文化产业带动民间收藏，达到“双赢”的效果。他计划在莱西建立一个民俗村，把目前馆内藏品以及大量未能展示的库存都陈设在民俗村里，让人们游玩的同时感受民俗文化的魅力。目前，他的这一想法得到了莱西市委、市政府的认可与支持。

在寻求自我发展的同时，几位民间博物馆的负责人都表示，希望能获得政府的支持，明确扶持民办博物馆的政策措施，以使其走上一条规范有序、健康发展之路，让民间博物馆与国有博物馆相互辉映、互为补充。这样，民间博物馆发展的春天不会遥远。

（摘自《中国文化报》）

坚守以并世
——关于民营美术馆

3月2日，中国美术馆对公众免费开放；3月5日，上海美术馆对公众免费开放……近期，三馆开放的热潮，将“美术馆”这个公共文化机构以更近的距离再一次推到大众面前。在公立美术馆免费开放和改扩建的热潮中，那些自谋生路的民营美术馆，作为美术馆事业不可或缺且富有活力的组成部分，该如何应对美术馆事业的新举措和新格局？该如何面对进一步加剧的生存压力，破解越来越多的现实难题？这关乎美术馆事业的健康发展和繁荣壮大，更关乎公众是否能够更好地享受多种多样的文化福利，有关民营美术馆建设的观察与思考有必要再次展开。

它在非规范化的市场中成长，在体制外壮大，许多年来，它甚至没有一个规范的称号——民营美术馆？私立美术馆？还是民办美术馆？有别于公立美术馆的身份使它携带着某种草根性，从诞生之日起便踉踉跄跄前行。但它们却是中国现代美术馆建设的弄潮儿，并已成为美术馆领域最时尚的那抹色彩。在艺术与商业合谋的质疑声中，它们没有沾染过多的商业习气，而是磨炼得越发有艺术个性和社会担当；无论已经倒下的，还是依然耸立的，那些始终没有放弃文化理想的民营美术馆，都或多或少地为中国的现代美术馆事业贡献着一份开拓之功。

青春的锐气、理想的坚守 终成二十年的开拓

从1991年第一家民办公助的民营美术馆——炎黄艺术馆开馆，到现如今大大小小的民营美术馆如雕塑般林立城市社区和街头，中国的民营美术馆之路，已经走过了整整20个年头。

20年中，民营美术馆可谓一直在摸着石头过河。这种摸索因经济与社会的开放和发展得以实现，因一代代筹建者的理想得以坚持，因艺术创作和艺术市场的繁荣得以拓展，几起几落，却始终坚韧地穿行在社会的转型和时代的浪潮中。上世纪80年代末，画家黄胄在发扬民族艺术的理想中为创办炎黄艺术馆殚精竭虑，从1991年炎黄艺术馆在政府和海内外华人的支持下建成开馆，到此后的债务累累，再到2007年与中国民生银行达成捐助托管合作协议，秉承着宏大志向的炎黄艺术馆磨难几多；90年代末，沈阳东宇美术馆、天津泰达美术馆、成都上河美术馆等，以对中国当代艺术的关注，掀起了第一波民营美术馆建设热潮，从开张之初的先锋姿态，到一年后的疲软状态、两年间的纷

纷倒闭，让后人清楚地认识到，作为美术馆，完全依靠单一的企业投资管理的生存之道不可行；新世纪之初，从北京今日美术馆、上海当代艺术馆、上海证大现代艺术馆等在各地的兴建，到部分民营美术馆向非营利公益机构的转型，第二波美术馆热潮，渐渐显露出国际化的视野，也开启了对馆长负责制等国外现代美术馆管理运营模式的学习与尝试；近年来，上海外滩美术馆、民生现代美术馆、苏州本色美术馆等机构的成立，掀起了更为猛烈的美术馆建设热潮，国外基金和金融机构的介入，与国外美术馆等机构日益频繁的交流与合作，为民营美术馆的发展注入了更为强劲的动力，民营美术馆在北京、上海、南京三地渐成鼎立之势，业内影响力稳步提升。

纷纷落成，相继倒下，又卷土重来，带着一股青春的气息和锐气，民营美术馆已然成长为不容忽视的新生力量，挑战着传统美术馆的建设和评价标准，冲击着原有的美术馆体制与格局。

身份的独立、学术的准则
关乎存亡的重中之重

美术馆是一个“烧钱”的文化机构。“建馆容易，养馆难。”动辄几千万的一次性基建资金虽然也不是小数目，几百万元的日常运营和维护费用以及收藏经费，作为年复一年的投入更是一种长期的消耗与考验。有效的资金链和良性的资金循环，一直是民营美术馆生存的关键问题。

今天，对于许多民营美术馆来说，资金已经不再是主要的障碍。中国大多数的民营美术馆由企业直接投资，其中绝大多数是地产企业，在没有国家税收等优惠政策的鼓励下，对于习惯讲“效益”的企业来说，如何摆正心态投资运作一个非盈利的公益事业，才是最难以平衡的一个问题。“运营者和企业之间如何进行沟通，是操作民营美术馆最大的困难度所在。”具有逾20年美术馆、博物馆从业经验的上海外滩美术馆馆长赖香伶坦言。

在投资资本的制约下，民营美术馆想要保持学术的独立性，很容易沦为空想，美术馆的发展也会随之陷入恶性循环。如今，业界达成了这样的共识：民营美术馆必须脱离投资的控制，获得独立的非营利公益机构的社会身份，才能争取更多的政府支持，吸引更多的主动捐助而非单纯的投资，也才能保持学术的独立性，办出更好的展览，为公众更好地服务，成为名副其实的现代美术馆。

为了达成艺术与资本共舞的良性循环，许多民营美术馆研究了国外艺术品免税和基金会制度下的私立美术馆管理模式。在博物馆界引入市场化的运作体系和理念，成为民营美术馆的必由之地。国情有别不能复制照搬，各类民营美术馆便针对中国国情，结合西方成熟美术馆的建设机制，建立起符合其外部环境和自身条件的管理体系和运作模式，形成了各具特色的筹资方式。一些民营美术馆采用政府参与、企业买单的模式；一些美术馆与企业进行“软合作”，部分资金来自投资企业，用作基建资金，其余的资金向社会征集，用作美术馆日常的展览经费和收藏经费，尽可能地避免企业对于学术业务的干扰。尤其在自主产业收入方面，许多民营美术馆具有不同以往的格局，它们或开发艺术衍生产品，或进行艺术图书、杂志、艺术品等方面的经营，或收取会员费等，有些还把部分收入返回公益慈善事业，既达到了收支平衡，又对美术创作、公益事业有所贡献。

学术立馆的理念越来越得到民营美术馆的重视。许多美术馆不仅在内部组建起专业团队，而且充分发挥了民营美术馆操作上的灵活性，尽可能地将馆外的相关专业人士团结在一起，形成策展、评论、研讨、宣传等方面合作的团体，它们或以艺术创作链接一段历史，或突破旧有的展览模式探索一种全新的中国式的展示空间与观看机制，或借助收藏系统和资源，打造开放的国际艺术平台，或组织专业讲座，或开设儿童创意坊……民营美术馆在艺术项目策展、研讨、公共教育活动等各方面积极拓展。

值得注意的是，一些运营方式在变味。今日美术馆创意总监陆蓉之认为，独立策展人概念在中国过度膨胀，一个展览的主角应该是艺术家，而不是策展人，现在中国很多策展人一边策划展览，一边卖画，违反了一个专业从业者的基本操守。“策展人不应该介入艺术品的买卖中。应该成立一个美术馆协会或者是联盟，每年上报活动，有利于减少重复劳动，资源共享，还可以统一培训专业的从业人员，成为一个规范行业道德操守的仲裁机构。”

产业化的道路上，也不能走得太远，否则民营美术馆公益事业机构的色彩便会被冲淡。一些民营美术馆开设了免费开放日或一些免费的公益活动，公益是否也意味着必须免费开放？不同的美术馆有不同的定位和情况。今日美术馆馆长张子康认为，免费开放有助于全社会对美术馆的公益价值形成共识，但部分美术馆没有灵活的资金来源，可以采取自愿买票的政策，在票面上注明对公民支持社会公益性事业的感谢，也有助于民众公益意识的培养。

更需警醒的是，各地对于美术馆事业的热情高涨，绝大多数民营美术馆都把中国当代艺术的展示作为展示和收藏重点，但在所谓的“当代艺术”的范畴内，没有明确的学术特色和发展定位，不重视对艺术文献的整理和收集，更忽视了对地域文化的关注。美术馆应该有自主意识和史学意识，“每一个美术馆都应该根据自身的地理位置、文化土壤、学术团队和其他特定的条件，决定美术馆的形态和定位，毕竟，中国需要的是多层面的文化，而不是那么多重复定位的美术馆。”张子康说。

既要保持学术的独立性又要建立稳固的内部造血机制，这个看起来两难的问题似乎正在民营美术馆公益化的探索中逐步得到解决。虽然美术馆专业从业人员的大量缺乏等问题还在某些方面制约着民营美术馆的发展，但也唯有坚持不懈的探索和完善，才能不断扩充有关现代美术馆的更大的空间。

创作的推进、观众的培养
傲然并世的根本

虽然炎黄艺术馆为民营美术馆树立起博物馆性质的理想标杆，然而此后形成的三波民营美术馆建设热潮，却是在与当代艺术创作之间的相互推动中掀起的，绝大多数民营美术馆无论是外型上还是在运营方面，都更像古根海姆、MOMA等西方现代艺术美术馆，具有与庄重的开山鼻祖截然不同的现代风格与发展模式。

绝大多数民营美术馆是体验当代艺术的一个平台，是新锐艺术家展示艺术的舞台，它们善于提出问题、引发学术思考，对于当代艺术的宣传、推广和激发，也因当代艺术跨学科、跨领域、跨媒介的特性，以及其鲜明的实验性、思想的活跃，走上了一条年轻富有活力的时尚之路。

在那些方方正正的城市建筑物的簇拥中，民营美术馆一定是最为独特新奇的那一座。常常以旧厂房或废弃的建筑改造的它们，或许并不美丽，甚至有些狰狞，却绝对让人印象深刻。它仿佛更像一座巨大的雕塑作品而不是建筑物，特殊的构造里，高大的空间与低密度的展品，让人们在现代气息十足的时尚之物或能够互动的装置、影像作品中，开始了一场奇异绚丽的视觉之旅。也有人认为，真正的美术馆，应该是一个观众站在一幅作品前全神贯注地感受思想的火花和灵光，而不是被新奇的建筑或空间所吸引。毋庸置疑的是，颇具主动性的民营美术馆，尽情发挥着其文化推广和文化构建的作用。这里不会因空间不足而限制艺术家的创作，这里为青年艺术家提供了展示试验项目的场所，更为参观的观众提供了舒适放松的环境和一种新的文化体验。美术馆开始转型为一个既有学术功能又兼备休闲娱乐的服务场所。这是当代美术馆的魅力，也是它的职责。

当精神消费成为一种时尚、一种人的生存所需被现代人所追逐，当代艺术创作与美术馆、美术馆与社会需求之间呈现出一种更为活跃的供求关系。民生现代美术馆馆长何炬星认为，民营美术馆的身份特征不是仅仅相对于公立美术馆而言的，也不仅仅是资本所有制的问题，更不是所谓的国有美术馆体系的补充，它的生命力在于这个时代赋予了它从来没有过的强烈的社会需求和国家愿望，赋予了它创造性地构建自主表达和价值判断体系的历史机遇，赋予了它在更加广阔的历史和国际视野中呈现先进文化力量的可能性，赋予了它在更加深刻的发展命题上实现突破性跨越的使命。所以，民营美术馆不是“小”的代言词，也不是“代言”的代言词，更不是“无序”的代言词，它在国家未来的文化建设中，具有着更加重要的战略意义。

鉴于此，民营美术馆应该对自己提出更高的要求。一些民营美术馆推出的当代艺术展，许多观众直言“看不懂”，这或许是当代艺术创作的问题所在。然而，作为当代艺术推手的那些民营美术馆，更有责任思考，平等对待从事艺术创作的个体，关注不被关注的艺术家，不设门槛的接纳方式固然可以使更多艺术家得到更多的机会展示艺术才华，但对于年轻艺术家的发掘和推广，是否应该进行那些必要的甄选——他们是否是在严肃地进行艺术创作，而非人云亦云或哗众取宠？应该怎样以积极的人文价值观引导他们的创作，避免一味沉迷于物欲和冥想？怎样带给观众艺术的享受，而不仅仅是对于当代艺术新形式好奇心的满足？美术馆不等于展览馆VS娱乐场所，学术也不是无源之水、无本之木，不是脱离现实高高在上的悬浮体。民营美术馆应该放眼四野，正视中国架上绘画与多媒体等当代艺术多元并发的态势，将生活和文化激活，让每个地域、每个城市绽放出当地艺术创作的丰富色彩和独特魅力，才能拥有更大的生命力，才能赋予所在的城市创造力、文化气息以及更为丰富的城市底蕴，坚守以并世。

繁荣史无前例，目标却远未清晰。新的时代变革正在无声无息地孕育之中。期待一座建筑可以改变一个城市，期待这个建筑是一座非凡而不失厚重的美术馆。

（原载《人民日报》）

民间博物馆寻求自身开放之道

在刚刚过去的春节长假里，博物馆成为人们游玩休闲的好去处，不仅各大国有博物馆内人潮如织，胡同张老北京民间艺术馆等具有浓郁民俗特色的民间博物馆也受到大众青睐。免费开放政策实施一年来，无论是国有博物馆还是企业和个人开办的民间博物馆，均承担着越来越重要的社会角色，在经历了最初的无措、无序和彷徨、茫然后，馆方、观者都逐渐变得理性。那么，当国有博物馆提供的一道道“免费午餐”愈加美味时，民间博物馆又有怎样的高招来寻求自身的开放之道，获得更多认知与接纳呢？

免费政策未涉及 民办馆遭遇开放尴尬

今年2月11日至15日，因出土太阳神鸟而闻名中外的成都金沙遗址博物馆为观众奉献了一个夜访博物馆的奇妙之旅，参观者可以在21点半之前来到博物馆细细品味馆内珍藏。在此之前，苏州博物馆等也将开放时间延长至晚间，成为效仿欧美实践夜间开放的国有博物馆之一。同时，为了引起更多社会群体的兴趣，很多国有博物馆正努力改变以往严肃刻板的形象，纷纷策划特别活动，举办讨论会、讲座，而今年年初首都博物馆、上海博物馆也先后发布了即将推出重要外展的消息。从中可以窥见，作为公共文化机构和公众教育机构，越来越多的国有博物馆在免费后认识到促进自身发展最重要的因素——开放品质，并为之付出了诸多努力。免费，促进了国有博物馆开放功能的提升，但对于全国众多民间博物馆来说，却意味着一定的“冲击”。依靠个人或企业力量维持的民间博物馆，大都没有绚丽的展示手段，没有舒适宽敞的展示，有些甚至栖身于几十平方米的民居里，在硬件条件上很难与国有博物馆比肩。因此免费之后，很多观众自然就会想到去拥有丰富馆藏和良好观赏条件的国有博物馆参观。

另一方面，此次免费优惠政策的支持只限于国有博物馆，并未涉及民间博物馆。绍兴越国文化博物馆馆长孙海芳说：“以前政府让我们和鲁迅故居进行联票，效果非常好，但国有博物馆免费开放后，联票政策没有了，国有博物馆有国家资金扶持，民间博物馆享受不到。”一座民间博物馆每年正常运转少则需几十万元，多则要几百万元，专业人才、租用场地、陈列布置、藏品保管、日常维护等高额开销，让资金并不雄厚的民间博物馆感受到巨大压力，有的靠卖藏品度日，有的则休馆、闭馆或转让他人，在生存与死亡之间徘徊，正常开放难有保证；而那些坚持开放的民间博物馆只能采取售票的办法来贴补资金缺口，一些观众便有些犹豫：国有大馆都免费了，为何个人展馆还要花钱参观？民间博物馆不免出现门庭冷落的尴尬。

有鉴于此，博物馆专家吕济民表示，除了收藏职能外，博物馆最重要的就是要强调社会教育功能，一个成功的博物馆必须能够坚持长期举办陈列展览，而且必须对社会开放。在国外，博物馆如果不向社会开放，一年后就要被取消，因此民间博物馆存在的意义同样在于开放。

两类博物馆同等重要

改革开放以来，民间收藏持续升温，民间博物馆应运而生，并呈现快速发展态势。据统计，目前我国有2 300多座博物馆，其中民间博物馆约有300座。“民间博物馆和国有博物馆具有同等的地位，在我国博物馆事业的建设和发展中发挥着重要作用。”国家文物局副局长张柏说，民间博物馆门类丰富多彩、特色鲜明，是我国博物馆体系的重要组成部分，也是保护历史文化遗产的重要力量。

应当说，民间博物馆建设热潮的兴起也标志着我国收藏群体逐步走向成熟。全国工商联古玩业商会会长宋建文分析认为，这一群体收藏的初始目的多数是从兴趣出发，其中绝大多数人都有很高的欣赏与把玩艺术品的眼力，并逐渐成为本类藏品的行家里手。这些人多数是改革开放以后下海的企业家，包括房地产商、矿产开发商、投资企业家、小商品开发商等，资金实力雄厚，他们的企业大多已度过了资本积累阶段，企业的架构、运营模式、运营队伍都已非常成熟，有大量的时间精力用在藏品的把玩与研究上，因而许多人都已建起博物馆或正在向建立博物馆方向努力。从建设规模、收藏质量、展览面积、运营状况来看，观复博物馆、建川博物馆聚落均是运作较为成功的民间博物馆中的佼佼者，它们在成为宣扬传统文化和爱国主义教育的生动读本的同时，还带动了特色文化旅游，促进了地方经济发展。

一座座民间博物馆的迅速成长，不仅仅发挥着为国有博物馆拾遗补缺的作用，而且与国有博物馆一样具有重要的收藏和展示功能。近年来，民间博物馆已成为北京等博物馆发达地区注册新馆中的骨干力量，探索一套适合我国民间博物馆发展的办法无疑是当务之急，也是解决当前开放尴尬的有效途径。记者了解到，国家有关部门已从多个方面鼓励和扶持民间博物馆的发展，加快了相关法律制度建设，在《博物馆管理办法》中对民间博物馆的地位、作用和登记、管理等做出了明确规定，并将民间博物馆的发展纳入《国家文物事业“十一五”规划》；有些地方政府还加大了对民间博物馆政策支持的力度，最高扶持资金可达上百万元。“在当前国有博物馆免费开放的大背景下，国家正在争取比照扶持民办学校等公益性事业的优惠政策，进一步明确扶持民间博物馆。”张柏说，比如加快行业标准建设，规范民间博物馆的管理；坚持实施精品战略，引导民间博物馆的办展方向等。

从“软件”入手 用藏品“说话”

“硬件”比不过就从“软件”入手，这是很多民间博物馆从业者应对国有博物馆免费开放政策出台后，吸引观众目光的主打牌。目前我国收藏品类达7000多种，大到家具、瓷器、字画，小到服饰、徽章、票证，基于这庞大门类开办的民间博物馆，很多极具个性，如展示打火机、筷箸、鞋子等。这些聚拢在民间博物馆里的藏品，更多的与生活密切相关，是人们触手可及的物件，而其背后蕴含的大量生动有趣的故事和与观众相融相通的感性情结更是一些国有博物馆所缺乏的。北京科举匾额博物馆馆长姚远利说，民间博物馆在馆藏量上很难和国有博物馆以及大型企业的收藏馆相比，但可以从专题特色上下工夫，像科举匾额，在现有理论研究中还是空白，值得深入挖掘。山西经文牛文化博物馆馆长任经文说，民间博物馆不能走说教式博物馆的老路，可开发文物复制品等，和现代生活结合起来。还有的民间博物馆馆主认为，对于个人展馆来说，展示只是其中一项功能，多举办各类交流活动，请业内人士来讲座，同样是与观众拉近距离的好办法。

针对一些民间博物馆藏在深闺、鲜为人知的境况，张柏表示，营造有利于民间博物馆民主的社会环境，重视民间博物馆的宣传普及，通过媒体和其他方式，宣传报道具有代表性的民间博物馆，积极引导民间博物馆参与“5·18”国际博物馆日和文化遗产日等重要纪念活动，也是提高民间博物馆知名度、促进社会公众对民间博物馆认同和支持的重要方式。同时，一些省市正在酝酿兴建博物馆公园或园区，吸纳最具地域代表性和专业特色的民间博物馆入驻，并成立相关协会组织，让民间博物馆“扎堆儿”形成集聚效应。日前，占地130平方米的紫砂壶博物馆成为首家入驻北京国粹苑艺术品休闲广场中的民间博物馆园区的民间博物馆。该馆馆长赵建旗说，现在民间博物馆有点散兵游勇的感觉，自己去各地办展既辛苦又收效不大，我们需要借助一个大平台，组成一个庞大群体向全国、全世界推荐自己，也借此来展示中国文化的博大精深。

博物馆建设不仅是盖房子：只有硬件还不够

2006年，四川成都提出在“十一五”期间博物馆数量超过100座。2008年，云南昆明决心在3到5年时间内建立100家博物馆。2010年，陕西西安计划在3年内将博物馆数量超过100家。不同的区域条件、不同的社会环境，却提出了一样的建设博物馆目标，这不禁让人发问——

继西安市提出建设博物馆城的宏伟规划后，近日西安市曲江新区率先拿出实施方案，以一系列优惠条件和奖励措施来促进该区的博物馆建设。其中较为引人注目的有：新建博物馆用地按成本价划拨，另外可得到每平方米1000元的建馆补贴；新馆可以享受到部分规审费、建审费的减免，起初5年的税收会全额返还。此外，对于社会评议好的博物馆，曲江新区每年还会给予总额在50万元的年度贡献奖。

诚然，资金上的支持会让很多收藏者实现展示藏品的愿望，然而，有了这些条款就能扶持出一座真正的博物馆城吗？当博物馆纷纷拔地而起后，如何维系生存发展？如此大的财政投入能否带来预期的社会和经济效益？

建博物馆不仅是盖房子

“我们现在的支持力度在全国是最大的。”当记者问起建设博物馆城有何优惠政策时，曲江新区管理委员会有关负责人这样说。他表示，曲江新区目前有10家博物馆，而他们的目标是3年内建到50家。这个数字占到西安市“3年突破100家博物馆”目标的一半。

该负责人说，到目前为止已有30多家建馆意向方进行了咨询，其中以个人或企业经营的民办博物馆为主，藏品内容涉及古玩字画、钱币、陶器、瓷器、奇石，以及药材和武术等。“他们咨询的多是土地价格。”这位负责人说，因为“每平方米1 000元的建筑补贴对于盖场馆而言绰绰有余，所以大家只需花买地的费用”。

西安牛文化陶瓷博物馆是一个以牛文化为主题的民营博物馆，去年9月份在西安市开馆，馆中展示的1 700余件文物全部是馆长任经文30多年精心收集而来的。

“曲江新区主动联系过我，急着让我的博物馆搬过去，但现在运转都成问题，怎么搬过去啊？”任经文告诉记者。同时，对于曲江新区提出的优惠条件，任经文也并不十分乐观。“这个条件要是给房地产开发商，他们一准高兴得蹦起来。可是我们办博物馆不是盖房子，后续需要大量资金，如今已经折腾得精疲力竭了，哪还有资金建新馆呢？”

任经文给记者算了一笔建馆账：一个博物馆的面积至少要4 000平方米，而1平方米的建筑造价在2 000元到3 000元，此外还要装修、绿化、购置设施，这样算下来，一个建成的博物馆每平方米花费在5 000元左右。曲江新区为每平方米补贴1 000元，也就是说，个人实际承担每平方米4 000元，共1 600万元。

有馆无客的尴尬

博物馆城盖起来后，观众从哪里来？无论是国有博物馆还是民营博物馆，如果没有客流量，那么开放博物馆就是一种浪费，也丧失了意义。西安市文物局博物馆处处长郭治华的看法是，欧美国家平均每4万人拥有一个博物馆，而西安平均18万人拥有一个博物馆。从数量上看，现有的博物馆数量还达不到民众的需求，因此有继续建博物馆的必要。

但郭治华心里也忧虑：“在短时间内建立大量的博物馆，像西安市提出来的3年内建立100座博物馆，是否和受众群体相适应还不好说。”他犹豫着说，“我个人认为，如果真建成100座博物馆，到时会不会有那么多民众愿意来看，还是未知数。”

这种担心不无道理。在今年的5月18日国际博物馆日当天，西安牛文化陶瓷博物馆、大唐西市博物馆、西安秦砖汉瓦博物馆等几个建起不到一年的博物馆门庭冷落，鲜有观众进去参观。

客流量少带来的直接影响就是门票收入的降低，目前国有博物馆依靠财政投入实行了免费开放，而大多民营博物馆需要门票收入来贴补家用。“人员工资、水电费，我的博物馆一年就需要300万元到500万元的运营费用，门票每张35元，占不到收入的10%，其他费用都是靠借钱、出售文物复制品或出租房屋来筹集。”任经文说，“国有博物馆免费开放后对民营博物馆有很大冲击，旅游团队更愿意带游客去免费的景点。但民营博物馆不敢免费，否则更难以生存。”

（摘自《中国文化报》）

杭州民办博物馆的不完全生存报告

杭州作为历史文化名城，博物馆行业发展一直走在全国前列。然而，在众多公办博物馆的光环下，一些民办博物馆生存状况岌岌可危。

不久前，杭州电子科技大学机械工程学院暑期社会实践“向心力”小分队一行10人，实地走访杭州8家民办博物馆，并出台一份民办博物馆生存报告。

【现状调查】

后继无人，老人撑起一片天

比起公办博物馆，民办博物馆相对冷清，管理人员也是屈指可数，有些民办博物馆里只有馆长一人看门。

杭州高氏相机博物馆，一直痴痴坚守着的是68岁的馆长高继生。这些年，他每天带着午饭往返于家中的陈列部和位于拱北的鉴定部，风雨无阻。

高继生说，这些年其他省市也有人发出邀请，希望他连人带着700台珍贵的古董相机一起搬过去，但他始终坚守在杭州。对于相机，他有一种近乎痴狂的热爱，一个人包揽馆内大小事务：接待参观者、免费鉴定相机等。光是维护相机，他说每年至少投入10万元。

要守好博物馆，一人力量远远不够。年岁已高的高继生说，他最多坚持到70岁。到那时，杭州高氏相机博物馆又将何去何从?

馆址偏僻，展馆像个小车间

找到民办博物馆，得费尽心思——它们都藏在闹市区或郊区。民办博物馆的地理位置偏僻，也制约着自身发展。

以高氏相机博物馆为例，现设在拱北小区内。开馆17年，700台相机一共搬了9次家，最近几年才搬到拱北，高额租金、相机运输是个浩大工程。

同样，东方圆木博物馆也在一条狭长的弄堂里，大院里那道卷帘门常被忽略。其实，这扇门后就是胡兴法师傅的博物馆。那是一个古色古香的原木世界，馆内包含生活类、生产类、装饰类等各种圆木制品共600多件。

每件藏品整齐陈列，并附有详细解说——这对于部分民办博物馆来说简直是一种奢侈。“这里更像一个小车间，很多藏品不得不叠放在一起，没法一件件展出。”这是胡师傅最大的遗憾。

资金不足，“另辟蹊径”吸金

走访中，队员们还发现，创立民办博物馆是一项长期投资，创办时的投入只是一部分，后期维护需要很大一笔钱，这也严重困扰着馆主们。

位于塘栖镇水北街的香雪海艺术馆，由吕幼纲个人筹建，占地3亩，投资约500万元，2007年对外开放。该馆主要展示书画藏品、明清家具以及文房用品，并组织书画文化活动。馆内现有各类藏品2000余件，其中不乏珍品。

吕馆长说，最初开办这个艺术馆是为了爱好，但每年博物馆维护需20万元，这让他不得不“另辟蹊径”吸金。明年水北街开发后，他希望在馆外走廊办一个画廊，并在馆内与人合作开一家茶馆，吸引更多游客，“这也是无奈之举，以营业手段支持博物馆的发展并非初衷。”

【原因分析】

生存现状尴尬主因：
缺少政策扶持，经营理念不清

民办博物馆解释：来自于民间、成长于民间、服务于民间，由社会力量利用非国有文物、标本、资料等资产依法设立，向公众开放的非营利性社会服务机构。

民办博物馆多是专题类，涉及历史文物、珠算、动物标本、古典家具等多个门类，恰好对公办博物馆是有益补充。民办博物馆藏品多有地域性，也有益当地文化繁荣。

“向心力”小分队总结认为，民办博物馆名分缺失、办馆者理念偏差、政府扶持不够等原因，造成了其目前的生存尴尬。

在国外，民营博物馆占主体地位，国内情况正好相反。目前，被走访的民办博物馆多数连基本“温饱”都没解决，面临着场地限制、经费紧缺等一系列问题，很多馆主缺少专业知识和管理经验。

民办博物馆内部管理制度也不健全，博物馆大多自给自足，没有一个健全的体系维护合法权益。藏品的管理尚未规范。此外，由于文物资产作为抵押物无法评估，因此民办博物馆也很难获得贷款更好发展。

相对国有博物馆，民办博物馆在运作方式上更为灵活自由。然而这种“自由”却衍生出很多问题。调查显示，目前民间投资兴建博物馆的目的主要有以下几种：公益考虑，把自己多年的收藏与人共享；经济考虑，达到以收藏养收藏的良性循环；企业办馆希望借此完善企业形象等。尽管出发点不同，但缺少明确的办馆理念和指导思想。

当然，有的民办博物馆也有自己的生存法则。比如皮影博物馆就在中国美院里——由艺术院校出资建立，并向公众收取2元的门票费。而眼镜博物馆则依托于一家企业注资，博物馆楼下是企业的眼镜店，楼上是展厅。

【大家说法】

陈安琪（实践队员）

正如杭州天石微雕艺术馆馆主冯耀忠所说：“民办博物馆需要政府支持，但不能注重盈利，比经济数据更大的是社会价值。”我认为，民办博物馆是民间收藏的巨大力量，有些藏品的唯一性，许多公办博物馆无法企及。

杨东方（杭州收藏家协会秘书长）

改革开放这么多年，收藏家已有一定积累，现在是展示的最好时机。但靠他们个人力量确实存在很大困难：第一，民办博物馆是提供公共教育的场所，应该在意识上明确其地位和意义，这一点还没实现；第二，政府还没有完整的一套政策来扶持民办博物馆，土地和资金是主要问题；第三，政府对于民办博物馆缺少一定的组织、管理和引导。

其实，民办博物馆也会对旅游业发展起到促进作用，如果再多设一些民办博物馆，如西湖边、繁华街区，必定又会成为杭州的一道亮丽风景线。

陈益女（中国江南水乡博物馆副馆长）

我们也刚开始着手民办博物馆，年内会出台一份关于民办博物馆的方案，现在文保科正在对余杭民办博物馆进行调研，也去了绍兴等地取经。

民办博物馆正处于尴尬境地，之前政府还没有出台相应的政策，且牵涉到资金，所以我们也难做更多事。今年中央出台《关于促进民办博物馆发展的意见》后，余杭区马上把扶持民办博物馆纳入了年度工作计划。

（摘自《杭州日报》）

民办博物馆升温 探索中国式生存方式

从1996年马氏建立的中国第一座民营博物馆——观复古典艺术博物馆出现开始，民营博物馆已走过14年的发展历程。十余年间，国内民办博物馆的热潮逐渐升温。在资金、运营、生存、发展这些问题的求解过程中，民营博物馆建立了中国式生存法则。

观复博物馆：个人品牌+基金会+理事制
理事会获“生杀大权”

6月9日，马未都正式宣布创建观复文化基金会，把他几十年收藏的文物全部捐给观复博物馆，由基金会理事会统一管理。观复基金会的成立为中国民营博物馆事业的发展寻找到了新的突破口。在管理上，观复基金会接受社会捐赠，将借鉴国外同类艺术基金会的管理模式，如古根海姆基金会、盖蒂基金会、大维德基金会，打造观复基金会的公益文化品牌，开创适合中国博物馆的运营模式。

马未都1996年创立国内首家私立博物馆——观复博物馆，这次创立基金会也是其在14年经验积累的基础上进一步探索生存发展之道。IDG资本创始合伙人熊晓鸽和主管合伙人周全宣布加入该基金会任理事。熊晓鸽和周全都是中国风险投资领域最资深的投资专家，他们早年都曾在美国求学，对文化基金会管理有深入了解，而IDG资本与观复博物馆早有合作，现在博物馆内的家具馆即是IDG当时捐赠的。马未都表示：“哈佛大学的创始人哈佛先生已经去世多年，但哈佛依然作为名校闻名于世界，它不光靠个人的影响力，更多是靠先进的有力的制度，优良的制度是博物馆‘长治久安’的保障。”

据悉，观复博物馆是惟一没有政府拨款能够经营持平的博物馆。马未都称，观复基金会是一个盈利不分配的机构，盈利多少钱都要用在博物馆上，现在面临博物馆重建，希望建立国际上通行规则管理的博物馆。他希望在退休后，靠制度运营，由理事会负责博物馆生存问题。基金会批下来了，交给社会的第一步就完成了。基金会首批接受捐款超过1000万元，均来自个人捐款，作为中国博物馆新概念的“基金会”，这些款项将用于支持博物馆建设，资助文物研究与保护项目。

据介绍，基金会目前的首要任务是观复博物馆的新馆建设。成立之后还将成为以博物馆为核心的集文化、休闲、学术、商务功能为一体的艺术场馆。

品牌输出打造中国古根海姆*

“全国有几千家博物馆，我们是不依赖政府拨款、不依赖其他企业拨款，惟一靠自己来运营的博物馆，而且进入了良性循环。”马未都对本报记者表示。其实，观复博物馆的背后，有很重要的无形资产——马未都的个人品牌。马未都对记者坦言，在全国2000多家民营博物馆中，他是惟一有公众知名度的馆长，这是其他博物馆无法比拟的。因为他的名气，许多人找他学习收藏知识，或者希望能为他们的藏品提供鉴定，出具证明。“还有一些人，看中了博物馆的特殊气氛，要在博物馆租场地搞活动，这些都可以进行收费服务；再有就是出售有关商品，这些商品并不是展品，而是由展品衍生而来的服装、装饰品、书籍等，比如按照馆内瓷器花瓶图案设计的服装，这样的商品遇到大公司搞活动，往往一订就是上千套，商品上都打上‘观复’的标识，靠‘观复’这个品牌来开发与经营。”

目前，博物馆设有陶瓷馆、家具馆、工艺馆、门窗馆、油画馆及多功能馆。观复博物馆在杭州及厦门已设有地方馆，而哈尔滨地方馆也即将开业。马未都介绍说，哈尔滨馆的所有权将属于当地政府，他们只是使用观复博物馆的名字。据悉，观复博物馆今后将会继续进行品牌输出，将有一系列地方馆产生，以连锁方式经营，这就意味着观复博物馆将成为中国的“古根海姆”。

盈利依靠理事制和会员制

2008年，也就是开业后的第11年，观复第一次实现了盈亏平衡。现在国内的博物馆公的私的加在一块，总数大概7000家左右，而其中能实现盈利的可能就是观复。

为了摆脱对门票收入的依赖，把更多的精力放在提高展陈、服务质量上，观复博物馆成功地引入了“理事会制”。观复博物馆现有3位股东，负责提供博物馆运营所需经费，同时还推出了“理事制”和“会员制”，每年缴纳一定费用，即可成为博物馆的理事和会员，并享有相应的权利。马未都介绍，所有理事，都是“观复”共同的主人，可以继承和更换。观复的理事中，最有名的当属成龙了。在国外，能做博物馆的理事那是相当高的荣誉，是用钱也买不到的，理事可以对博物馆提供不定期的赞助。此外，各展厅还接受企业捐赠，作为回报，企业享有相应展厅10年的命名权。这些做法有效地解决了博物馆的运营经费问题，保证了博物馆的良好发展。

马未都表示，“我们的资金来源主要是三部分，一是来自董事会，由为数不多的几个成功企业家组成，每年拨一定的款出来；二是来自理事会，这部分人不用承担博物馆的社会责任，拥有荣誉头衔，对博物馆有不定期的赞助；三是建立了博物馆会员制，每年1000元的会费，享受诸多的优惠政策，目前这方面发展得很好”。

“今后，我们还要以博物馆为核心，建立起文化创意产业生态圈。”据马未都介绍，目前，博物馆在所在区朝阳区金盏乡政府的支持下，准备建立一条长达2公里的生态街，暂时以小剧场形式做经营。现在已经有不少个人和单位准备参与投资。

*古根海姆博物馆是索罗门·R·古根海姆基金会旗下所有博物馆的总称，它是世界上最著名的私人现代艺术博物馆之一，也是全球性的一家以连锁方式经营的艺术场馆；同时是世界上最早在博物馆业引入和运用“文化产业”概念并获得巨大成功的博物馆，其运作方式被世人称为“古根海姆模式”。

今日美术馆：股份化经营+品牌赞助 以社会赞助强化资金链

“美术馆只进行商业运作会死掉，要与文化结合、与品牌企业结合，让文化与商业形成互动。”今日美术馆馆长张子康对记者表示。今日美术馆作为一家按照国际美术馆规范建设和运营的民间美术馆，于2006年7月成功转型为真正意义上的非营利机构。2006年年底，原本由今典集团完全控股的北京今日美术馆成功转型，从今典集团的文化产业中完全剥离出来，成为在民政部门正式注册的民办非企业的公益性质的美术馆。这种转换对今日美术馆的发展起到了至关重要的作用。“民政部门作为今日美术馆的上级主管单位，对美术馆提供税收优惠并在资金运用上进行监督。这点与美国博物馆不同，它们是由董事会处理和监督相关资产。”张子康对记者表示。

“目前今日美术馆分为商业和学术两部分，分得非常清楚。学术性的展览活动和商业经营形成良性互动。商业上完全是出于为美术馆注入资金，完全以产业化、市场化的方式来运作。”张子康告诉记者，民营美术馆仅仅依靠背后的房地产公司的资金支持是不行的，不可能持续长远地发展。

他表示，今日美术馆已经在摸索中建立了自己的生存方式，尤其在资金链的构建上已经逐渐走向多元化、社会化和稳定化。一方面有来自国家的政策扶持、税收优惠，有时候甚至还会有专项的资金（一次几十万元不等）；另一方面则来自于美术馆自筹，包括基金会资金、社会赞助资金以及美术馆的门票、会员卡收入、咖啡屋、书店以及刚刚建立的艺术礼品店等商业性收入。其中，社会赞助占据整个资金链中的大部分，会员卡收入在不断上升，书店和礼品店经营不到一年时间就有了很大的发展空间。他表示，他们还需要不断拓展资金链，将风险降到最低。他特别强调了后期会在艺术衍生品的开发和礼品店的运营上下工夫，降低赞助资金的比例。

2008 年初，为了美术馆有长期的资金保证，今典集团董事长张宝全酝酿了第二次改制，实行美术馆所有权股份化，吸引 4~5 家中国大企业参与，每家持有一定的股份，让这些企业作为美术馆的长期赞助人，把今日美术馆的产权社会化，寻求美术馆机制的新突破。另外，理事会机制也已启动。张子康告诉记者，目前理事会成员名单已经初步拟定。

张子康表示，美术馆除了建立自己的学术体系、获得资金支持外，管理模式也相当重要，在未来运营中将结合西方美术馆用人理财的经验，按照现代企业管理制度不断摸索和提高今日美术馆的管理水平。

在张子康看来，在美术馆的经营上，最重要的是利用社会各层面的资源整合，放大成美术馆的几个链条，从而完成机制的运转。另一方面，美术馆的推广机制需要品牌企业的赞助。“今日美术馆的主要资金来自社会品牌的赞助，原来中国企业家不能够接受对美术馆的赞助，我们是第一家以企业赞助为主要资金的美术馆，也是第一家以这种模式来做的，我们不断地渗透，使国内越来越多的企业加入到赞助美术馆的行列中来，形成美术馆完整的推广模式，同时也影响了中国很多其他的美术馆。原来今日美术馆的赞助大部分来自国际品牌，现在我们从国际资金的运作模式转向跟国内结合，扩大国内赞助模式。”

中国紫檀博物馆：以房地产养博物馆

在《福布斯》中国富豪榜上，60 岁的香港富华国际集团董事长陈丽华以 55 亿元人民币的身家成为中国最富有的女性。1999 年国庆前夕，陈丽华耗费两亿元建造了一座紫檀博物馆。这座占地 2.5 万平方米的博物馆拥有数千件紫檀艺术品，而这座天价私人博物馆并非靠自身造血生存。

“门票与工艺品的收入微乎其微。”陈丽华曾表示，博物馆一个月的门票收入仅有万余元，出售的也只是一些小的工艺品，珍贵藏品从没有出售过一件。“不算人工费和外事接待活动的开销，仅基础设施这一项，每年的支出都是一笔巨大的数目。”陈丽华投资兴建的中国紫檀博物馆可以说是她在北京最大的投资项目，是长安俱乐部的两到三倍。中国紫檀博物馆收藏了千余件用紫檀、乌木、黄花梨木、金丝楠木以及鸡翅木等珍贵材质雕成的宫廷木器精品，另外还有她收藏的数百件明清家具。

而这个扬名中外的紫檀博物馆，一直被富华集团国内外房地产项目“供养着”。

（摘自《北京商报》）

剖析民办博物馆的资金困局：以藏养藏尚无解

合股经营属无奈 馆商互促并不易

自国内第一家民办博物馆成立以来，截至2009年8月，各地文物部门登记注册的民办博物馆为386个，占全国博物馆总数的13.3%。

今年1月29日，国家文物局、民政部、财政部、国土资源部、住房和城乡建设部、文化部、国家税务总局等七部门联合颁布了《关于促进民办博物馆发展的意见》。它也被业内人士比作是吹走民办博物馆严寒的春风。

3个月过去，这股春风的力量到底如何？今天起，本报刊登记者调查，对民办博物馆的未来之路再探讨。

求生存 民办博物馆捉襟见肘

安徽农民收藏家何泽华最近几个月喜忧参半：喜的是自己的皖南皮影博物馆自1月开张，人流量不小，多的时候每天几百名，平常也有四五十人；忧的是博物馆免费开放，运行成本并不小，资金压力让老何操碎了心。

“现在展出的藏品，与自己的上万件藏品相比，只是冰山一角。”何泽华想扩大博物馆规模，但钱从哪儿来？“贷款不可能。只能靠一些商业演出和制作皮影来维持生活。”他希望有实力、有眼光的人来注入资本。

不过，在民办博物馆普遍缺钱的环境里，老何的这个想法近乎天方夜谭。近年来，民办博物馆的生存压力，已让许多藏家捉襟见肘。

安徽黄山市屯溪老街，1999年开始对外营业的民办博物馆万粹楼，负债经营多年。面积超过2000平方米的万粹楼，采用明清古建筑遗存的石雕、砖雕、木雕等旧构件之精品，用现代建筑技术组合而成，为此，“楼主”万仁辉前后投入逾2000万元。从2000年开始，经有关部门批准，万粹楼开始出售门票，但收益并不多，扩建计划搁浅至今。

作为我国第一座陶专题博物馆，古陶文明博物馆深藏在北京城南一条幽僻的胡同里。馆藏近3000件出土文物，构成一部近乎完整的古陶文明史。整个展厅在一个地下室，面积约400平方米，年租金20万元左右，加上人员工资、水电费等，一年至少需要50万元才能基本维持下去。而所有的收入来源只有一个——馆主路东之的字画作品销售所得。

新中国第一家私立博物馆——观复博物馆，也是到去年年底才开始收支平衡，刚刚做到“不赔钱”。馆主马未都公开表示，一方面国家不给钱，一方面定性为非营利，民办博物馆的生存肯定难。

如何以藏养藏，至少到目前为止，还没有谁能给出一个良性的可行方案。

想办法 不靠贷款靠朋友

突破资金困局，很多民办博物馆都在寻找解决之道。

天津五大道历史博物馆馆长刘春芬，最近刚与北京的两家博物馆谈妥合作项目，见到记者时，脸上抑制不住兴奋。作为当地一名成功的商人，刘春芬并没有太大的资金压力，但是能通过市场途径让博物馆自身具备一定的造血功能，这样的前景值得兴奋。刘春芬还有一家博物馆，叫安家大院私人博物馆，于2004年成立。“我已经有了蓝图，两个博物馆会走得更远。”刘春芬说。

合肥市大蜀山脚下的农业园，宣繁秋的源泉徽文化民俗博物馆坐落其中。古宅、祠堂、牌坊、亭台、精美的石像……“这里的展品还远远不够。”馆主宣繁秋有个愿望，就是20多年来收藏的数万件展品，“有一天能全部展示给喜欢它们的人看！”

从上世纪70年代下海经商，事业有成后开始收藏各类文物，再到成立博物馆，宣繁秋的这条路，也许能够代表安徽现有的30多家民办博物馆的成长经历。同时，宣繁秋面临的资金困难，也是大多数民办博物馆共同的问题。源泉徽文化民俗博物馆每年的开销20多万元，宣繁秋靠自己经营着的广告公司来反哺博物馆，但是要想发展壮大，这样远远不够。

“卖藏品可以盈利，但真正痴迷这一行的人，都不会将好藏品卖掉！”宣繁秋拟了一张博物馆盈利模式的计划表，包含了古董文物开发、出版发行藏品学术类书籍、开发古典展览工程、博物馆商店、餐饮服务等多个项目。“没有国家财政的支持，博物馆的生存和发展举步维艰。必须围绕文物价值链开发创意产业，反哺博物馆。”由于无法进行商业贷款，宣繁秋采用的是合股经营，由几个志同道合的朋友共同加盟。

不靠贷款靠朋友，宣繁秋坦言这也是无奈之举。“博物馆事业属于公益性事业，现在法律把民办博物馆界定为‘民办非企业法人’，这不仅使得民办博物馆很难享受财政拨款，也使得自筹资金的方法难以为继。”陕西关中民俗博物院院长王勇超对此也深有体会。

强经营
做长博物馆产业链

经营也是许多民办博物馆的弱项。

“以商养馆是博物馆建立之初的必经阶段。但万一哪天企业生意不好了，博物馆要怎么办呢？”云南人家民俗博物馆馆长谭忠文想得更远，他正在探索一条“以馆促商”的新路。“现在有好多人都是奔着云南人家民俗博物馆来的，看累了顺便去餐厅吃个饭，再看看珠宝。这种模式可能更有利于博物馆的长远发展，但对博物馆藏品和服务的要求也必然更高。”

安徽芜湖市的陆河村茶馆现在是当地的一张名片。走进古色古香的茶楼，既能品茶和享用美食，还能欣赏文物藏品，这是馆主许世平的经营理念。“现在，茶楼的收益完全可以维持文物日常的维护与再收藏！”许世平表示。

办博物馆必须“既懂历史又对文化有激情”。“我开博物馆不是为了挣钱，我希望更多人感受到一种文化，传承一种文明。”刘春芬说，五大道历史博物馆租用的是公家的房产，每年要交给政府5万元赞助费，门票收入还得三七开，除去员工工资、维修费用和税等几十万元的开支外，只能勉强自给自足。现在，天津五大道历史博物馆已经注册旅游品牌，除了引入现代化管理，她还要把博物馆的产业链做长，筹拍电影《安家大院》，还准备开发安家菜。

开馆容易守馆难。并不是所有的馆主都能够把博物馆当成产业来运作，许多民营博物馆的发展仍处于摸着石头过河的阶段，没有找到适合自身发展的市场空间。

“博物馆事业绝非一朝一夕可以建成。这是一项需要几代人经营的事业。”全国古玩商会会长宋建文认为，民办博物馆必须要有自己的特色，要有专题、主题，展品陈列更要别具匠心。

“指望国家将民办博物馆全部‘包养’起来是不现实的。”宋建文为此呼吁，由国家制定符合民办博物馆发展的政策，使民办博物馆能从事相关文化产业来获取资金，减免一定税收，采取灵活政策允许民办博物馆与国有博物馆共存共荣，是眼下比较适宜的选择。

“归根到底，民办博物馆最终能否生存还是要靠自己。”宣繁秋这样说。

（摘自《人民日报》）

鼓励民办并非降低准入门槛

核心观点

□民办博物馆的成立相对容易，但运营费用却很高，这是实情。作为一项公益事业，全世界没有一家博物馆是赚钱的

□解决民办博物馆的资金困局需要创新思路。政府以购买公共文化服务的形式进行资金上的支持，是比较可行的方式

□民办博物馆的主办方应该理性地看待自己面临的问题，量力而行，而国家急需制定一部法律，使大家有法可依

主持人：本报记者杨雪梅

观察家：宋向光（北京大学考古文博学院教授）

刘超英（北京市文物局博物馆处处长）

申办需要理性
鼓励博物馆民办，并非降低准入门槛

主持人：前两篇报道中，反映了天津、安徽和云南等地一些民办博物馆的现状，一方面，大家对民办博物馆迎来“春天”而振奋，另一方面，似乎在资金与名分上，还陷入困局。据两位了解，这种情况是否普遍？

宋向光：民办博物馆的成立相对容易，但运营费用却很高，这是实情。作为一项公益事业，全世界没有一家博物馆是赚钱的，都需要巨大的资金投入和政策的保障支持。比如现在的民办博物馆主要靠门票收入，不允许买卖已经注册的收藏品。民众参观博物馆的意识刚刚培养起来，而现有的民办博物馆大多为专题性质，与公众的需求有一定差距，所以几乎是门可罗雀。再加上缺少专业指导，博物馆成立之后的发展也往往带有盲目性。因此，尽管国内有一些非常好的、成规模的民办博物馆，但仍然只是少数。

主持人：在欧洲，博物馆的准入制度十分严格，英国要求登记的博物馆必须有一个可以接受的结构、一个可接受的财务基础和遵守一切法律、计划和安全的条件；法国的博物馆准入制度也是强制性的。那么，国内申请民办博物馆，门槛高不高？刘处长曾经见证了北京也是全国第一家民办博物馆的注册，您又是怎么看待这种现象？

刘超英：事实上，对于民办博物馆的注册申请，我们至少会拒绝三次以上。我们会告诉申请人政策情况和注册后可能面临的困难。因为只要注册为博物馆，社会就会有相应的约束。比如，必须按时开馆且达到一定天数，必须保持环境卫生等。维持民办博物馆的运营，也许有着很多艰辛，但观众不会因为是民办的博物馆就降低对展览的要求。

国家政策的支持是一方面，但是必要的办馆资金和运行经费是成立博物馆最基本的门槛。不过，据我了解，从全国第一家民办博物馆成立到如今，北京已经有 30 多家民办博物馆，还没有一家因支撑不下去而关闭，也没有一家从事过倒卖文物等违法行为。因此，我对私人办博的热情，还是持审慎乐观的态度。

扶持需要理性
购买公共文化服务，胜过政府资金输入

主持人：对于民办博物馆，政府有了原则上的促进。但到底可以支持什么，帮助什么呢？

刘超英：在目前的法律框架下，除了明确规定门票可以免营业税，民办博物馆可以享受到的优惠政策仍有限。如何支持民办博物馆，国家还没有一部专门法律来硬性规定。比如国家对教育、科技的投资必须随着经济的增长达到相匹配的比例，但对于博物馆并没有，虽然这些年有了巨大的增加，但毕竟也只是政策的支持。

现在的民办博物馆，由省一级的文物部门来审核。作为一个属地行业主管部门，我们所能做到的，就是第一时间对民办博物馆提供全方位的智力支持。比如提供文物鉴定、人员培训、宣传等帮助。

主持人：民办博物馆从投资主体看，不由国家出资；从隶属关系上看，不属国家体系和文物系统。

在国外，很多私立博物馆通过将个人资产转变为社会资产，成立董事会或者借助基金会作为托管机构，这样就可以名正言顺地接受社会捐赠。但我们国家的财政体制、税制结构和西方不一样，要按照国外的成功案例来实施，还是有一定距离的。民办博物馆是个人财产，大家怎么募捐？国家的钱也不可能直接拨款到个人的资产里。

刘超英：是的。因此，在现有情况下，解决民办博物馆的资金困局也需要创新思路。政府以购买公共文化服务的形式进行资金上的支持，是比较可行的方式。近几年，北京市文物局就进行了一些探索，比如支持民办博物馆申办特色展览。民办博物馆申办与奥运会有关的展览，如果博物馆处认为非常有公益性和教育意义，就可以财政出资购买展览。或者政府正好要办一个展览，而民办博物馆拥有这个能力和藏品，政府就可以将这个资金投给民办博物馆。

主持人：据我了解，在美国，博物馆的资金来源是多元化的，结合了私人和公共支持，包括贷款、拨款以及个人、组织和企业的捐赠，还包括门票、会员会费、场馆租赁、巡回展览收入等。国家和政府拨款只占非常小的份额。

宋向光：在中国，由于缺乏市场经济必备的各种链条，政府以购买公共服务的形式来支持民办博物馆的发展，不失为一种好的尝试与探索。

保障需要理性
立法规范不可缺，他山之石可借鉴

主持人：随着我国博物馆事业的不断发展，民办博物馆正成为博物馆事业的有益补充。关于有效引导民办博物

馆，国内外的立法情况是怎样的？

刘超英：从国内看，国家文物局早在1979年就曾发布过《省、市、自治区博物馆工作条例》，对博物馆的相关核心问题作出规定；1993年12月，北京市人民政府发布《北京市博物馆登记暂行办法》，开创了博物馆登记管理的先河；2000年9月，北京市人大通过《北京市博物馆条例》，这是我国首个有关博物馆管理的地方性法规。2005年12月22日，文化部部务会议审议通过了《博物馆管理办法》，这是我国目前博物馆事业管理的基本规范。

宋向光：制定规范全国博物馆行业的《博物馆法》是世界各国的通行做法。法国早在1945年就颁布了《法国博物馆组织法》，并在2002年颁布了新的《法国博物馆法》。日本于上个世纪50年代制定了全国性的《博物馆法》，促进了该国博物馆行业的健康迅速发展。

主持人：根据我国现行法规，民办博物馆的法人身份属于民办非企业法人，但是他们从事的也是公益文化事业，所以在具体的项目经费上也应同国有博物馆一样拥有获得国家资金支持的权利，这样的做法也是国际通例。

刘超英：现在一些政府为鼓励民办博物馆的发展，已经提供了诸如土地、税收等方面的优惠，当地政府的政策支持力度越大，民办博物馆的发展越快，这也造成了民办博物馆发展的不平衡。但政策的支持毕竟有很大的随意性，很难持续。

宋向光：现在的民办博物馆经过了最初的创办热潮，进入一个如何平衡有序发展的阶段。作为民办博物馆的主办方应该理性地看待自己面临的问题，量力而行，而国家急需制定一部法律，使大家有法可依，也为社会各方支持博物馆事业发展提供可行的渠道。

主持人：看来，“前途是光明的，道路是曲折的”，用这句话来形容民办博物馆的未来，再合适不过。我们期待民办博物馆能在春风拂面下，如雨后春笋般成长，更希望中国的文博事业能迎来火热的夏天。

（摘自《人民日报》）

四川民办博物馆：建“聚落”或“隔山打牛”

据调查，截至2009年底，四川地区在国家文物局和四川省文物局登记备案的民办博物馆达29家，占全省132家博物馆的21 %，其中，成都市区域内民办博物馆总数达27家，数量占全市博物馆总数的52 %，超过该市国有博物馆的数量。

四川为何会形成国有博物馆和民办博物馆各领半边天的格局？四川民办博物馆赖以生存和发展的土壤是什么？近日，记者走访了几家民办博物馆。

博物馆聚落——“博物馆超市”的生存模式

“不同内容、风格的博物馆聚集，不同行业、形式的服务业聚集，精神产品与物质产品融为一体，就是‘聚落’的含义。可能与传统博物馆有差别，但这是民办博物馆的生存道理。”建川博物馆馆长樊建川如是说。

建川博物馆聚落位于成都市大邑县安仁镇，占地500亩，投资数亿元，2004年建成开馆。博物馆聚落内建有抗战、民俗、“文革”时期艺术品和地震四大系列30余个分馆，馆藏文物目前已达1000万件，是目前国内民间资金投入最多、建设规模和展览面积最大、收藏内容最丰的民办博物馆。

其中，中国民间最大的抗日博物馆已经声名在外。在建川博物馆的“山”字形大门上赫然写着：为了和平，收藏战争；为了未来，收藏教训；为了安宁，收藏灾难；为了传承，收藏民俗。

在谈到博物馆的谋生之道时，樊建川说：“如果只建一两个博物馆，肯定是活不下去的，但如果多建一些，形成博物馆一条街，就像汽配一条街、好吃嘴一条街一样，就等于形成了一个博物馆聚落、博物馆超市，让游客们参观更有选择性，可以各取所需，这是博物馆生存之道的第一要义。第二，要和旅游业结合。我们现在的旅游团越来越多。我对博物馆的投资是没有回报的，但现在的收入养活博物馆、维持博物馆的正常运营没有问题。建川博物馆现在的收入包括门票、酒店、餐厅、旅游品、游乐设施、影视拍摄，还包括培训、拓展训练等等。博物馆现在运行费每年需要1800多万元，收入是2000多万元。但我估计明年博物馆能做到5000万元的收入，除去运营成本，还剩3000万元的盈余，我们又可以拿来新建一两个馆。"

在这个聚落里，记者还看到和博物馆主体相呼应的阿庆嫂茶铺、龙门阵客栈、人民公社大食堂、文物商店、旅游纪念品商店、飞虎队酒水吧、纪念报纸展销中心、建川特色商店、拓展训练基地、钓鱼台茶坊、棋牌娱乐室、知情客栈、红卫兵客栈、三星级金桂公馆酒店等配套设施。正是这些设施使得博物馆聚落有了"造血"功能。

因为有了樊建川，有了建川博物馆聚落，安仁得以成为"中国博物馆小镇"。安仁镇本身就是川西名镇，有上个世纪初至中叶修建的以抗战将领刘湘公馆、刘文辉公馆等为代表的27座老公馆建筑群；安仁还有"文革"时期红透中国的地主庄园和泥塑精品"收租院"等。

据成都安仁文博旅游发展区管委会市场发展部副主任周琴介绍，2009年9月30日，中国博物馆学会正式授予安仁镇为"中国博物馆小镇"。她说："我们将诚邀国内外有影响力的博物馆入驻安仁。安仁镇目前已有32座专题博物馆，四川省地方志博物馆、台南大学的建陶博物馆和崔永元的电影传奇博物馆等也已开始兴建。届时，安仁镇将是一个更大的博物馆聚落！"

成都川菜博物馆位于郫县古城镇，占地40余亩，投资近1亿元人民币。博物馆为新派古典园林的建筑风格，内分为序厅、典藏馆、互动演示馆、品茗休闲馆、灶王祠、川菜原料加工工具展示区、川菜原料展示区。川菜博物馆从征集藏品到开馆历时10余年。在这里，游客可以了解川菜文化的起源、演变、发展及川菜"食在中国、味在四川"的文化缘由。

川菜博物馆副馆长丁石冰说："从今年来看，博物馆通过馆内配套的餐饮娱乐休闲项目，年收入三四百万元，营业收入和运营费用基本持平。"记者在现场看到，川菜博物馆把展示、参与互动、品茗休闲、餐饮娱乐、度假会议等融为一体。"整个川菜博物馆实际上是一个大型高档度假村。以世界上第一个以菜系文化为主题的博物馆为卖点，以餐饮、茶楼、会务、住宿等服务为主要利润来源。这就是我们努力打造的可以吃的活态博物馆。"丁石冰说。

功夫在诗外——"隔山打牛"的生存模式

目前，国内民办博物馆的投资形式有两种，一种是收藏者自己办博物馆，这就需要博物馆有一定的收入来支撑博物馆的运行；另一种是投资者有其他产业支撑，所建博物馆一般对门票收入没有要求，投资建博物馆纯粹是为了提升企业文化层次或了却投资人个人的文化情结。

"不差钱"的博物馆——成都华通博物馆就属于后者。

据了解，华通博物馆是华通公司创始人李炎的私人产业，而李炎的另一个身份是四川腾中重工的老总，通过去年收购悍马事件被公众所熟知。

谈到华通博物馆的运行机制，副馆长丁锦频说："其实我们的功能定位和国有博物馆差不多。第一，我们希望面向社会起到展示、保护、教育、传承的功能。我们现在是免费向公众开放，通过网上预约即可。第二，通过我们的文物检测研究中心的努力，把有用的信息提取出来。第三，我们将把这些研究成果与社会分享。"谈到博物馆靠什么生存时，丁锦频表示："博物馆从未考虑挣钱或创收。以后随着参观人数的增加和运营成本的加大，可能会考虑收取门票，但这事现在还不能定。"言下之意是我们"不差钱"！

"不差钱"的华通博物馆在展陈上用心颇多。丁锦频介绍，博物馆不只是一个存放文物的静止的地方，还是一个学习研究、探索发现、鉴古知今的场所，同时也是一个有生命、有活力的综合研究机构。利用成都的地理优势，华通博物馆收集到的四川地区汉代陶石艺术品，几乎囊括了此地东汉墓葬艺术的所有种类，包括画像石、画像砖、砖石墓艺术、动物车马陶塑、生活器具、人物俑等，为研究当时的文化生活、宗教信仰提供了宝贵的实物资料。

丁锦频带着记者观看了今年6月19日开业的新馆。新馆最大的亮点是主要文物采用数字化手段展示，让广大观众多方位地感受藏品背后的历史和故事，获得身临其境的参与感，分享藏品丰富的人文内涵。华通博物馆内，还设有1000平方米的文物检测研究中心，配置了国内领先的高科技设备，是四川省首家由非国有博物馆建立的科研机构。他们还与四川大学考古系合作办学，成立文物保护专业。2009年10月，该中心获得中国文物保护技术协会授牌，正式成为中国文物保护技术协会文物检测与研究基地。

华通博物馆还收藏了大量当代艺术大师的国画和油画。当记者问起博物馆是否会开展一些当代艺术品的交易时，丁锦频表示，"我们仅仅是收藏，不参与他们的交易活动。"

樊建川说："当国家的经济不断发展，民间财富不断增加，那些著名企业家把他们的企业建设到一个引导性的地位时，他们会对文博感兴趣的。"到那时，也许民办博物馆的投资者们都可以说，博物馆的正常维持和运营，"我们不差钱！"至于那诗外的工夫，就要靠读者自己去解读了。

（摘自《中国文化报》）

中小型私立博物馆：谁来买单？

博物馆是个很特殊的机构。

1974年，"国际博物馆协会"第11届大会通过的章程规定：博物馆是不追求营利的、为社会和社会发展服务的、向公众开放的永久性机构，它以研究、教育和欣赏为目的，对人类及人类环境的见证物进行搜集、保存、研究、传播、展览。1753年建立的"大英博物馆"，是全球首个对公众开放的大型博物馆；中国的最早公立博物馆，则是于1914年在北京开放的"古物陈列所"。国内的大型公立博物馆，如国家博物馆、故宫博物院、上海博物馆、陕西历史博物馆、南京博物院等，许多人耳熟能详。

相对而言，国人对私立博物馆要陌生得多。

其实，我国最早的博物馆，便是由清末状元张謇于1905年创建的"南通博物苑"。但新中国成立后，由于国家兴办了大量公立博物馆，民间文物收藏急剧萎缩。直到上世纪80年代，才在上海等地出现以家庭为单位的"地下博物馆"，藏品是非文物的火花、算盘、筷子等。1996年，北京市文物局批准马未都的"观复古典艺术博物馆"等4家私立博物馆成立，开新中国注册私立博物馆先河。2002年实施的新《文物法》出台新规：文物收藏单位以外的公民、法人和其他组织，可以通过继承或接受赠与、从文物商店或拍卖企业购买、个人互换或转让等方式取得文物，并可依法流通。由此，建设私立博物馆的积极性再次高涨。目前，仅注册的私立博物馆便有400余座。

迅速兴起的私立博物馆，与近年的收藏品市场趋热同步。

改革开放以来，中国的民间收藏和收藏市场规模惊人。据统计，全国收藏者多达7000万，在艺术品拍卖总成交额中，民间买家所占份额达9成以上。其中，既有普通玩家，也有经济实力雄厚的大款，许多价格千万甚至过亿的拍品被他们收入囊中。同样，目前的私立博物馆中，既有仅十几平方米的微型博物馆，也有斥资数亿元建造的超级博物馆聚落。

不论大小，私立博物馆都体现出收藏消费的“正外部效应”。

在经济学中，“外部效应”是指生产或消费行为对旁观者的影响，当消费行为对旁观者产生有利影响时，称之为“消费的正外部效应”。私立博物馆主人的收藏，本来是个人的消费行为，而当他们拿出个人收藏给社会共享时，便产生了很大的正外部效应。2010年4月“中国首届民办博物馆发展高峰论坛”上发表的《西安宣言》称：“民办博物馆致力于报答五千年中华文明的慷慨赐予，致力于回馈社会，致力于将分散秘传的个人收藏，转化为全民共享的博物馆馆藏。”这些多样化、专题化、精微化、个性化的私立博物馆，是大型公立博物馆的重要补充。

产生了很大“消费正外部效应”的私立博物馆，却面临困境。

因为博物馆属于非营利机构，其象征性的门票收入极其微薄，对于经济实力并不雄厚的私立博物馆而言，资金短缺是最突出的难题。为了支付场租、布展、水电、工资等费用，馆主们只得用自己的其他收入补充，甚至倾家荡产。2008年公立博物馆免费开放之后，私立博物馆又增压力。很明显，“正外部效应”使旁观者受益，其社会价值巨大。为了保护旁观者的利益，政府有职责向“正外部效应”提供激励，使外部效应内在化。

对于“正外部效应”，政府常用的激励方式是补贴。

在许多发达国家，对私立博物馆有成熟的财税支持政策。比如法国，如果企业出资成立基金会建博物馆，政府会为该企业免税60%。国内，针对私立博物馆的扶持政策也在逐步推出。2005年底文化部发布的《博物馆管理办法》指出：“国家鼓励个人、法人和其他组织设立博物馆。”2010年1月国家文物局等7部门下发《关于促进民办博物馆发展的意见》，要求“切实帮助解决民办博物馆的馆舍与经费保障问题”，并在建立资助机制、提供馆舍和基础设施保障、供应建设用地、提供贷款、税费优惠等方面，提出了积极意见。尽管政府不可能像对公立博物馆那样，给私立博物馆全额买单，但“补贴”已为时不远。

（摘自《美术报》）

走进社区 民间美术馆活力无限

综观当代西方的美术博物馆，其主要功能是强调提高大众审美，拓展大众审美兴趣。即使是学术的展示活动，也通过对艺术史的定评，促使公众理解艺术的成果与创造意义，健全人们的知识系统。尤其是近20年来，在展览选题、教育的内容上更多地侧重于社会文化热点和大众文化心理，从审美的提高转向解决文化心理问题，从视觉经验的培养转向精神追问的引发。

广厦美术馆名誉馆长沈长明认为，我国美术馆近几年正在经历一个从以艺术家为中心转向以公众为中心的过程。因为网络的发达，人们接受的更多的是技术图像，而非人文图像，这对一个人的文化修养和艺术情趣是不利的。要使他们主动地参与，就必须尽可能地创造便利，挖掘美术深入民间的渠道。

“因为当代社会进步了，城市发展很快，社区成为当代城市人生活的主要场所。人们的文化素质普遍得到了提高之后，有了更多对于文化艺术的需求。而传统书画作为中国文化的组成部分，已不仅仅是少数人欣赏的对象，它已成为具有文化传播功能的‘百姓化’的事业，因此它的根基和未来自然就在社区，在广泛的老百姓之中。”广厦美术馆馆长翟优如是说。

简单地打出一个口号是容易的，具体的坚持和执行却需要勇气和实力。广厦美术馆成立以来的6年中，着手策划实施了“南京市少儿书画展”、“江苏名家书画走进社区展”、“广厦置业职工书画展”、“广厦墨彩展”、“和谐·繁荣——当代书画名家进社区展”、“南北山水、人物、花鸟交流展”等一系列活动，其首要坚持的就是持续、亲民，不仅吸引了本社区的多数人欣赏艺术，还成为社区居民引以为傲的文化场所，最大限度地为市民提供了一个欣赏传统书画艺术的平台，满足了他们追求精神富足的现代意识。

此道不孤。就在广厦美术馆以座谈会的形式庆祝6周年的第二天，由贝碧欧艺术空间等数家艺术机构联合举办的第三届“买得起艺术节”，在北京798艺术区标志性中央空间举行。作为将艺术平民化、将当代艺术充分展现给大众的文化艺术活动，“买得起”艺术节旨在为北京的普通百姓提供以合理价格购买高质量当代艺术作品的机会，把艺术品投资引入平常百姓家。

事实表明，美术走向公众、走向普及，文化深入到“寻常百姓家”，正越来越成为潮流。这与一些美术机构、美术活动组织者，立足服务意识，眼光向下有很大的关系。在推广公共美术教育，尤其是基层社区文化服务方面推陈出新，持续运作，使越来越多的“居民”喜爱上了书画艺术，使越来越多的“居民”沉浸、融入到传统文化的氛围之中。在几年的探索中，私人美术馆的创办者越来越认识到，美术公共教育服务的一个大趋势，将是活动针对化、具体化、参与化，而不是停留在一般化、大众化的水平。广厦美术馆在日常举行展览、组织活动的同时，更多的是针对性地支持特定人群的艺术需求，因为离老百姓最近，随时参与，时常感受，最受群众欢迎。如举办“送‘福’”字进社区”、“社区老百姓喜爱的书画家评选”等等活动，各种小型互动性质的活动将成为展开美术教育活动的基石。

这样的美术机构、美术活动，是脚踏大地的，也是值得认真对待和充满希望的。书法家李啸曾多次深入社区办展、讲课，对基层美术比较了解。他动情地说：“像广厦美术馆这种形式如能在其他社区普及，小区居民都来欣赏参与高雅的书画艺术，这对提高全民的素质将产生不可估计的作用。”因为他们的存在，传统文化精神美学才在民众之中有了继承与发展的机会，并因之营造了良好和谐的社会氛围。

艺术，将以一种特别的形式，为我们这个具有悠久历史的国家走向新的发展助力；民间美术馆，低下高贵的头颅扎根社区，必将生机勃勃，魅力无限！

（摘自《美术报》）

民博动态

改革进程中的私立博物馆

20世纪80年代，中国的民间收藏进入大众化时期，喜爱文物的人开始建立专题收藏，许多人也重新延续个人的收藏爱好。

1981年3月22日，上海陈氏算具陈列馆悄然开馆，揭开了民间藏馆的序幕。其后，上海地区的民间藏馆陆续出现，到80年代后期，较正规的民间藏馆已有16所。参观这些民间藏馆一般要事先预约，参观免费，收藏家对来宾热情接待，亲自讲解，有的收藏家还准备茶点招待。上海地区家庭收藏馆具有“小、专、特、奇，拾遗补缺”的特点。“小”是展示空间小，因多设在家中；“专”是藏品的主题突出，主要是一个门类的物品，如算盘、钥匙、钟表、邮票等；“奇”是指藏品中多有一些新奇罕见之物，如陈氏算具陈列馆收藏的长达四米的大算盘；“拾遗补缺”则形象地说明了家庭收藏馆的藏品与国有博物馆以文物为主的区别。当然，这一说法似乎也隐隐露出民间收藏难登大雅之堂的意味。

20世纪90年代初期，中国社会主义市场经济建设步伐加快，博物馆管理体制和运作机制也在探索适应新的经济体制和社会环境的方法，博物馆举办主体的多元化成为博物馆领域加大改革力度的主要内容。

1990年，原内蒙古博物馆馆长文浩与夫人荷云利用个人多年积蓄，在呼和浩特西（晓东营村）创建了敕勒川民俗博物馆，展出场地300多平方米，展出700余件当地少数民族的用品。1991年，上海文管会批准了“四海壶具博物馆”，允许其以博物馆名义对外开放；该馆于1992年12月正式开放。1995年10月，广东中山蝴蝶博物馆开馆；该馆于1996年2月得到广东省文化厅的批准。

北京市文物局于1993年11月13日制定了《北京市博物馆登记暂行办法》，经北京市政府批准，于同年12月23日以市政府令的形式发布。出台这一“办法”的主要目的是要解决民办博物馆的资格问题，使那些由社会团体、个人开办的博物馆得以获得法人资格，以便开展业务。当时，北京地区有十余位民间收藏人士向北京文物局提出办馆申请，北京市文物局组织博物馆专家对申请者的办馆条件进行考察，综合考评。1996年10月31日，北京市文物局局长对社会宣布批准四家民办博物馆的筹建资格。一石激起千层浪，由此掀起民办博物馆建设的第一个高潮。

1990年代中后期到2002年10月，经修订的《中华人民共和国文物保护法》重新发布前，北京、广东、上海、重庆、四川、浙江、辽宁、吉林等省市陆续建立了数十所私立博物馆。如北京地区的古陶文明博物馆、中国紫檀博物馆、松堂斋民间雕刻博物馆、金台艺术馆等，广东地区的深圳玺宝楼青瓷博物馆，重庆的中国民间医药博物馆等。

为鼓励社会力量参与博物馆的建设，一些地区的博物馆管理部门开始尝试与民间人士和社会力量联合办馆。如，中国当代著名画家黄胄先生得到北京市政府的支持，采取“民办公助”的方式开办了炎黄艺术馆。

（中顾法律网）

钧瓷窑炉博物馆在河南问世

10座各式窑炉再现我国唐、宋、元、明、清烧钧艺术。近日，我国第一个钧瓷窑炉博物馆在钧瓷之都河南省禹州市建造完成，并已初步具备了对外开放的条件。

钧瓷是中国宋代“汝、官、钧、哥、定”五大名瓷之一，特产于河南禹州市。它始于唐，盛于宋，历经千年而不衰，形成系统的“钧瓷文化艺术体系”，在中国乃至世界陶瓷业发展史上都占有重要地位。自唐代以来，我国烧制钧瓷的窑炉大体上有10种左右，由于历史和社会原因，一些在钧瓷发展史上起过重要作用的钧瓷窑炉的建造技术及操作工艺相继失传，给钧瓷的历史研究和现代发展带来极大的阻碍与缺憾。

（新华网　2005-08-28）

中国规模最大的私人博物馆落户三亚

中国规模最大的私人博物馆三亚卓越天涯古生物化石博物馆25日落户海南省三亚市。博物馆馆长、中国著名民间收藏家李跃卓表示，博物馆将建成一座集科研价值、经济价值和观赏价值于一体的现代化博物馆。

位于三亚市著名的"天涯海角"风景区旁的三亚卓越天涯古生物化石博物馆占地36亩，展馆面积900平方米，将展出由李跃卓收藏的包括众多国宝级珍贵化石在内的300件实物展品。这个博物馆的建设投资将达到2亿多元人民币，是目前中国规模最大的私人博物馆。据李跃卓介绍，三亚卓越天涯古生物化石博物馆是他分别在2000年和2002年建造辽宁盘锦李跃卓古生物化石博物馆和北京世界公园古生物博物馆之后兴建的又一个私人古生物博物馆。这家博物馆已和北京自然博物馆、美国好莱坞帝国娱乐机构签署了三方合作协议，将在2005年组织李跃卓的大批珍贵化石文物前往美国巡展，进行中国古生物化石宣传活动。

李跃卓是中国著名民间收藏家，他在近30年中收集了2000余块古生物化石，其中以距今1.3亿~1.4亿年的中生代晚侏罗纪时期辽西热河古生物化石为主。李跃卓捐献的很多藏品得到了海内外专家学者的高度重视，目前中国关于古生物化石的许多重大研究成就都来自于对李跃卓藏品的研究。

为表彰李跃卓在保护人类珍贵文化遗产方面所做的巨大贡献，受美国加利福尼亚州政府委托，美国纳华达州前州长、美中贸易协会主席罗浩民和中美文化大使李凯文25日在三亚市向李跃卓颁发了加州政府奖。加州政府奖是美国加利福尼亚州政府为表彰在世界文化、艺术领域作出突出贡献的人士而设立的一个奖项。李跃卓是目前第一位获得这一奖项的中国民间收藏家。

（新华网 2004-11-26）

中国珍奇报纸陈列馆落户平遥

经中国收藏家协会和中国报协集报分会等有关部门同意，中国珍奇报纸陈列馆日前正式在山西的平遥古城内"落户"。

中国珍奇报纸陈列馆的前身是中国私家藏报第一馆苗世明藏报博物馆，该馆收藏成果于2001年被上海大世界基尼斯总部列为"报刊收藏基尼斯之最"。新馆投资10多万元，对重要展厅进行了精装、充实和改进，馆藏面积和相关实物展览增加了近一半。

全馆共设清代民国厅、"文革"厅、五十年代厅、国际厅、港澳台少数民族厅、港澳回归厅等12个展厅（楼），共藏古今中外报刊6万余种、11 0余万份，其中有清代、民国时期、新中国成立后五十年代的号外报和各个重大历史时期的系列报纸；还有几十种异型报，如丝绸报、手帕报、文化衫报、烟标报、扇子报、雨伞报、明信片报、名片报等。

据介绍，1872年在上海创办的《申报》是馆藏最早的报纸；《人民日报》特大号为馆藏最大的报纸；《江南游报》堪称最小的报纸；既是创刊号又是停刊号的《喜报》是发行时间最短的报；有101年历史（1902 - 2003）的《大公报》是发行时间最长的中文报；馆藏最多的报是"文革"时期的报，有800余种，2万余份。

今年50岁的苗世明馆长是山西左权县一名干部，藏报已有30多年的历史，现为中国集报协会副会长。

（新华网　2005-08-29）

台湾首个互动式地震博物馆启用

2010年1月26日上午，全台第一座互动式地震博物馆在中正大学正式启用，占地100多坪。进到馆内，无论是地震的形成、断层与地震活动、地震波、地震定位、规模与震度、断层演化等，参观的民众都可以透过多媒体互动装置以及动画体验，相较于传统图片文字方式，教育效果更佳；甚至能用地震平台，让参观者亲身感受9·21大地震的惊心动魄！

中正大学地震研究所陈朝辉所长表示，成立互动式地震博物馆，目的就是要落实民众防震减灾观念，希望透过互动装置，吸引更多的人前来参观，让民众获得正确的震常识，落实防灾作为。

（中国新闻网）

宁波鄞州每四万人有一座博物馆

2008年12月18日上午，鄞州博物馆协会在鄞州区成立。鄞州博物馆协会是鄞州区博物馆迅猛发展的产物。目前，鄞州区内已建、在建和将建的博物馆有19座，达到每4万人拥有一座博物馆，人均拥有博物馆数在全国名列前茅。

鄞州区20余年来大力建设博物馆，如今出现了蓬勃发展的势头。尤其是今年7月，鄞州区出台了《鼓励促进民办博物馆发展的意见》，在博物馆场馆建设与运作、资金补助、用地保障、人员配备、综合设施与服务配套等方面给予有力扶持，使鄞州区迎来了博物馆的迅猛发展时期。

据介绍，鄞州博物馆协会成立后，区内一批长期从事博物馆建设的文博专业技术人员、文化事业策划人员、学术研究人员及民间爱好者找到了“娘家”。协会还成立了专家和专业委员会及收藏、鉴赏委员会等；同时成立志愿者队伍，发挥知识优势，推动鄞州区博物馆建设。

（《宁波日报》）

陕西民间博物馆共谋新出路

随着国家《文化产业振兴规划》政策的出台，民营博物馆业迎来了前所未有的历史机遇。7月30日，陕西省民间博物馆协会筹备会在曲江惠宾苑宾馆隆重举行，40余位文博业内发起单位的负责人出席会议，倡议成立陕西民间博物馆协会的相关事项，共商省民营博物馆的发展大计。

协会由大唐西市博物馆发起、全省近20个民营博物馆共同参与筹办。

早在今年“两会”上，作为全国政协委员的西安大唐西市博物馆理事长吕建中在接受新华社记者采访时就表示，政府应加大扶持力度，制定民营博物馆发展战略，在政策上对民营博物馆给予更多倾斜和优惠，切实体现国有和民营博物馆“一视同仁”的原则。“两会”结束回到西安之后，吕建中就开始了民间博物馆协会的筹备工作，并于7月30日召开了筹备会。

“现在只需要向管理登记机关提交成立登记所需要文件，经管理机关审查同意后，即可开展成立协会的相关工作了。”吕健中说。筹备工作也得到了文博业内人士的积极响应，“民营博物馆终于找到组织了！”关中民俗艺术博物院院长王勇超兴奋地说。

据悉，民间博物馆协会的成立，将在制定行业服务标准、开展行业学术研究等相关领域发挥政府不可替代的作用。（《城市经济导报》2009-8-17）

首座民间投资遗址类博物馆将在西安开放

2010年“两会”期间，“非物质文化遗产”保护成为一个引人关注的焦点话题，让更多民间力量加入到非物质文化遗产的保护行列，已成为众多专家学者的集体呼声。顺应“两会”“非遗保护”春风，2010年4月7日，“西部非物质文化遗产项目展演系列活动”在西安大唐西市隆重开幕，展馆总面积达到27000平方米。

本届西部非遗展会以西部非物质文化遗产项目展演、首届全国民办博物馆藏品博览会以及大唐西市博物馆开馆为三大主题活动。首届全国民办博物馆藏品博览会期间，来自全国逾百家民办博物馆将展示各自的馆藏文物艺术精品，集中展现我国民间巨大的收藏实力及丰富的馆藏资源。此外，国内首座由民间资本投资建设的遗址类博物馆——大唐西市博物馆将以“十五大亮点”正式对外开放。该馆建筑面积3.2万平方米，展出面积8 000平方米，遗址保护面积2 500平方米，馆藏文物2万余件，集历史、艺术、民俗、收藏等各类陈列展览及主题活动于一体，是西安市的重要地标性建筑与公众活动场所之一。

据悉，首届“西部非物质文化遗产项目展演系列活动”将持续至4月13日。期间还将举行民办博物馆发展高峰论坛、民间文物精品展评、海外回流文物展、大唐西市艺术馆开馆等一系列配套活动。

（千龙网 2010-4-7）

北京崇文区办三家民间博物馆免费对外开放

近距离观看几百上千年的文物，家门口免费欣赏国画大师、书法大家的真迹，要么自己做的手工艺作品也放到展室里亮亮相，供大家伙品评玩味，崇文区东花市600米长的马路上，扎堆办起了三家民间博物馆，民办、民享、民乐，形成社区博物馆群落。再加上区内已有不断出现的新馆，崇文的博物馆热把文化带给了每个百姓。

东花市大街上，吴东魁艺术馆远远望去装饰得古香古色，走进去可是大开眼界。6 000平方米的面积，堪称全国最大私人艺术馆。8个展区，收藏了中国著名画家吴东魁不同时期、不同风格、不同类别的精品佳作，《冰朱魂》、《紫霞垂落燕高飞》等巨幅作品令人赞叹。不仅是吴东魁的画作，该馆还收藏了启功、范曾等大家的真迹。

这家民间博物馆，完全免费对参观者开放。一幅幅珍品字画挂在墙上，百姓免费参观，笔触、技法近距离观看，还有专职讲解员讲解。据工作人员介绍，每年这里都要接待数万人次，除了居民、爱好者，这里还成了美术学生的定点课堂。同时，这里还承办各种活动，50国大使夫人就曾来这里感受中国书画艺术。

不仅免费开放，该馆还给其他没有展示的画家办画展。去年，这里就免费为清华大学中国画高级研修班第三届学员举办了一次画展，给他们提供了展示的舞台。

专业性强的大师作品有地儿放，老百姓的手艺也有舞台。出了吴东魁艺术馆往东走一分钟，就到了枣苑小区，小区里面有本市首个社区博物馆——花市社区博物馆。“花儿金”第四代传人金铁铃制作的“绢花”玉兰，“葡萄常”第五代传人用玻璃吹出的逼真“葡萄架”……馆里收藏了几百件老北京民间手工艺品。

虽然只是“社区级”，但规模和“阵势”却不小，包括综合展厅、绢花、绒鸟、料器、葡萄常等展厅，作品大部分是邀请民间手工艺人的传人特意制作的。居民还能在这里学习。百姓手艺常年展示，新作品源源不断。

社区博物馆再往东400米，还有一处睦明堂。里面收藏了包括宋代的汝、钧、官、哥、定五大名窑在内的瓷器残片，共30类约5万片。不同于其他博物馆，这里数百年的瓷片还能让参观者用手触摸。爱好文物的人多了，给他们“上手”的机会，触摸历史，感受文化。

这条街仅仅是崇文博物馆群落的缩影。在该区16 .46平方公里的面积里，大小博物馆就有十几处，而且还在不断增加。上月，一座名为“尚韵轩”的私人博物馆又开张，3 000平方米的博物馆里全是名贵的古旧家具。这回，爱好古玩的居民又多了个好去处。

博物馆是一个国家、一座城市文化兴旺发展的体现。崇文区的民间博物馆以不同的视角、独特的个性、灵活的方式引导更多的百姓，让他们在家门口就能感受文化，参与文化，建设文化。

（文化中国－中国网）

太原晋商博物馆开馆

于2010年5月8日开馆的太原晋商博物馆，各项陈列及设施一流，10天来人流如织。专家广泛认为，在“晋商之都”太原建设晋商博物馆，填补了山西省晋商专题博物馆的空白，有着非常重要的文化价值。该馆总占地面积7 850平方米，所展文物及展品共计300多组、约500余件。

除去所展文物外，仿建山东晋商会馆的整个博物馆建筑形制，也可谓该馆一大特色。

（《太原日报》）

河北冀州出现大型民营博物馆

2010年7月21日，被誉为"京津冀最美湿地"的国家自然保护区衡水湖畔，一座以古陶瓷为主的大型综合性民营博物馆——冀宝斋博物馆正式开馆迎客。

据了解，冀宝斋博物馆由冀州市二铺村兴建，地处衡水湖南岸，占地60亩，主体建筑面积1.4万平方米，投资5 400万元。馆内设12个展厅，展出藏品2 218件，其中8个瓷器展厅，2个书画展厅，1个青铜器、金银器展厅，1个唐三彩、玉器展厅。展品时间跨度由远古至明清，琳琅满目，异彩纷呈。"冀宝斋"之动意，缘于1983年开发旅游业挖方垫土，于地下7米深处发现大量上至汉唐，下迄明清之历代陶瓷残片。

据衡水市委常委、宣传部长解晓勇介绍，冀宝斋博物馆是冀州市在"九州之首"文化建设中重点打造的标志性文化设施，也是衡水市"十馆一中心一剧院"重点项目之一。

解晓勇表示，该馆在全省乃至全国的民办文化设施中都首屈一指，是社会力量创办文化事业、发展文化产业的成功典范，充分体现了崇文重商、敢为人先的"九州之首"人文精神。

展览会上，来自衡水学院大学生暑期社会实践队的王同学称，从来没有看到过这么多具有珍藏价值的文物。该馆文物的展出为社会各界了解衡水、认识冀州起到了重要作用。

"冀宝斋"创始人王宗泉先生生于1946年，河北省冀州市二铺村人，1970年任村党支部书记至今。1984年该村被命名为衡水地区第一个小康村。

2005年王宗泉被中国文物学会吸收为理事。

（中国新闻网）

屡屡被搬迁 民营博物馆命途多舛

新中国首座民营博物馆———北京观复博物馆正面临被拆迁的命运。由于城市规划，北京观复博物馆附近开始大片拆迁，这片区域被规划为一片绿地。

了解观复博物馆历史的人知道，它曾经两易其址，先从琉璃厂搬迁到北京南小街竹竿胡同，后来又搬迁到了朝阳区金盏乡，如今又面临搬迁的命运。观复博物馆将在年底前三度搬迁？该博物馆相关负责人告诉记者，搬迁应该是确定的，但未来3到5年内，应该不会被拆迁，新馆正在择址。

据了解，近年来民营博物馆遭遇拆迁的事屡有发生。被称为全国首家民营摄影博物馆的北京三影堂艺术中心，日前也接到了拆迁通知；上海尔冬强民间艺术博物馆曾因拆迁只好宣告关闭；江西景德镇第一家综合性私人博物馆兆吉明轩博物馆也被迫拆迁搬走，最后馆主只能把博物馆开在家里。

作为承载文化记忆的博物馆，一般不能经常搬迁，国际知名的博物馆往往需要百年以上积淀和经营。但国内的民营博物馆却屡屡遭受拆迁的威胁。

北京古陶文明博物馆馆长路东之曾对媒体表示，他一直想找块地建设一个永久性的博物馆，可是至今未能如愿。他认为，好的地块价格难以承受，荒村旷野又不适合建博物馆，而短期租地，说不准哪天就要搬迁。这成了制约国内民营博物馆发展的一大绊脚石。

（《南方日报》2010-08-11）

土豆也有博物馆

全国首个也是唯一一个"马铃薯博物馆"2010年4月在北京延庆县建成，马铃薯的历史、现状、发展以及在中国的推广、应用，通过珍贵的图片和丰富的实物，在占地3 000平方米的展厅里得到了全面展示。

小如黄豆的微型薯，大如枕头的大土豆，红皮红肉、紫皮紫肉、黑皮黑肉的彩薯；适合炸薯条的夏波蒂，做薯片的大西洋，做菜的荷兰薯……丰富的实物展品，不管是土豆菜，还是上百种土豆新品种，都能引起参观者发出阵阵惊叹。

脱毒、育苗、种植……博物馆里还展示了马铃薯生产的全过程。

马铃薯博物馆位于延庆县希森马铃薯产业集团一楼，是该集团历时2年多、投资数百万元建设的。

（《北京日报》）

两岸民间博物馆人共聚北京谈发展

2010年12月20日上午，以杨英风美术馆馆长杨奉琛为首，来自台湾17家最具代表性的民间博物馆馆长，与大陆10家民间博物馆负责人，以及国家文物局和北京文物局的官员相聚在首都博物馆进行座谈。

国家文物局博物馆与社会文物司司长段勇介绍，大陆民间博物馆起步于上世纪90年代初，发展至今共有民间博物馆32 8家，约占大陆博物馆总数3020家的一成多。尽管近年来发展速度很快，但仍处于起步阶段，距离“13亿人口需要4万家博物馆”的距离还很远。

台湾民间博物馆协会秘书长陈海宇指出，台湾的情况与大陆恰恰相反——600多家博物馆中，民间博物馆达四五百家，呈现较为多元的自然发展状态。

北京观复博物馆馆长马未都介绍了自己经营博物馆的理念。他坚持“做全国服务最好的博物馆”的种种实践，令来自台湾的馆长们深感佩服。

四川建川博物馆馆长樊建川占地500亩的博物馆聚落，也令大家叹为观止。为了更多地收集抗日战争时期国军老兵的手印，以摆放在博物馆聚落的“手印广场”，纪念抗战历史，樊建川还诚恳地拜托台湾的馆长们帮他在台湾征集。

台湾李天禄布袋戏文物馆执行秘书李俊宽，为大家讲述了台湾布袋戏从福建泉州到台湾之后的传承与发展，如何呈现台湾文化的独到一面。他呼吁：“大陆客人来到台湾，除了阿里山、日地月潭，也应该多多探访台湾的民间博物馆，更贴近感受台湾的文化魅力。”

已经营毫芒雕刻馆13年的陈逢显表示，大陆民间博物馆规模大、发展快，而台湾的博物馆小巧精致、可爱并感人，两岸应该多多交流，取长补短。

杨奉琛馆长指出，在经济快速增长、两岸关系和平发展的背景下，台湾与大陆应该整合资源，在传统文化根基上共创中国元素的现代化和未来化，共同为传承文化、改善现代生活而努力。

在4个多小时的交流中，大家谈理念、谈发展、谈合作，知无不言，言无不尽。主持座谈会的首都博物馆馆长郭小凌感叹：“两岸民间博物馆人在一起，总有说不完的话！”

国家文物局副局长陈新潮也专程从另一个行程中赶来参加座谈。他指出，两岸民间博物馆的交流非常必要和及时。台湾民间博物馆起步早，发展丰富，对于大陆处于初级阶段的民间博物馆发展与经营有很大的启发。

陈新潮说：“两岸之间语言相通、有共同的文化基础，交流起来非常畅快。我们将继续为两岸博物馆人的面对面交流搭建桥梁，希望这种交流成为常态。”

（中新社）

异彩纷呈的台湾民间博物馆

私立博物馆藏有世界级文物

根据最新统计数据，目前台湾大小私立博物馆、文化馆已超千家。很多私立博物馆的馆藏水准，丝毫不逊于岛内外公立级博物馆，充分展现台湾民间购藏艺术品的实力。

台北有享有“台北小故宫”之美誉的鸿禧美术馆，台南县有奇美企业成立的奇美博物馆，它们都是私立博物馆中的佼佼者。除了收藏中国古代传统瓷器外，更有众多西洋艺术品展出，许多都属于世界级文物。凭借这些出众的藏品，各地私立博物馆人潮不断。

台湾收藏名家陈学明有个私人博物馆叫“森磊观”。他告诉记者，和一般的博物馆不同，“森磊观”并不完全对外开放，只欢迎同业交流。参观过“森磊观”的很多人，都会惊叹其包括木、竹、石、玉、铜、瓷等各种材质所雕刻的佛教文物与古董之美。据悉，陈学明花费了20多年时间才逐步建立起这个佛事主题博物馆。

产业博物馆展示地方特色文化

台湾这几年的产业博物馆有如雨后春笋，蓬勃发展。根据台湾博物馆协会数据显示，在2005年时就有65家产业博物馆，现在早就破百了。知名的有黑松汽水博物馆、台糖糖厂文化园区、台南家具博物馆、花莲柴鱼博物馆等，这些产业博物馆不仅为企业带来高知名度，也带动“育乐兼具”的参观之旅，更有回馈乡里、饮水思源意义。

位于苗栗县苑里镇的蔺草文化馆，成为该地百年来传统蔺草产业的缩影。它原本是一座旧粮仓，后来经过地方的争取，改建成为一座蔺草博物馆，以蔺草生态及编织文化为主题，设置了蔺草体验区、帽席文化区、DIY 教室、户外活动区等。

在台南县七股盐埕村的台湾盐博物馆，是目前台湾唯一有关盐产业的主题博物馆，其兴建的主要目的是保存台湾数百年的盐业文化资产。

台民间博物馆“烧”到大陆

其实台湾民间对于博物馆的热忱，早就随着台商到大陆投资逐步转向大陆。

天福集团的创办人李瑞河，就在漳浦县投资 4 500 万美元建立了天福茶博物院，成为目前世界最大的茶博物院，主要展示茶的历史、中国茶文化及茶叶产销状况、世界主要产茶国的茶情等。如今，它已经成为当地最热门的旅游景点。

在厦门鼓浪屿，也有两家台湾人经营的私人博物馆，其经营者洪明章，被誉为两岸历史遗物的“拾荒者”。几年来，洪明章一直都在充实自己的“库藏”，600 多平方米的博物馆里，数万件与台湾相关的历史实物，几乎涵盖了台湾早期社会的方方面面。

（台海网 2010-1）

深圳酝酿扶持“民博”政策

如今，深圳已有 25 家博物馆有序地分布在这座城市的大街小巷。这些博物馆在襁褓中持有不同的“出生证明”：有政府全额拨款的，有财政部分支持的，有国有企业资助的，有私人资本出资的。它们努力地奋斗，认真地活着。

在博物馆群中，最值得关注的就是民间博物馆。它们大多资金短缺，场地局促，藏品不足，维护困难；它们有的运营良好，有的举步维艰。

2008 年，市文化局组织文博专家，通过实地调研、问卷调查、座谈和走访咨询等方式，根据国家有关法律法规及省、市有关政策，结合本市实际，起草了《深圳市政府扶持非国有博物馆发展办法》，提出对民间博物馆实行分类管理的思路，并在场馆建设、经费补贴、人才引进和专业服务等方面都提出了相应的扶持意见；也提出了政府对本市民间博物馆的运行、展览和门票进行补贴的思路，以及补贴经费的列支渠道。目前《深圳市政府扶持非国有博物馆发展办法》将于近期上报市政府审议。若该办法获得批准，将使民办博物馆发展从制度上、政策上获得长久的支持。

更具体的是，新政策明确国有博物馆在场地允许的情况下，把场地提供给私人博物馆藏家，这种方式称为“寄展”。

（国际在线）

绍兴民办博物馆可获多项补助

2010 年 4 月，绍兴市出台《绍兴市扶持民办博物馆办法（试行）》，从用地、资金、税收、人员政策等方面，对民办博物馆予以扶持。根据新出台的规定，经文物等行政部门审查后认定为非营利性民办博物馆的，可按“非营利性公共文化设施用地”划拨方式供地，也可以协议出让方式供地。

民办博物馆还能在资金上获得多项扶持。据悉，民办博物馆馆舍设施建设和相关硬件配套设备项目，投资（不包括藏品、展品投资、布展设施）在 1 000 万元及以上的民办博物馆，市财政按实际投资的 1.5% 给予贴息，最高不超过 200 万元；投资额在 200 万元及以上 1 000 万元以下的民办博物馆，市财政按实际投资的 1% 给予贴息。对利用现有建筑物设立博物馆的，按文物部门认定的实际展览面积予以 200 元 / 平方米的陈列展览一次性补助，最高补贴不超过 10 万元。对免费开放的民办博物馆，市财政将根据展览面积给予不等补贴。对免费开放的民办博物馆组织外地展品来本馆展览，按规模大小给予 1 万元至 3 万元不等的补助；到市外或国外进行异地巡回展出，按规模大小给予 3 万元至 5 万元不等的补助。

（浙江绍兴市文物局）

民博相关文件

国家文物局
民政部
财政部
国土资源部
住房和城乡建设部
文化部
国家税务总局
文件

关于促进民办博物馆发展的意见

文物博发 [2010]11 号

各省、自治区、直辖市文物局、民政、财政、国土资源、住房和城乡建设、文化厅（局、委）、国家税务局、地方税务局：

民办博物馆是为了教育、研究、欣赏的目的，由社会力量利用非国有文物、标本、资料等资产依法设立并取得法人资格，向公众开放的非营利性社会服务机构。进入新世纪以来，文化体制改革逐步深化，民办博物馆发展迅速。但是由于民办博物馆在我国还是一个新事物，尚处于探索阶段，还存在着准入制度不完善、扶持政策不健全、管理运行不规范、社会作用不明显等问题，严重制约了民办博物馆的健康发展。

为贯彻党的十七大关于推动社会主义文化大发展大繁荣的精神，落实中央关于深化文化体制改革的总体部署，进一步调动社会力量参与文化遗产保护和社会主义先进文化建设的积极性，现就积极鼓励、大力支持民办博物馆发展提出以下意见：

一、高度重视，积极促进民办博物馆健康发展

（一）民办博物馆来自于民间、成长于民间、服务于民间，是我国经济社会持续稳定发展大背景下公民文化需求增长的必然结果，是具有文化普及鲜明特色的公共文化服务机构，是动员全社会广泛参与，共同构建公共文化服务体系，促进文化大发展、大繁荣，建设和谐社会的一支重要力量。

（二）各地、各有关部门要切实提高对支持民办博物馆发展重要性的认识，明确和坚持积极鼓励，大力支持，正确引导，依法管理的指导思想，将民办博物馆纳入国民经济和社会发展规划，纳入博物馆事业发展规划，因地制宜，分类指导，制定符合各地民办博物馆发展的目标、措施和相关政策，支持、鼓励和引导民办博物馆的科学发展。民政、财政、国土资源、住房城乡建设、文化、税务、文物等行政部门和行业组织要加强协调，形成合力，加强调查研究，对民办博物馆在创办、开放、发展中遇到的具体困难和问题，

给予必要的关注，及时帮助切实解决，保障民办博物馆健康发展。

二、加强扶持，为民办博物馆创造良好的发展环境

（三）规范民办博物馆准入制度。加快出台《博物馆条例》，完善博物馆管理基本制度体系，明确民办博物馆与公立博物馆同等的法律地位。文物、民政行政部门制订民办博物馆登记管理办法，细化民办博物馆准入标准，完善审批程序，健全民办博物馆准入制度。依照《中华人民共和国文物保护法》等法规的规定，加强对拟申办民办博物馆藏品来源合法性和真实性审查，明确博物馆对藏品的合法所有权。鼓励社会力量兴办填补博物馆门类空白和体现行业特性、区域特点的专题性博物馆。兴办民办博物馆应符合城乡规划。对符合设立条件的民办博物馆，要按照《民办非企业单位登记管理暂行条例》和《博物馆管理办法》等有关规定，及时审核和给予登记注册。要加强对民办博物馆凭证执业、依法办馆的监督，按照法律法规和规章的规定，做好民办博物馆的登记、年检、执业和监督管理工作。要开展经常性的执法检查活动，严厉打击非法办馆行为，坚决取缔无证执业，规范竞争行为，营造公平有序的发展环境，保障合法博物馆的正当权益。

（四）切实帮助解决民办博物馆的馆舍与经费保障问题。推广民办公助、公建民营等形式，在有条件的地区，建立政府对民办博物馆单位的资助机制。各地可利用在布局结构调整后闲置的房产，支持民办博物馆发展。可在旅游景区和文化产业园区内规划建设民办博物馆，为民办博物馆提供馆舍和基础设施运行保障。对符合国家《划拨用地目录》规定的非营利性民办博物馆的建设用地，经县级以上人民政府批准，可以划拨方式供地。民办博物馆建设必须贯彻节约集约用地的原则，严格执行《博物馆建设用地指标》的规定，严禁改变博物馆用地的土地用途，不得以划拨土地使用权抵押。民办博物馆因故终止的，其用地由国家依法收回后继续作为博物馆建设用地。协调金融机构为符合条件的民办博物馆提供贷款。鼓励企业、事业单位、社会团体以及个人等社会力量向民办博物馆提供捐赠。鼓励民办博物馆依托藏品、展览研发推广博物馆文化产品。民办博物馆在接收捐赠、门票收入、非营利性收入等方面，可按照现行税法规定享受有关优惠政策。

（五）加强对民办博物馆的专业指导和扶持。文物行政部门要积极探索新形势下民办博物馆的管理体制、机制和办法，根据民办博物馆自愿办馆、自筹资金、自负责任、自主管理的特点，通过法规、政策、标准、评估、督导等措施为博物馆的目标管理和质量管理提供服务。民办博物馆在行业准入、等级评定、人员培训、职称评定、科研活动、陈列展览，以及人才、学术的交流、合作、奖励、政府政策信息服务等方面，与国有博物馆一视同仁，同等待遇。对具有门类特点、行业个性或地域文化、民族（民俗）唯一性的民办博物馆，以及致力于抢救濒危文化遗产、填补某领域文化空白或稀缺的新建民办博物馆，给予必要和适当的倾斜性扶持。鼓励国有博物馆对民办博物馆的藏品保护、陈列展览、科学研究等业务活动实施帮扶。加强博物馆行业协会建设，制定行业规范，鼓励民办博物馆加入行业协会，促进行业自律。

（六）努力形成有利于民办博物馆健康发展的社会舆论氛围。要充分利用广播、电视、报纸、网络等媒体，大力宣传政府鼓励、支持、引导民办博物馆发展的方针政策，宣传民办博物馆在社会主义先进文化建设中的重要地位和作用，宣传民办博物馆中涌现出的先进典型，扩大民办博物馆的影响。对优秀民办博物馆以及在民办博物馆事业方面做出突出贡献的单位和个人，给予表彰。

三、依法办馆，全面提高民办博物馆的质量

（七）建立健全民办博物馆内部管理制度。文物、民政行政部门要把民办博物馆纳入质量监管体系，通过评估定级和年度检查、考评等方式，指导民办博物馆严格遵守国家相关政策法规和技术标准规范以及国际博物馆协会职业道德准则，健全以理事会（董事会）、监事会为核心的法人治理结构，完善博物馆章程和发展规划，依法自我管理、科学运行，承担相应的社会义务。要落实民办博物馆的法人财产权，对举办者和其他投资者投入民办博物馆的藏品、资产、国有资产、受赠的财产、收取的费用以及办馆积累，应当分别登记建账，并依法享有法人财产权。民办博物馆存续期间，对博物馆所有资产依法享有占有、使用、收益和处分的权力，任何组织和个人不得侵占和非法干涉。

（八）规范民办博物馆的藏品管理。藏品是博物馆赖以生存的物质基础，保障藏品安全并充分发挥其社会作用是博物馆的基本义务。民办博物馆应当依照《中华人民共和国文物保护法》、《博物馆管理办法》、《博物馆藏品管理办法》等法规和国际博物馆协会职业道德准则要求，加强藏品收集，建立、健全藏品收藏、保护、研究、展示等相关规章制度，建立健全藏品总账、分类账及每件藏品的档案，并报所在地市（县）级文物行政部门备案。民办博物馆处置无保存价值的藏品，以及民办博物馆终止时的藏品处置，必须进行严格的评估，并报所在地省级文

物行政部门审批。民办博物馆不再收藏的藏品应优先转让给其他博物馆收藏。处置藏品所得应当用于博物馆收藏新的藏品、改善藏品保管条件和博物馆日常维护等用途。

（九）切实加强民办博物馆展示服务工作。民办博物馆要落实“以质量求生存、以特色求发展”的办馆理念，加强人才队伍建设，加强科学研究，大力提升展示服务水平。要把博物馆的特色和品牌建设作为直接关系民办博物馆生存的大事来抓紧抓好，满足社会对优质博物馆文化资源的需求。文物行政部门要加强对民办博物馆陈列展览、社会教育和服务活动的指导，严格基本陈列内容审查，抵制低俗之风。民办博物馆要完善开放服务制度，开展进校园、进社区活动，纳入当地旅游线路，开展博物馆文化旅游活动。根据公平、择优的原则，采用公开招标和政府购买服务的方式，支持民办博物馆参与公共文化服务体系和国民教育体系建设。对于社会服务功能发挥良好、成绩突出的民办博物馆，可按规定命名为爱国主义教育基地和青少年教育基地。鼓励民办博物馆积极参与对外文化交流。

国家税务总局

二〇一〇年一月二十九日

中国博物馆学会民办博物馆专业委员会章程

中国博物馆学会

中博协函[2010]17号

关于批准民办博物馆专业委员会成立的通知

民办博物馆专业委员会筹备组：

你筹备组关于民办博物馆专业委员会申请材料收悉，根据学会理事长办公会议意见，学会批准成立民办博物馆专业委员会，请你筹备组按计划召开专业委员会成立大会。

特此通知。

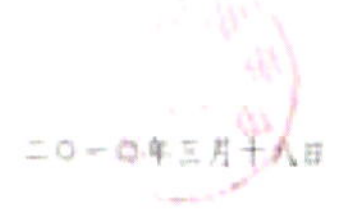

二〇一〇年三月十八日

第一章 总 则

第 1 条 本会全称“中国博物馆学会民办博物馆专业委员会”，英文译名“Private Museum Committee of Chinese Society of Museums”。

第 2 条 为贯彻落实《中国博物馆学会章程》，规范本专业委员会，制定本章程。

第 3 条 本会性质：本会为中国博物馆学会的下属专业委员会，以研究民办博物馆为主要对象，以促进民办博物馆的生存发展为主要目的，是非营利性的民间社团组织。

第 4 条 本会宗旨：本会以马列主义、毛泽东思想、邓小平理论、“三个代表”重要思想为指导，以落实科学发展观及构建和谐社会为己任，遵守国家法律法规，坚持民主办会原则，团结民办博物馆馆长及相关工作人员，开展学术交流活动，促进相关领域的专业研究，为民办博物馆事业的发展贡献力量。

第 5 条 本会接受中国博物馆学会和国家文物行政主管部门、社团登记管理机关的业务指导和监督管理。

第 6 条 本会秘书处设在北京朝阳区国粹苑博物馆园区。

第二章 业务范围

第 7 条 研究探讨民办博物馆的生存发展与管理方面的规律，尽快建立民办博物馆的理论研究体系。

第 8 条 加强民办博物馆之间的联系，组织民办博物馆的学术交流活动。

第 9 条 加强民办博物馆与国有博物馆之间的联系，尽快建立共同发展信息平台。

第 10 条 为主管部门、其他部门和单位以及社会公众提供相关信息、咨询、服务等，为民办博物馆事业的建设和发展出谋划策。

第 11 条 组织民办博物馆系统的专业培训与评比活动。

第 12 条 做好民办博物馆与国家行政机关的沟通工作。

第 13 条 维护会员的合法权益。

第 14 条 承担中国博物馆学会交办的工作任务。

第三章 组织机构

第 15 条 本会是一个自我保障组织，采取会员制，每名会员都具有选举权、被选举权和表决权。

第 16 条 本会的最高权力机构是会员代表大会，会员代表由各地区、各单位推选产生。会员代表大会须有三分之二以上会员代表出席方能召开，其决议须经到会会员代表半数以上表决通过方能生效。

第 17 条 本会设立主任委员 1 名，副主任委员若干名，秘书长 1 名，副秘书长若干名。

第 18 条 主任委员、副主任委员和秘书长、副秘书长和常务委员组成常务委员会（以下简称“常委会”）。常委会是会员代表大会的执行机构，对会员代表大会负责，在会员大会闭会期间领导本会开展日常工作。常委会下设秘书处，为日常办事机构。

第 19 条 常委会每届任期 4 年。主任委员、副主任委员、秘书长和常务委员由会员代表大会提名和选举产生，其任期不得超过 2 届。如因特殊情况需要延长任期的，须经代表大会通过，并报中国博物馆学会备案。每届常委会更换委员的人数不得少于常委会总人数的1/5；委员原则上应为在职人员，在担任本会委员会期间因故离职者，其委员职位同时失效，所遗委员职位由其所在单位的继任者接任。

第20条　会员代表大会和常委会职权：

（一）会员代表大会职权：1.选举产生和罢免主任委员、副主任委员、秘书长以及常委会委员；2.筹措本会活动经费；3.批准常务委员会其它重要提议。

（二）常委会职权：1.筹备召开会员代表大会，向会员代表大会报告工作和财务收支情况；2.执行会员代表大会决议；3.审议会员的申请和除名，并报请会员代表大会批准；4.制定内部管理制度；5.制定本会工作计划；6.审议其它重要事项，并报请会员代表大会批准。

第21条　常委会一般情况下每年至少召开一次年会，会议须2/3以上委员出席方能召开，其决议须经到会委员1/2以上通过方能生效。

第22条　会员代表大会每届召开一次。会员代表大会在特殊情况下也可用通信形式召开。

第23条　常委会下设的秘书处，在秘书长、副秘书长领导下开展工作。秘书处配备2–3名专职和兼职人员。秘书处的主要职责是：

（一）承办本会日常工作，组织实施年度工作计划；

（二）定期向常委会报告工作；

（三）处理本会其它日常事务。

第四章　会　员

第24条　申请加入民办博物馆专业委员会的会员必须首先成为中国博物馆学会会员。

第25条　本会由团体会员、个人会员和名誉会员组成。入会条件具体如下：

社会团体分支(代表)机构登记证书

（一）基本条件：凡热心博物馆事业并从事民办博物馆服务，或从事相关领域的研究，遵守国家法律法规、《中国博物馆学会章程》、《国际博物馆协会博物馆职业道德准则》，承认本会章程，愿意履行本会义务，执行本会决议的团体或个人均可申请加入本会，并享受相应的权利。

（二）团体会员：具有中国博物馆学会团体会员资格或经本会团体会员推荐的各地民办博物馆行业组织和民办博物馆可以申请成为团体会员。团体会员推派代表一人，以行使权利。

（三）个人会员：凡中国博物馆学会个人会员中的民办博物馆的工作人员、展览策划人员、相关研究人员和其他关注民办博物馆的人员均可申请成为个人会员。

（四）名誉会员：热心与本会开展合作、提供支持或为民办博物馆事业作出重要贡献的个人和团体。

第26条　会员申请入会均须提交书面申请，经秘书处审核同意后，由常委会审议并批准。

第27条　会员有选举权和被选举权，有遵守本章程的义务。

第28条　会员有申请退会的自由。

第五章　资产管理和使用原则

第29条　本会会经费来源：1.会员赞助。2.挂靠单位拨款。3.社会赞助。4.在核准的业务范围内开展活动与服务的收入。5.其他合法收入。

第30条　本会经费必须用于本章程规定的业务范围，不得在会员中分配。

第31条　建立严格的财务管理制度，配备具有专业资格的会计人员。

第32条　严格执行国家规定的财务管理制度。

第六章　章程的修改程序

第33条　本会章程的修改，须经委员会表决通过后报会员代表大会审议，报中国博物馆学会批准。

第七章　附　则

第34条　本章程于2010年4月23日经民办博物馆专业委员会会员代表大会通过，自中国博物馆学会和国家社团登记机关核准之日起生效。

第35条　本章程的解释权属本专业委员会。

第36条　其他未尽事宜，参照《中国博物馆学会章程》执行。

附件：

中国博物馆协会民办博物馆专业委员会
组织机构（第一届）

主　任　宋建文

副主任（按姓氏笔画排列，下同）

王　焱　孙海芳　包章泰

常务委员会委员

王　焱　王志安　包章泰　任经文　孙海芳

吴　军　宋建文　张学溥　张明博　张秦森

杜西亮　胡宏霞　高兴华　樊建川

秘书长　肖秉侠

副秘书长

王志安　安志跃　陈士龙　姜　凡　赵建旗

候彦成　高玉书　高　肃　黄邦旭

专家组组长　贾文忠

名誉主任　叶星生

专业委员会顾问

闫振堂　吕济民

巩德顺　罗哲文

叶星生简介

叶星生，藏名：嘉措，男，1948年8月生，四川成都人，中国藏学研究中心研究员，中国美术家协会会员，国家一级美术师，国务院特殊津贴专家。西藏收藏家协会会长，西藏博物馆名誉馆长，西藏大学客座教授。

叶星生1961年进藏，从事美术创作、民间收藏、研究工作40多年，成果卓著，尤其“为抢救保护西藏民间文化遗产作出了突出贡献”。

1979年在继承西藏传统艺术基础上创新布画《赛牦牛》，获“建国30周年全国美展”二等奖并被中国美术馆收藏。

1980至1992年创作布画《藏风》、《极地》、《高原之歌》等系列作品，由中国美协、文化部先后选送日本、南美等国展出并获奖。

1980年至1985年用了5年时间，为北京人民大会堂西藏厅设计创作了《扎西德勒图》等七幅大型壁画，在国内外产生影响，标志着“西藏壁画创作新的里程碑”。

1990年《西藏面具艺术系列藏品》在上海“中国首届民间艺术博览会”上获得全国唯一的个人“收藏奖”。1990年底首次将藏品在北京亚运会艺术节上展出，反响强烈，并受到文化部表彰。

1991年设计、研制的《西藏传统工艺系列作品》获国家“星火成果展”金奖。

1992年叶星生《西藏民俗艺术系列珍藏》在北京参加“第二届民族文化博览会”获得全国最高奖：特别珍藏奖。同年由文化部委派赴奥地利参加“中国艺术节”，其艺术成果及保护西藏文化的行为受到国际社会的关注和赞扬。同年当选为“西藏民间美术学会”会长。

1994年为中国社会发展成绩展设计实施的《西藏馆》，获全国“最佳设计奖”，其中《布达拉宫玉雕模型》被中国历史博物馆收藏。

1996年成为央视在西藏的第一位东方之子。

1998年获世界杰出人士奖“美国联邦肯塔基克罗最高荣誉奖”。

1999年1月因将2300件藏品捐赠西藏而受到党和政府的高度评价：“其高尚行为和对西藏民族文化突出贡献将永远载入西藏文化发展史册”。3月，在北京受到江泽民等党和国家领导人的亲切接见并题字合影留念。同年，为昆明世博会设计的《西藏厅》获得金奖；设计、监制的大型雕塑《高原之宝——牦牛》获得“银奖”。

2001年国画《古格神韵》获“中国历代书画名家名作”金奖。

2003年10月，将珍藏10年之久的一级文物《马头明王堆绣珍珠唐卡》无偿捐回色拉寺，因而受到拉萨七个大寺院480位高僧的联合“祝颂”并授予“色拉大乘洲·群则”法位，从而成为西藏历史上首位获此殊荣的汉族艺术家。

2005年被英国剑桥国际传记中心评选为“2005·世界杰出人才”，并入编《21世纪2000位世界杰出人才》一书。

2006年被评为“中国民间文化守望者”并获奖。（全国仅五人）

2007年11月在首都博物馆隆重举办《珍藏西藏——叶星生抢救、保护西藏民间文化遗产成果展》而"感动北京"，12月1日胡锦涛总书记亲临展览，给予了亲切的关怀、巨大的鼓舞。

2008年国画《天界》在北京拍卖108万，国画《秋情》在海南拍卖21万，所得款项分别捐献中国红十字会和中国扶贫基金会用于公益事业。同年，经全国网上投票及专家评议，被评选为"中国文化遗产保护十大杰出人物"并名列榜首。

2009年春节，在中国收藏家协会联谊会上，协会对叶星生的事迹给予表彰，并号召全国收藏界向中星生同志学习。同年，布画《山神》被北京人民大会堂收藏，并入编《人民大会堂50周年书画珍藏集》。同年8月，在由中国发展研究院等六个部门主办的"庆祝新中国成立60周年·感动中国"全国评选活动中获"时代功勋·感动中国60人"特别大奖。

2010年被上海世博会西藏馆聘为艺术顾问，其作品《扎西德勒图》被制作成10米长卷陈列于西藏馆。

编著《西藏概况》、《西藏面具在艺术》、《西藏民间艺术珍藏》等大型画集。

贾文忠简介

贾文忠，字闻钟，号铜斋，1961年生于北京金石世家，老北京古铜张派第四代传人。毕业于北京大学考古系“考古学与博物馆学”研究生班。现为九三学社社员，中国农业博物馆研究馆员、文物研究室主任。《文物修复研究》期刊主编，《文物保护与考古科学》期刊编委。自幼酷爱书画、篆刻，受其父著名文物修复专家贾玉波影响学习文物修复、青铜器鉴定，先后向大康（康殷）学习金文书法，胡爽盦、魏隐儒学习绘画，傅大卣学习传拓、篆刻。并向傅大卣、程长新、马宝山、魏隐儒、赵存义等先生学习青铜器鉴定、碑拓、版本、陶瓷等方面知识。1979年参加工作，先后在北京市文物局、首都博物馆、中国农业博物馆从事文物征集、保管、保护、修复、鉴定研究等32年。专长：青铜器鉴定研究、文物修复技术、金石传拓、书法篆刻。2002年入选《中国文物报》中国文博界百位“学术成就显著，具有创新精神”的专家学者。

贾文忠在文物修复工作中创造出用艺术手段修复文物的方法，并走出一条从修复、复制中学习鉴定的捷径。近年来走遍全国调查各地青铜器造假方法，总结出一套青铜鉴定方法，是当今青铜器鉴定实力派专家。

青铜器全形拓，是青铜器研究的延续，清末民国凡研究青铜器的专家均收藏全形拓本。据说清嘉庆年间，江苏焦山寺里有尊焦山鼎，住持六舟和尚闲暇时将其制成全形拓，求者颇多。金石学家阮元知晓后，便邀六舟和尚将自己所藏三代青铜器，制成全形拓，以飨友人。得者如获至宝，分外珍惜，从而开创了全形拓之先河，六舟和尚为全形拓之鼻祖。全形拓，又称立体拓，初始于清末，消失于民国。民国全形拓名家首推周希丁，其徒弟傅大卣得以继承。由于贾文忠自幼喜爱书画、篆刻，又拜傅大卣为师，他的全形拓是集金石传拓和颖拓为一体的艺术创新，其作品器形准确、透视合理、纹饰清晰、铭文规范、效果逼真。学者专家都给予很高的评价，是当代青铜器全形拓名家。

多年来，贾文忠承担过国家及省部级课题多项。如：1990年参与全国重大考古发现江西新干大洋洲出土商代青铜器修复；1991年至1993年参与并指导主持全国重大考古发现河南三门峡西周虢国墓地西周青铜器修复工作。参与主持各类标准制定，曾主持国家重大课题“国家十部委指南针计划”中《古代农业发明可行性研究·全国珍贵农业文物数据库》子课题；《古代农业发明可行性研究·农业文化遗产保护》子课题。并在“指南针计划”中国文化遗产研究院承担《中国古代发明数字化展示·博物馆展览数字化展示研究》。2009承担“中国农耕文化与民间剪纸课题”主持人。2010承担中国农民艺术节“民间剪纸精品展”项目主持人等文化遗产及非物质文化遗产保护课题。

出版专著《鉴宝——鉴宝专家贾文忠谈青铜器收藏》、《青铜艺术》、《中国佛像真伪识别》（合作）、《贾文忠谈古玩赝品》、《朔云山房藏香炉》、《古玩保养与修复》等13部。

现兼任北京大学、清华大学、中央民族大学、北京联合大学等高校客座教授。长期应邀为国家文物局、中国博物馆学会、中国文物学会、中国收藏家协会等举办的培训授课。系中华全国工商联古玩商会中国青铜研究会会长、中国文物学会文物修复委员会副会长兼秘书长、中国文物学会文物鉴定委员会委员、文化部艺术品评估委员会委员、中国民间国宝评审专家委员会委员、中国民俗学会副秘书长、中国文物保护基金会专家委员会专家、中国博物馆学会保管专业委员会理事、中国博物馆学会藏品保护专业委员会理事、中国少数民族文物保护协会常务理事、中国考古学会会员、中央电视台《寻宝》、《一槌定音》特聘专家。

中国民间博物馆名录

安徽省

馆名：安徽省源泉徽文化民俗博物馆
馆长：宣繁秋
馆址：安徽省合肥市蜀山区科学院路农业示范园 1 号
联系电话：0551-5849065 13955157660
邮箱：YQGGGG@126.COM

馆名：歙县新安歙砚艺术博物馆
馆长：凌红军
馆址：安徽省黄山市歙县徽城镇
联系电话：0559-6515926、0559-6515926
邮箱：13305595548@163.com

馆名：合肥子木园博物馆
馆长：何松
馆址：安徽省合肥市蜀山区井岗镇科岛路现代农业示范园内
联系电话：13905510585、0551-5325105

馆名：歙县巴慰祖故居博物馆
馆址：安徽省歙县渔梁镇渔梁路 77 号

馆名：歙县古城墨砚博物馆
馆址：安徽省歙县郑村镇郑村路口

馆名：万粹楼博物馆
馆长：万仁辉
馆址：安徽省黄山市屯溪老街 143 号
联系电话：0559-2532988、0559-2513355
邮箱：Wancuilou@126.com

馆名：秀山门博物馆
馆址：安徽省池州市秀山门

北京市

馆名：北京百工博物馆
馆址：北京市崇文区光明路乙 12 号

馆名：北京百年世界老电话博物馆
馆址：北京市海淀区学院路 42 号

馆名：北京崔永平皮影艺术博物馆
馆址：北京市通州区马驹桥金桥花园 16 楼四单元一层

馆名：北京东韵民族艺术博物馆
馆址：北京市朝阳区孙河乡前苇沟村甲 1 号

馆名：北京凤凰岭美术馆
馆长：张培武
馆址：北京市海淀区风景秀丽的凤凰岭山脚下

馆名：北京金台艺术馆
馆址：北京市朝阳区农展南路 1 号朝阳公园西门内
联系电话：010-65019441

馆名：北京晋商博物馆
馆长：薛岩
馆址：北京市朝阳区建国路 58 号
联系电话：010-65589168

馆名：北京励志堂科举匾额博物馆
馆长：姚远利
馆址：北京市朝阳区广渠东路高碑店
联系电话：010-87741928、13701157694
邮箱：88KJG@sina.com

馆名：北京睦明唐古瓷标本博物馆
馆址：北京市崇文区东花市北里东区 1 号

馆名：北京松堂斋民间雕刻博物馆
馆长：李伟
馆址：北京市东城区国子监街 3 号
联系电话：65471612、65756051
邮箱：songtangyuanban@126.com

馆名：北京御生堂中医药博物馆
馆址：北京市昌平区北七家镇王府街 1 号王府公寓 2-35

馆名：北京中国紫檀博物馆
馆长：陈丽华
馆址：北京市朝阳区建国路 23 号
联系电话：85752812
邮箱：bowuguan@hotmail.coM

馆名：北京中华民族博物院
馆长：王平
馆址：北京市朝阳区民族园路 1 号
联系电话：62063650、62063618
邮箱：emuseum@sina.com

馆名：保利艺术博物馆
馆长：蒋迎春
馆址：北京市朝阳门北大街 1 号新保利大厦 15 层
联系电话：65008117\65003334-646
邮箱：polyart@163.net

馆名：古代钱币博物馆
馆长：郭豹
馆址：北京市西城区东大街 9 号德胜门箭楼（北三环中路）
联系电话：62051978、62018073

馆名：观复博物馆
馆长：马未都
地址：北京市金南路 18 号
联系电话：84562912

馆名：古陶文明博物馆
馆长：路东之
馆址：北京市宣武区右安门内西街 12 号
联系电话：63538844、63538811
邮箱：gtbwg@sohu.com

馆名：观想艺术馆
馆长：晓倩
馆址：北京市通州区次渠镇安定营村别墅区 2 号
联系电话：15036118777

馆名：胡同张老北京民间艺术馆
馆址：北京市丰台区宛平城城内街西头南侧

馆名：何扬・吴茜现代绘画馆
馆址：北京市朝阳区金盏乡长店村 1128 号

馆名：老甲艺术馆
馆长：贾浩义（老甲）
馆址：北京市昌平霍营老甲艺术馆
联系电话：81702370、81706445
邮箱：yuming@laojia-art-museum.com.cn

馆名：老爷车博物馆
馆址：北京市怀柔区杨宋镇凤翔一园 19 号

馆名：天安门博物馆
馆长：闫树军
馆址：北京市海淀区万寿路 23 号
联系电话：13641203454、66708363
邮箱：Ysj863@126.com

馆名：炎黄艺术馆
馆址：北京市朝阳区亚运村慧忠路 9 号　100101
联系电话：64912902 64914394

馆名：中国民间文物博物馆紫砂壶馆
馆长：赵建旗
馆址：北京市高碑店西店 1102 号国粹苑 1 号楼 3 层 F26
联系电话：81125111
邮箱：shidalin72@yahoo.cn

馆名：中国马文化博物馆
馆址：北京市昌平区八达岭镇阳光路 8 号

重庆市

馆名：重庆国友博物馆
馆址：重庆市渝北区两路双凤路 118 号

馆名：重庆火锅博物馆
馆址：重庆市九龙坡区黄桷坪尖山堡 22 号

馆名：重庆市巴渝名匾文化艺术博物馆
馆址：重庆市渝中区大坪七牌坊 36-1、42-44、40-4

馆名：中国民间医药博物馆
馆址：重庆市渝中区枇杷山正街 103 号

福建省

馆名：福建省邵武市南武夷古陶瓷馆
馆址：福建省邵武市肖家坊镇天成奇峡景区锦溪坊

馆名：福清市崇圣博物馆
馆长：李振华
馆址：福建省福清市官驿巷豆区完
联系电话：13799999668
邮箱：FJDALI@163.COM

馆名：林则徐纪念馆
馆长：林峰
馆址：福建省福州市澳门路 16 号
联系电话：0591-87622782

馆名：宁德包氏博物馆
馆长：包章泰
馆址：福建省宁德市长兴城 A 区三号楼
联系电话：13905036969、0593-2838168
邮箱：zhangtai.bao@163.com

馆名：沈耀初美术馆
馆长：沈秋农
馆址：福建省福建省诏安县馆中路一号

馆名：武夷山林氏陶瓷博物馆
馆长：林万浩
馆址：福建省武夷山市三姑度假区东辉商厦 2 楼
联系电话：0599-5238560、0599-5238677
邮箱：ILINWANHAO@126.com

馆名：厦门奥林匹克博物馆
馆址：福建省厦门市吕岭路 2017 号

馆名：厦门市上古文化艺术馆
馆长：陈加林
馆址：福建省厦门市湖里区五缘湾
联系电话：0592-2231666、15960833338

广东省

馆名：德懿艺术馆
馆长：吴锦荣
馆址：广东省佛山市顺德区顺峰山公园桂海芳丛园内
联系电话：0757-22226929、0757-22226929
邮箱：art_dy@126.com

馆名：东莞市冠和博物馆
馆址：广东省东莞市樟木头镇中心广场 3 楼

馆名：东莞市钱币博物馆
馆址：广东省东莞市旗峰路 2 号农商行大厦 11 楼

馆名：东莞市唯美陶瓷博物馆
馆址：广东省东莞市高埗镇北王路草墩桥侧

馆名：东莞饮食风俗博物馆
馆长：古秀平
馆址：广东省东莞市万江区江滨花园金泰路 1 号
联系电话：13418220739、0769-22781031
邮箱：Dgysfsbwg2009@163.com

馆名：番禺明珠博览馆
馆址：广东省广州市番禺区市桥东环路 118 号

馆名：高士堂博物馆
馆长：余新开
馆址：广东省肇庆市彩云路波海蓝湾 C13 幢 402-403
联系电话：13902364001
邮箱：OPEN1688@126.com

馆名：惠州市冠和博物馆
馆址：广东省惠州市惠淡路冠和金山龙庭服务中心

馆名：罗定鸿峰博物馆
馆址：广东省罗定市素龙镇大甲村新彭屋寨

馆名：美容化妆品博物馆
馆址：广东省广州科学城科林路 15 号

馆名：梅县精宫博物馆
馆长：杨德毛
馆址：广东省梅县华侨城扶贵东路 40 号
联系电话：0753-2528048

馆名：南国丝都丝绸博物馆
馆址：广东省佛山市顺德区大良新城区观绿路

馆名：旗峰山艺术博物馆
馆址：广东省东莞市东城区东城中路 32 号

馆名：神农草堂中医药博物馆
馆址：广东省广州市白云区沙太北路 389 号

馆名：深圳钢琴博物馆
馆址：广东省深圳市福田区上步南路乐器城三楼

馆名：深圳市十里红妆民俗博物馆
馆址：广东省深圳市福永镇永泰西路万福广场

馆名：深圳水岩奇石博物馆
馆址：广东省深圳市宝安区西乡银田工业区 A6 栋

馆名：深圳玺宝楼中国青瓷博物馆
馆长：吴克顺
馆址：广东省深圳市罗湖区宝安南路 2095 号
联系电话：0755 － 25563935
邮箱：qingcicn@126.com

馆名：太安堂中医药博物馆
馆长：陈银松
馆址：广东省汕头市金园工业城金环西路 59 号
联系电话：0754-88108230、88106032 转 801

馆名：中山市桂山蜜蜂博物馆
馆址：广东省中山市五桂山长命水秀丽湖山庄

贵州省

馆名：安顺屯堡博物馆
馆址：贵州省安顺市西秀区七眼桥镇云峰村

馆名：贵阳金阳古生物化石博物馆
馆址：贵州省贵阳金阳高新技术开发区市科技大楼

馆名：贵州民族民俗博物馆
馆址：贵州省贵阳市白云区公园路 3 号

馆名：遵义嘉丰民俗博物馆
馆长：吴军
馆址：贵州省遵义市红军街中段
联系电话：13984230888、0852-8233202
邮箱：30068571@qq.com

甘肃省

馆名：敦煌民俗博物馆
馆址：甘肃省敦煌市鸣沙山月牙泉管理处

馆名：甘肃临洮马家窑彩陶博物馆
馆长：王志安
馆址：甘肃省临洮县洮阳镇河口村窑头滩
联系电话：0932-2248000、18993222844

馆名：天水成纪博物馆
馆址：甘肃省天水市秦州区南郭寺山门

馆名：阳关博物馆
馆址：甘肃省敦煌市鸣山路 36 号

河北省

馆名：承德民族民俗博物馆
馆长：王秀杰
馆址：河北省承德市都统府大街 9 号
联系电话：0314-5903659、13398667788

馆名：沧州厚古民俗博物馆
馆址：河北省沧县捷地镇尹家桥村

馆名：冀宝斋博物馆
馆长：王宗泉
馆址：河北省冀州市二铺村兴建衡水湖南岸

馆名：三河市辞书博物馆
馆长：王英余
馆址：河北省三河市燕郊开发区那丹堡小区 14-6-113
联系电话：13373167933、13945721729
邮箱：YU451555@163.COM

馆名：唐山冀东民俗博物馆
馆址：河北省唐山市大钊公园园内

馆名：唐山亚洲古代艺术馆
馆址：河北省唐山市南湖之门西侧

湖北省

馆名：武汉大唐艺术博物馆
馆址：湖北省江汉路步行街177号俊华大厦A座七楼

馆名：武汉性学博物馆
馆址：湖北省武汉市青年路285号

馆名：正国民俗博物馆
馆址：湖北省宜都市陆城红春社区一组

黑龙江省

馆名：俄罗斯艺术展览馆
馆址：黑龙江省哈尔滨市太阳岛风景区太阳岛街3号

馆名：黑龙江春和博物馆
馆址：黑龙江省哈尔滨市平房区友协大街29-5号

馆名：黑龙江曹园博物馆
馆址：黑龙江省牡丹江市阳明区裕民路168号

馆名：黑龙江省江龙古生物化石博物馆
馆址：黑龙江省哈尔滨道里区经纬五道街18号

馆名：黑龙江音乐博物馆
馆址：黑龙江省哈尔滨市南岗区一曼街241号

馆名：哈尔滨冰雪艺术馆
馆址：黑龙江省哈尔滨市太阳岛风景区内

馆名：哈尔滨三五企业文化博物馆
馆址：黑龙江省哈尔滨市南岗区马端街289号

馆名：哈尔滨艺术宫版画博物馆
馆址：黑龙江省哈尔滨市道外区南直路326号

馆名：哈尔滨钟表收藏馆
馆址：黑龙江省哈尔滨市道里区石头道街

馆名：龙江龙博物馆
馆址：黑龙江省哈尔滨市阿城区胜利街

馆名：辽金历史博物馆
馆址：黑龙江省哈尔滨市阿城区

馆名：李士学美术馆
馆址：黑龙江省哈尔滨市道里区通江街169号

馆名：穆棱抗日战争纪念馆
馆址：黑龙江省穆棱市八面通镇

馆名：圣安齿科博物馆
馆长：哈志年
馆址：黑龙江省哈尔滨市道外区靖宇大街165号
联系电话：0451-53665300

馆名：双城汽车博物馆
馆址：黑龙江省双城市东环城路北段

馆名：太阳岛艺术馆
馆长：肖伟
馆址：黑龙江省哈尔滨市太阳岛风景区西原街2号
联系电话：0451-88192800

馆名：王智家庭档案博物馆
馆址：哈尔滨市香坊区成高子镇三道街31号

馆名：禹舜美术馆
馆长：王项
馆址：黑龙江省利民开发区美术家大街1号

馆名：于志学美术馆
馆长：于志学
馆址：哈尔滨市松北区太阳岛平原街20号
联系电话：010-67342953\0451-88986952
邮箱：yzxmsg@yahoo.com.cn

馆名：中国北方玉文化研究中心
馆长：王明文
馆址：黑龙江省哈尔滨市南岗正东大直亍37号
联系电话：13945059588、0451-86413928
邮箱：DTRFL@163.COM

海南省

馆名：五指山蝴蝶博物馆
馆长：周洋
馆址：海南省五指山市水满乡
联系电话：86550455、13398976886
邮箱：HUDIEBOWUGUAN@163.com

河南省

馆名：安阳保泰盈殷商博物馆
馆长：关书生
馆址：河南省安阳市梅东路98号
联系电话：0372-2106089

馆名：安阳超越周易博物馆
馆长：杨清龙
馆址：河南省安阳市
联系电话：0372-2519839

馆名：安阳殷畿艺术博物馆
馆长：常庆林
馆址：河南省安阳市殷都区
联系电话：2231902 、13837270014
邮箱：ayyby@yahoo.com.cn

馆名：当代艺术博物馆
馆长：伏老师
馆址：河南省郑州市郑东新区
联系电话：0731-84890578

馆名：古典艺术博物馆
馆长：张秦森
馆址：河南省淇滨区淇滨大道 213 号
联系电话：13839218297

馆名：河南省炎黄文化博物馆
馆长：张杨
馆址：河南省郑州农业路 69 号
联系电话：13803865103、63962371
邮箱：13803865103@163.com

馆名：河南炎黄明清家具博物馆
馆长：杨涛
联系电话：0371-69139688

馆名：开封饮食文化博物馆
馆址：河南省开封大梁门市城墙文物管理所

馆名：洛阳龙门博物馆
馆长：王迪
联系电话：13803794662

馆名：豫东古陶瓷艺术博物馆
馆址：河南省商丘市文化路与中州路交叉口

馆名：周口华威民俗文化博物苑
馆长：杜忠义
馆址：河南省周口市川汇区
联系电话：0394-8389531

馆名：中原陶瓷标本博物馆
馆长：冯志刚
馆址：河南省郑州市郑东新区
联系电话：18638538777

馆名：郑州大象陶瓷博物馆
馆长：何飞
馆址：河南省郑州市顺河路 36 号
联系电话：0371-66219666、0371-66233666
邮箱：dx66230000@163.com

馆名：郑州市华夏文化艺术博物馆
馆长：李宝宗
馆址：河南省郑州市嵩山南路 168 号郑州博物馆负一楼
联系电话：0371-67971577、13937199126
邮箱：huaxiabowuguan@126.com

馆名：郑州市黄淮艺术博物馆
馆长：王连魁
馆址：河南省郑州市农业路 72 号国际企业中心 A 座
联系电话：13937151906、0371-61912111

湖南省

馆名：白银艺术博物馆
馆长：张恋
馆址：湖南省永兴县三胞经济开发区内
联系电话：：15974153269

馆名：常德市沅州石雕博物馆
馆长：梁平
馆址：湖南省常德市武陵大道中段紫云天大厦二楼
联系电话：0736-7159976、13807366111
邮箱：1123320302@qq.com

馆名：淡泊博物馆
馆长：易友生
馆址：湖南省临湘市五尖山国家森林公园内
联系电话：13762065081

馆名：胡林翼陈列馆
馆长：赵建超
馆址：湖南省益阳市赫山区文化局教育路 88 号
联系电话：13807374360

馆名：湖南省洞口县高沙文史博物馆
馆长：曾传国
馆址：湖南省洞口县高沙镇
联系电话：0739-7256218、13174290669

馆名：湖南省沙坪湘绣博物馆
馆长：毛勇臻
馆址：湖南省长沙市开福区捞刀河镇沙坪湘绣文化广场 1 号
联系电话：13317486666、0731-86158888
邮箱：TIANLIXIUYE@163.com

馆名：湖南湘绣博物馆
馆址：湖南省长沙市车站北路 39 号

馆名：华夏剪纸博物馆
馆长：秦石蛟
馆址：湖南省望城县旺旺中路 77 号
联系电话：0731-88073210、13755025637
邮箱：Q_LC@163.COM

馆名：聚宝博物馆
馆长：张志国
馆址：湖南省浏阳市祁青草张家店
联系电话：0731-3719226、13908497817

馆名：醴陵南四区苏维埃革命纪念馆
馆长：贺永力
馆址：湖南省醴陵大障镇
联系电话：13707418289

馆名：龙潭抗日野战医院旧址陈列馆
馆长：王修满
馆址：湖南省溆浦县黄茅园镇万寿村
联系电话：0745-3888335、15974045885
邮箱：GDWDQ@163.com

馆名：山江苗族博物馆
馆长：龙文玉
馆址：湖南省凤凰县山江镇“苗王府”内

馆名：五溪源民俗博物馆
馆长：宋代平
馆址：湖南省芷江县七里桥
联系电话：13807455949

馆名：益阳黑茶民俗博物馆
馆长：李平安
馆址：湖南省益阳市环保路
联系电话：13337272008

吉林省

馆名：吉林省长白山人参博物馆
馆址：吉林省通化市滨汇西路4057号

江苏省

馆名：宝壶斋茶具博物馆
馆长：林良
馆址：江苏省无锡市江阴市澄江西路152号
联系电话：0510-86800001、13182711111

馆名：宝缘斋博物馆
馆长：徐玉芹
馆址：江苏省南京市白下区常府街85号甲幢四楼
联系电话：025-84299866、13813887111
邮箱：baoyuanzhai88@126.com

馆名：长风堂博物馆
馆长：杨休
馆址：江苏省南京市北京东路22号和平大厦16楼
联系电话：025-86882760 025-86882752（代）

馆名：金陵竹刻艺术博物馆
馆长： 谷正宏
馆址： 江苏省南京市玄武区富贵山4号4楼
联系电话：18913385419、025-84815926
邮箱：NJJLZHUKE@163.com

馆名：锦溪宜兴紫砂陶瓷博物馆
馆长：赵冰
馆址：江苏省昆山市锦溪镇老街
联系电话：15312250630、0510-87492000
邮箱：TZX303678@sina.com

馆名：连云港海洋博物馆
馆址：江苏省连云港市

馆名：南京金陵文化博物馆
馆址：江苏省南京市汉中门大街31号华园26-27幢

馆名：南京江宁织造府博物馆
馆址：江苏省南京市玄武区长江路123号

馆名：南京民间抗日战争博物馆
馆址：江苏省南京市安德门大街48号

馆名：南通风筝博物馆
馆址：江苏省南通市环城西路1号

馆名：南通蓝印花布博物馆
馆址：江苏省南通市濠东路王府大厦南

馆名：南通紫光板鹞哨口风筝艺术博物馆
馆址：江苏省南通市港闸区外环北路348号

馆名：如皋工艺丝毯博物馆
馆址：江苏省如皋市如城中山路静海门

馆名：睢宁钱币博物馆
馆址：江苏省睢宁县府前东路75号

馆名：徐州圣旨博物馆
馆长：周庆明
馆址：江苏省徐州鼓楼区襄王北路
联系电话：0516-85881189、13905201115
邮箱：xzshengzhi@163.com

馆名：中国苏作家具博物馆
馆长：徐瑞生
馆址：江苏省常熟市富春江东路58号
联系电话：0512-52163822
邮箱：ZYP@163.com

馆名：中国性文化博物馆
馆长：胡宏霞
馆址：江苏省吴江市同里镇
联系电话：021-62673375、13918240136
邮箱：HU—H@163.com

馆名：中外烟标烟具博物馆
馆长：戈松
馆址：江苏省常州市双塔步行街92号
联系电话：0519-88102017、13506123770
邮箱：GXXMUSEUM@hotmail.com

江西省

馆名：黄秋园纪念馆
馆址：江西省南昌市系马桩小桃花巷 21 号

辽宁省

馆名：安东商埠历史博物馆
馆长：张竑江
馆址：辽宁省丹东浪头日龙山上（原海关旧址）
联系电话：13704956123
邮箱：zhj6123@163.com

馆名：朝阳德辅博物馆
馆长：王冬力
馆址：辽宁省朝阳市双塔古街 9–15 号
联系电话：0421–3723456、13634900000
邮箱：CYDFBWG@163.COM

馆名：沈阳华夏饮食文化博物馆
馆长：李春祥
馆址：辽宁省沈阳市棋盘山风景区观音阁
联系电话：024–62256700、13516005056
邮箱：SYHXYS@163.com

馆名：道光廿五博物馆
馆址：辽宁省锦州市古塔区中央大街 2 段 60–28 号

馆名：大连贝壳博物馆
馆址：辽宁省大连沙河口区滨海西路 600 号

馆名：大连长兴酒文化博物馆
馆址：辽宁省大连市甘井子区大连湾街道后关村

馆名：大连翰梦轩博物馆
馆址：辽宁省大连市中山区长江路 123 号

馆名：大连惠丰博物馆
馆长：刘志惠
馆址：辽宁省大连中山区虎滩路碧海园 7 号
联系电话：0411–82863534
邮箱：liuzhihuixx@163.com

馆名：大连金石毛泽东像章陈列馆
馆长：陈德
馆址：辽宁省大连金石滩国家旅游度假区
联系电话：0411–87902913、13050361038

馆名：大连吴越楼博物馆
馆址：辽宁省大连市滨海西路 529 号

馆名：大连向阳老式汽车博物馆
馆址：辽宁省旅顺口区新华大街 23 号

馆名：大连邢良坤陶艺馆
馆址：辽宁省大连市沙河口区联合路 73 号

馆名：大连营城子博物馆
馆址：辽宁省大连市甘井子区营城子街道营城子村

馆名：大连紫檀艺术博物馆
馆址：辽宁省大连市甘井子区棠梨工业园

馆名：辽宁天巳历史博物馆
馆长：金成琴
馆址：辽宁省大连市甘进子区华北路北市商贸街 158 号
联系电话：13910205404、0411–82565566

馆名：年轮艺术品收藏馆
馆址：辽宁省沈阳市沈河区南一经街 114 巷 6 号

馆名：沈阳古旧钟表博物馆
馆址：辽宁省沈阳市阜新四街 3 号

馆名：沈阳老龙口酒博物馆
馆址：辽宁省沈阳市大东区珠林路 1 号

馆名：沈阳赵琛广告博物馆
馆址：辽宁省沈阳市沈河区大西路 148 号

馆名：铁岭市西丰县鹿城博物馆
馆址：辽宁省西丰县西丰镇向阳街公安委北 16 号楼

内蒙古

馆名：龙乡博物馆
馆长：臧洪贵
馆址：内蒙古自治区赤峰市松山区金达大厦
联系电话：13904767088、0476–2369732
邮箱：CFSCJXH@163.COM

馆名：蒙博博物馆
馆址：内蒙古自治区呼和浩特市玉泉区阿拉坦广场

馆名：蒙古历史文化博物馆
馆址：内蒙古自治区鄂尔多斯市伊金霍洛旗成陵旅游区

馆名：内蒙古草原文化博物馆
馆长：张明博
馆址：内蒙古自治区玉泉区大召塞上老街 47 号
联系电话：13327113299、0471–6917225

馆名：内蒙古草原游牧文化博物馆
馆址：内蒙古自治区呼和浩特市玉泉区大东街大漠古玩城

馆名：内蒙古元代瓷器博物馆
馆长：杨文忠
馆址：内蒙古自治区呼和浩特市大南街大召广场 7 号楼
联系电话：0471–6305440、13947215626
邮箱：yuanci2006@126.com

馆名：内蒙古酒文化博物馆
馆长：常占文
馆址：内蒙古自治区巴彦淖尔市杭锦后旗陕坝镇
联系电话：0478-6627804、0478-6629999

馆名：内蒙古欧亚草原博物馆
馆址：内蒙古自治区呼和浩特市锡林南路加利大厦

馆名：内蒙古土默特民俗博物馆
馆址：内蒙古自治区呼和浩特市土左旗台阁牧镇

馆名：契丹博物馆
馆址：内蒙古自治区赤峰市巴林左旗上京路

馆名：斯琴塔娜艺术博物馆
馆址：内蒙古自治区呼和浩特市赛汗区滨河东路

馆名：翁牛特古代艺术博物馆
馆长：张军
馆址：内蒙古自治区赤峰市翁牛特旗
联系电话：13804767278、0476-6320899
邮箱：YISHUBOWUGUAN@163.com

宁夏回族自治区

馆名：复朴斋博物馆
馆址：宁夏回族自治区银川市凤凰南街

馆名：回族博物馆
馆址：宁夏回族自治区永宁县纳家户回族社区村旁

馆名：泾源县冶家村民俗博物馆
馆址：宁夏回族自治区泾源县泾河源镇冶家民俗村

馆名：王敬平美术馆
馆址：宁夏回族自治区银川市西夏区万仪生态园内

馆名：西夏文化艺术馆
馆址：宁夏回族自治区银川市西夏陵景区内

澳门

馆名：东方石艺堂民间博物馆
馆长：叶景源
馆址：澳门花王堂街富运台富运大厦 12 号 F
联系电话：66323283

青海省

馆名：青海藏文化博物馆
馆长：元旦尖措
馆址：青海省西宁市生物科技产业园区经二路 36 号
联系电话：0971-5316260、13897165158
邮箱：TIBETANMUSEUM@gmail.com

馆名：青海阳光医学历史博物馆
馆址：青海省西宁市南大街 55 号

四川省

馆名：成都巴蜀汉陶艺术博物馆
馆址：四川省成都市青羊区酱园公所街 9 号

馆名：成都川菜博物馆
馆长：苟德
馆址：四川省郫县古城镇荣华北巷 8 号
联系电话：028-87919398、028-87919485
邮箱：cb@cdccbwg.com

馆名：成都大华玉器博物馆
馆址：四川省成都市青羊区五岳宫街中岳巷

馆名：成都华通博物馆
馆长：李 炎
馆址：四川省成都高新区天府大道科技孵化园 9 号楼 F 座
联系电话：028-81130285、13881829040
邮箱：hatonbwg@163.com

馆名：成都慧园博物馆
馆址：四川省成都市芳邻路 5 号

馆名：成都京川蜀汉文物陈列馆
馆长：蒲子敏
馆址：四川省大石西路 8 号
联系电话：13183800751

馆名：成都梦缘博物馆
馆长：王学茂
馆址：四川省成都武侯区簇桥乡高碑村 8 组
联系电话：85010553、028—85010536

馆名：成都皮影艺术博物馆
馆址：四川省都江堰市中兴镇花木城

馆名：成都清越阁陶瓷博物馆
馆长：蔡红阳
馆址：四川省成都东村民间博物馆群
联系电话：028-85197286、13908007432
邮箱：HARUI600@126.com

馆名：成都清越阁石雕艺术博物馆
馆长：蔡红阳
馆址：四川省成都东村民间博物馆群
联系电话：028-85197286、13908007432
邮箱：HARUI600@126.com

馆名：成都清越阁玉器博物馆
馆长：蔡红阳
馆址：四川省成都东村民间博物馆群
联系电话：028-85197286、13908007432
邮箱：HARUI600@126.com

馆名：成都顺达博物馆
馆址：四川省成都市武侯大道双楠段

馆名：成都蜀江博物馆
馆址：四川省新津县文昌路72号

馆名：成都双剑鞋文化博物馆
馆址：四川省成都市武侯区簇桥凉水井村二组

馆名：成都蜀锦织绣博物馆
馆长：钟秉章
馆址：四川省成都草堂东路2号
联系电话：87383078、87397588
邮箱：ggib@foxmail.com

馆名：成都蜀星郫县豆瓣文化博物馆
馆址：四川省郫县城灌西路199号

馆名：成都天仁石刻艺术博物馆
馆址：四川省成都市三洞桥天仁宾馆

馆名：成都乌木艺术博物馆
馆址：四川省都江堰市中兴镇花木城

馆名：成都中药博物馆
馆址：四川省成都市高新西区迪康大道1号

馆名：乐山乌木珍品文化博物馆
馆址：四川省乐山市中区苏稽镇乐峨路西段768号

馆名：四川黄氏收藏馆
馆长：黄邦旭
馆址：四川省广汉小汉镇南湾8号
联系电话：028-86932300、18980653911
邮箱：HANYUANJIANDING@126.COM

馆名：成都华西昆虫博物馆
馆址：四川省成都市武阳大道一段288号

馆名：四川鹿野苑私立石刻艺术博物馆
馆址：四川省成都市郫县新民场镇

馆名：四川茂林博物馆
馆址：四川省成都市三洞桥街二号

馆名：四川省建川博物馆
馆长：樊建川
馆址：四川省成都市大邑县安仁镇迎宾路

馆名：四川省三都博物馆
馆长：高兴华
馆址：四川省成都市华阳镇迎宾大道中段38号
联系电话：028-85769123、028-85769289
邮箱：xinyufangchan@163.com

馆名：四川原道文化博物馆
馆址：四川省成都市高新西区天朗路55号

馆名：四川易园园林艺术博物馆
馆长：易文清
馆址：四川省成都市金泉路8号
联系电话：028-87512901
邮箱：649588931@qq.com

馆名：宜宾静观石博物馆
馆址：四川省长宁县竹海镇万岭小桥街

馆名：朱成石刻艺术博物馆
馆址：四川省成都市金牛区青杆村三组

山东省

馆名：聊城明清圣旨博物馆
馆址：山东省聊城市古楼南大街74号

馆名：临淄金珍堂古钱币博物馆
馆长：刘永福
馆址：山东省淄博市临淄区人民东路688号
联系电话：15865655555、0533—7162999
邮箱：Y15866260676@126.com

馆名：淄博艺术博物馆
馆址：山东省淄博市周村区古商城

上海市

馆名：创刊号报纸博物馆
馆长：艾耀国
馆址：上海市长江路366弄1号502室
联系电话：13651616299

馆名：古今缘艺术博物馆
馆长：陈百华
馆址：上海市汶水路709号
联系电话：13032130530
邮箱：TAOCHI.7777@yahoo.com

馆名：火柴博物馆
馆长：李涌金
馆址：上海市大连路280号
联系电话：13621989661、021-55897412
邮箱：LIYONGJIN77@hotmail.com

馆名：筷箸民间博物馆
馆长：蓝翔
馆址：上海市多伦路文化街191号
联系电话：021-56717528

馆名：历道证券博物馆
馆址：上海市银城东路139号13楼

馆名：上海纺织博物馆
馆址：上海市澳门路150号

馆名：上海工艺美术博物馆
馆址：上海市汾阳路 79 号

馆名：上海农垦博物馆
馆址：上海市奉贤五四农场场部

馆名：上海市银行博物馆
馆址：上海市浦东大道 9 号

馆名：上海吴昌硕纪念馆
馆址：上海市陆家嘴东路 15 号

馆名：上海眼镜博物馆
馆址：上海市宝昌路 533 号

馆名：周佰钦艺术火花藏馆
馆长：周佰钦
馆址：上海市赤峰路 91 号 1203 室
联系电话：021-65544411
邮箱：ZBQ118@163.COM

馆名：中国留学生博物馆
馆址：上海市华山路 905 弄 12 号

山西省

馆名：百川通晋商家私博物馆
馆址：山西省平遥县南大街 109 号

馆名：广灵剪纸艺术博物馆
馆址：山西省广灵县城东

馆名：华北第一镖局博物馆
馆长：段起旺
馆址：山西省平遥县古城东大街 22 号
联系电话：13835448908、0354-5686308

馆名：皇城相府字典博物馆
馆址：山西省阳城县北留镇皇城村

馆名：雷履泰故居陈列馆
馆址：山西省平遥县城内书院街 11 号

馆名：民间文化艺术博物馆
馆长：赵秉衡
馆址：山西省榆次老城东大街三号
联系电话：0354-3290128、13603548168
邮箱：sxdayou888@163.com

馆名：苗世明藏报博物馆
馆址：山西省左权县城内正北路向阳巷

馆名：平遥汇武林传统武术陈列馆
馆长：董金宝
馆址：山西省平遥县西大街 19 号
联系电话：0534-5681381、13703547808

馆名：平阳木版年画博物馆
馆址：山西省临汾市贡家胡同一号

馆名：平遥明清街镖局博物馆
馆址：山西省平遥县明清街 61 号

馆名：平遥商会博物馆
馆址：山西省平遥县东大街 15 号

馆名：平遥天吉祥博物馆
馆址：山西省平遥县明清街 20 号

馆名：平遥同兴公镖局博物馆
馆址：山西省平遥县南大街 105 号

馆名：平遥蔚盛长博物馆
馆址：山西省平遥县南大街 11 号

馆名：平遥文庙儒学博物院
馆长：安景财
馆址：山西省平遥县城隍庙街 67 号
联系电话：0354-5682948、1332477

馆名：平遥县衙博物馆
馆址：山西省平遥县衙门街 77 号

馆名：平遥协同庆钱庄博物馆
馆址：山西省平遥县南大街 45 号

馆名：祁县雨楼家私博物馆
馆址：山西省祁县东大街 32 号

馆名：祁县珠算博物馆
馆址：山西省祁县东大街 26 号

馆名：山西晋城古典家俱博物馆
馆长：王焱
馆址：山西省泽州县金村镇二仙庙
联系电话：0356-2055207
邮箱：wangyan66224@163.com

馆名：山西泽州珐华博物馆
馆长：王焱
馆址：山西晋城泽州南村岱庙
联系电话：0356-2055207
邮箱：wangyan66224@163.com

馆名：太谷孔祥熙宅园货币金融博物馆
馆址：山西省太谷县城内上观巷 1 号

馆名：太谷孟家民俗博物馆
馆址：山西省太谷县北关喜旺巷 2 号

馆名：蔚泰厚票号博物馆
馆址：山西省平遥县西大街 36 号

馆名：运城市新民博物馆
馆址：山西省运城市圣惠南路

馆名：云冈书画瓷器艺术馆
馆长：边治民
馆址：山西省大同小北门宝利国际公馆后四楼
联系电话：13934450046、0352-7556818
邮箱：SXDTBZN@163.com

馆名：永济百佛阁博物馆
馆址：山西省永济市

馆名：垣曲县革命老区纪念馆
馆址：山西省垣曲县历山镇望仙村

馆名：左权曙光钱币博物馆
馆址：山西省左权县城南街水门口 14 号

陕西省

馆名：蔡伦纸文化博物馆
馆址：陕西省洋县龙亭镇蔡伦墓祠区

馆名：富乐国际陶艺博物馆
馆址：陕西省富平县乔山路 1 号

馆名：古麟州博物馆
馆址：陕西省神木县体育中心一楼

馆名：汉中民俗博物馆
馆址：陕西省汉中市汉台区宗营镇宗柏路

馆名：碾畔黄河原生态民俗文化博物馆
馆址：陕西省延川县土岗乡碾畔村

馆名：太极城民俗博物馆
馆址：陕西省旬阳县老城社区河街中段

馆名：西安大唐西市博物馆
馆长：王彬
馆址：陕西省西安市莲湖区劳动南路 1 号
联系电话：029-84351800、029-84351808-8000
邮箱：DTXSBWG@163.com

馆名：西安关中民俗艺术博物院
馆长：王勇超
馆址：陕西省西安市长安区五台街办南五台山路 1 号
联系电话：87278866、029-87287642
邮箱：guanzbwy@yahoo.com.cn

馆名：西安经文牛文化陶瓷博物馆
馆长：任经文
馆址：陕西省西安市凤城一路 23 号
联系电话：13992883650、029-86519008
邮箱：SHANDANDAN1001@163.com

馆名：陕西省西安曲江唐代艺术博物馆
馆长：周天游
馆址：陕西省西安市大雁塔南广场西南西安威斯汀酒店二层
联系电话：029-85523163
邮箱：XAQJtB@163.com

天津市

馆名：宝成奇石馆
馆址：天津市津南区双桥河镇海河二道闸南

馆名：天津格格府典藏博物馆
馆长：臧秀云
馆址：天津市南开区鼓楼南街 30 号
联系电话：022-27287755、13902089999
邮箱：MARRY—8181@163.com

馆名：天津金融博物馆
馆址：天津市河西区围堤道 103 号峰汇广场

馆名：天津开发区三维成像技术博物馆
馆长：李昌
馆址：天津市天津开发区第五大街七号
联系电话：13902163999
邮箱：gj3dbwg@163.com、tj3d@163.com

馆名：天津泉香阁钱币博物馆
馆址：天津市河东区卫国道 163 号一品家园 3 号楼

馆名：天津市古雅博物馆
馆址：天津市河西区马场道 208 号

馆名：天津市华蕴博物馆
馆长：张连志
馆址：天津市和平区河北路 283 号
联系电话：022-23398888

馆名：天津市隽祯博物馆
馆址：天津市河西区体院北道 8 号

馆名：天津市祈年湾奇石博物馆
馆长：王长河
馆址：天津市南开区水上北路 26 号
联系电话：022—23593222、022-23591881、13902167128
邮箱：Qinianwan268@163.com

馆名：天津市亚艺博物馆
馆长：肖冰
馆址：天津市和平区重庆道 108 号
联系电话：022-23311108、27217062

馆名：天津应大皮衣博物馆
馆长：陈思
馆址：天津市空港经济区西十一道 135 号
联系电话：13803005816、18602627076
邮箱：INFO@ydmuseum.com

云南省

馆名：柏联滇缅抗战博物馆
馆长：段生馗
馆址：云南省腾冲县和顺真
联系电话：0875-5158777、13908753787

馆名：古砖瓦博物馆
馆长：陆秋生
馆址：云南省昆山市锦溪镇上塘街
联系电话：13776304638、0512-57238096、57224669

馆名：吉鑫园餐饮博物馆
馆址：云南省昆明市白龙路431号

馆名：香格里拉茶马古道博物馆
馆址：云南省香格里拉县独克宗古城金龙街

馆名：云南人家民俗博物馆
馆长：谭忠文
馆址：云南省昆明市官渡区宝海路146号
联系电话：13888703777、0871-7169198

浙江省

馆名：安吉竹子博物馆
馆址：浙江省安吉县灵峰景区竹子博览园内

馆名：德和根艺美术馆
馆址：浙江省象山县丹东街道东谷湖景区

馆名：德清莫干山陆有仁中草药博物馆
馆长：陆有仁
馆址：浙江省德清县武康镇舞阳街东段
联系电话：0572-7810835、8065845

馆名：奉化王康乐艺术馆
馆址：浙江省奉化市溪口镇溪南

馆名：杭州胡庆余堂中药博物馆
馆址：浙江省杭州市上城区大井巷95号

馆名：华茂美术馆
馆长：徐良雄
馆址：浙江省宁波市鄞州区鄞县大道中段2号
联系电话：13906680495、0574-88211945

馆名：杭州都锦生织锦博物馆
馆址：浙江省杭州市凤起路519号

馆名：杭州高氏相机收藏馆
馆址：浙江省杭州市湖墅路米市巷12幢4单元302室

馆名：杭州南宋钱币博物馆
馆址：浙江省杭州市酱园弄12号

馆名：杭州世界钱币博物馆
馆长：储建国
馆址：浙江省杭州市河坊街178号
联系电话：13516819088

馆名：杭州眼镜博物馆
馆址：浙江省杭州市延安路238号

馆名：剪刀博物馆
馆址：浙江省杭州市大关路33号

馆名：嘉兴船文化博物馆
馆址：浙江省嘉兴市栅堰路36号

馆名：嘉兴电力博物馆
馆址：浙江省嘉兴市环城西路671号

馆名：嘉兴丝绸博物馆
馆址：浙江省嘉兴市中山西路嘉欣丝绸工业园

馆名：嘉兴邮电博物馆
馆址：浙江省嘉兴市环城南路穆家洋房

馆名：嘉兴粽子文化博物馆
馆址：浙江省嘉兴市月河历史街区中基路180号

馆名：鄞州明贝堂中医药博物馆
馆址：浙江省宁波市鄞州新城区嵩江西路

馆名：临海国华珠算博物馆
馆址：浙江省临海市深浦路117号

馆名：丽水市处州青瓷博物馆
馆长：叶英挺
馆址：浙江省丽水市花园路环境幽雅的怡景花苑28幢2楼
联系电话：0578-2687858-801或803、0578-2680093
邮箱：lsqcmuseum@126.com

馆名：龙游古生物化石博物馆
馆址：浙江省龙游县民居苑内

馆名：宁波鄞州紫林坊艺术馆
馆长：陈明伟
馆址：浙江省鄞州新城区日丽中路666号
联系电话：82815008 13805871031
邮箱：Cmw0509@163.com

馆名：宁波市鄞州区黄古林草编博物馆
馆长：俞斌
馆址：浙江省宁波市鄞州区鄞县大道312号
联系电话：88428617、13805890777
邮箱：979026193@qq.com

馆名：宁波市鄞州区酒文化博物馆
馆长：景晓棠
馆址：浙江省宁波市鄞州区高桥镇新庄村
联系电话：0574-87500282、0574-87501725

馆名：宁海东方艺术造像博物馆
馆址：浙江省宁海市跃龙街道桃源南路 20 号

馆名：宁海十里红妆博物馆
馆长：何晓道
馆址：浙江省宁海县徐霞客大道 1 号
联系电话：0574-65566519、13806659199
邮箱：Slhz_bwg@126.com

馆名：海宁谢氏艺术收藏馆
馆址：浙江省海宁市区西山路 1000 号

馆名：浦江县民间工艺博物馆
馆址：浙江省浦江县江滨西路 15 号

馆名：钱塘江大桥纪念馆
馆址：浙江省杭州市之江路 6 号

馆名：衢州邵永丰麻饼手工技艺博物馆
馆址：浙江省衢州市柯城区下银街 34 号

馆名：衢州天章阁民俗博物馆
馆址：浙江省衢州市通荷路 159 号

馆名：瑞安市荣祥农耕文化展览馆
馆址：浙江省瑞安市陶山镇荣祥村

馆名：瑞安陶山革命烈士纪念馆
馆址：浙江省瑞安市桐浦乡桐溪村

馆名：邵飘萍烈士纪念馆
馆址：浙江省东阳市横店镇康庄南路 188 号

馆名：绍兴酱文化博物馆
馆址：浙江省绍兴县平水镇高新技术产业集聚区

馆名：绍兴越国文化博物馆
馆长：孙海芳
馆址：浙江省绍兴市中兴南路 187 号
联系电话：13306855678、0575-88095677
邮箱：SOMEONESHINE@foxmail.com

馆名：桐庐江南奇石博物馆
馆址：浙江省桐庐县瑶琳路 96 号

馆名：天一文苑艺术馆
馆长：刘心亮
馆址：浙江省宁波市海曙区马衙街 48 号
联系电话：13701178196、0574-87071018
邮箱：Liuxinliang539@yahoo.cn

馆名：温州方介堪艺术馆
馆址：浙江省温州市杨府山下前巷 66 号

馆名：温州金洲动物博物馆
馆址：浙江省温州市高田路 63 弄 1 号

馆名：湘湖吴越古文化博物馆
馆址：浙江省杭州市萧山区北干山南路 618 号

馆名：萧山天石微雕艺术馆
馆址：浙江省杭州市萧山区城乡街道江寺公园中心

馆名：玉环县龙山民俗博物馆
馆址：浙江省玉环县珠港镇龙山乐园

馆名：永康林炎博物馆
馆址：浙江省永康市博物馆旁

馆名：永康神雕铜文化博物馆
馆址：浙江省永康市经济开发区清源路 8 号

馆名：永康五金博物馆
馆址：浙江省永康市金城路 60 号展示中心内

馆名：遂昌竹炭博物馆
馆长：陈文照
馆址：浙江省遂昌县飞龙路 58 号
联系电话：：0578-8185018

馆名：中国浙东越窑青瓷博物馆
馆长：陈国桢
馆址：浙江省东部的余姚市北滨江路 43 号
联系电话：0574-62623788

馆名：浙江东方地质博物馆
馆址：浙江省嘉兴市中环南路国际中港城

馆名：浙江吴越古陶瓷博物馆
馆址：浙江省杭州市吴山广场高银街 101 号旁

馆名：浙江朱炳仁铜雕艺术博物馆
馆址：浙江省杭州市河坊街 207 号

馆名：浙江中立古陶瓷博物馆
馆址：浙江省慈溪市古塘街道坎墩大道 155 号

馆名：知青博物馆
馆长：叶亦通
馆址：浙江省宁波鄞县大道横街段 1699 号
联系电话：0574-88479887、0574-87305924、13905741682
邮箱：NBZQ0574@126.com